万川
reflections

一步万里阔

全球视野与物质文化史丛书

GEORGE SELGIN

Good
Money
BIRMINGHAM BUTTON MAKERS,
THE ROYAL MINT,
AND THE BEGINNINGS
OF MODERN COINAGE,
1775-1821

私人铸币

工业革命时代的货币世界
1775—1821

〔美〕乔治·塞尔金 著
李新宽 译

中国工人出版社

推荐序

本书详细地介绍了工业革命早期，即 1787 年至 1817 年，私人铸造代用铜币的生产、使用与沿革历史，内容引人入胜。工业革命迫使工人们离开田间地头，进入工厂从事生产活动，进而大大增加了他们对小面额硬币的需求。这类小额交易货币不仅可以用来支付工人微薄的薪水，同时也为工人使用薪水购买食品、饮料和其他商品提供了更多的选择。但是，出于种种原因，正如乔治·塞尔金的描绘，英国皇家铸币局或商业银行均不愿意或者没有能力供应面值如此之低的硬币。因此，能够用以支付工人薪水的零钱一度十分稀缺，以至于严重阻碍了英国的工业发展。

然而，在存在短缺现象的地方，只要满足了人们的需求，便能够从中获利。塞尔金便讲述了这样一个故事：由安格尔西岛铜矿主托马斯·威廉姆斯（Thomas Williams）以及由詹姆斯·瓦特（James Watt）的合伙人马修·博尔顿（Matthew Boulton）经营的私人铸币厂，开始着手铸造私人铜币。博尔顿通过不懈的努力，建成了世界上第一座以蒸汽为动力的铸币厂。博尔顿和威廉姆斯铸造的初代货币受到了公众的热烈追捧，从而引发了开设私人铸币厂的热潮。其他私人铸币厂纷纷设立，最终为英国供应了成百上千吨的便士铜币、半便士铜币以及法新铜币（英国 1961 年以前使用的铜币）。

这些私人铸造铜币既不足重，也不具备法定货币的效力（如无法用于缴税），那么它们为何能被大众所接受呢？对此，笔者认为存在三点原因。第一，这些铜币的供应商作出承诺，只要民众提出兑付要求，这些硬币就可以兑现（可以兑换成其他货币），既可以兑换成由英国皇家铸币局生产的金币或银币，也可以兑换成英格兰银行发行的纸币；第二，此类承诺信用度高，因为这类铜币的供应商均为当地富有的、具有名望的工厂主或者商人；第三，这些铜币使用新型和复杂的工艺制造而成，很难被伪造。事实上，其中一部分私人铸币大获成功，广泛地被人们所接受，有时甚至比此前英国皇家铸币局的货币更受青睐，这是因为后者的货币十分稀缺且容易被磨损。

这些私铸硬币获得了成功，填补了英国当局未能涉及的空白地带。但是，面对国家的部分货币居然由私人铸造的局面，英国当局甚是担忧。当私人铸币者从发行铜币转向发行银币，甚至像雷丁的约翰·伯克利·蒙克（John Berkeley Monck）那样于1812年发行金币时，便进一步加剧了当局的这种担忧（见本书第六章）。当然，如果有人建议当局宣布这些私人铸币非法，那么便会导致私铸货币的持有者选择兑付手中的硬币（把它们兑换成合法的官方货币）。但无论如何，面对蒙克要求建立私人金本位制的威胁，斯宾塞·珀西瓦尔（Spencer Perceval）领导下的英国政府仍计划宣布私人铸币非法。由于可替代私铸硬币的官方（小面值）硬币数量不足，政府很快被迫中止了这一计划，但最终仍于1818年1月1日废止了所有私铸硬币，只有谢菲尔德和伯明翰这两座城市的济贫院发行的代用硬币得以暂时保留下来。

塞尔金所讲述的这则故事如今鲜为人知，但故事的内容既在历史上占有重要地位，又十分扣人心弦。本书内容涉及多个学科，讲述了铸币学和钱币学的历史，以及工业革命和工程发展历史，尤其浓墨重彩地介绍了伯明翰的历史以及这座伟大城市中的货币铸造者们。

塞尔金和我都是货币经济学家、货币历史学家。在他看来，这本书所得出的主要结论是，私人部门能够生产并提供优质货币，这些货币在某些（技术）方面可能优于政府自有货币。我当然同意这一观点，当政府不能提供令人满意的货币时，替代品就会出现，这种替代品可能是外国货币（如美元），也可能是私人铸造的代币。但是在我看来，本书的主要意义并非纠结于货币应该由公共部门还是由私人部门铸造，而是在于支持了卡特尔主义者有关货币本质的理论。事实上，硬币金属含量与硬币面值之间的比重，代表了硬币发行者的信用。可以这么说，既然当地人相信任何借据都能够得到兑现，这便意味着他们也能够普遍接受私铸硬币并将它们用于交易。总的来说，私铸硬币发行者的信用越好，硬币的流通范围就越广，人们对硬币本身价值的在意程度就越低。

根据我的揣测，塞尔金将国家在全国范围大规模供应货币的现象，视为保护垄断收益（如铸币税）的强制行为带来的非必要和不受欢迎的结果。与塞尔金的观点相反，我认为国家之所以在发行货币方面扮演着这样的角色，是其作为国土范围内的最高信用机构引发的必然结果——从很大程度上来说，是国家强制力和征税权导致的必然结果。但是，无论我们谁对谁错，都不会影响这是一本优秀且引人入胜的好书。

查尔斯·古德哈特（Charles Goodhart）
伦敦政治经济学院银行和金融学荣休教授

自序

西方经济学家不相信国家认可的垄断，而倾向于认为私人企业在提供货物和服务方面，能比国家做得更好。这一整体立场当然允许有一些例外，这些例外之中，没有什么是比涉及铸币，更能得到普遍接受的例外了。

只有政府适合铸造货币，自古以来就是经济思想的老生常谈。[1] 更进一步来说，司空见惯的是，即使是最教条的自由放任主义拥护者，也不曾质疑过这一观点。在众所周知的权威中，英国社会哲学家赫伯特·斯宾塞（Herbert Spencer）[2] 是唯一敢反驳这一观点的人。

斯宾塞的挑战引发了他的同胞威廉·斯坦利·杰文斯（William Stanley Jevons）的激烈反应，杰文斯是一位具有不容置疑的古典自由主义立场的经济学家。

尽管我应该始终对如此深刻的一位思想家如斯宾塞先生的意见深怀尊敬，但我坚持认为，在这个实例中，他把一个一般原则运用到一个例外事件，在这里它肯定无法行得通。他忽略了重要的格雷欣法则……良币无法驱逐劣币。在货币问题中，自私自利在相反的方向起作用，不像它在其他事务中所起的作用那样……

如果放任自由，那些以低价出售轻质货币的人们将推动最佳贸易……

依我看来，没有什么比货币更适合由竞争活动来决定的了。在宪法中，铸币权总被认为是王室的特权之一，民法的一个准则是铸币权是君主的核心特权之一，对行政机关及其科学顾问来说……这件事最好放到一边。[3]

杰文斯又写道，他的观点"从经验中大量得到证实"，在其他例子中，他提到了英国18世纪后期私人铜代币的经验。

众多这种贬值的硬币，在流通中数量是如此巨大，以至于斯托克波特地方行政官举行了一场公开会议，决定从今往后不再采用半便士，除了安格尔西公司（Anglesey Company）分量充足的半便士。这表明，如果需要证据的话，自私自利的单独行动在把劣币驱逐出流通方面是不起作用的，也不必假定公开会议会有任何足够的作用。

这一小段内容来自杰文斯的《货币和交换机制》（Money and the Mechanism of Exchange），第一次引起了我对英国私人代用硬币的关注，我决定展开进一步研究。我的发现令我大为惊奇，不仅仅是因为它没有证实杰文斯的观点，恰恰相反。比如斯托克波特的决议，事实上是贸易商之间的一项决议，接受私人铸造的安格尔西便士，而不是官方的（"王室的"）铜币。这项决议出现得太早，以致后来被用来反对其他私人代币。这冰山一角的发现就足以打碎杰文斯的论证。尽管它仅仅是大冰山的一角，伟大的维多利亚经济学家在其中不知不觉地用蒸汽驱动，满载着传统的智慧，全速前进。

英国商业代币，品种繁多，具有华丽的雕纹，也以"商人代币"和"康德尔代币"（Conder tokens）著称，长期以来让钱币收藏家着迷。另一方面，经济学家和历史学家要么倾向于忽视它们，要么将它们一笔勾销，不过是一种古董而已——奇怪的小草，被允许在临时荒废的皇家铸币局周围生根发芽。但它们远不止于此。事实上，它们是世界上首次获得成功的大众货币，其传奇故事长期未能得到讲述。

在研究和写作本书过程中，我获得了众多的帮助，我现在不能假装可以回想起所有人的名字，并归功于他们，我愿意单独挑出5位，他们慷慨地阅读和评论了每章的初稿。佩妮·瓦茨-拉塞尔（Penny Watts-Russell）看上去通晓一切，了解我所讲故事时代的英国铜币事务，并阻止我做出几处错误陈述，同时发现了许多被我忽视了的其他小错误。理查德·多提（Richard Doty），史密森学会的古币馆长，除了指出更多的事实错误，还一直在提供指导和鼓励。还有我的哥哥彼得·塞尔金（Peter Selgin），他的专业文体建议价值无量。我的同事大卫·罗宾逊（David Robinson）发现和纠正了许多不适当的语法和错误的排版。最后，"铜人"比尔·麦基沃（Bill McKivor）提供了精神支持，并建设性地批评了我对几种历史情节读物的解读。

比尔·麦基沃也是在重要代币图像方面帮助我的人之一。在这方面提供帮助的另外两位是肯恩·埃尔克斯（Ken Elks）和盖瑞·斯里罗（Gary Sriro）。在帮助我获得很难得到的出版物方面，我要特别感谢佐治亚大学主图书馆的馆际互借部及其主任弗吉尼亚·菲赫（Virginia Feher），也向康德尔代币珍品俱乐部的图书馆员哈罗德·韦尔奇（Harold Welch）表示感谢。

来自佐治亚大学的人文与艺术威尔森中心的研究津贴减轻了我一个学期的教学任务，让我能开展这一项目的研究工作。特里商学院的特里-桑福德研究奖金让我能够在几个夏天埋首于这项工作，我要感谢玛丽·弗吉尼亚·特里（Mary Virginia Terry）和她的亡夫 C. 赫尔曼·特里（C. Herman Terry），以及查尔斯·桑德福（Charles Sanford）促成这些津贴。英国钱币学会、英国钱币信托和佐治亚大学研究基金会，为我在英国开展研究提供了财务资助，萨布尔价值管理主席亚伦·埃德希特（Aaron Edelheit）通过他的机构也给予了财务资助，并且一直资助佐治亚大学经济系的货币研究基金。

我还要感谢独立学会及其主席大卫·塞洛克斯（David Theroux），赞助本书出版。学会人员从头到尾提供了无价的帮助。

最后，我极大地受益于特里商学院同事的精神支持，包括我的系主任比尔·拉斯特拉普斯（Bill Lastrapes）和前系主任乔治·P. 本森（George P. Benson），后者值得我特别感谢，因为他冒险支持研究一项远离商学院日常事务的题目。

目 录

序　章 / 001

第一章　英国的大问题 / 003
　铸币的行话 / 007
　一次标准的"慌张相撞" / 012
　"让老百姓等一等" / 017
　凑合着用 / 021
　伯明翰半便士 / 027
　公共美德？/ 030
　纸币 / 032
　商业代币 / 034

第二章　德鲁伊币、威利币与蜂巢币 / 036
　伟大的发现 / 036
　铜矿之王 / 038
　德鲁伊币 / 040
　这条大鲵 / 048

威利币 / 053

慷慨的博尔顿 / 061

"一位相当好样的人" / 066

微妙的（和没那么微妙的）垄断者 / 072

"一位机灵卑鄙的家伙" / 074

第三章　苏荷区！/ 080

世界最大的工厂 / 080

"苏荷区" / 088

德罗兹式无情 / 095

皮特暂停 / 103

一项铸币的重担 / 116

第四章　人民的货币 / 122

没有问题？/ 122

每个人都是自己的铸币师 / 124

世界工厂 / 129

从纽扣到劳动分工 / 131

持久的印象 / 135

代币狂热 / 140

混乱引发混乱？/ 143

如果……将会怎么样？/ 152

第五章　博尔顿铜币 / 159

菲什加德的惊恐 / 159

一项真正的失误 / 164

铸造车轮币 / 167

王室镇纸 / 172

流动资产 / 177

真诚的奉承 / 179

被逼入墙角 / 183

最后的半便士 / 190

一个新的利维坦 / 193

受骗上当 / 196

前往小塔山 / 200

第六章 最后的致意 / 209

那吞没的声音 / 209

向上渗透经济学 / 212

大量的车轮币 / 214

辉煌的先令 / 217

优秀的奖章制作者 / 223

不太伟大的摩根 / 226

自掏腰包 / 229

雷丁的伟大希腊人 / 236

第七章 失而复得的特权 / 242

半块面包 / 242

"最危险和最有害的措施" / 249

可靠的消息来源 / 254

狼来了！/ 256

为了铜的议员 / 263

口风不紧 / 265

（代币）大重铸 / 270

第八章 蒸汽、空话与小额货币 / 277

蒸汽冲压机，你好；大问题，再见？/ 277

蒸汽冲压机和商业铸币 / 278

皮卡德的蒸汽机 / 281
蒸汽、汗水和纽扣 / 283
蒸汽的效率高吗？/ 285
防伪硬币 / 288
蒸汽铸造合格吗？/ 296
英国的黄砖之路 / 302
……和它的红宝石拖鞋 / 304

第九章　结　论 / 308

后　记 / 312
附　录 / 317
注　释 / 332
参考文献 / 381
索　引 / 395

格雷欣法则（Gresham's law），名词，来源于托马斯·格雷欣爵士（Sir Thomas Gresham），1579年皇家交易所的创立者。劣币的倾向是驱逐良币退出流通领域。

——《英语通用词典》
（伦敦：劳特利奇和基根·保罗出版社，1956年）

序　章

　　1787年夏末的一个星期六晚上，在北威尔士很少熙熙攘攘的港口城镇阿姆卢赫，一名矿工正在一家拥挤的旅馆里大口地饮用啤酒。旅馆南部几英里之外，矗立着世界上最大的铜矿，这名矿工和他的11名小伙伴一直在那里"讨价还价"——讨论着分成的比例。这是相当好的一周，虽然很难说是出色的一周：他们的群组增产了120吨。这让每个人挣了1英镑，因为上次定价为1吨铜矿石2先令。在留下工人的部分工资用于支付钢制工具、蜡烛、医疗、在公司内部商店用信用购买的火药、晚餐等费用后，公司正好欠他十二先令六便士。

　　这名矿工动身前往付款台①去领他的收入。在确认了他的金额以后，主管递给他两枚严重磨损的先令和4卷"纸卷"的铜便士，每卷值半克朗。从其中一个纸卷的开口处，这名矿工发现这些便士不是普通的英国硬币。硬币上不是乔治三世或其他君主的肖像，其表面显示的是一名凯尔特神父，四周被一圈橡树树叶和橡树花环环绕，背后是由一组大号卷曲字母组成的字母组合，环绕着刻印文字"我们承诺向持有者支付1便士"，沿着硬币的边缘，以铸印字母的形式连刻着"在伦敦、利物浦和安格尔西岛见币即付"。

　　但是"我们"是谁？不是皇家铸币局——它已经多年没有铸造

---

① pay table，为了解决发放工资时零钱不够的困难，由于工人们每天都会流连于酒馆，雇主和当地酒馆联手，在酒馆设立付款台，工资扣除酒钱后发放。——译者注。本书若无特殊标注，脚注均为译者注。

铜币了。事实证明,没有一个英国政府的部门与这些硬币有关,这些硬币来自伯明翰——一个被称为假币代名词的地方。

我们努力工作的矿工应该抗议吗?这种想法从来没有划过他的头脑。相反,他高兴地接受了这些货币,不是因为它们是他见过的最漂亮的和制作最精良的货币——他不会关注这些——而是因为商人和酒馆老板喜欢它们胜过王室货币。有消息说,他们甚至将其带到伦敦。它们被称为帕雷斯矿山德鲁伊币或者安格尔西德鲁伊币,它们正好是来自私人铸造"商业"货币诸多例子中的第一例,在工业发展的下一个关键10年里,其构成了英国零钱的大部分。

如果不是商业代币,英国的工业革命,可能就会慢如闲逛,而不会随着19世纪的到来加速前进。直到这些硬币亮相前,制造商不得不想尽办法给工人发工资,同时零售商也不得不为找零而挣扎。由私人铸币商引领的技术和管理变迁,也证明对官方铸币安排的改革和现代化至关重要。

总之,如果我们今天的硬币是良币——如果我们有足够的硬币并且有理由相信,它们是真的而不是假的——我们就要感谢英国私人铸币商为之树立了典范。这本书讲述的就是他们的故事。

第一章　英国的大问题

> 哦,是的! 哦,是的!
> 谁能说说,所有的钱跑到哪里去了?[1]

现在人们不习惯于处理货币短缺问题。当然,他们抱怨缺钱。但他们的抱怨不是经济学家术语意义上的短缺。他们希望有更多的财富为其所用;但不管弄来多少钱,他们都希望或多或少是来自他们想要的方式,比如现金。他们能把支票换成钞票和硬币,或者反过来,他们看着怎么合适就怎么来。没人会费功夫把一张20美元的钞票,甚至100美元的钞票换成零钱。相反,大多数收银机旁边会有一小杯免费取用的便士,或者我举一个个人的例子,我家的碗柜顶部会有满满一碗零钱。由此可见,我们的时代是一个不缺乏零钱的时代,是零钱过剩的时代。

今天没有人担心硬币的状况或合法性。伪钞仍是一种危害,但是没有人怀疑他们的美元硬币是伪币,如25美分硬币、10美分硬币,更不用说便士了。[2]在大多数情况下,硬币的标记清晰、统一,看上去很正式。偶尔异常的硬币只是一种古董。它是一种赠送外甥的礼物,不是铸币局出错的证明。

两个世纪以前,情况完全不同。许多国家日常深受硬币短缺之害,特别是小额硬币,[3]英国也不例外。根据文献记载,小额硬币短缺至少可以追溯到中世纪,平民经常向议会和国王请愿,要求发行更多的法新和半便士。在1380年、1404年和1444年都曾听到人们紧急呼吁增加更多小额硬币。[4]与18世纪初首次在爱尔兰爆发的货币短缺相比的话,这些短缺根本不算什么。"我们极度需要半便士和法新,所有种类的银币几乎都消失不见了,小额金币更是极少。"托马斯·普赖尔(Thomas Prior)在1729年写道。"这是我们的不幸,"他进一步说道,"在我们中间不仅很少有现钱,就连构成货币的金银也很少,极其不便于国内贸易的经营。"[5]

爱尔兰的货币短缺很快扩散到整个英国,在工业革命至关重要的第一阶段,情况变得相当严重。工业革命被假定(至少是被一些历史学家假定)为开始于1760年左右,引发了对小额硬币的巨大需求,被用来发放矿工、工厂工人和雇工的工资。到1771年,一位匿名作者告诉议会中愿意倾听的人,"在过去10年里,贸易行业的人们感受到了严重的零钱短缺,并且这种短缺每天都在扩大,卑鄙狡猾的人只顾自己的利益,通过信用获得小额金钱,他们从来没打算归还"。[6]

除了见证人口的加速增长外,18世纪"革命的"几十年也见证了就业从农业向制造业史无前例的转移,工资劳动者人数相应增长。早在16世纪中期,英国不到四分之一的人口依赖货币工资;到18世纪末,接近于四分之三。根据芭芭拉(Barbara)和约翰·劳伦斯·哈蒙德(John Lawrence Hammond)的研究,这一转变在很大程度上是1760年至1780年议会圈占公地大爆发的结果。圈地迫使许多小土地所有者和仍旧人数众多的茅舍农与无舍农,放弃了"东抓一把西抓一把"式的生存方式,作为无地劳动者去寻求就业,去往大农场,或者去往日益增加的城市工作坊和工厂,"没有围栏的敞田被富家之子瓜分,甚至贫瘠的荒地也不再公有"。[7]

但与其说圈地把人们赶出了乡村,不如说工业诱惑让他们走了出来。英国国外市场的扩展,再加上重大的技术革新,有助于生产力和劳动力特别是非农业劳动力实际收入的实质增长。工业——

戈德史密斯所认为的"综合了一万种让人苦恼的技艺"——的收益，不仅有助于"过度的奢侈"，如同戈德史密斯所过的生活，而且最终提高了工人的生活水平。[8] 除此之外，正如乔治·克拉布（George Crabbe）坚持认为的那样，大多数村庄与"甜蜜的奥本"（Sweet Auburn）有着很大差别：

> 尔等优雅的灵魂，梦想着乡村的宁静，
> 对着平稳的溪流，请咏一首十四行诗；
> 出发吧！如果想分享你颂赞的和平小屋，
> 走进来看一看，问问和平是否在那里。[9]

我们不应该忽略对挣钱能力的解放，塞缪尔·约翰逊（Samuel Johnson）相当欣赏这一点。据他观察，靠土地生活的那些人，也受缚于土地，没有便于携带的财富。相比之下，以金币、银币或铜币支付的工资，提供了对封建制度"抵制的权力和逃离的手段"。[10]

不论工业革命是否做到了解放，事实上，由于工业革命，大量家庭曾经在荒地上放牧牲畜，从公地上捡拾落穗、灌木、泥炭，而现在不得不花钱购买黄油、面粉和燃料。没有了奶牛，新生的"挣工资的无产阶级"发现自己完全依赖他们的铜板。[11] 但是，无地的工人成倍增加，良币的供应，特别是小额良币，却在缩减。

到了18世纪80年代，即使是景气的企业也在为支付工资单进行着一场艰苦的斗争。尽管大多数工人每周所得工资少于15先令，但一些企业的工资总支出仍数额庞大。单独一个棉纺织行业雇工人数就超过了15万人，半数是织布工。个体纺织工厂经常雇用成百上千的工人。例如，在1786年秋天的斯托克波特，塞缪尔·欧德诺（Samuel Oldknow）雇用300名织布工为他工作，一个月的工资单超过了1000英镑。在安德顿的第二家工厂让欧德诺每月在工资上花费500英镑。"棉布为王"的流行才刚刚开始,这一产业恰好利用了由蒸汽机提供的机会。到1792年春天,欧德诺的工资支出已经飙升到每周750英镑。几年以后,欧德诺成为多达20家大纺织厂的工厂主。[12]

矿业公司的经营规模一如既往的比较大。威尔士的帕雷斯矿业公司雇用了1000名工人,康沃尔的柴沃铜矿和多尔科斯铜矿同样如此。康沃尔的联合铜矿规模甚至更大,雇用了1500名工人。所有铜矿业加起来,雇用了超过7000名工人,但与煤矿业相比,仍是小菜一碟,煤矿业自诩雇工人数达5万人。伟大的铁器制造商亚伯拉罕·达比(Abraham Darby)和约翰·威尔金森(John Wilkinson),每人雇工人数都超过1000人,包括煤矿工人;一些不那么有名的竞争对手也不甘落后。然而,所有企业中最大的个体雇主,是在朴次茅斯、普利茅斯和查塔姆主要的皇家造船厂,这要感谢七年战争和之后的美洲叛乱,其雇用了令人震惊的6500名工人。

获得充足的各种面额的所需硬币,来满足庞大的工资支出,不是一件容易的事,而要获得足够多的良币几乎是不可能的。事情看来必定会变得更糟:新近出现的转缸式蒸汽机大大增加了剥削工厂劳动力获利的机会,同时早婚率的升高和死亡率的降低使英国的人口增长快过以往。10年人口增长率,在1751年前大约是3%,到1781年翻了一番,到18世纪末又接近于翻番。

如果良币短缺问题不能以某种方式得到解决的话,没人能准确说出英国工业会经受什么。但在呼吁短缺导致"很大的不便和社会不和谐"时,T. S. 阿什顿(T. S. Ashton)[13]举例说明了英国人轻描淡写的倾向。事实上,约翰·鲁尔(John Rule)[14]观察到,"对货币短缺,特别是小面额货币,以及仍在流通中的货币重量不足等的投诉,时有发生,痛苦不堪,广为流传"。不和谐是最轻的问题:货币短缺威胁到工业化进程,如果说不是停止的话,这一进程给无家可归的农民提供了挣得生活费的最大希望,而不是在枯燥的济贫院挑拣棉絮。如果英国不能设法提供数量可观的质量上乘的货币,英国工业,则不是跑步冲向下个世纪,而是只能勉强跛足而行。

铸币的行话

英国零钱短缺的背后是什么?一位经济史学家的答案是,皇家铸币局的"过时"设备让其无法满足"一个扩展的工业社会的大量需求",[15]这种答案是不符合史实的:正如我们将看到的那样,它与铸币局的设备关系不大,而是其政策阻止了其提供足够的零钱。要理解这些政策,意味着要认真对待一些货币行话。幸运的是,本书中的行话主要出现在接下来的几页里,后面很少会出现。

一个国家的标准货币单位是通告价格和保存账目的主要单位。在英国,这个单位长期以来是英镑,由£标志所代表(来源于拉丁语 *libra*,指的是古罗马镑)。主要货币单位通常由一种或多种辅助单位相伴随。当今,这些辅币以十进制小数为基础(如美国的 1 美分是 1 美元的百分之一),但是在英国,直到 1971 年,它们的基础是普通分数。1 先令(1*s*,来源于拉丁语 *solidus* 的缩写)是 1 英镑的二十分之一,而 1 便士(1*d*,来源于拉丁语 *denarius* 的缩写)是 1 先令的十二分之一,240 便士构成 1 英镑(见表 1)。[16]

表1 英国货币和硬币单位及购买力（约1787年）

基本货币单位：英镑，等于113格令纯金。

当时政府还没有提供面额为英镑的硬币。纸币一般以英镑为单位，在苏格兰最小面额的纸币是1英镑，在英国其他地区是5英镑。

基本硬币单位：

金币：几尼，1几尼 = 21s（或者£ 1 1s）。

银币：先令，20s = £ 1。

铜币：便士，12d = 1s；£ 1 = 240d。

相对普遍的币种：

铜币：每常衡磅的铜铸造23便士。

半便士 = ½ d

法新 = ¼ d

银币：每金衡磅标准银铸造62先令。

三便士 = ¼ s = 3d

六便士 = ½ s = 6d

先令 = 1s = 12d

半克朗 = 2s 6d = 30d

克朗 = 5s = 60d

金币：每金衡磅标准金铸造44 ½几尼。

几尼 = 21s = 252d

半几尼 = 10 ½ s = 126d

购买力：1787年的1英镑大致相当于今天的90美元，1先令大约等于4.5美元。多数成年男性产业工人每天工作13个小时挣1—2先令。

在金属本位中，货币单位指某种金属的精确数量，通常是金或银，或者指由该金属构成的特定货币。最初，英镑就像它听上去的那样：包含1塔磅或者5400格令的标准纯银，等于4995格令纹银。[17] 到17世纪初，英镑已经减少到只有1719格令纹银，这一标准保持了超过100年。然后在18世纪的前10年,英镑这一词汇不再指任何数量的白银,取而代之,成为一种由113格令纯金构成的单位。正如我们将看到的,发生这种情况实属偶然。

造币是把金属锭或金银块转化成圆片,用其来代表标准的货币单位。自古以来,造币是政府铸币厂垄断独占的特权。在英国,造币长期以来是皇家铸币局的特权,它在整个18世纪设在伦敦塔。当金属铸币是免费的,任何人都可以拿着任何数量的金属到铸币局铸成货币。如果铸币是免费的,铸币局对其服务一分钱不收,它的成本(和收益,如果被允许有收益的话)将由公共资金来支付。1663—1816年,金银在英国都是无偿地被铸造为货币的,皇家铸币局的铸币成本和收益来自"契约",由铸币局和政府之间拟定。

金属块的造币价格是指用来交换带到铸币局的金银块而支付的硬币的名义价值或"面值",而铸币等价物是指实际上用金银块铸造成的硬币的名义价值。当铸币是免费的,就像过去在英国那样,那么这两个价值是相等的。否则,由于铸币的费用,造币价格达不到铸币等价物,它可能包含着铸币局或政府的收益。这种收益以硬币铸造税而知名,以诸侯或领主命名,这些人在中世纪法国行使铸币权。在17世纪和18世纪,1金衡磅(12盎司,每盎司480格令)银的造币价格(或铸币等价物)是62先令。只要英国的标准货币单位被理解为银的单位(在此期间的大部分时间里是这样的),铸币局用1金衡磅白银制造出超过62先令的硬币,将等同于重新定义了英镑、先令和便士。

在金银双本位制下,政府认可免费铸币,通常很少收或不收金银两种金属的铸币税,从而确定了铸币等价物和相应的造币价格。铸造比率是金银两种金属造币价格的比例,代表着铸币局确定的相对价格。例如,如果铸币局为购买1金衡磅黄金支付四十四英镑十先令(或者890先令)金币,为购买1金衡磅白银支付三英镑二先令

(或者62先令)银币,那么金银铸造比率约是14.355。换句话讲,1磅黄金的官方价值约是1磅白银的14.355倍。

在金银双本位制安排下,据说如果金银铸造比率达不到金属市场价的比率,在铸币局,银则会被估价过高,而金则会被估价过低。例如,假定在公开市场上1磅金在价值上是1磅银的13倍,在这种情况下,14.355的铸造比率对金估价过高,同时对银估价过低。即使铸造比率最初与市场价一致,金银相对短缺的变动最终可能也会导致一种金属相对于另一种金属来说估价过低。

这就为我们引出了格雷欣法则。这一法则指的是,在特定条件下,"劣"币将"良"币驱逐出流通领域。这一法则相当误导性地以托马斯·格雷欣爵士而命名,他是英国政府的金融代理人,曾是伊丽莎白女王的顾问,并创建了皇家交易所。[18]但它描述的这种趋势像货币制度本身一样古老。在古代和中世纪,这一趋势通常与货币贬值联系在一起,就是通过在金币或银币中添加贱金属达到减少铸币等价物,这样新铸币可能就和旧硬币一样重,但内含更少的贵金属。"劣"(贬值的)币就会把"良"(纯度更高的)币驱逐出流通领域。在复本位制的背景下,格雷欣法则通常是指人们倾向于不再把官方估值偏低的金属带到铸币局,而倾向于熔化官方估值偏低的硬币,或者通过切削、锉削或放在硝酸中"熔化",从而减轻或削短它们,直到其中的金属的价值不再高于其面值。[19]其结果是,只有由估值过高的金属制造的"劣"(受损的)币还在流通。

格雷欣法则只在官方估值过低的硬币不能获得溢价的地方才会起作用,因为这样的溢价可能会对过低的官方估值给予补偿,从而消除熔化或减轻重量的通常动机。还有一种情况是,官方估值过高的硬币按面值(或者按照总计)被接受,而不是以折扣(或者以按重量)的形式被接受,因为把折扣运用到官方估值过高的货币上,将与把溢价运用到估值过低的货币上产生一样的效果。这样的要求在历史上都曾被满足过,这多亏以不是其票面价值的标准来估值货币会很麻烦,也多亏法定货币法,这些法律通常禁止以除了官方比率外的任何比价经手官方货币。[20]

一种信用硬币或者代用硬币(或者简单地说,代币),不同于足值硬币,足值硬币具有票面价值,一般高于其构成金属的价值,也就是说,大体上高于经常被提到的硬币"内在价值",[21]这一点也经常被误解。免费铸造代币,对构成代币的金属来说,确立了高位的造币价格,因为铸造代币和足值硬币同时进行,相当于一种特别不稳定的复本位制,政府通常以自己的账户铸造代币,但会限定数量。这么做的目的是让代币把更有价值的足值硬币驱逐出流通领域。

最后,再说一两句有关于18世纪英国官方币种的内容。在1662年以前,所有的英国硬币都是手工打造的,或称为锤打货币。但在1662年,锤打货币让位于机制币,不管是金币还是银币,被称为机制币是因为它是用螺旋冲压机冲压而成,由金属条冲压成金属片,称为菲力片,在马力驱动的轧机上压平为要求的厚度。[22]英国的首份机制币是金币,1金衡磅44.5枚,以几尼而知名,以来自几内亚海岸的黄金命名。尽管最初规定几尼的官方价值是20先令,但几尼从来没有按这一比率交易过。相反,它在1694年获得溢价,上涨到高达30先令,当银币被严重降级后,后来几尼定价为二十一先令六便士,1696—1699年货币大重铸之后,税收官员以这一比率接受几尼。在1717年,当时的铸币局总监艾萨克·牛顿,说服政府降低几尼的官方比率至21先令,这一标准一直持续到18世纪末。5几尼、2几尼和半几尼硬币都在18世纪被铸造过,四分之一几尼也在1718年被尝试铸造过,但是很快就不再持续铸造,因为公众发现它们太小了,不方便携带使用。[23]

英国银币包括先令(1金衡磅银铸造62先令)、克朗(等于5先令)、半克朗(等于二先令六便士)和六便士。[24]最后,铜币被铸造成半便士和法新(值1便士的四分之一),(在大不列颠)以1常衡磅23便士的比率或者(在爱尔兰)以26便士的比率铸造。[25]在1797年以前,官方没有铸造过铜便士。

一次标准的"慌张相撞"

18世纪的英国政府会如何尝试为其民众供给零钱呢?在依据一种贵金属确定了基本货币单位之后,政府面临着3项选择。它能——

1. 用本位金属铸造大面额和小面额硬币,硬币的重量与它们的面值一致;

2. 借助复本位制,用不值钱的金属制造小面额硬币,用值钱的金属制造大面额硬币;

3. 以政府账户公开发行小面额信用硬币或代币。[26]

每种选择都有其弊端。[27]

第一种选择,如果本位金属足够有价值,那么小面额硬币就会太小而不实用,就像发生在英国的四分之一几尼身上的事情一样。一个更过分的例子是1464年皇家铸币局发行的银法新,每枚只有金衡制下的3格令银,这些硬币"丢失的速度和被铸造的速度一样快"。[28]当然,本位金属是一种方便铸造小额货币的金属,但同样的金属铸造大额货币就会以太笨重而告终。

复本位制可能避免了硬币太小或太大的问题。[29]但是它易受格雷欣法则生效之苦,一种金属单独被带到铸币局铸为硬币,而另一种金属的硬币则被切削、被锉削、被熔炼或者被熔化。国家因此会面临零钱或大额货币短缺,这取决于哪一种金属被过高定价。换句话说,这种情况可能不会比铸币局铸造单一金属货币更好。[30]

最后,可供选择的代币货币有其本身特有的缺陷:代币硬币的名义价值或面值和其"内在价值"之间很大的差异会诱发伪造者。除非能把合法硬币和伪造硬币区分开来(由铸币局当局而不是由公众进行区分),伪币制造者会挫败铸币局保持代币供应和需求一致的努力,让合法的代币和伪造的代币一同大打折扣。如果铸币局努力限制供应并支撑其代币的价值,提出愿用足额的(银或金)币来兑换它们,那么伪造者可能就会把铸币局当成"洗衣店"。另一方面,如果铸币局为避免损失,拒绝回收不需要的硬币,那么伪造可能会导致供过于求,最终驱使代币的价值降到不再大于它"内在价值"的水平,使它们不再比火柴、钉子或纽扣更适合充当货币。

英国政府依靠的是哪一种选择？答案取决于讨论的是真正依靠的解决方案,还是政府假装依靠的选择。就英国官员来说,英镑、先令和便士在整个18世纪持续是银货币单位,从伊丽莎白女王时代起就是这样,各自对应的是20先令、1先令和十二分之一先令。就像我们已经看到的那样,金几尼曾经在一段时间内拥有自由浮动的价值,在1717年被确定为官方价值21先令。从那时起,英国正式实行复本位制,金币和银币在这个世纪剩余的大部分时间里,都拥有无条件的法定货币地位。[31]

但是英国官方复本位制存在一个问题。皇家铸币局也铸造铜币——法新和半便士——根据1672年的一项公告,假定其包含"足重的铜,其真正的内在价值分别和半便士或法新的价值相同"。换句话说,政府假装供给英国所有的零钱需要,不需要铸造代币,也就是说,不发行官宣价值实质上高于其"内在价值"的任何硬币。因为没有免费的铜铸币,那么这种金属就没有官方的造币价格,那这项政策被描绘为官方三本位制就不是特别准确。然而,铸币局在整个

18世纪坚持以每常衡磅铜制造46枚半便士或92枚法新的政策。因为它看上去确定了铜的官方价,同时暗示了一种在那一价值和铜的市场价之间的紧密联系,英国的官方铸币政策可能被公平地描绘为一种伪三本位制。

事实证明,英国18世纪的实际零钱体系和官方公告的相距甚远。首先,英镑在18世纪的前10年的某些时候不再是白银单位,相反开始指一定数量的黄金,也就是一枚金几尼的二十一分之二十。这种变化"发生时,就立法机关而言,没有任何行动,甚至没有行动的想法"。[32]很微妙的是,许多人包括伟大的亚当·斯密都未能注意到它,相反认为它们只能指白银的数量,因为在很大程度上价值标准仍是继续由英镑、先令和便士而不是以几尼报价。

向黄金单位自然转变的发生,部分是因为支付规模的增加,这使得金币方便用于不断增加的交易份额,而且也因为虽然在17世纪90年代货币大重铸期间足重的银币供应充足,但之后已逃之夭夭,或已严重受损。[33]当它不再以银的数量计算时,先令这个术语就不再具有明显的意义——卖家喜欢把它看作1699年最后看到的足重银币的代表,同时买家坚持把它视为手头重量严重不足和破旧银币的名字。在这种情况下,继续把英镑、先令和便士视为银币单位,无疑是自找麻烦,因为这一定会重演大重铸之前的那些日子里司空见惯的无止境的讨价还价和争论。回到那个时候,麦考莱[34]讲述道:

> 随着周六的到来,工人和他的雇主开始定期争吵。在一个集市日或市场日,吵闹、责备、嘲弄、咒骂,永不停歇。如果没有掀翻货摊,打破头,就很好。如果没有约定收款的货币质量,商人就不会立约交货。即使是生意人也经常感到困惑,陷进所有金钱交易的混乱之中……劳动者发现,他们收到的这一小块金属,被称为先令,当他想要购买一壶啤酒或一条黑面包时,它很难像六便士那样好用。[35]

含蓄地同意把先令和英镑看作黄金单位，同时用磨损的银币作为纯粹的计数器或对金币的请求权（仅以有限的数量，以票面价值被接受），商人能够避免混乱且不把事情变得复杂。然而，工人的生活很难比光荣革命之后更宽裕，因为他们很少能够获得金币报酬，经常被迫接受银币。节约银币以便购买大件物品，是让自己处于损失之中，所以这增加了真正的苦难。

对所有优质银币来说，发生了什么？格雷欣法则起了作用——在货币大重铸时期，白银相对于黄金来说，估价过高，并且一个世纪之后仍是如此，尽管牛顿决定将几尼的价值固定为 21 先令。回想起来，牛顿阻止银币外流的努力看上去似乎是半心半意的，因为尽管他降低铸造比率到 15.25 以下，新的比率仍旧高于市场比率。所以白银继续流向东方，在那里 13 磅的银能买 1 磅金。

所以对 18 世纪的大多数时间来说，发生的是皇家铸币局"有效地向白银关闭了大门，就像它被法令所关闭一样"。[36]在牛顿改革之时到 1760 年，不到 200 万盎司白银（大约值 50 万英镑）被送到那里铸造为货币。[37]在这一数额中，136431 英镑由乔治·安森（George Anson）航海的赃物构成，而另外由先令和六便士构成的 79198 英镑，被委托给英格兰银行在圣诞节期间交给其客户。[38]在 18 世纪的剩余时间里，铸币局根本没有铸造银币，除了一批少量的濯足节银币（60 英镑）还有两个例外情况：1762—1763 年，铸币局利用海上获取的战利品生产了 5791 英镑的三便士和先令；在 1787 年，再一次要求英格兰银行在圣诞日拿出价值 55459 英镑的银币。[39]相比之下，仅仅在 1717 年，东印度公司出口近 300 万盎司银条，大部分来自从流通中被剔除并被扔进贵金属交易商熔炉的重银币。[40]

熔化和出口硬币是非法的，但它不重要，因为法律是无法实施的。交易商只需要口头起誓，他们是从外国货币或者银制器皿中得到的金银块。无视法律的结果是严重的。

根据法律，1磅或者12盎司标准银铸造出62先令，也就是1盎司62便士。熔化了这62便士，在酒吧里1磅重的银按市价能卖得68先令，也就是1盎司能卖得68便士。因此，英国铸币银和非铸币银之间的差价现在是92%—93%。[41]

尽管免费铸币被认为能使货币更丰富，在英国复本位制安排下，事情却向相反的方向发展。只要白银的相对市场价值涨到稍微高于铸造比率潜在的价值，对交易商来说，熔化优质银币就有利可图。而且，铸币成本不是分派给那些因手头有更多货币而获益最多的人，而是由政府承担，免费铸币让政府有理由忽视对零钱的任何需求，"直到那种需求的压力达到极致"。[42]

不是所有的银币都被熔化和出口了——只要金币不能充当零钱，一些银币就会留下来。但是市场力量注意到，只要货币仍旧足够紧缩，通过自然的磨损或通过故意削减，足以使得它们的出口无利可图。在剪刀、锉刀、硝酸甚至是猛摇装满半袋钱的钱袋的帮助下，花费时间把标准银的实际铸币等价物从1磅62先令提升到不低于1磅68先令。用这种方法，至少阻止了一些英国白银被用于"美化印度妇女的身体，提供中国寺庙的还愿供品，或者在边远之地扩大囤积"。[43]

根据阿曼[44]对皇家铸币局的研究报告，1786年流通的银币样本显示，半克朗只有其正常重量的12%，平均下来，先令和六便士分别低于23%和36%。[45]除了变轻以外，留下来的银币，如果不是变成纯粹的白板的话，表面也严重损毁。只要这些破旧的硬币可以按面值出售，即使数量有限，特别是在税收官员以票面价值接受它们的情况下，它们实际上根本不是完整的硬币，而是"由黄金的价值支持"的信托货币，[46]换句话说，它们是纯粹的代币——没有公开得到承认的代币，肯定地说，只是代币而已。

因此，在沃尔特·白芝浩（Walter Bagehot）的著名表达里，它"迎头撞上"了内阁政府，英国跌跌撞撞误入金本位制，以代币银币作为补充。但这些是很糟糕的那种代币，因为它们极其易于伪造，并且因为铸币局不能增加它们的供给，所以没有人愿意给铸币局提供白银。如果银币存量从根本上增加，那要感谢的只有伪造。另一方面，总体上说，优质银币是很难获得的。不足为奇的是，不能期望铸币局能够正常管理代币制度，因为铸币局拒绝承认其存在。

"让老百姓等一等"

银币短缺意味着铜半便士和法新不仅不得不用于所有6便士以下的交易，而且不得不在大额零售和工资支付中取代消失了的银币。从纸面上看，正如我们所看到的，铸币局的铜币是完整的硬币，只有少许折让，用作铸币成本；事实上，它们的名义价值在18世纪的大部分时间里大体上是所含铜市场价值的两倍。换句话说，它们也是代币，也是一种很容易被伪造的代币。

随着"欺诈性"的铜钱倍增，真正的铜币随着18世纪的消逝越来越稀少，部分是因为许多真正的铜币重量不足，被熔化转变成更轻的赝品，也因为铸币局选择定期停止铸造铜币，即使工业界恳求更多的铜币，也依旧这么做。因此，没有足够的优质王室铜币来兑换零钱，更不用说填补银币出口留下的空白。

一些硬币史学家把王室铜币短缺归咎于官员们鄙视这种金属，铸币局官员把这种金属责难为"品质低劣且不名誉"。[47]英国的君主同样被认定考虑的是，把自己的肖像镌刻在如此"无价值的"物质上有损自己的高贵。对这一点还要提及的是，尽管铸币局在1672年首次开始铸造铜币，但铸币局官员直到1782年才声称铸造铜币并不是一项"属于铸币局的正常活动"。[48]事实上,铸币合同从来没有规定铸造任何铜币。铜币铸造相反被铸币局(也被议会)视为一项业余业务,以特殊合同为基础进行,以"王室许可证"而知名,由自主的铸币商公司和王室之间协商确定。[49]因此,尽管国王并不介意把自己的肖像镌刻在铜币上,但议会从未把镌刻肖像的成本纳入常规预算。

21　政府看不上铜币也有今天称为"公共选择"的原因:毕竟,铜币是中产阶层,特别是穷苦阶级的货币,而穷人没有影响力。富有者需要的是金几尼和银克朗,前者用来大额支付,特别是在绅士们之间;后者用于有利可图的出口(如果是优质币)和用于商业交易(如果是劣质币)。一位无名的吟游诗人表达得十分简洁:

> 金币购买选票,否则在这之前它们就蜂拥而至,
> 铜币仅仅服务于穷苦阶层的人民,
> 铜币从未走进宫廷。
> 因为我们的一先令足足十二便士重,
> 银币在德国更胜一等。
> 的确,老百姓才需要它,那是什么呢?
> 他们不是政治家——让老百姓等一等。[50]

铸币商公司本身,从铸造金币和银币中,比从铸造铜币中的获益更多。在1799年以前,铸币局局长是根据产量获得佣金,然后再和铸币者分摊。在1770年以前,佣金是根据铸造货币的价值来领取,而不是根据硬币的数量。[51]铸币成本趋向于与铸币的数量而不是与它们的价值成正比——物料成本之外,1法新和1几尼所需成本几乎一样多。结果,铸币局局长和铸币者都喜欢集中精力铸造大额硬币。事实上,如果不是枢密院在1672年要求他们开始铸造铜

币,他们可能根本不会铸造。

但铸币局对铜币的鄙视,尽管可能相当严重,却仅是更复杂图景的一个方面。尽管铸币局合同一直到19世纪都没有规定铸造铜币,但铜币铸造从1672年起时常成为可能,由财政部通过王室许可证采购,来回应公众对零钱的强烈呼吁。在1700年至1728年,铸币局铸造了极少量的铜币;在1729年至1753年,又在1762年至1763年和1770年至1775年,其发行了大量的法新和半便士,但是仍不够用。[52]

需要修正的是,并不是铸币局对铜币关注少,这只可能让它不铸造铜币,但是它的倾向是断断续续地铸造铜币。对这一模式的解释可以从两方面开展。

首先,王室铜币的代币性质(也就是说,事实上它们被估价为其金属价值的两倍多),再加上它们平庸的质量,使它们被大量地伪造。合法的铜币有时被熔化,转变成面值更大、重量更轻的赝品。这样一来,铸币局发现,每当自己增加真铜币的数量(并改进平均质量)的时候,不经意间助推了伪造铜币的产出。

其次,真的和伪造的王室铜币都从酒馆老板的交款处流向伦敦酿酒公司的保险柜,它们在这里堆存起来。银行不会接收它们,铸币局从未认真接受过赎回它们的想法。而且,如皇家铸币局历史学家约翰·克雷格爵士(Sir John Craig)[53]指出,"用铜币不能协商大额合同,不能购买汇票,同时它们被拒绝用作税收和消费税"。结果,到18世纪中期,许多伦敦啤酒厂,以及其他伦敦批发商,甚至一些零售公司,都发现自己"背负着每半便士50—500英镑的负担"。同样的事情还发生在1758年至1763年,一直到1775年才结束。

为回应伦敦酿酒者和商人的投诉,也为了阻止原材料流向货币伪造者,铸币局从1701年到乔治一世继位的1714年、从1755年至1762年、1764年至1769年以及1775年以后停止生产铜币。但是,每次减轻伦敦剩余铜币压力的努力,都会遇到不同来源的齐声抱怨,因为在地方上,许多技术工人,在1775年以后特别是制造商和矿业公司,发现自己缺少优质硬币用于找零或者支付工人工资。

事实上,即使铸币局生产铜币时,这种硬币可能从来不会到达最需要它的地方,因为王室许可证并没有制定关于铜币分配的条文,仅在伦敦塔以5先令和10先令小包递送。这使得塔币半便士对伦敦之外的任何人来说,都是一笔不划算的买卖,因为铸币局以全额票面价值"出售"其硬币。许多地方制造商,特别是那些极北地区之人,发现递送成本太大难以承受,因此希望要么新发行的塔币以某种方法逐渐渗透到他们手里,要么转向铜币伪造者,他们至少有一个优点,递送他们的产品仅收取成本以上的合理利润。

所以,形成了一个两难处境:铸币局要么以让伦敦酿酒者和商人承受不想要的更多硬币为代价,尝试——尽管不够——取悦绝望的制造商,要么以剥夺制造商支付工资的手段为代价,取悦酿酒者和商人。每一种选择看上去都在鼓励伪造货币,第一种回报货币伪造者的是现成的原材料供给,而第二种是增加了公众接受明显伪造币的意愿,因为没有更好的货币能用。对从1775年开始的一代人来说,铸币局坚持第二种策略,根本不生产铜币。需要记住的是,这是格雷欣法则让铸币局的银币产量涓涓流出的时代,这也是工业革命至关重要的起飞阶段。

从一份1785年铸币局的评估报告中,我们对造成的零钱短缺严重性有一些认识,考虑到向下调整以矫正一个铸币局生产数据的错误,合法铜币的全部票面价值是30.6万英镑,或者每个人仅有3先令。这是远远不够的,特别是考虑到优质银币的缺乏。这一微薄存量的王室铜币中的大部分,躺在并不想要它们的酿酒者和商人的金库里,而不是用于支付工资。"问题的根源,"约翰·克雷格爵士正确地坚持道,"并不在于每个人头40枚半便士,而在于其错配。"他解释说,"铸币局不仅没有权力,也没有知识,根据需要指导向或者不向特定地区供应;没有任何组织……来再分配充塞着某些城市的繁重负载"。

只要英国政府未能正式承认其银币和铜币的信用地位,就不能期望它认真对待代币的要求,特别是保护代币不被伪造的要求。只要它拒绝依赖代币,政府就会感到有义务保持复本位制(如果不是三本位制)的表象,如果不是保持复本位制的现实。英国跌跌撞撞误入金本位制,因此被迫过着一种"阴暗"的生活,在法律的眼里,与"银本位结婚的经济"却在"玩弄情妇",生下来私生子代币体系,政府当局却拒绝承担责任。为了给金本位制和其后代不光彩的地位解围,政府不得不停止假装英镑是一个银币单位,同时承认官方代币的存在。这反过来意味着找到一种方法来区分皇家铸币局的代币和伪造币。遗憾的是,就铸币局而言,要做到这一点没有万全的手段——其自己的铜币和在伯明翰黑巷制造的那些铜币,至少在某些情况下,像同卵双胞胎一样相似。

凑合着用

18 世纪的雇主怎样处理硬币短缺?刚开始,许多人"花费几天时间骑马到处"找零钱,有时为了零钱不得不多花点钱,经常不得不勉强接受劣质半便士。为了给织布工发工资,塞缪尔·欧德诺愿意向任何人求助,"不管多么遥远,只要他的生意能带来定期的货币供给,并准备授予信用"[54];即使是有一两个学徒的熟练工,每周也要花几小时的时间寻找零钱。[55]从遥远的地方进口现金,雇主不得不采取特殊措施以免成为拦路强盗的猎物。欧德诺的一个主要现金来源——他的叔叔托马斯——坚持在定期发货时在成捆的货物中藏100—200英镑。[56]

因为即使是最紧锣密鼓的寻找，也不能弥补现金的整体短缺，生意人也借助用部分实物代替货币支付，与最初产生雇用无产阶级的趋势背道而驰。事实上，几乎每个行业都付给其工人某种非代币的报酬，经常是由废品构成，每个都用精确的（如果不是特定的）暗语来表达，就像接下来彼得·莱因博（Peter Linebaugh）的账目：

布头给裁缝，测深锤流向水管工和玻璃工，木屑给造船工，扫舱货给搬运工，红色帆尾给海军船坞工人，火石和织边给织布工，纱巾给仆人，优惠给西南的呢绒商，奴役给苏格兰农业工人，碎屑给制桶工人，废布给机织工。[57]

熟练工和学徒也经常会得到原材料和工具，费用会从他们的货币工资中扣除。最后，大型工厂和矿山会经营公司商店，或者"汤米商店"（凭证换物商店，Tommy shops），在那里工人能用公司发行的"汤米券"（Tommy notes）购买物品，"汤米券"是代替王国货币付给他们的。一些工厂也安排让单独的地方零售商接受他们的"汤米券"。[58]例如，欧德诺给他的许多工人提供房屋、牛奶、煤炭、肉类和床铺，从他们的工资中扣除这些费用。在1793年金融危机期间，现金特别短缺，欧德诺几乎完全依靠以地方店主同意接收的票券，来支付他的工人的净工资，现金支付限制在"1英镑不超过2先令"。[59]

一些经济史学家把坚持以物易物和凭证换物商店归结为雇主试图逃避工资规管，[60]其他人把其归结为工人们对"老习惯"的喜爱[61]。但是很明显，优质货币的短缺也应该受到责备。[62]对雇主和工人来说，信赖以物易物，远不是让生活变得更加舒适，这既是一件麻烦的事情，也会引发他们对工业的敌意。"这个体系，"根据哈蒙兹[63]的观察，"毒化了师傅和工人的关系，削弱了已付工资的流通。"熟练工抱怨他们的雇主给他们提供的设备和材料以"膨胀了的"价格定价,而工厂和矿山工人,清醒地意识到公司商店同样"膨胀了的"价格,对强迫他们和其家庭以信用获得必需品的薪酬制度不满,因为这经常意味着要么惠顾工厂商店,要么在缺少化妆品、燃料或食物的情况下生活:

> 你们所有的船夫和煤矿工人,
> 快来听我的小调,
> 我给你们唱一首不会太长的歌曲,
> 它既新鲜又动听;
> 唱的是关于汤米商店,
> 以及无法无天的高地,
> 他付给你一张汤米券,
> 你要么拿着,要么一无所有,
> 这是我的弱点……
> 然后我们去了汤米商店,
> 去获取我们一周的供应品,
> 他们的燕麦片、糖、盐和肥皂,
> 缺斤少两,短尺少寸……
> 话说如果我们有钱而不是这些,
> 这些物品我们可以成堆拥有,
> 他们从我们身上榨出利润,
> 二十先令中有九先令……[64]

只要允许以剩余物品给工人支付部分工资,那么额外补贴和偷窃之间就很难划出清晰的界线。只是在字面意义上有付款的意思,实际上偷窃的诱惑是巨大的。工人们"注意到,师傅桌上的面包屑足够多"。[65]这种侵占滥用有时候等同于阿什顿所称的"公然抢劫"。[66]收购者和谢菲尔德制钉者之间的生意兴隆,制钉者偷拿成卷的金属线来补贴家用;收购者和伯明翰制铜工人之间的生意兴隆,制铜工人拿废弃的金属来补贴家用。矿工认为给他们的煤炭津贴再额外多加一两锹没什么,造船工人被发现把"木片"带回了家,看起来像是被故意分割的木材长度。

在很多种情况下,应该承认,这种侵占挪用影响了某种天然的公正,在皇家造船厂的工人非常关心以帆布形式发放的工资,这样的工资通常也会拖欠好几个月。[67]根据阿什顿[68]的说法,"在'拉长时间支付'(long pay)和侵占挪用之间存在着紧密的联系"。这两种行为根本上可以归因于零钱短缺,至少部分是如此。但是,官方的正义对这样情有可原的情况熟视无睹,许多穷苦的工人在监狱里终老,仅仅是因为试图拿到当初承诺给他们的工资。由于政府的调查获得了海量的信息,来自皇家造船厂的证据也提供了一些以实物津贴补充现金支付的情况。从1797年开始,在马修·博尔顿苏荷铸币厂生产新王室铜币,让海军能够每天按计件获得以现金支付的工资,工人们要求支付8便士,这几乎是改革前他们日常货币工资的三分之一。[69]

可以预见的是,随着优质零钱短缺日益严重,物料的偷窃会变得更糟糕,反映在不断增加的处罚和越来越多的人被捕。在1703年,一位被判有罪的工人"只是"让交他或她被控偷窃的物品价值两倍的罚款,再加上对那些将来不能或不愿交罚款的人的肉体惩罚。在1740年,诉讼成本(或者更多的抨击,或者时间成本)被叠加到旧有的惩罚之上。9年后,曾经仅是违反合同的行为也会被定罪,惩罚是14天监禁;在1777年,判决被延长——第一次犯罪增加到监禁3个月,再次犯罪者监禁6个月。[70]

雇主处理硬币短缺的另一个方法是通过协商付款来实现对零

钱需求的最小化,不用另外改变他们的货币工资单。许多人坚决要求"集体支付",这意味着几名工人不得不共分一个或更多的金几尼、半几尼或银行券。[71]除非集体碰巧是由同一个家庭的成员构成,有时是这种情况,否则"集体支付"是一项讨厌的任务。一位制造商解释道：

> 如果两个人的工作能拿到1几尼,或者三个人的工作能拿到2几尼,我们付给了他们金几尼,他们必须相互协调,直到他们得到零钱来购买他们想要购买的东西。如果他们去一家杂货店,除非他们购买的糖、茶等达到一定的总量,否则店主不会兑给零钱,并且会让他们带走一定数量的(劣质)半便士……
>
> 经常发生的是,穷人并不想去杂货店,他们来自周边的村庄,很少想要买茶和糖带回家；但他们通常会去集镇里的一个公共场所,在那里喝一杯酒消除疲劳；这两个或三个人(尽管不是所有的村民)去那里,有一个好借口让他们的金币兑换成零钱——如果他们在喝了一品脱或两品脱之后,发现他们不能成功换来零钱,他们能做的就是去另外一家……但是他们不管是否能在第一次或第二次尝试时得到零钱,如果他们没有带着几先令铜币,他们就不会得到服务,这种质量不好的铜币就迫不得已进入了流通。[72]

同样麻烦且普遍的行为是"拉长时间支付",用这种方法工人们被迫等待几周,而不是一两个结算日。雇主们也会错开时间支付工资,这样同一批硬币能够发挥两次甚至三次作用。例如,一位兰开夏棉布纺纱工,早晨第一件事是给他的工人付三分之一工资,然后让他们去镇里消费,他能收回他们在同一天花在店主和粮商那里的硬币,再用它来支付第二批工人的工资。这位纺纱工在傍晚再一次重新获得了许多硬币,用在第三轮和最后一轮的支付上。[73]

产生足够可用的硬币,一个不那么笨的方法是进一步涉足在啤酒馆设立付款台。这一做法可以免去雇主在小酒馆回收剩余硬币的麻烦,只需要在同一天晚上取回就可以。为了减少他们的工资账单,雇主们和小酒馆老板协商让他们的工人们"打包"饮酒,然后他们在工人的工资中减去酒钱,在打烊时用几尼或银票集体结算。啤酒1夸脱3便士,扣除额将大幅度减少雇主的零钱需求。本·富兰克林(Ben Franklin)[74]在他的《自传》(*Autobiography*)中注意到,当他在1725年为一位伦敦印刷商工作时,他的工友们都是"大啤酒桶","每人每天在早餐前喝1品脱,在吃早餐时就着面包和奶酪喝1品脱;下午6点喝1品脱,完成一天工作后喝1品脱"。这样就导致"每个星期六晚上付款台工资支出4先令或5先令"。

付款台被许多人看作雇主和酿酒商共谋鼓励工人饮酒的证据,雇主和酿酒商共享利润:

> 要是他们是啤酒馆的常客,
> 那么我们认为麦芽酒就成为他的妻子,
> 当我们做个计算,我们渴望
> 在一先令里挣二便士,我们将挣到这些钱,
> 用这样狡猾的方式我们得到了我们的财富,
> 因为所有的鱼儿都游进了我们的网中。[75]

29　确实,饮酒是一个严重的问题。许多贫穷的工人在半夜回家时花光了钱,喝得烂醉如泥。妻子哭泣诉苦,丈夫大打出手,被捕是经常发生的事,圣周一——由宿醉未醒的工人所创立的一个每周非官方"假日"——被热情地保留了下来[76]:

在夜里他摇晃着回家,他不知道嘟囔了什么,
在酩酊大醉的日子里,男人就是一个傻瓜,
因为喝酒,喝酒,抽烟,抽烟,喝酒,喝没了一天,
在酩酊大醉的日子里,家里没有一丝快乐!

但是不需要假定雇主和酿酒商或酒馆老板或其他对推动家庭不和感兴趣的人达成了同盟,因为这降低了他们自己企业的生产力。有不少人借助于付款台,因为他们无法支付工资账单。如果有充足的优质硬币,他们将把工资支付和周日布道联结在一起,能更好地服务于他们自己的利益。

伯明翰半便士

可以理解的是,官方零钱的短缺推动了各种各样非官方替代品的生产和流通,包括数量庞大的伪造铜币。伪造硬币生意的性质排除了对其体量的精确估算,但是毫无疑问,这是一门大生意,伯明翰和伦敦充当了制造总部的作用,随着18世纪的消逝,其体量日益增长。早在1676年,王室铜币首次出现仅4年后,大量的伪造触发了一项枢密院令,暂停王室铜币的生产。在1693年和1701年,铜币铸造被指派给私人专利权所有者,造成更加空难性的后果。在1717年,皇家铸币局再次接管铜币铸造工作,但这一步与其他法律改革和私人的积极性都不足以阻止伪造硬币。18世纪中叶,根据当时一位见多识广者的估算,以及一份许多年以后被发掘出的那一时期铜币贮藏目录,流通中的铜币接近一半是伪造的。到18世纪末,这一比例仍在扩大,估计在六分之五到十分之九。

普遍的观点把伪造货币者描绘为孤独的神秘莫测的人物,在

30 "伯明翰和伦敦的暗巷里"伪造货币,偷偷带着小包货币亲自到市场,把它们打发给那些毫不起疑的零售商,或者以折扣的形式卖给那些寡廉鲜耻的工厂主。尽管这部分是真实的,但这种观点歪曲了18世纪英国伪造货币行业的重要特点,特别是在伯明翰,为制造外套的金属纽扣而发展出来的技术很容易被用来伪造铜币。一方面,尽管在1771年出台了相当粗糙的惩罚措施,但这种交易是在公开的情况下进行的,规模之大令人惊讶,特别是在18世纪末。因此,在1780年,《阿里斯的伯明翰公报》(*Aris's Birmingham Gazette*)略感歉意地提到,"数量惊人的伪造半便士在流通",并且"是对他们用假钱购买之物的大胆冒犯,是对禁止这种行为的法律的公开蔑视或挑战"。[77]另一位伯明翰目击者,在数十年后写作时,同样注意到,"这种交易是如此公开地进行,我经常好奇人们的大胆,不考虑惩罚的严重性"。[78]在18世纪快要结束时,当马修·博尔顿准备发行他自己的(经过授权的)王室铜币时,他也提到①,"许多带着行囊的骑士,出发开始他们的旅程,仿照半便士的样本定期给我们下单,好像他们在下单纽扣一样",一些伪造货币的制造商甚至"胆大到在大街上悬挂标牌'这里制造各种铜币'"。[79]在伦敦,这种交易规模如此之大,根据治安法庭法官帕特里克·科洪(Patrick Colquhoun)的说法,几乎没有一辆货车或四轮马车离开城镇时,不是满载成箱的假币,开往各个地方的兵营、海港和制造业城镇。[80]

如同1787年出现的合法商业代币制造者一样,伪币制造商通常不参与业务的零售终端,这不同于皇家铸币局。相反,他们充当的是工匠或熟练工,大规模出售他们的产品,给不同地方的大经销商,按照质量不同,以面值的五分之一至二分之一不等出售。经销商再

---

① 在给议会议员乔治·沙克伯勒-伊夫林爵士(Sir George Shuckburgh-Evelyn)的一封信中。

把这些赝品以较小的折扣,出售给制造商、商人或其他定期订购零钱的代理人,也出售给零售流通者或假币使用者。根据科洪的记载,在伦敦,假币使用者主要是爱尔兰人和"犹太人的下层人士",一些交易商拥有"一种市场,每天早晨有 40—50 位德国犹太男孩,固定提供伪造的半便士"。[81]

在 18 世纪末,大量存在的伪币表明,伪币制造业规模相当庞大。科洪在准备他具有影响力的著作《论大都会的警察》(Treatise on the Police of the Metropolis)时,对这个问题作了详细的考察,发现在 6 周时间内,两三个人能冲压和完成伪币价值(面值)200—300 英镑,或者 9.6 万—14.4 万枚半便士。到 1790 年代中期,有超过 50 家伪币制造厂在运行,主要是在伯明翰、伦敦和布里斯托尔,几家大规模的工厂同时操作多台冲压机。

尽管货币伪造者的生产规模令人印象深刻,但是他们产品的质量往往不是如此。这带给我们一种区别,将在随后的讨论中发挥至关重要的作用:"优质的"伪造品,也就是足以令人信服地欺骗铸币局当局的那些伪造品,和"劣质的"伪造品,也就是那些最多只能愚弄普通大众可能也不是其中很多人的那些伪造品,这两者之间的区别。"劣质的"伪造币比"优质的"更常见。一直到 18 世纪中期,所有的伪造币都是浇铸的而不是冲压的,尽管皇家铸币局从威廉三世统治以来就不再使用浇铸来加工铜坯料。在 18 世纪 50 年代早期,货币伪造者开始使用螺旋冲压机,用模具刻意切割边缘来模仿旧有压印的汉诺威铜币。但即使是这些冲压的产品也通常远不如王室半便士(或者至少逊于崭新的王室半便士),因为代表性的伪币是以每磅铜 72 便士的标准制造出来的铜币,相比之下铸币局的标准是 46 便士。到 18 世纪末,"劣质"伪造币的比例特别高,少数货币伪造者甚至致力于给他们的硬币进行蚀刻以和那些官方的硬币更像。相反,许多人生产的"平板半便士",根本没有蚀刻,或是回避了和王室硬币相像的问题,这勉强逃避了反伪造法对刻印文字的规定。一位见证人日后回忆道:"尽管任何种类的垃圾都被当作铜币来使用……所有这些使得伪造硬币交易变得更容易。"[82]

一些作家批评这是对广大文盲如此明显的欺诈。但即使文盲可能能够解释清楚为什么一些人不能说出"GEORGIUS Ⅲ REX"和"GOD SAVE US ALL"之间的区别,也很难解释清楚所有"平板半便士"和明显重量不足的半便士之间的区别。一个更好的解释是缺乏合法的王室铜币,且(在1787年以前)缺乏商业替代品,迫使人们只能接受这样的赝品,而不是完全放弃支付。"普通的家伙,"约翰·克雷格爵士注意到,"如果缺乏零钱,不会关注其内在价值、铜的高质量和法定货币的图案或图形边界。"[83]确实,当地方店主尝试相互合作拒绝伪造货币,就像他们在无数场合所做的那样,他们的决定只是在缩减销售和点燃骚乱上成功了。[84]

公共美德?

鉴于刚才考虑到的事实,现代史学家倾向于把18世纪的货币伪造者视为罪犯,但其罪行不仅没有受害人,而且在很大程度上是有受益的,就像许多罗宾汉(Robin Hoods)式人物的行为一样。"事实上,"费维耶(Feavearyear)[85]注意到,"只要政府无法找到一种方法给国家提供合理充足的硬币,伪造币就是一件好事,而伪造者'有填补空白的倾向'和'不会对货币标准造成伤害'。"

对这一观点可以讲出许多道理来:毕竟,人们需要零钱,且穷人最需要它;即使是劣质货币总比没有好。自相矛盾的是,最笨拙伪造品的极端恶劣状态使它们特别亲民,因为在优质硬币短缺的地方,只有这些不像样的硬币才会被接受。因为这个原因,据说"劣质"半便士使得普通大众比过去宽裕多了。可以让它们自己说说：

在这个现时代，尽管我常常被发现身处吝啬者和粗俗者之间，但我更多的是出现在华而不实的庭院和豪宅里。没有我，贸易和商业将萎缩成阴影，零售行业将完全毁灭。简而言之，无论如何是存在短缺的，我也不是特别耐用；这通常是人类忘恩负义之处，在公众中我的名字普通，被人看不起，被否认，甚至在那些私下里爱抚我的人们中，也是如此。[86]

"优质"伪币是另一回事，因为它们也似乎缓和了短缺，它们足以欺骗皇家铸币局当局的能力意味着，即使在合法货币供应没有短缺的地方，它们也能被投入流通，潜在地导致剩余。只要官方货币不是可兑换的，这样一种剩余也能驱使整个零钱的存量走向打折，严重削弱交换的效率。但是，如果官方硬币可以按照需求转换成足额的货币，那么优质伪币的增加，通过耗尽发行当局法定货币的储备，将削弱它们的可兑换性。这样一来，优质伪币就阻碍了从其他方面来说已经是一个平稳运行的零钱体系，它们不是简单地弥补了官方硬币的短缺，它们至少要为这种短缺负一部分责任，因为只要官方铸币局有理由担忧其代币会被复制获利，它就不敢提议兑换它们；只要铸币局拒绝兑换其代币，它就不能在没有增加其他剩余的情况下，解决地方的短缺问题。

因此优质伪币给劣质伪币留下了空间。由于这个原因，即使劣质伪币泛滥，也更有可能被拒绝发行，优质伪币基本上对英国货币体系造成的伤害最大，阻止了其解决公众的零钱需求。除非有人想出一个方法，把这样的伪造币排除出去，英国的制造商和工人们不得不在没有足够的硬币供应的情况下，在18世纪的剩余时间里应付度日，即使这意味着拖慢（如果不是阻止）工业革命。

然而皇家铸币局远没有做其能做的,来使铜币难以伪造,而是什么也没做。就铸币局而言,制造优质硬币确实是一项把合法授权的金属投放到货币中的事务。在1788年2月,当贸易委员会主席霍克斯伯里勋爵(Lord Hawkesbury)要求铸币局官员对一项建议给予回复,建议他们可以借助精抛光技术和标有字母的边缘技术使王室铜币更难被伪造,铸币局官员以"背离了物质货币的简单原始习俗,也就是在价值上足重,是其唯一自然和最好的保证",对这些想法不予考虑。[87]注意,这一意见是在同一当局报告英国铜币至少有一半是伪造的不到两个月之后出具的。[88]

纸币

今天,除了旅行支票,"私人货币"实际上等同于银行存款,可以用支票和信用卡转账。但是在18世纪,很少使用支票,相反,私人银行发行自己的可以流通的纸币。尽管纸币磨损得太快以至于不能代替铜币,但它们已经替代了银币,从而踏上了弥补英国整体硬币不足的漫长道路。正如已发生的那样,压制性条例阻碍了它们做到这一点。

第一家被广泛接受发行纸币的英国银行是英格兰银行,创立于1694年,不像一些人假想的那样,其并没有强化英国的货币体系,而是为英国与法国正在进行的战争提供了资金。除了以"垄断"的速度筹集到政府所需的百万英镑外,这家后来被称为"针线街老太太"的银行还被证明是非常有利可图的。但由于各种原因,很难与其获利动机相一致的是,英格兰银行拒绝踏足伦敦城外,直到1826年政府强迫其建立分支机构。英格兰银行因此获得了第二个绰号"伦敦银行"。此外,英格兰银行在1759年以前拒绝发行小于20

英镑面额的钞票,在1793年以前拒绝发行小于10英镑面额的钞票,其时才开始发行5英镑钞票。英格兰银行的钞票在地方上很少出现,大多数工人根本不使用钞票,更不用说穷人了,即使在伦敦也是如此。

一直到其他银行特别是乡下的银行,供给纸币,零售业和工资支付才开始使用纸币。不幸的是,1708年法案已经授予英格兰银行合股银行垄断权,作为其同意购买一些政府非常想出售的国库券的回报,这导致所谓的地方银行仍然资金不足,经常令人窘迫地倒闭。正如劳伦斯·怀特(Lawrence White)[89]所观察到的那样,"在英国流行的看法是,这些银行的不稳定归咎于它们发行小额钞票,而不是它们的资金不足"。议会在1775年以禁止发行小于1英镑的钞票来回应。在1787年,最小法定面额被定为5英镑,这一禁令起初每隔几年就重申一次,后来变成无限期的规定。

特威德河以北,银行业没有那些在英格兰和威尔士阻碍其发展的限制和特权。到18世纪中叶,在那里已经创办了几家"公共"或股份银行,这些银行和更小的"私人"银行从18世纪50年代开始都发行小于1英镑的钞票。一些私人银行把小额钞票作为它们的特色,发行价值仅1先令的纸币。随着这样的钞票大量地出现,投诉也出现了,(根据一份维多利亚时代的资料)主要来自"乡下绅士,由偶尔到访爱丁堡的一些人士领头",习惯于"夸大其词,荒谬推论,荒唐恐惧"。[90]不管是否可信,声称苏格兰受"小额钞票狂热"控制,苏格兰特许银行的代表们都乐于宣誓确认这一点,最终导致威斯敏斯特的干预,在1765年禁止在苏格兰发行1英镑以下的钞票。在1777年以后,苏格兰银行的1英镑钞票,早已在英格兰北部流通,在那里获得了更大的流通,甚至出现在了更南的地方。但到那时,即使是苏格兰银行也没有能力解决更小额零钱的短缺。[91]简而言之,正如乔纳森·鲁尔(Jonathan Rule)指出的那样,"不管历史学家对18世纪经济中纸币的可接受使用范围多么印象深刻,但对大多数人来说,货币仍旧意味着硬币,并且数量短缺,质量低劣"。

商业代币

小额货币严重匮乏,被皇家铸币局忽视,工人、制造商和其他生意人对不得不处理劣质先令和可疑的半便士深感厌恶,无法勉强应付,如果没有造成进一步伤害只能任由状况恶化,他们绝望地寻找其他解除匮乏的来源。最终在1787年,他们中的一个人决定,如果铸币局不能给他的企业提供像样的零钱,他就自己铸造它,发行私人代币,带上自己企业的标志。其他人追随他的做法,不久以后,英国发现自己配备了一套崭新的"商业"零钱系统。

用未经授权的代币来充当英国主要的零钱,这不是第一次。在哈灵顿勋爵(Lord Harrington)的铜法新失败后,类似的安排仍相当多。这些法新在王室特许之下于1613年发行,重量特别轻且粗劣,因此被肆意地伪造。毫不出人意料,哈灵顿拒绝信守承诺以银币兑换,这等于把法新变成废铜,这些法新即使在小额支付中也不是法定货币。直到1644年,哈灵顿的铜法新特许状的适用范围扩及其他人,最终查理一世停止了进一步的发行。

未经授权的私人代币(大部分是法新和半便士,还有一些便士)紧随哈灵顿的失败出现,不像哈灵顿的硬币,这些代币可以用银币兑换,尽管只是局限在地方范围内。它们的发行者主要是信誉良好的城镇当局或城镇委员会和一些私营商人和店主。我们恰恰对这些发行者如何保护自己的代币免于被伪造并不清楚;尽管他们的代币肯定是优于哈灵顿的,但它们在整体设计和铸造上仍是普通样式。无论如何,它们从未广泛流通,市场上也不全是这些代币。[92]

政府暂时容忍了未经授权的代币，但随后就下决心重申其铸币特权，下令由皇家铸币局铸造铜币，宣布私人代币为非法货币。尽管王室替代品有可用性，但私人代币如此受欢迎以致1672年王室公告宣布，"陛下希望，未来不应该有人或人们制造、铸造、交换或使用任何法新或代币，除非在国王陛下的铸币局铸造"，在1673年10月17日和1674年12月12日的公告要求人们遵循这一规定。后一份公告延长代币合法使用期限到1675年2月5日，之后地方法官将严格执行命令，依法处置违反规定者。[93]

禁止私人代币的法律仍旧记录在册，使得在18世纪后期重新借助这类代币很危险。尽管如此，新代币的发行规模相当庞大，与17世纪先行者发行的规模相比，在10年跨度内，其规模超过了前半个世纪所有的王室铜币发行量。事实证明，新的代币是有史以来设计最精美的硬币。它们也是首代具有足够防伪能力的代币，带有兑换保证，信用足够使它们流通，不仅在发行地流通，在一些情况下还在许多英里之外流通。

简而言之，英国的商业代币是世界上最好的小额硬币。它们的出现再及时不过了，因为在一定程度上归功于它们和制造、发行它们的人，英国才得以成为世界上第一个工业国家。

英国的商业铸币故事，正如约翰·罗杰·斯科特·怀廷（John Roger Scott Whiting）[94]所说，是"一个地方当局、公司和个人在面对国家无能时发扬首创精神的故事"。但它也是商业代币制造者之间紧张而残酷的竞争的故事，竞争是促使他们生产如此品质卓越的硬币的终极力量，但那和经济学教科书中的"完美竞争"概念鲜有共同之处。商业铸币故事还是英国两大工业巨头之间表面上热情友好，但常常满怀恶意的斗智故事——马修·博尔顿，有远见的和慈爱的"苏荷之王"，和托马斯·威廉姆斯，安格尔西岛铁石心肠的"铜矿之王"。

第二章 德鲁伊币、威利币与蜂巢币

照顾好便士，
英镑将照顾好它们自己！[1]

伟大的发现

如果不是因为一首被错误选择的曲调和一瓶被过分垂涎的廉价酒，18世纪后期商业代币制度可能永远不会出现。

回到17世纪90年代，年轻的亚历山大·弗雷泽（Alexander Fraser or Frazier）是罗威特家族的主人，在苏格兰比尤利一个结婚典礼上正埋头于自己的事务，当时某个风笛手，出于鲁莽或愚蠢，或者既鲁莽又愚蠢，开始演奏"诨名麦克·托马斯"。正巧这首"诨名麦克·托马斯"是一首严重冒犯罗威特家族的曲调。结果弗雷泽一时气愤，将风笛手刺死。这种事情即使是发生在苏格兰高地，在当时也是不被法律允许的，所以弗雷泽自己很快登上一艘船，逃离了苏格兰和绞刑架。弗雷泽会逃到哪里谁也不知道，但他最后来到了威尔士安格尔西岛岩质海岸。他的船在麦奈海峡失事，要么是被斯维利飓风吞没了，要么是被岩石撞成了碎片。弗雷泽一直待在安格尔西岛，直到1776年去世，享年109岁。他是一名逃亡者，是他父亲遗产的合法继承人，也是世界上最大铜矿的发现者之一。

这样的传奇至少是由"罗威特勋爵"本人讲述的，到了被称作铜矿"伟大发现"的时候，他是一位头发花白的隐居者，居住在安格尔西岛帕雷斯山东边的一所棚屋内,接近铜矿发现地。对当地人来说,他们很乐意相信他,正如他的四个儿子一样,当他们的父亲去世后,他们持续声索他们对比尤利地产的权利。年老的弗雷泽看上去相当老派,毕竟他在17世纪90年代挥舞过刀背。至于传说中真实的亚历山大·弗雷泽,在克拉弗豪斯战役中被杀,并且在1692年11月被葬回克尔卡尔,这样的传言……还有比这更好的故事来让一名苏格兰逃犯摆脱追捕吗?[2]

关于伟大的铜矿发现,没有什么怀疑的余地。在1761年,弗雷泽已经为尼古拉斯·贝利爵士(Sir Nicholas Bayly)做过一些勘探,他是塞里吉布莱戴牧羊场的主人,这个牧羊场包括了帕雷斯山的东半部。他发现了熔化了的铜块和木炭的痕迹,似乎是古罗马铜矿的残留物。在那个夏天,贝利让弗雷泽陪同一位矿产代理人前往这个地方。两人带着一份有利的报告返回,第二年工作人员开始采矿。在贝利的土地上总共有3条竖井,越挖越深,直到最后每条竖井都淹在了……水里,大量的水。

1764年,贝利受够了探矿,去年一直为他经营贝利矿山的查尔斯·罗伊公司提出从贝利手中租赁矿山21年,以换取8%的矿石份额。3年后,塞里吉布莱戴矿山仍旧是一个吞钱的无底洞,在1768年2月,失望的查尔斯·罗伊邀请他在大陆铅矿的工头乔纳森·罗斯(Jonathan Roose),来勘探塞里吉布莱戴的其他地方,这看起来是为了弥补他巨额投资的一次无用努力。罗斯派出了几支勘探队,但都双手空空而归。然后,他提出为第一个找到矿石的人提供一瓶白兰地[3](和一间不收租金的小屋,万一有所助益),竟然产生作用了:在3月2日圣查德节,正当勘探队打算放弃的时候,一声呼喊声响起。表层之下仅3码(1码约等于0.9144米)深,帕雷斯的主矿脉被发现了,它被证明是世界上最大的铜矿矿脉。阿姆卢赫小渔村的居民们看到一位幸运的矿工骑在马背上被护送下山,手里挥舞着一个空瓶子。

铜矿之王

在 1769 年的某个时刻,罗伊公司已经用一条条竖井布满了塞里吉布莱戴,这些矿井后来以蒙纳矿井而知名(以这个岛的罗马名字命名的),他们开始在西北角挖竖井,那里是他们租赁地的边界。这是自找麻烦,因为尽管尼古拉斯爵士持有帕雷斯山整个西半部的租约并且自己拥有东半部,他的份额虽然拥有完整的一半,但不包括其中一小块特定的区块。这部分属于一位名叫路易斯(Lewis)的人,他刚刚去世。路易斯的继承人,他的侄女玛丽和她的牧师丈夫爱德华·休斯(Edward Hughes)反对其侵占,声称贝利的租约并不包括采矿权,这是可以理解的。贝利向衡平法院寻求救济,于是休斯夫妇向他们的家庭律师托马斯·威廉姆斯寻求建议。到 1778 年诉讼结束之时,威廉姆斯以非常典型的律师风格建议由他自己全面控制路易斯地产。

随后,威廉姆斯联合爱德华·休斯和一位名叫约翰·道斯(John Dawes)的伦敦银行家,一起组建了帕雷斯矿业公司,及时满足了建造船只外壳不断急剧增长的对铜的需求。为了制造这种片材,威廉姆斯在霍利韦尔建造了大量工厂,包括两家完整的轧板厂和一台一分钟能够锤打 80 下的蒸汽驱动锻锤。他还和一位伯明翰制造商约翰·韦斯特伍德建立了一家合伙企业,韦斯特伍德拥有冷轧方法的专利,可以让威廉姆斯制造铜螺栓,能够固定船只外壳而不被腐蚀。[4] 最后在 1785 年,威廉姆斯赢得了蒙纳矿井的控制权,因此控制了整个帕雷斯山脉:

现在他僵硬的手放到了蒙纳开裂的山峰,

怀抱岩石，她的蓝色矿石手到擒来。[5]

这位来自拉尼顿的乡下律师就这样成为最大铜矿山的主要拥有者。

并且"最大"意味着巨无霸：登顶帕雷斯山脉西边的高峰，就会发现自己身处一个大峡谷的边缘，超过50码深和100码宽，两边是积满灰尘的深黄色板岩，蓝绿脉理的条纹伸展开来。在方圆半英里内，由于许多烧矿的窑炉里冒出硫黄烟，连一片植被也看不见。到东北部，帕雷斯矿山的露天开采，让位于蒙纳成排的矿井，总共有145口，以及一大片塌陷的矿井标志着从一个矿山向另一个矿山的过渡。

几处原木高台沿着峡谷垂直岩壁的顶部矗立着。矿工和矿桶以一种奇思妙想的方式借助一根绳索从高台上降下。采矿工人在岩壁上发现了一处立足点，开始掘进和爆破，打开一个小口，然后打出一个小洞，最终打出一个大洞，其中一些最终会塌陷。但是没有关系：矿工日工一天大约挣14便士，这对他们来说是一份很好的薪水，即使从事的是危险的工作；"按照契约工作"的矿工，即那些按照吨数获得报酬的人，可以赚到很多倍的钱，这取决于讨价还价最后商定或"清单"确定的矿石价格。考虑到有1000多名矿工在工作，一年产出超过4万吨矿石，更不用说还有1000名工人在冶炼厂和其他地方工作，这些加起来是一笔大额工资单。

相当大额的工资单。加上没有足够的优质货币用来支付工资，只有磨损的先令和许多伯明翰半便士及金几尼或五英镑纸币——最后一种矿工同意分享才会使用。想象一下威廉姆斯的所思所想，坐拥所有这些便宜的铜矿，却没有哪怕一枚属于自己的体面铜币。如果只有政府……但是为什么要等待政府行动呢，他什么时候能掌握主动权呢？老韦斯特伍德是个聪明的家伙，了解一些有关铸币的事情：他为加里克的莎士比亚节生产过好看的勋章。为什么不让韦斯特伍德找一位雕工制作一个模型，在霍利韦尔开始生产铜板（没有标记的金属白板）呢？如果政府"拖后腿"，帕雷斯矿业公司至少可以为自己的工人发工资。如果政府决定采取行动，如果不是生产新的王室硬币，谁能比威尔士自己的安格尔西岛矿山更适合供给铜料呢？

起初，威廉姆斯竭力试图引起政府对他的计划的兴趣。1785年3月，在一次拜会当时的铸币局局长埃芬厄姆勋爵时，他提议铸造王室铜币，边缘标记字母，使用一种新方法来镌刻字母，这种新方法可能是韦斯特伍德的另一项发明。这种边缘设计将让硬币比皇家铸币局的铜币更加难以仿制。在后续的一封信件中，威廉姆斯提议把他的新边缘标记技术传授给皇家铸币局，以便提防"工人的背叛，他们一旦和我们稍有争执，可能会把同样的冲压字母方法传达给那些无论如何都不应该知道的人"。[6]这好像还不够慷慨，威廉姆斯提出他的铸币服务可以是免费的，前提是铸造新硬币所用的铜必须来自他自己的矿山，而不是来自康沃尔。

回想起来，这看上去似乎赋予政府一次独一无二的机会来修复其铜币制度。然而在两年的大部分时间里，政府没有采取行动。威廉姆斯决定把事情揽到自己手中。如果政府不能同意一项新铜币制度，他就自己动手，不是未经允许铸造王室货币——因为那属于伪造——而是铸造他自己的货币，无可匹敌的帕雷斯矿业公司德鲁伊币（Druids）。

德鲁伊币

第一枚德鲁伊硬币究竟是如何制造出来的，这已经成为众多商业铸币故事的持久传奇之一。所有的资料都显示，韦斯特伍德监管了铸币，第一套德鲁伊模具由约翰·米尔顿（John Milton）雕刻，他是伦敦塔铸币局的助理雕刻师，可能没有别的事情可做。还有相当肯定的是，第一批德鲁伊铜板是在威廉姆斯位于霍利韦尔的火炮工厂制作的，正是在这里，帕雷斯矿业公司的铜被制成船只外壳和螺栓，在这里，威廉姆斯还曾经为荷兰东印度公司的硬币制作铜板。然而，一些资料也声称，德鲁伊铜板是由附近蒙纳矿业的一家子公司格林菲尔德铜和黄铜公司切割的。

一旦开始实际铸币，许多事情就变得模糊，说不清楚了。根据米尔顿本人的说法，正如收藏家托马斯·韦尔奇（Thomas Welch）借助代币目录学家查尔斯·派伊（Charles Pye）讲述的内容指出，运用米尔顿的模具只铸造了少量的实验性硬币。很快地，伯明翰杰出的金属雕刻师之一——约翰·格雷戈里·汉考克（John Gregory Hancock）制作的一件模具就取代了它。但是没有人知道这第二个系列铸造了多少枚硬币，用了哪一种设备，甚至这些硬币是在哪里铸造的。

按照马修·博尔顿的说法，在1787年3月下旬，或者大约在德鲁伊币首次面世1个月后，"铜矿之王"（博尔顿这样称呼威廉姆斯）手里拥有4台铜板切割机，但是只有1台造币冲压机。博尔顿还猜想这台造币冲压机属于皇家铸币局。可能这些有边缘标记的铜板是从霍利韦尔运到伦敦的，或者是在皇家铸币局，或者是在米尔顿位于桎梏巷的店铺铸造的，但有一种更普遍的说法是，它们是在霍利韦尔帕雷斯矿业公司的工厂中铸造的。还有另一种说法，这种说法尤其得到了派伊的支持，断言它们是在伯明翰铸造的，是在大查尔斯街9号帕雷斯矿业公司的仓库铸造的；但这一观点与证据相矛盾，证据表明，直到6月中旬，这个最终生产了大部分德鲁伊币的仓库才具备造币的设备。大多数专家认为，在霍利韦尔铸造的故事是正确的，但是由于威廉姆斯的文件在很早以前就不知所终，只有克里奥①自己知道真相。

能够肯定的是，德鲁伊币最早出现在 1787 年 2 月末，当时一位伯明翰重要制造商和马修·博尔顿的密友塞缪尔·加伯特（Samuel Garbett），得到了其中的一枚硬币。在一封写给博尔顿的信中，加伯特对汉考克的作品并不关注，但声称德鲁伊的头像"制作得相当好"。[7]对硬币的设计和制作的普遍肯定表明人们对其热情高涨，今天的收藏家也把它们视为有史以来最精美的硬币。

不管他们是否欣赏德鲁伊币，帕雷斯矿业公司的员工们都会张开双手表示欢迎。更重要的是，这些硬币很快通过各种途径传到了英国本土，部分原因是威廉姆斯机敏地决定在利物浦、伦敦以及安格尔西岛同样提供兑换业务。到 3 月 23 日，消息已经传到伦敦，随后引发《泰晤士报》的前身《每日环球纪录报》（Daily Universal Register）的错误报道：

> 相对政府货币来说，在安格尔西岛大铜矿山那里出现了一种新的硬币。这种硬币由便士构成，到目前为止还没有半便士。一面是德鲁伊，一面是国王的头像；大小大约是一克朗的一半。据说商定的生产总量是 100 吨，每吨铸币允许收取 40 先令；承包商使用的是自己的铜矿。这些硬币将在 1 个月左右运抵伦敦。

很显然，《每日环球纪录报》实际上没有看到新硬币。硬币的反面展示的不是国王的头像，而是帕雷斯矿业公司的字母组合，而且也不存在政府合同，威廉姆斯倒是非常期望有政府合同。到后来才有合同，是在相当长的时间以后，并且不是给威廉姆斯的合同（那时

---

① 克里奥，古希腊神话中的缪斯之一。

他早已放弃铸币），而是给伯明翰郊外苏荷区的马修·博尔顿。至于声称威廉姆斯每吨铸币收取40先令，如果不是每吨"40几尼"的话，那只能是对"40英镑"的一种印刷错误。几天后，《每日环球纪录报》再次报道：

在政府的允许下，由安格尔西公司发行的新货币，一种1便士的本币，由铜铸造而成，目的只是方便支付工人工资。模具是最漂亮的构思和制作，铜的内在价值接近于1便士。1枚德鲁伊币，一面围以橡树花环，另一面有一行拼写字母"P. M. Co"，也就是"帕雷斯矿业公司"，其上是字母D，也就是"Denarius"，四周环绕着"我们承诺向持有者支付1便士"，在边缘的外圈是"在伦敦、利物浦和安格尔西岛见币即付"。在伦敦城里有几枚这种硬币，但它们已经引起极大的热望。

比这要好得多。只是威廉姆斯从来没有获得官方许可来发行他的硬币。其他人向皇家铸币局打听关于德鲁伊币的合法性，铸币局官员耸耸肩回应道，"因为德鲁伊币是由铜制成，而不是银或金，所以它们不是正经的货币，所以没有侵犯铸币局的特权"。事实上，皇家铸币局官员们更乐于让私人企业尽其所能供给零钱，这样他们就能落下清闲。这一立场被证明是因小失大的，可以说，需要铸币局花费数年时间来消化其错估形势所带来的恶果。

至于德鲁伊币的"内在价值"，尽管史密森学会的古币馆长理查德·多提准确地将它们描绘为"厚重的硬币"，他和《每日环球纪录报》以及众多其他作家错误地认为，它们的含铜量接近于其内在价值。事实上，尽管第一批德鲁伊币以每磅铜制造16枚便士的比率生产，且皇家铸币局在此前或此后从来没有超过这一标准，但在18世纪80年代后期铸造用铜成本每磅仅稍高于9便士。当然，威廉姆斯不得不想方设法掩盖他的铸币成本；事实上，他能把铜板做得比其他人更便宜，这样就可能在每枚德鲁伊币上挣得1法新的利润，只要这些德鲁伊币不会很快被兑换。幸好他这么做了，因为如果他的硬币的实际所值只是其"内在"（也就是金属）价值，那么只要它们的原材料的市场价值稍微增加，它们就会沦为格雷欣法则的牺牲品。实际上，在18世纪90年代，铜的价值在急剧上涨，驱使还没有进入收藏家陈列柜的大部分早期德鲁伊币进了熔炉。

德鲁伊币已经在伦敦闪亮登场，最终漫游英国其余地区。在1789年4月，当帕雷斯矿业公司已经从生产便士转变为生产半便士，一位来自曼彻斯特附近霍普的记者，告诉霍克斯伯里勋爵，一位来自邻近城镇的"绅士"，受对"同情那些被糟糕的半便士严重伤害的穷人"的启发，投放了7.5万枚德鲁伊半便士到地方流通，且同一城镇的商人打算接收"威尔士货币"，直到王室半便士新币出现。[8]在1790年6月，游历甚广且吝啬节俭的约翰·宾（John Byng，后来的托林顿子爵五世）[9]在巴克斯顿温泉镇通行税关卡，很惊讶地收到安格尔西岛半便士和后来的麦克莱斯菲尔德半便士作为找零，这里离帕雷斯山脉足足有150英里。这种惊奇是令人愉快的，对这种硬币，宾的感觉是"比铸币局的硬币更漂亮，不像是被伪造的"。这些肯定是极佳的景象，好过收税关卡欺骗无辜游客，将劣质铜币作为兑换他们的钞票、几尼或先令的零钱，好像这种暗含不快的交换是"利润的一部分"。[10]甚至如果收税关卡都能拿出德鲁伊币，那只能意味着它们已经有大量剩余。的确，德鲁伊币已经足够常用，让斯托克波特和其他地方的商人群体开始决定"将来只接受安格尔西公司的半便士，不接受其他的半便士"。[11]

事实上，第一批德鲁伊币相当受欢迎，以致威廉姆斯很快发现自己又一次无力支付工人的工资。德鲁伊币的流通范围远远超出安格尔西岛，这种趋势意味着相对很少一部分德鲁伊币能够通过其在安格尔西岛、利物浦和伦敦的兑换代理人回到公司；威廉姆斯最初的铸币设备每天所生产的新货币，远不能供应全部工资单。所以在1787年3月中下旬，威廉姆斯下定决心在伯明翰大查尔斯街9号的帕雷斯矿业公司仓库，建立一家大规模铸币厂，一旦翻修完成就把所有的铸币设备都转移到那里。但不幸的是，仓库经理威廉·韦尔奇（William Welch）突然意外去世，使得计划被推迟，需要找到一位新的接替者。与此同时，威廉姆斯再次雇用约翰·格雷戈里·汉考克来制作模具，这次为使用范围更广的德鲁伊币制作模具，将包括半便士和便士。然后，他开始询问起额外的造币冲压机，同时与约翰·韦斯特伍德订立合同，以保证有铜板从韦斯特伍德在惠顿（伯明翰西部）的轧板厂运送到大查尔斯街铸币厂。以防韦斯特伍德的资金不足，威廉姆斯还和另一位金属轧板工托马斯·多布斯（Thomas Dobbs，最后他本人也进入代币制作行业）达成供货协议。

最后在6月13日，威廉姆斯雇用查尔斯·怀亚特（Charles Wyatt）——博尔顿的一位前雇员——来管理大查尔斯街铸币厂。[12]那时，威廉姆斯正极度需要更多的硬币，以致他询问博尔顿铸造2吨德鲁伊便士的价格，以便在他的新铸币厂完工时渡过难关。不巧的是，博尔顿正在致力于开办他自己的铸币厂，所以几个月内都无法帮助威廉姆斯。但怀亚特大获成功：他不仅证明自己是一位能干的管理者，而且像他父亲一样，还是一名技艺高超的机械师，能够供应帕雷斯矿业公司至少3台都是由他自己制作而成的造币冲压机。

尽管约翰·韦斯特伍德某一天将以"他见过的最差的机器"[13]拒用怀亚特的冲压机，这些机器不可能那么差，因为如果一直流传下来的硬币数据是可信的话，它们足以完成货币史上最令人印象深刻的壮举。这些数据告诉我们：从帕雷斯矿业公司第一次开始使用大查尔斯街的设备造币以来，也就是从1787年6月末或7月初开始，到两年后怀亚特接到威廉姆斯的命令，把德鲁伊币的铸币任务转交给博尔顿为止，大查尔斯街9号铸币厂设法铸造了250吨德鲁伊便士，另外还有50吨德鲁伊半便士，总共接近1300万英镑的硬币。而且，铸币厂是在1787年晚期至1788年生产了这些巨额的货币，同时它还为约翰·威尔金森铸造硬币。然而更令人印象深刻的是，所有这些德鲁伊便士和威尔金森的硬币（最初是以便士发行，但后来被召回，重新以半便士发行），都是以阻环（restraining collars）铸造的，阻环是一种宽边垫圈形状的设备，放置在造币冲压机的凹模上，这样在铸造时限制铜板向外延展，因此保证了更加完美的圆形制成品。

即使不是以阻环铸造货币，那时一名熟练的冲压工也必须在整整11个小时的轮班中，奋力保持每分钟30枚硬币的产量。一般来说，用阻环铸造货币，速度会放慢很多，因为要铸造的硬币需要卡在阻环中，而不是从冲压机上自动落下。使用阻环铸造，即使是每分钟铸造10枚硬币，也是非常具有挑战性的。以这一速度，按照定期轮值工作，一台普通的螺旋冲压机需要花费超过4年的时间来产出900万枚德鲁伊便士，再用至少半年的时间来生产德鲁伊半便士（半便士不用阻环铸造）。为了更好地理解这些产出的价值，皇家铸币局在1771年创造的铜币产量记录中，只有55吨半便士（大约570万英镑）和数量微不足道的法新，所有这些硬币在铸币局都是没有用阻环铸造的，使用了至少6台造币冲压机。

当然，帕雷斯矿业公司铸币厂也使用了数台造币冲压机。尽管它在搬到伯明翰之前（除了4台切割机之外）只有1台冲压机可用，我们已经看到查尔斯·怀亚特供应了数台——从通信中表明至少有3台。除此之外，它可能还收购了其他公司，但最终收购的公司数量尚不清楚。我们知道的是，当博尔顿最终同意为托马斯·威廉姆斯铸币时，他也同意购买威廉姆斯的冲压机，然后以500几尼或525英镑的价值过户。根据当时一本关于铸币的小册子，一台像样的手控螺旋冲压机至少值20几尼。即使考虑到付给威廉姆斯冲压机的价格非常夸张（博尔顿坚持这么认为），但它也不太可能超过市场价格的3倍。由此推定，如果我们以每台冲压机52.5英镑的价格进行估算，并假设其中一半的冲压机用于铜板切割，那么帕雷斯矿业公司就拥有不止1台而是5台造币冲压机可供使用，足以在1年内，不用加班加点，轻松地铸造所有这些德鲁伊便士和半便士。

当然，所有这些都是假定帕雷斯矿业公司铸币厂在伯明翰真的铸造了300吨德鲁伊币。但它做到了吗？这一数据源于查尔斯·派伊，[14]他声称从伯明翰铸币者那里得到的信息，因此毫不犹豫地明确断言"我对伯明翰所铸代币的陈述是正确的"。尽管如此，至少有两个理由可以对派伊的数据表示怀疑。

首先，他没有考虑在搬到大查尔斯街之前铸造的德鲁伊币，且不说少量实验用的硬币是用米尔顿的模具铸造的。因此，他的数据是把在大查尔斯街铸造的德鲁伊币和在格林菲尔德铸造的德鲁伊币归在了一起（或者是在1787年6月以前在其他地方铸造的德鲁伊币）。考虑到这意味着威廉姆斯实际上有几个月的时间来铸造300吨德鲁伊币；无论如何，假设（正如博尔顿宣称的）威廉姆斯在早期每个月只能生产大约1吨德鲁伊便士，当时他实际上只有1台造币冲压机，这种差别几乎无关紧要。[15]

其次，正如科林·霍克（Colin Hawker）[16]在他对德鲁伊币的艰苦研究中所解释的，派伊的数据可能包括1789年夏天在大查尔斯街不是由帕雷斯矿业公司本身而是由马修·博尔顿铸造的至少12吨德鲁伊币。威廉姆斯当时已经同意退出铸币业，而让博尔顿为他铸币。然而，博尔顿只有1台蒸汽冲压机在他的苏荷铸币厂运行，并且这台冲压机已经致力于为查尔斯·罗伊公司铸币。因此，博尔顿不得不依靠老帕雷斯矿业公司铸币厂——这也正是他接手的目的——来铸造首批德鲁伊币，最终发展成为一份30吨德鲁伊半便士的订单。因此,将博尔顿的德鲁伊币产量加到了帕雷斯矿业公司自己的产出中,可能涉及一些重复计算。但在这里再强调一次,误差是相对比较小的;是300吨中的十二三吨的问题。不管如何,也无法否认帕雷斯矿业公司铸币厂的丰功伟业。

这条大鲵

德鲁伊币不是帕雷斯矿业公司在大查尔斯街铸币厂大量生产的唯一代币。加入代币行列的还有为威廉姆斯的亲密朋友约翰·威尔金森生产的代币。威尔金森除了是(至少根据一些资料是)蒙纳矿业公司的一位年轻股东,根据他自己的准确评价(如果不谦虚地说),威尔金森也是南斯塔福德郡制铁行业的创立者。

威尔金森常常被错误地认为是用矿物煤代替木炭冶铁的第一人,因此让英国冶铁业摆脱了对国家急剧减少的森林的依赖。但这项发明的功劳不属于威尔金森,而是属于亚伯拉罕·达比一世。1709年,他在煤溪谷熔炉中率先使用了煤炭,几乎是在威尔金森出生之前的20年。[17]达比成功的关键在于他先把煤炭转化成焦炭,经过多次实验之后,证明这能够更充分地摆脱硫黄,适合锻造铁器。但是,不是所有煤炭都能够轻易焦化,这意味着尽管有达比的发明,在一些地方还是不能很经济地生产熟铁,包括在南斯塔福德郡,这些地方铁矿和高硫煤炭都很充足,但缺乏树木。约翰·威尔金森的贡献——或者准确地说,他的诸多贡献之一——包括他发展出制造可锻生铁的方法,利用的是煤炭本身而不是焦炭作为燃料的大高炉。[18]

威尔金森的父亲艾萨克,多年来已经在威尔士伯夏姆利用水力驱动风箱鼓风的高炉来冶铁,在1757年,威尔金森和其他几位合伙人接管了布罗斯利以南大约半英里处的一个旧高炉，此处靠近什罗普郡的塞文河，建立了新威利公司。不久之后，艾萨克破产，威尔金森和他的弟弟威廉接管了他以前的生意，组建了新伯夏姆公司。不像他们的父亲，他们取得了可观的利润。1766年，威尔金森前往南斯塔福德郡，在那里的比尔斯顿堂区，建立了自己的布拉德利铁厂。在这里，威尔金森最终完善了冶炼程序，进一步把南斯塔福德郡"黑化为黑乡"。

除了弄清楚如何用比以前更低的成本制造出高质量的铁，根据阿尔弗雷德·纽巴德·帕尔默的说法，威尔金森"确信铁适用于几乎一切目的，只要是到目前为止石头、砖块或木头适用过的目的"。他利用每一次可能的机会来证明他的信念。他在布拉德利为卫斯理公会教徒建造了一座铸铁的小礼拜堂，并为其主日学校配备了永久的铸铁习字簿，由一个正方形的盒子构成，里面装满了铸砂，可以用一根铁签在上面书写。1780年，他和亚伯拉罕·达比三世以及几位年轻投资者合伙，建造了著名的横跨塞文河的铁桥，这样即使在冬天，河流冻结时，也能在布罗斯利和煤溪谷冶铁区之间运送材料。[19]最后，在1787年7月6日，当他的铜代币在几英里之外的伯明翰开始铸造时，威尔金森启动了"试验"号，这是世界上第一艘具有通商意义的铁船，据说它甚至可以在仲夏时节沿着塞文河运送物料，这个时节传统木船如果负载过重就会吃水太深而无法使用。数百名观众站在威利码头和周围的道路两旁，见证着威尔金森最新的狂想，他们预计"试验"号会相当糟糕——直接沉到河底。然而让他们极度震惊的是，铁船仅吃水9英尺（1英尺等于12英寸，约等于0.3048米），这引起了一连串的喝彩声，声音甚至超过了事先安排的32门加农礼炮的轰鸣声，在远处都能听到。

说到加农炮，尽管对铁极具创新的使用可能已经巩固了威尔金森的名声，但更多缺乏想象力的产品却巩固了他的财富，其中之一就是制造武器。不像他的主要竞争对手达比有贵格会教徒的顾虑，威尔金森在七年战争和美洲战争期间为英国军队、在俄罗斯和土耳其战争期间为战争双方都供应了大量的枪炮、手榴弹和炮弹。然后当法国和英国开战时，威尔金森再次供应英国军队大量重武器，而且也向已经宣战的敌人供应武器。

威尔金森的加农炮特别抢手，因为从1774年开始，他使用了一种特殊的机器，让他可以把加农炮做成实心浇铸件，让加农炮名副其实，因此不容易爆炸。同样的，镗床也是威尔金森最初参与博尔顿和瓦特蒸汽机业务的原因，这种参与最后发展成一种相当复杂的关系，威尔金森不仅成为博尔顿和瓦特公司主要的部件供应商，而且成为该公司的重要客户之一，最终又成为其主要的（尽管是非法的）竞争对手。

为了让他的蒸汽机达到最大效率，瓦特需要一个不会渗漏的汽缸。问题在于，安装到瓦特实验原型机上的锡汽缸无法工作，这个汽缸是他在1774年到苏荷区购买的。事实上，这个汽缸密封的质量较差，至少在一些实验中是用马粪密封的。[20]博尔顿1766年在他的伯夏姆工厂第一次见到威尔金森，从那时起就一直向他购买铸铁，非常清楚地了解他的铁铸件质量上乘，了解他最近获得专利的直接给加农炮完美钻孔的设备。瓦特请求威尔金森帮助他改良蒸汽机，威尔金森欣然接受了挑战，在新威利工厂为第一台18英尺蒸汽汽缸打孔，在1775年4月将其运往苏荷区，安装在了博尔顿和瓦特的第一台"百乐门"蒸汽机里。事实证明，汽缸是相当令人满意的，和瓦特的规格要求偏差小于一个旧先令的宽度（大约是千分之一英尺）。[21]

威尔金森继续为绝大多数博尔顿和瓦特蒸汽机供应汽缸，再加上许多其他部件。但是，新威利的原始钻孔机无法处理更大的汽缸，而汽缸需要更强大的发动机。威尔金森因此在伯夏姆工厂继续建造一台大容量的新机床。挖孔更大的汽缸形成浑圆,被证明是特别令人望而生畏的(巨大的汽缸水平放置时,容易中间下凹),这就让威尔金森的工程师忙了10年时间,来完善一个合适的保持形状的支架。到18世纪80年代早期,这个缺陷已经解决,正好赶上博尔顿和瓦特新旋缸式蒸汽机的生产,现在没有什么挡在使用蒸汽机取代水车和马力机的道路上了,即使对功率最强大的应用程序来说也是这样。

威尔金森已经帮助瓦特使其蒸汽机远比其最接近的对手更有效率,他也一直是博尔顿和瓦特公司最热情大胆的客户。除了使用数台活塞式蒸汽机从矿井中抽水这一传统目的之外,他还第一次为了一个不同的目的——直接为他的新威利高炉鼓风。这一革新让威尔金森产生了用煤炭冶铁所需的强大风力,甚至在其他地方他也这么做了,比如在南斯塔福德郡,那里匮乏能够推动风箱的水车。冶铁行业再一次获得解放,从所有那些传统依赖于靠近木材和水力中解放了出来。

毫不令人意外的是,当博尔顿和瓦特公司开始制造旋缸式蒸汽机时,威尔金森急于采用他们的新产品。的确,第一台博尔顿和瓦特旋缸式蒸汽机于1783年3月在威尔金森的布拉德利工厂安装,在这里它被证实其一只7英担(1英担等于112磅,约等于50.8千克)重的锻锤能够每分钟锤击令人震惊的240下。事实上,这远不是人工铸造员能够完成的,因为这么快的锤击速度使得用手握紧金属都不可能。[22]总之,在1776年至1784年,威尔金森购买了10台博尔顿和瓦特蒸汽机,其中7台用于冶铁。[23]在随后的10年里,威尔金森在他的各家工厂安装了更多的(11台)瓦特式蒸汽机。但这些最新的蒸汽机和其他的蒸汽机在一个重要方面有所不同:博尔顿和瓦特公司对其一无所知。它们是"盗版"蒸汽机,秘密制造且侵犯了瓦特的专利权。除了为自己制造了11台盗版机,威尔金森另外制造和出售了12台,包括出售给他的朋友托马斯·威廉姆斯1台。威廉姆斯需要 1 台蒸汽机为其在雷文谢维德的冶炼设备推动锻锤，但他无法购得 1 台获得许可的既便宜又能快速满足他计划的蒸汽机，所以从威尔金森那里购入了 1 台。[24]

博尔顿和瓦特在 1795 年从威尔金森那里获得货品之前好几年，就已经开始怀疑他在制造未经许可的蒸汽机。但是他们缺乏证据，再加上他们想维护他们之间重要的商业关系（威尔金森仍旧是他们唯一可靠的蒸汽机部件供应商），这让他们没有采取任何行动。博尔顿的儿子马修·罗宾逊（Matthew Robinson），最近和小詹姆斯·瓦特一起，已经成为现在称为博尔顿和瓦特及兄弟公司的合伙人，他也怀疑约翰·威尔金森，不像他的父亲，他对采取行动问心无愧。但是，他也缺乏证据，直到他未来的岳父把证据交给他，他的岳父碰巧不是别人，正是威尔金森的兄弟和前合伙人威廉。

尽管威廉是伯夏姆工厂的共同所有人，当他在 1777 年前往法国的时候，他将其留在了威尔金森手中，不料 10 年后回来时，他确信威尔金森在公平分配公司利润方面欺骗了他。威尔金森拒绝向威廉出示账本。8 年来，威廉一直躲在暗处，但他的愤怒一直在燃烧，最后在 1795 年 3 月爆发。根据他的一位亲戚詹姆斯·斯托克韦尔（James Stockwell）的说法，威廉——

> 集合了……威尔士雷克瑟姆镇中数量众多的人，向伯夏姆大制铁工厂进军，在那里，用大榔头和其他工具，开始捣毁昂贵的机器。当这一消息传到约翰·威尔金森那里时，他集合了一支更大的队伍，完全以他的兄弟为"榜样"，这样在眨眼之间著名的伯夏姆工厂成为一片废墟……可能这两兄弟都认为这是解除合伙关系最明智的方式。[25]

请注意，斯托克韦尔此时只有两岁，尽管他声称他是多年以后直接从威尔金森兄弟本人那里听到的这个故事,但事情看上去是难以令人置信的。但是威廉和威尔金森之间的裂痕是实实在在存在的:他们的合伙关系解散了,仲裁委员会在那年5月宣布安静的伯夏姆工厂(或者剩下的东西)成为约翰·威尔金森的单独资产。

至于威廉,尽管他在伯夏姆工厂的股份得到了现金结算补偿,他仍旧充满仇恨。这年秋天,当威尔金森离开后,威廉发起了复仇,威廉通过从威尔金森的业务账本中找到的证据,向小瓦特揭发了威尔金森的蒸汽机盗版行为。威廉然后继续让21岁的"幸运儿"瓦特在威尔金森最近建立的布林波工厂看了几台盗版蒸汽机。最后,威廉提供给博尔顿和瓦特及兄弟公司一份威尔金森盗版蒸汽机的完整数目。[26]终于,"这条大鲸",正如马修·博尔顿用来指称威尔金森的,同意偿还年轻的瓦特总额超过7000英镑的使用费,他代表他和他父亲的企业收下了这笔钱。虽然如此,对一个当时身价至少10万英镑的人来说,这只是一笔小钱。

威利币

直到在1795年发生争吵,威尔金森不仅与博尔顿和瓦特公司有业务往来,而且与马修·博尔顿的苏荷铸币厂也有业务往来,后者自1789年晚期以来一直为威尔金森供应代币,当时托马斯·威廉姆斯退出了铸币业。[27]在18世纪80年代和90年代,威尔金森是英国最大的雇主,有多达5000名工人在他的各个工厂工作。像许多工业家一样,他依靠的是集体支付、每月"结算"和汤米商店(在他的布拉德利工厂就有类似一家)。他也以低费用甚至免费为许多工人提供住房、煤炭,偶尔还有啤酒。[28]但是,正如我们所看到的,这样的行为是对优质货币的笨拙替代。当威廉姆斯决定自己铸造货币时,威尔金森毫不犹豫地要求也为他铸币。

威廉姆斯的帕雷斯矿业公司铸币厂只铸造了几吨"威利币"（Willeys），之所以如此命名，不是轻率地指称它们的发行者，而是因为它们的边缘标记声明它们在新威利大农场和在威尔金森的其他工厂可以用于支付。此外，博尔顿也供给了几吨，韦斯特伍德和汉考克也在离开威廉姆斯的铸币厂并建立他们自己的铸币厂后供给了几吨。尽管这些硬币起初打算解决的只是威尔金森自己的支付需求，它们像德鲁伊币一样，很快赢得了王国内硬币的地位。但是，不像德鲁伊币，它们从来没打算给政府官员留下印象。因此，威尔金森认为没必要让它们超过1磅铜23枚便士（或46枚半便士）的王室标准。相反，他最初委托硬币生产时，没有标注明确的面额，只是值1便士，尽管事实上它们称重的话，重量只有德鲁伊便士的一半。博尔顿在1787年8月第一次到手1枚威利币，他向他的伦敦银行家约翰·莫特克斯（John Motteux）抱怨说，威尔金森挣的是"一份罕见的利润"，除非政府让他停下来，否则"伯明翰的每个制造商将铸造自己的铜币"。[29]

事实证明不需要政府干预，威尔金森工厂所在地的工人们和交易商，拒绝以他指定的价格，接受这位大铁器制造商的代币，这迫使他压低币值，可以说下降到了最初设计价值的一半，被看作半便士，威利币像其对应的德鲁伊币一样优良，也只有在这一额定值，它们首次赢得了广泛的接受。威尔金森无意中发现了商业代币和王室硬币之间的一个重要区别：皇家铸币局能够利用其铜币有限的法定货币地位，可以让它们随心所欲地减轻重量，商业代币只有在大众同意之后才能减轻重量，否则它们就无法流通。[30]

尽管威尔金森的首批代币以和威廉姆斯的德鲁伊币一样重而结束，但能从外观上把它们区分开来——威廉姆斯的硬币是向一位无名的凯尔特祭司表达敬意，威尔金森的硬币赞美的是大铁器制造商本人，正面用的是其右侧半身像。这幅由汉考克绘制的肖像，不止一处与印在伦敦塔铸币局产品上的国王陛下肖像相似。侵犯商标是最轻的问题：威尔金森完全理解他的姿态所代表的含蓄的主权主张，很明显大众也能完全理解这一点。在1787年12月，当若干威利币找到途径抵达伦敦时，一位用诗写作的记者写给《伦敦杂志》(*London Magazine*)，像今天任何一位考察代币的人一样，忍不住注意到了它们最显而易见的特点：威尔金森的脸颊。

在希腊和罗马，多才多艺的人，
在军队中有声望，或者在艺术上有成就，
会被印在辉煌的硬币和闪耀的勋章上，
让他们的功绩为人们所知。
所以威尔金森，从这一事例中，
赋予自己一个无可匹敌的榜样！
并且企图获得"铁王"的通行证，
如同他自己的金属包裹在黄铜中！
这体现了他的谦逊和理智，
以及如何，在何地，他制造了他的便士。
就像铁，靠触摸购进，
铜，靠吸引来收藏，
所以，对他来说很正常，
把他的厚脸皮标记在——铜上。

但事实上，威利币在伦敦变得声名狼藉，这意味着不管是不是脸皮厚，威尔金森的脸已经越出北威尔士他的大农场和斯塔福德郡的界线，四处游荡。正如皇家铸币局很快指出的那样，官方认为威利币是铜块，根本不是货币。从经济上来说，它们也一无是处。

文如其名的《绅士杂志》(The Gentleman's Magazine)在同一个月发行,没有公开讽刺威尔金森,相反是刊登了一幅插图,并加上一篇对代币的总体说明——代币的正面,除了"制造商的头像",还刻有"约翰·威尔金森,铁厂主";代币的反面,是"一把大锤,一座锻铁炉,以及一名在工作的技工";代币的边缘标记着"威利 斯内德希尔 伯夏姆和布拉德利"。关于威尔金森本人,这篇文章尽管相当有礼貌,但完全不准确地把他描述为生活在"伍斯特郡";说他的女儿已经嫁给普里斯特利博士(Dr. Priestley);声称他的身价是8万英镑,"都是从他的产业中获得的"。事实上,威尔金森并不是居住在伍斯特郡,而是居住在什罗普郡;普里斯特利博士娶的不是威尔金森的女儿,而是他的妹妹。最后,威尔金森的财富不仅来自他自己的劳动,也来自他的婚姻,他在1755年和1763年结过两次婚,所娶的女士本身都相当富有。[31]

威尔金森的铜代币并不是他首次尝试制造他自己的流通货币,也不会是最后一次。早在1773年至1774年,他就用他自己的三先令、五先令和七先令期票支付给一些工人。这些期票部分是对强加到这些特定票据上的乔治·萨维尔爵士(Sir George Savile)禁令的一种回应。在1788年秋天,也就是在引进铜币后的一年半,威尔金森计划发行银币,定价为每枚三先令六便士,但他在铸造了仅100枚后就停止了,他已经获悉皇家铸币局不打算容忍他的计划。[32]数年后,在1792年至1793年,威尔金森再次尝试制造纸币。这一次不是发行他自己的小额期票,他拥有一些法国纸券,由他的行政文员加签,也规定为每张价值三先令六便士。这些纸券用来给威尔金森在伯夏姆工厂的工人支付薪水,很快在那周边自由流通。其中一张被送到了沃森伯里,在这里彼得·怀特霍尔·戴维斯(Peter Whitehall Davies)把它塞进一个信封,带着如下的信息送给了凯尼恩勋爵(Lord Kenyon):

布劳顿，1792年12月19日

阁下，我擅自再写一封信打扰阁下，其中我随函附上了一张纸券，在伯夏姆高炉厂用于支付，由吉尔伯特·吉尔平(Gilpert Gilpin)签名：我被告知他是威尔金森先生的首席文员，威尔金森的妹妹嫁给了普里斯特利博士。威尔金森流通纸券的想法是让自己出名。在我看来，让这些纸券流通不会产生好结果，可能会产生非常有害的影响。威尔金森先生在他的伯夏姆工厂(我被告知他现在在那里有大量的加农炮)和他的煤矿和铅矿，雇用了相当数量的人员。他们定期在每周六得到以纸券形式支付的报酬，长老会的商人们接收它们作为货物付款，通过这种交往，他们就经常有机会败坏人类的原则，给他们头脑中灌输潘恩的"人权"这种有害信条，我在公共演讲时被告知这本书……由一位卫斯理教徒发表。在那个堂区这种不良影响太明显了。[33]

尽管粗鲁的制铁工人被卫斯理教派传教士败坏的想法，可能看上去很可笑，但戴维斯的信件促使通过了一项议会法案，终结了威尔金森的纸券计划，这项措施的支持者之一埃德蒙·伯克(Edmund Burke)，称之为"一项叛国欺诈"。[34]但是，法案无法制止谣言，那就是"邪恶的威尔"和法国人联合了起来，最致命的谣言是断言他已经运到巴黎的铁制水管实际上是伪装的加农炮。[35]

如果对法国的同情在威尔金森的货币实验中，实际上起了一定的作用，那么威尔金森对他的工人的同情——他和博尔顿(他的苏荷工厂是一家模范工厂)共有的特性——则起到了更重要的作用。不管威尔金森的纸券计划给雅各宾派的帮助多么微小，但这项计划和他的其他"工资代币"安排，毫无疑问对他的工人和其他工人的福利作出了贡献，让他们更容易享受到他们的劳动果实，帮助他们渡过难关，而同时其他地方的工人只能去乞讨。正如他分发的麦芽酒,他也为自己酿造,威尔金森的代币让他和他的工人更加亲近,从而使他成为某种民间英雄,成为他们在歌曲中致敬的人。

> 你们伯夏姆和布林波的工人们靠过来,
> 坐下来,拿起你们的管材,你们会听到我的歌曲,
> 我歌唱的不是战争或国家的状态,
> 这样的主题除了苦恼什么也不会带来。
> 嘀里当,当,嘀里当。
> 但是在我开始我的歌唱之前,
> 你们都应该干一大杯烈啤酒,
> 嗨起来,不需要游行,
> 约翰·威尔金森,伙计们,那个支撑这个行业的人。
> 嘀里当……
> 也许他所有的努力都会登顶成功,
> 并且他的工作越来越会得到子孙后代的赞美;
> 随着日子一天天过去,他越来越舒适,
> 并且他的名声闪耀如光,恰如他高炉的火焰。
> 嘀里当……
> 古老英格兰的树木消失了还会再生,
> 但坚韧的铁却是稀有的,因为木炭昂贵,
> 通过搅炼和冲压,他治愈了那一邪恶,
> 所以瑞典人和俄罗斯人可以滚开。
> 嘀里当……
> 我们轰鸣的加农炮太频繁地爆炸,
> 他第一次阻止了如此巨大的伤害,
> 现在众所周知它们从不会出现失误,
> 但让爆炸把我们所有的敌人送给撒旦吧。

嘀里当……
那么让每一位快乐的家伙握紧他的酒杯，
我们可能总是有大量的烈啤酒和便士，
从此以后威尔金森的名声将闪耀千年。
嘀里当，当，嘀里当。[36]

这样的情感，并不能和由某些威尔金森的同行所表达的情绪完全隔离开来，他们中的许多人真的是讨厌这个家伙。特林德教授[37]注意到，"威尔金森比他的同代人更善于讨价还价，他的价格总是更高，他的信用期限总是更短"。至少一直到18世纪80年代中期，他的金属是质量最好的，他能够开出强硬条件与这有关；但这些细节并不能阻止他的客户厌恶他，更不用说他的对手。

正如我们看到的，博尔顿和瓦特有理由保持礼貌，尽管他们怀疑最坏情况的出现，至少在1796年苏荷工厂完工之前，而且博尔顿忍不住欣赏威尔金森"果断、通透和独特的性格……是此类人中第一流的人物"，[38]其他人既不会宽宏大量也不会克制自己。甚至威尔金森最信任的文员，就是那个签名出现在威尔金森纸券上的吉尔伯特·吉尔平（他在1811年顺便自己发行了代币），把威尔金森称作"老夏洛克"。邓唐纳德勋爵（Lord Dundonald）——也就是阿奇博尔德·科克兰（Archibald Cochrane）——是一位天才的发明家（他拥有发现有价值的煤炭附产品的本领），不幸的是，他在金融上是笨拙的，不如威尔金森那么聪明，称威尔金森为英国"恶毒的老流氓"之一，并且把他的心肠比作生铁。[39]人们会对威尔金森是否风闻最后一条评论感到好奇，如果他听到过，他可能把它视为一种赞美。威尔金森的批评者，也对他被断言同情法国怀有一种怨恨——邓唐纳德勋爵就是其中之一，他是一位前海军人员，他的长子正同法国弑君者作战，与此同时威尔金森却忙于散发他们的纸质货币。[40]

威尔金森死于1808年巴士底日，恰如其时。[41]但他的古怪行为还没有完全结束，在他的遗嘱中，他表达了他的愿望，要么被葬在他在布林波建造的小礼拜堂中，要么被葬在他在兰开夏郡的黑德堡庄园的花园中，取决于哪个更接近于他的死亡地。"钢铁狂人"临终时，威尔金森安排要将他自己安葬在用他最喜欢的金属铸造的棺材中，他已经铸好了两具这样的棺材（第二具留给他的女儿），放在他的布拉德利温室中，用螺丝和一把扳手封好。他准备死在哈德利的家中，努力让事情变得对遗嘱执行人来说容易一些，这里更接近黑德堡，因此也更接近他的棺材。但黑德堡在涨潮时就变成了一座岛，退潮时周围是细沙地。当载着威尔金森遗体的灵车靠近时，它的车轮陷到了沙地里，尽管4匹马努力了4个小时，最后，还是不得不弄来另一辆四轮马车，从海浪中救援威尔金森的遗体。他的遗体被挪到一个传统的木铅棺材中，当最后到达黑德堡时，因为铁棺材太小了，那个木铅棺材放不进去，不得不订购了一具新棺材。总之，当威尔金森被弄到新棺材里时，结果仍是不能安葬，需要炸掉一些岩石来为它腾出地方。看下来，约翰·威尔金森大写的人生，在死亡后仍不让一分。

确实，威尔金森在他的工人们眼中的形象是如此高大，以致许多人不愿让自己相信，他已经永远离开了。相反，他们确信，他会在他逝世7周年时，以某种方式再次出现在布拉德利——仍旧骑着一匹灰马。当那个指定日期到来时，成千上万的他的前员工，正等着欢迎他。他或他的马都没有出现。但在威尔金森离开后的很长一段时间里，那么多的人感受到了强烈的沮丧之情，对那个把他们从剩余劳动力中解救出来的人，诉说和奉献了无尽的喜爱。

终究，子孙后代没有保佑威尔金森的工厂。相反，他那被普遍认为价值超过13万英镑的地产，在他的私生子女法律纠纷期间被挥霍一空，威尔金森把他们指定为受益人，而他的侄子对他们的权利提出了挑战。到 1828 年，伯夏姆工厂已经被废弃，与此同时威尔金森产业的其余部分正在被一点一点地出售，以支付没有付清的法律费用。新威利的一些老建筑，到处都是旧高炉的残存物，还有威尔金森在布罗斯利和黑德堡的旧房子，这些都是他曾经庞大帝国仅存的遗留物。

慷慨的博尔顿

尽管当德鲁伊币和威利币开始流通时，许多人是欢迎的，但马修·博尔顿却不是其中之一。如果博尔顿按照他的方式行事，帕雷斯矿业公司铸币厂就绝不会铸造出一枚商业代币（更不用说几百吨的代币），博尔顿本人也不会。然而，结果是他成为英国最大的商业代币制造者。

要理解博尔顿对商业代币和对威廉姆斯硬币的悲观看法，我们必须深入探究博尔顿起初卷入铸币的理由，要做到这一点，我们必须了解一些关于博尔顿的整体商业背景。从某种程度上来说，博尔顿的名字在今天听起来很熟悉，出现这种情况，很可能仅仅是因为他在 1775 年联合詹姆斯·瓦特，发展和制造了瓦特蒸汽机。但在他和瓦特握手合作之前，博尔顿已经是伯明翰的头面人物之一，除了运营当时密德兰最令人印象深刻的工厂外，也在伯明翰市民生活和文化生活中扮演一个显著的角色。在开始与瓦特做生意之前，他帮助创建了著名的月光社（Lunar Society），之所以如此命名，是因为该学会每月的例会在满月之日举行，以方便参会者深夜返家。这个久负盛名的学会，其 12 名成员中包括约瑟夫·班克斯（Joseph Banks）、伊拉斯谟·达尔文（Erasmus Darwin）、约瑟夫·普利斯特利（Joseph Priestley）等。在 1773 年，博尔顿领导伯明翰进行了一场成功的活动,让伯明翰拥有了自己的金属货币检验室和标志。最后,如果没有博尔顿,瓦特可能从来不会成为一个家喻户晓的名字。在今天伯明翰纪念蒸汽机发明的一座雕像中,相当正确地让博尔顿和瓦特站在一起,还有苏荷区的雇员威廉·默多克(William Murdock,他在完善瓦特蒸汽机中扮演了关键角色),因为如果不是博尔顿精于游说技巧,瓦特绝不可能获得他的单独冷凝专利25年的展期,正是这项专利最终成就了他的名声,以致他被错误地认定为蒸汽机的"发明者",至少在伯明翰之外是这么认为的。

博尔顿事业的开端尽管相当舒适,但谈不上有引人入胜之处。博尔顿在1728年出生于伯明翰,17年后他加入他父亲的小装饰品行业,在1749年成为正式的合伙人,在1759年他父亲去世时接管了企业。在1759年前的数年,年轻的博尔顿已经把目光投放到他父亲的小工厂之外,说服他父亲购进萨候尔工厂——一家古老的谷物磨坊,现在是一家博物馆——这样公司就可以利用它来自己制造金属板。[42]在1761年,他独立采取了第二步行动,购买了霍克利小河的一处场所,横跨斯塔福德郡边界,花了1000英镑。这被证明是伯明翰方圆五英里范围内最后一个被开发的水力厂,[43]它也以所有水力厂中最著名的一个而结束,因为正是在这里,博尔顿建立了苏荷工厂,世界上第一家现代工厂,在这里他生产了一大批产品,包括纽扣、带扣、烛台、托盘、剑柄、面包篮,最后是铜币。

博尔顿是在什么时候第一次对铸币感兴趣了呢?标准观点源自1810年瓦特的陈述,[44]认为他对利用蒸汽动力铸币的可能性表现出兴趣,可以追溯到1774年。但这一说法非常令人可疑,因为瓦特有把日期弄错的习惯,[45]也因为没有其他证据来支持这种说法,并且特别是博尔顿在发明转缸式蒸汽机之前很多年,就能构想出蒸汽动力铸币,这简直是不可能的。

一个更加合理的观点是,博尔顿是在20世纪70年代开始对铸币问题感兴趣,当时他在萨维尔的金币重铸中扮演了辅助角色(接收旧币,支付新币)。这一观点追溯博尔顿的铸币兴趣到1782年。当时博尔顿的朋友塞缪尔·加伯特和加伯特的儿子弗朗西斯(Francis)正在准备关于皇家铸币局运营状况的报告。议会为了回应金币重铸,委托撰写了这份报告,金币重铸耗时3年,花费了75万英镑,以大部分落入政客和铸币局官员腰包结束;铸币局局长卡多甘勋爵(Lord Cardogan)独自赚了8万英镑,占纯利润的绝大部分。埃德蒙·伯克谴责金币重铸为"国家的一项大损失,主要是为了议会成员的利益"。伯克坚持认为,铸币局——

是一项制造业,而不是别的任何东西;它应该是在制造业原理的基础上开展工作;也就是说,以最佳和最便宜的方式完成,在正常担保的基础上根据合同进行,并处于正常的监管之下。[46]

伯克继续他的演说,建议废除皇家铸币局,由英格兰银行承担其职责,这也是他著名的经济改革法案的一部分。尽管这一建议未被采纳,但它至少促使委托加伯特调查"铸币局管理的现状和费用"。加伯特寻求博尔顿关于硬币的建议和意见,很自然地就赋予(1)博尔顿在创建伯明翰金属货币检验室中早期的角色(报告的一个重要方面就是处理皇家铸币局检验金和银的程序);(2)他参与到金币重铸中;(3)他拥有世界上最大的、设备最好的和最具质量意识的五金工厂。与此同时,博尔顿和瓦特公司也开发出旋缸式蒸汽机;在博尔顿和加伯特的通信中,我们第一次发现他提倡用"其他方法"制造硬币,作为一条降低成本和阻止伪造的可能途径。[47]尽管"其他方法"普遍被认为是指使用蒸汽动力冲压,这种假定完全是一种"后见之明",因此可能是错误的。

尽管没有坚实的证据表明在加伯特于1783年3月提交他的报

告之前，博尔顿就为政府留意硬币事务（更不用说利用蒸汽动力制造硬币），但他不久之后肯定考虑了这种可能性。苏荷区康沃尔矿业代理商，有时也充当技工的威廉·默多克后来回忆起，在1784年或1785年，和博尔顿有过几次谈话，内容是关于"操作8台冲压机的不同方法，依靠一个滑杆和蒸汽机的曲柄相连接"。[48]博尔顿和瓦特旋缸式蒸汽机的成功登场，接手一种新铜币铸造的可能性，皇家铸币局对铜币缺乏兴趣，以及博尔顿和加伯特的密切关系（而且还有他和威廉·皮特政府的其他联系），都让他确信，他处在一个重建国家铜币供应的有利位置上，并且比皇家铸币局本身更有能力胜任这一工作。

但到1786年早期，博尔顿面临着两大重要的障碍：他必须解决如何使用蒸汽机铸币（他最初向默多克的提议已经失败），以及他需要来自皮特政府的委托授权。他尽他最大的努力来克服这些障碍，安排为东印度公司铸币，这样就获得了至关重要的实践经验，同时展示了他大规模铸币的能力；让加伯特代表他在伦敦积极游说。他还设法在巴黎与一位心灵手巧的雕刻师兼发明家让·皮埃尔·德罗兹（Jean-Pierre Droz）会面，此人新颖的螺旋冲压机和分段"阻环"非常适合应用于蒸汽机。博尔顿深信，如果他能使德罗兹到苏荷区，王室铜币铸造业务将很快就是他的了。

然后在1787年2月下旬，博尔顿获悉了威廉姆斯的铸币妙计，这让他勃然大怒，"我希望他操心他自己的制铜业务"。他在一封写给康沃尔金属公司副总裁约翰·维维安（John Vivian）的信中发怒道，"不用麻烦他关心……货币制造，而是留给那些比他更懂铸币的人"。[49]德鲁伊币获得了良好的冲压机已经足够糟糕了，然而更令人不安的是威廉姆斯正在打入政府内部的消息：韦斯特伍德已经设法骗得了一次与国王会面的机会，目的是展示威廉姆斯的硬币，[50]并且他和汉考克正在向下议院每一位成员分发令人印象深刻的铜币和银币样本。[51]这两位铸币者甚至已经厚颜无耻地"公开说他们打算很快就住到伦敦塔来经营……造币",博尔顿告诉加伯特一条更加令人担忧的消息,"因此看起来",他得出的结论是,"威廉姆斯似乎对获得合同很有把握"。[52]

两个月后,威廉姆斯仍没有获得合同。但是,博尔顿甚至没有一个向国王(或任何其他相关人士)展示的样本,德罗兹到目前为止什么也没有做出来,而是提出了一系列要求,要更多的钱。在写给德罗兹的信中,博尔顿现在恳求地说道,威廉姆斯已经"雇用了2名最出色的英国模具雕刻师,目的是阻止其他人从他们的服务中获益"。[53]加伯特回信,已经指示他的儿子弗朗西斯尽最大努力来阻止威廉姆斯的计划。"大概,"理查德·多提[54]写道,"想法是,根本没人喜欢铜铸币是由一位错误的人物生产出来的。"对威廉姆斯来说,尽其所能阻止博尔顿的强取,在某种程度上试图雇用德罗兹,让他远离博尔顿,这样就夺走了博尔顿获得一流雕刻师服务的最后希望。最终博尔顿成功地保住了德罗兹,尽管他在有生之年为此后悔不已。

到1787年末,博尔顿重获信心,威廉姆斯仍旧没有收到皮特政府的任何委托,与此同时,博尔顿的东印度铸币计划已经成功完成,只是获利不大。德罗兹在这个秋天参观了苏荷区,返回巴黎,在那里他终于声称要致力于博尔顿的半便士模具了。最让人充满希望的是,枢密院硬币委员会最终听取了博尔顿、加伯特和他们的朋友们的请愿,传唤博尔顿前往伦敦见面。博尔顿两次推迟会见,因为肾结石的痛苦,也因为还需要德罗兹提供期待已久的模具。[55]到了来年1月,他无法再推迟了,出发去面见上议院议员们,甚至连半便士样本也无法向他们展示。这些都无关紧要了:加伯特已经做通了他们的工作,博尔顿在会见时露面,只是确保王室铜币铸造权成功落入他的手中。[56]

博尔顿现在对政府的信任如此之大，以至于他不等伦敦方面下达真正的命令，在4月就开始在他的农场上建造铸币厂，这家铸币厂以苏荷铸币厂之名而更为人们所知。1788年11月下旬，铸币厂的建筑已经就绪，铸币厂的冲压机械包括8台特殊设计的造币冲压机中的第一台，繁重的安装工作已经开始。看起来万事俱备，只欠焦急等待的来自皮特政府的"东风"。

"一位相当好样的人"

为什么博尔顿如此笃定会获得王室铸币合同？传统答案直接来自博尔顿本人，或者经由詹姆斯·瓦特和塞缪尔·斯迈尔斯（Samuel Smiles）而来，强调博尔顿无私的动机。博尔顿声称他仅是想"满足皮特的愿望，让货币伪造终结"，以便从寡廉鲜耻的雇主和零售商手中保护无辜的工人，并且使被判有罪的货币伪造者不会被"悬挂在汉兹沃思荒野的绞刑架上"。[57] 理查德·多提[58]在其所写的出色的苏荷铸币厂史中称，博尔顿既对私人利润感兴趣，又对"公共福利"感兴趣，但是他强调，最后的考虑更加重要，因为只是获取适当的利润（根据多提的估算，每铸造1吨铜币收取约15英镑），这样苏荷铸币厂终究是清白的。总体来看，多提的结论是博尔顿"看来是受到了值得被称赞的动机的启发"。[59]

虽然如此，博尔顿在改良铜铸币方面的金钱利益，远比此前史学权威承认的大得多，虽然苏荷铸币厂仅能期望从王室铸币合同中得到一份适度的回报，但博尔顿最初把这样一份合同看作也许是让他的其他事业长盛不衰的唯一方法。要理解为什么，我们必须鸟瞰一下博尔顿在18世纪80年代中期经营的各种生意。在苏荷区有金属板公司，博尔顿和斯凯尔公司（苏荷纽扣制造分部），博尔顿和瓦特公司（蒸汽机），博尔顿和瓦特公司康沃尔铜矿所持股份，以及博尔顿和瓦特公司在伦敦命运多舛的阿尔比恩工厂。[60]最后提到的企业——一家蒸汽动力谷物加工厂，是博尔顿在1783年首次创办的企业——一直到1786年5月还没有开工投产，然后继续下去成为"蒸汽机企业经常性的拖累"，一直到1791年3月，当时一些卢德分子的原型人物决定"帮博尔顿一个忙"，潜进他的工厂，破坏水箱阀门，等到落潮时，让整个地方毁于一旦。[61]

我们对1793年前金属板公司的事务知之甚少，除了从博尔顿的通信中可以判断出，他对其漠不关心。[62]博尔顿和斯凯尔公司于1783年年中开始运营，是在博尔顿最初的苏荷合伙人约翰·福瑟吉尔（John Fothergill）去世之后，其9000英镑的资本，博尔顿的股份占6000英镑，其余资金来自约翰·斯凯尔（John Scale），他还充当公司的管理者，利润和损失都按出资比例分配和承担。尽管公司开头良好，但在1785年初就陷入严重的麻烦之中，当时丹麦和普鲁士限制各种英国商品的进口，包括纽扣。当时一位乐观的吟游诗人写道：

在伦敦、利兹和曼彻斯特，
恐惧的不仅仅是贸易很快被搅乱，
伯明翰也有份，
只要人类使用纽扣，
永远不要说，
在这片土地上，贸易已经凋零；
我不否认，它有时会萎缩，
但是英国的贸易永远不会凋零……

皇帝约瑟夫的命令从未
让一个英国人感到恐惧，深受打击！[63]

但是博尔顿和斯凯尔公司有太多的理由感到担忧,因为公司严重依赖在海外的销售。当年4月,斯凯尔写信给博尔顿:

> 看着我们的订单,我感到十分焦虑,不是因为订单太多,而是几乎没有。在这个季节我们通常要提前三个月或四个月开工,但是现在,唉,多少天没有工作可干。[64]

好像这还不够糟糕似的,在同一年的后来,法国政府下令禁止进口英国制成品,而且俄罗斯消费者欠债不还。到秋天,博尔顿和斯凯尔对生意感到绝望,意识到他们不得不想方设法在英国招揽客户。博尔顿认为,这不是一件容易的事,"两年派出一次骑手①是不行的,"在这一年10月他写信给斯凯尔,进一步说道,"这件事情必须周密计划,如果开始了就要稳定执行,不管外国订单来不来。"[65]

蒸汽机公司怎么样呢?因为博尔顿和瓦特第一台旋缸式蒸汽机仅在1783年3月在威尔金森的工厂开始运行,也因为第一台旋缸式蒸汽机在1785年左右被证明比泵压蒸汽机获益少得多,企业几乎所有的收入都由活塞蒸汽机产生的年费构成,这笔年费等于所节省的煤炭费用的三分之一,可以归功于使用瓦特的蒸汽机而不是"普通的"(纽考门,或空气)蒸汽机。[66]这笔年费的一半多——将近9000英镑——来自21台被用来从康沃尔铜矿深井中抽水的蒸汽机,这些矿山在威尔士南部,离最近的实用煤炭资源也相当远,因此有理由利用瓦特的发明。

多亏康沃尔矿山,博尔顿和瓦特才稳稳地有所盈利,并且博尔顿能够弥补他在其他商业冒险中遭受的损失。事实上,博尔顿和瓦特对矿业成功的赌注是如此之大,以至于占有了矿业的股份,使得

---

① 指当时骑着马到处进行宣传和推销的流动推销员。

在矿业的管理中有发言权,并且能够保护他们的年费。"如果我能让现在的 21 台伟大机器生产继续进行,"博尔顿向他的伦敦代理商吐露心声,"我毫无疑问会克服所有困难。"[67]

然而从 18 世纪 80 年代开始,康沃尔矿业发现自己不仅陷入困境,而且陷入麻烦之中。政府已经限制英国铜的出口,封锁了外国市场。与此同时,威廉姆斯的安格尔西岛矿业是如此丰产,以至于可以让其以每吨低至 50 英镑的价格来出售铜饼,仍能获利,而康沃尔需要每吨售价 80 英镑才能做到不赔不赚。[68]在整个 1784 年和 1785 年,安格尔西岛铜的市场在扩大,同时康沃尔铜的市场在萎缩。即使苏荷区本身也无法抗拒从威廉姆斯处购买。"仔细看我圣诞期间的账目,"博尔顿在 1784 年 1 月写信给他的康沃尔代理商托马斯·威尔逊(Thomas Wilson),"我吃惊地发现,过去一年我从帕雷斯矿业公司购买了价值 5000—6000 英镑的铜,这不管是对我来说,还是对康沃尔矿石冶炼者来说,肯定是一种耻辱。"[69]这种情况的罪魁祸首是金属板公司的经理,在被问到他为什么从安格尔西岛购买铜,他也知道他的老板在康沃尔矿业有利益,他说他注意到安格尔西岛铜不仅便宜,而且质量更好,所以即使康沃尔铜出价低至 1 磅 2 先令,他和博尔顿"也是交易的损失者"。[70]

看来,博尔顿无论如何注定是输家。随着安格尔西岛矿业产量的增加,铜的市场价格持续下跌。如果继续进一步下跌,许多康沃尔矿山将没有选择,只有倒闭,只能让它们的员工去捕沙丁鱼。正如丘莱[71]简洁地指出的那样,"如果康沃尔的矿梁不再摇晃,法警就会前往苏荷区"。只有两件事能让矿梁持续晃动,组建一个矿业卡特尔,让威廉姆斯也参与进来;或者是找到一个大量需求铜的新市场来源,类似于皇家海军采用铜外壳后出现的需求。

在协调安格尔西岛和康沃尔之间达成休战,最终促使康沃尔金属公司的组建过程中,[72]博尔顿在其中扮演的角色,已经有许多作品描写过。约翰·威尔金森是这家公司的主要股东,在让其落地过程中也提供了帮助,据J. R. 哈里斯[73]观察,这一安排的结果是"铜业贸易达成了短暂平静",组建卡特尔的条款一直到1786年5月都没有生效。即使到了那时,这个卡特尔也更多的是代表安格尔西岛的胜利,而不是康沃尔的胜利。尽管新体制保证了铜饼86英镑的价格,足以弥补康沃尔矿业的成本,但金属公司不得不自己进行市场推广,当它开始寻求自己的客户时,康沃尔金属公司却异常失败。

到1786年6月,在金属公司伯明翰仓库中铜一度堆积如山,引发瓦特的"严重担忧"。"还没有销售,"他写信给威尔逊,"一点销售可能性都没有,据我所知,也没有采取措施促进在国外出售,相当多剩余的铜仍在老(冶炼)公司手里。"[74]瓦特模糊地暗示,威廉姆斯欺骗了卡特尔,正以低于协议的价格出售铜,但是证据显示,威廉姆斯仅是一个能力更超群的销售人员。[75]不管是什么原因,康沃尔铜的销售仍旧低迷,到8月,不能再推迟进行一次清算了——必须关闭一些大矿山。

矿工和博尔顿以及瓦特都把最大的希望寄托在找到更多的铜销售渠道上,[76]根据哈里斯[77]的说法,"不是做出实际努力改进其销售组织,康沃尔人员开始转而到处寻找大项目,能够大量出售他们的铜,一举结束他们的困境"。一项新的王室铜铸币,将有利于铜的销售,一年销售几百吨,一连销售多年,成为博尔顿自己喜欢的大项目,能够拯救康沃尔矿业,因此也能拯救苏荷区。"康沃尔金属公司的情况让我产生了相当大的不安",他在1787年5月6日从苏荷写信给威尔逊,继续说道:

并且我已经极度意识到,获得快速消耗大量铜的渠道的重要性,我正从许多方面心急火燎地推动这件事……我和我的朋友们正在敦促附近的城镇上书议会请愿造币,并且我不仅要采取措施确保康沃尔不仅获得适当的份额,而且为康沃尔成为模范奠定基础,恢复一开始威廉姆斯让它们销售的量。[78]

博尔顿补充道,为了"完善铸币工艺",他已经投入相当大的精力和费用,他"总是热忱地考虑尽可能地以最快的速度且以最大的数量消耗康沃尔铜"。[79]

到1787年中期,博尔顿和瓦特有更多的理由指望一项新的铜铸币项目。"安格尔西岛矿业,"瓦特绝望地给威尔逊写信,"现处于比以前更好的状态。"除非威廉姆斯(一位哮喘病患者)以倒地而死相配合,否则没有什么能够救活康沃尔铜的销售。"并且现在,"瓦特哀叹道,"没有威廉姆斯死亡的近期前景。"只要政府重新开始造币,博尔顿确信,哪怕是选择了威廉姆斯的德鲁伊币,康沃尔也将"拥有铜合同的合理份额"。"否则,"他说,"就会对首相失去信心。"[80]然而,如果博尔顿能够自己承担造币任务,情况就会好得多,这样就会对采用哪里的铜有更多的话语权,也方便他选择纽扣公司日益凋零的设备和人员。在一封1788年写给皮特的信中,博尔顿清楚地说明了康沃尔的形势——他用列举关闭的矿山和受影响的工人数做了总结——作为让他承担新的用铜铸币任务的理由。[81]

简而言之,远不是作为一项次要的考虑,博尔顿希望来自政府铸币合同的金钱收益,会是巨额的。收益的计算不仅仅是根据苏荷铸币厂铸造的每吨硬币挣得的直接利润,而是依据这些收益,加上博尔顿和瓦特同样巨额的或者说数额更大的间接收益,更不必说挽救了他们在康沃尔矿业的直接投资。斯迈尔斯和多提以及其他人,忽略了这些间接的金钱收益,给我们一种夸大博尔顿无私的感觉。[82]这个人可能热心公益,但是他也相当关心拯救自己的生意。[83]

微妙的(和没那么微妙的)垄断者

博尔顿想获得王室铸币合同有大量乏味的理由。在1788年初,他看起来似乎正满意地迈向获得合同的路上,但只要他没有合同在手,威廉姆斯就构成了一种威胁,博尔顿担心"剪掉他的翅膀,并解除他的武装"。[84]幸运的是,要做到这一点是相对简单的,因为在1788年晚期,威廉姆斯自愿撤出争斗:他不仅准备放弃为政府铸币的想法,而且允许博尔顿铸造他的德鲁伊币。

威廉姆斯在铸造德鲁伊币的过程中,首次寻求博尔顿的帮助是在苏荷区吃早餐时,博尔顿在那里宣布已经回答了"兄弟矿工的问题,我将以自己的价格做好这件事"。[85]那要回到1787年年中,当时威廉姆斯正奋力让他的大查尔斯街铸币厂走上正轨。博尔顿在当时远没有准备好为威廉姆斯铸币,既因为他没有铸币厂,也因为他没有能力准备适合的模具,所以这第一次提议什么也没有干成。到1788年年中,已经进入缓慢启动的帕雷斯矿业公司铸币厂,又开始大步前进。然而,这一年的秋天,威廉姆斯原则上同意退出铸币业务,将场地向博尔顿敞开,博尔顿已经开始建造自己的铸币厂,威廉姆斯允许博尔顿接手德鲁伊币的生产,与汉考克一同进行交易。

为什么威廉姆斯刚在一年前承诺为皮特先生铸币"每周20吨"(以每磅2便士,或者说如果2便士不够吸引人的话,就分文不取),并且比以前任何时候更能够实现这一承诺,后来却决定完全放弃造币,并向仍然没有一台能用的造币冲压机的对手屈服呢?回想一下,威廉姆斯选择自己铸造硬币,并且向政府提议铸币,以便充分利用安格尔西岛铜的低成本,只要政府合同规定给他的铜的价格,不少于可能给予康沃尔矿的价格,威廉姆斯甚至可以提议免费铸币,这样做也有望获利，因为他出售铜的利润将不只是补偿他铸币的成本。这要回到1786年，当时康沃尔金属公司把铜饼的价格固定在每吨86英镑，而当时安格尔西岛铜矿的成本仅仅是每吨50英镑。在卡特尔协议下，安格尔西岛矿业和康沃尔矿业都以议定的价格各自负责推销自己的铜，威廉姆斯因此有足够的动机为他的矿业招揽生意特别是大生意。

所有这一切在1787年11月开始改变，当时由威尔金森（他现在在康沃尔矿业销售额中占大头）领导的康沃尔矿业，让威廉姆斯成为"铜业的专制君主"（这是瓦特的措辞），同意让他在接下来的5年里以2%的佣金出售所有的铜，[86]条件是他要在第一年把安格尔西岛铜的销售额限制在总销售额的三分之一。一旦这一协议敲定，不管威廉姆斯是不是自己铸币，他肯定会从新的王室铜铸币中获利。而且到1788年初，对政府究竟会不会采取铸币行动的怀疑情绪开始滋长：国王正深受精神疾病发作的折磨，除非得到他的授权，否则造币无法推进。最后，安格尔西岛铜的产量开始收缩，威廉姆斯开始怀疑，把足够的铜留给新的王室铜铸币的同时，他是否能够满足其他铜的承诺。

然而马修·博尔顿决定继续推进他自己的铸币计划，并且在这一年的4月开始建造自己的铸币厂，获得威廉姆斯改变心意的风声，他抓住机会让他唯一的对手离场。到这一年的年末，他已经起草了一份协议，提议以500几尼（525英镑）购买威廉姆斯的冲压机和其他造币设备，以换取威廉姆斯同意"他自己或他的代理人，都不会直接或间接反对他为政府或其他人铸币的业务"。[87]如果给博尔顿的合同是铸造1000吨或者更多，那么博尔顿就用现金支付威廉姆斯的设备；否则，博尔顿就在他收费为威廉姆斯铸造德鲁伊币时每31英镑中减去7英镑，直到冲压机被付清。博尔顿仍旧不敢绝对肯定，是他而不是威廉姆斯获得政府的支持，从他插入的一个条款可以透露出这一点,这一条款规定"如果政府把订单给了托马斯·威廉姆斯或他的代理人",就免除他购买威廉姆斯冲压机的义务。[88]威廉姆斯最终在1789年3月3日签署了协议,这对博尔顿来说是一次重大胜利,但对约翰·韦斯特伍德来说是相当糟糕的消息。

"一位机灵卑鄙的家伙"

尽管博尔顿一度将老约翰·韦斯特伍德作为一名"纯粹的铜板锻造者"而不予以理会,但老约翰·韦斯特伍德插手了苏荷德鲁伊币之前的铸造,也包括第一批威利币的铸造。他独自一人在霍利韦尔,和查尔斯·瓦特一起在大查尔斯街9号监管着帕雷斯矿业公司的铸币运作。后来,在帕雷斯矿业公司仓库的那条街上,他利用自己的设备,为各种各样的客户制造了另外65吨左右的代币,使他无疑成为那个年月里最多产的铸币能手。而且韦斯特伍德监管的两家铸币厂是1791年以前苏荷区唯一的竞争对手,正是在这一年其他私人铸币厂开始出现。

韦斯特伍德还制作了一些最受欢迎的商业代币。收藏家珍视他的产品,不仅仅是因为它们带有约翰·格雷戈里·汉考克卓越的雕刻,而且因为它们包括为数位工业革命的主要人物制作的硬币。这种荣誉在很大程度上是韦斯特伍德先驱地位的副产品,因为在商业代币故事情节的起初年月里,只有工业巨头才能够拥有必需的信用,让工人们接受他们的代币,拥有所要求的信心,来挑战皇家铸币局的铸币垄断权。然而,他们成功的示范,为大批小规模代币发行商铺平了道路。

韦斯特伍德被证明已成为一个相当悲剧的人物,部分是因为他生产的大部分代币经常不具备信用。钱币奖章收藏家对韦斯特伍德的许多责备，忽视了韦斯特伍德的成就，然而正好由他自己承担这些责备，因为韦斯特伍德"卑鄙的"名声（通常，这个形容词是给博尔顿的）导致他保持低调，从而导致他随后被忽视。[89]对他事业诸多可疑的谣言，包括韦斯特伍德卷入伪造钱币等，让博尔顿败坏他的名声说他"不适合掌管一家铸币厂"，[90]并且只能促使当时正在关注政府造币的威廉姆斯，轻视韦斯特伍德在德鲁伊币铸造中的作用。[91]韦斯特伍德本人看上去完全知道他的声誉受损，这让他容许自己天才的刻模机走上前台，在韦斯特伍德自己的造币工厂使用。到查尔斯·派伊开始抽时间收集关于谁制造了这一机器的"第一手"信息的时候，可怜的韦斯特伍德已经死去多年，而汉考克仍旧活着且很活跃，很明显十分乐意攫取全部声望，他实际上接受的是韦斯特伍德的代币委托——汉考克仅是受委托设计（尽管通常也才华横溢）而已。[92]

韦斯特伍德是以一名雕刻工（看来，是相当优秀的雕刻工）开始其职业生涯的，为书籍插图进行铜板雕刻，就是那种书籍要求的背景图，会让人忍不住想到银行钞票的伪造。不管他从事的违法事业是什么，韦斯特伍德第一次光明正大冒险进入钱币领域是在18世纪60年代后期，之后他扩展到奖章制作和生产，以及其他东西，包括斯特拉特福德的莎士比亚禧年庆典勋章。几年后，韦斯特伍德开始和他的弟弟俄巴底亚（Obadiah）做生意，他的专长是为棺材冲压黄铜"设备"（配件、把手和装饰），使用的是他自己发明的工具。在18世纪70年代后期，兄弟俩从纽霍尔街迁移到了大查尔斯街20—22号，和帕雷斯矿业公司仓库仅隔几个门面，那里那时还是由威廉·韦尔奇管理。约翰·韦斯特伍德和韦尔奇一起组建了一家铜和黄铜铸件和轧制企业，在18世纪80年代早期，韦斯特伍德发展出用冷轧淬炼铜的新方法。大概是韦尔奇首先让韦斯特伍德和托马斯·威廉姆斯取得了联系，威廉姆斯之后开始在霍利韦尔利用韦斯特伍德的

75　冷轧程序制造铜螺栓，威廉姆斯、韦斯特伍德和另一位名叫威廉·柯林斯（William Collins）的发明者一起在1784年为这项技术申请了专利。

尽管这些铜螺栓最终在1799年的一个议会委员会的证词中，被认为给英国海军在和拿破仑舰队的冲突中带来了"不可估算的优势"，[93]但韦斯特伍德并没有活到享受他受损的名誉重新发光，或者可能随之而来的大笔海军部使用费的时候。相反，在他1792年3月去世时，几近破产，死在海军完成对他的螺栓进行必需的漫长考验之前，当时拿破仑一世仍是科西嘉志愿军中一名不起眼的下级军官。

韦斯特伍德的财务麻烦似乎在1789年早秋时节的某个时间就开始了，当时威廉姆斯正处于把德鲁伊币的生产任务转交给博尔顿的过程中，看来威廉姆斯向韦斯特伍德隐瞒了他和博尔顿的协议，让韦斯特伍德希望，在第一次获悉威廉姆斯正在关闭帕雷斯矿业公司铸币厂时，他可以在他自己的铸币厂为威廉姆斯铸造德鲁伊币。因此，现在与汉考克合伙的韦斯特伍德在这一年的5月和6月决定配备自己的造币设备。韦斯特伍德向马修·博尔顿的铜业合伙人约翰·赫德（John Hurd）大量借钱，购买造币冲压机和为随之而来的新铸币委托而购物。

博尔顿此时已经同意购买威廉姆斯的冲压机，却竭力鼓动韦斯特伍德购买这些冲压机。他说他这样做的原因，是为韦斯特伍德考虑，"据我所知，如果购买新的冲压机，对韦斯特伍德来说没有好处"，[94]而且，可以假定，能给他自己节省500几尼。然而韦斯特伍德表示反对，正是在这种情况下他称威廉姆斯的冲压机，是他曾经见过的最差的冲压机。最终韦斯特伍德订购了几台"坚固螺纹"冲压机，根据汉考克的说法，它的铸币能力只有博尔顿蒸汽动力原型冲压机的一半。然而与此同时，他与汉考克已经弄到了他们首份单独的商业代币委托。这是他们在1789年3月获得的一份合同，铸造两种不同系列的代币，总共42吨，报酬是每吨三十六英镑十先令，为查尔斯·罗伊公司在柴郡麦克莱斯菲尔德的制造业子公司和在爱尔兰威克洛郡克朗巴内的铜矿山铸造。查尔斯·罗伊（可以肯定的是，他以制作纽扣起家）于18世纪50年代在麦克莱斯菲尔德创建了丝绸产业，然后继续创建了麦克莱斯菲尔德铜业公司，它在塞里吉布莱戴出租运营，在罗伊去世后的几年——1785年，阿克斯布里奇（Uxbridge）和威廉姆斯决定自己经营。在1787年，麦克莱斯菲尔德的合伙人包括罗伊的儿子威廉，决定购买克朗巴内铜矿山，然后组建子公司，命名为爱尔兰联合矿业公司。之后，他们在接下来的10年里，向矿山继续投资4万英镑，回报是年产出大约1000吨矿石，产生3%—4%的固定净收益。

当韦斯特伍德第一次安排为罗伊公司铸币时，他还没有造币冲压机，博尔顿尽管只有一台自己的新冲压机在运行，仍能说服韦斯特伍德雇用他，把罗伊公司的委托出租给苏荷：博尔顿将充当他的"帮工"，使用韦斯特伍德提供的标记了边缘的铜板来铸造罗伊的代币，然后平分罗伊的费用，一半稍多（十八英镑十先令）给韦斯特伍德；罗伊公司为韦斯特伍德提供必需的铜饼。因为韦斯特伍德欠赫德钱，所以安排由博尔顿收集全部款项，留下自己的部分，把剩下的代表韦斯特伍德转交给赫德。在稍作犹豫之后（和首创的罗伊"蜂巢"模具失败之后），克朗巴内任务成为优先考虑的事情，这样就能确保在苏荷铸币厂第一批大量铸造的货币的荣誉。

当博尔顿的姐夫和生意伙伴老撒该·沃克在9月初告知他"约翰·韦斯特伍德的一切都不对劲"时，[95]他已经铸造了超过20吨克朗巴内半便士（1674185枚）。很快地，发现韦斯特伍德经济十分困难，博尔顿停止了铸造，害怕还没有支付他一毛钱的罗伊公司可能处于韦斯特伍德的债权人之列，所以可能扣留全部或部分货款，直到韦斯特伍德的账目得到有利于己的结算。这一年12月,《阿里斯的伯明翰公报》刊发了一则通知,大意是"勋章铸造者约翰·韦斯特伍德的经济状况已经每况愈下"。果然,罗伊公司现在断然拒绝偿付韦斯特伍德的份额给博尔顿,仅同意支付博尔顿的铸造费用,迫使他联合韦斯特伍德的其他债权人来凑够韦斯特伍德的份额。[96]

尽管在威廉姆斯于1789年7月授予博尔顿首次30吨德鲁伊币委托不久之后(当时韦斯特伍德已经接收了他和汉考克订购的新造币冲压机),韦斯特伍德发现自己处于财务直线下降状况,他最大的困难似乎不是源于他造币账目的损失,而是源于与铜轧制有关的账目。《公报》的通知特别提到韦斯特伍德的金属业务事宜。尽管韦斯特伍德破产了,但"汉考克公司"的代币工厂仍在运营。

不管出于什么原因,韦斯特伍德的破产给他的铸币业务造成了沉重打击,部分原因是博尔顿利用这一事件盗取了韦斯特伍德的某些业务。他明显不再过度关注韦斯特伍德的福祉,将韦斯特伍德在6月已经获得为沃尔特·泰勒公司铸币的委托任务据为己有,这是一家南安普敦的海军承包商,在韦斯特伍德已经完成一部分之后,博尔顿说服他们取消了最初的订单。后来,他又抢走两位客户,他们已经和韦斯特伍德达成了暂时协议。尽管如此,韦斯特伍德的铸币业务还是存活了下来,最终生意兴隆,成为那个时代运营的第一家私人铸币厂,甚至从未想过为政府造币的任何可能性。

到去世的时候,韦斯特伍德总共为11家客户安排了造币,除了其中的两家以外,都是5吨或10吨半便士的订单。他们包括约翰·威尔金森,他在帕雷斯矿业公司铸币厂关闭之后,先把他的业务交给了博尔顿,然后决定也让韦斯特伍德得到一些业务(令博尔顿大为恼火)。更令人惊讶的是,罗伊公司也重新回到韦斯特伍德那里:谣传,当时博尔顿突然停止为公司铸币,公司首先把其业务交给伦敦一位默默无闻的造币者,他使用的是博尔顿暂停为罗伊造币的时候,汉考克已经用过的模具,为公司铸造了另一吨"蜂巢币"(beehives),之所以如此命名是因为在硬币正面,罗伊公司拼合字被一个整洁的蜂巢覆盖,四周被小蜜蜂环绕(硬币的反面是一位坐着的天才人物,一手拿着钻头和权杖,另一手拿着一个齿轮)。在1790年3月,公司再次转向韦斯特伍德,下单了25吨麦克莱斯菲尔德半便士(这最初是韦斯特伍德-博尔顿委托任务的一部分)。钱币奖章收藏家声称只铸造了10吨:剩下的怎么办只能靠猜测了。不管它们总数是多少,这些硬币——反面是同样的蜂巢,正面是查尔斯·罗伊的半身像——被认为是韦斯特伍德和汉考克最漂亮的产品,因此也是所有曾经铸造的硬币中最好的。

当老约翰·韦斯特伍德死了以后,他的部分铸币业务被他的弟弟俄巴底亚和俄巴底亚的儿子接管,小约翰·韦斯特伍德(仍旧和汉考克合伙经营)继续铸造商业代币,一直到1795年。他们的故事将会在后面的章节中看到。

与此同时,马修·博尔顿扩大了他自己的商业客户清单,到1792年包括(威廉姆斯、威尔金森和泰勒公司除外)康沃尔金属公司、格拉斯哥的吉尔伯特·希勒公司、法国的蒙纳龙兄弟公司。但是老约翰·韦斯特伍德在每一份他的新商业铸币任务中都享受到纯粹的快乐,而博尔顿禁不住满怀沮丧地考虑自己不断卷入商业铸币,因为毕竟皮特政府没有接着按照承诺让他为英国铸币,这让博尔顿别无选择,不得不为世界上最现代的和最昂贵的铸币厂寻求其他用途。

第三章　苏荷区！

> 天才和艺术主宰之地，
> 欧罗巴的奇迹和不列颠的骄傲；
> 无与伦比的工作提升了旧英格兰的名望，
> 未来的时代将记住他们的名字。[1]

世界最大的工厂

对一位不愿意使用陈词滥调的作家来说，也很难抵制不说马修·博尔顿不是一个半途而废的人，但是陈词滥调很难对博尔顿公正，因为他肯定不是一个会半途而废的人，与此同时，他常常对即使全力以赴了也不太满意。换句话说，对博尔顿来说，"足够"常常意味着"太多了"。"要理解博尔顿先生心灵的品性，"同为月光社成员的詹姆斯·基尔（James Keir）写道，"必须要理解他所做的事和他企图要做的事，他的成功和失败都同样规模宏大。"[2]

想一想苏荷区的工厂，博尔顿在斯塔福德郡汉兹沃思堂区的工厂（当时用的术语是制造厂），正好在老伯明翰的西北部。[3]当博尔顿的父亲在 1759 年去世时，他的小装饰品生意是由在雪丘街 7 号博尔顿的住家周围的一组工房组成，在这些工房中只雇用了少量工人，这些人都专门精通于制造小范围的物品，包括精致的鞋扣和纽扣。但是他们的新东家，年轻的博尔顿，有远大的抱负，他好多年一直关注的汉兹沃思产业，正好是执行他大胆计划所需要的基础。随着他继承了遗产,他马上开始和租赁人协商,两年后,13英亩的荒野,包括苏荷小山和从它一直延伸到霍克利小河的陡坡,都是他的了。

这大片土地以前的主人们,已经在小河中做了一个半英里的"截断",在其上筑坝构成一个动力塘,来带动一个动力相当弱的工厂,他们还推倒小山荒凉山顶上的一间养兔场主的旧茅舍,为他们更加坚固的苏荷住宅让路。[4] 仅用比这些改良的成本多一点点的钱,博尔顿就购买下了租赁权,圈占了荒野剩余公地的一部分,拆除了"几间懒人们临时搭建的小屋",[5] 给英国不断增长的非熟练工资劳动者增加了一两个职位,从而稍微加剧了他最终帮助消除的零钱短缺问题。博尔顿建好了苏荷住宅,把他的母亲和姐姐安置在了那里。他还用一家更好的轧板厂取代了原来的那家,这里成为"世界上最大的五金制造厂"的核心。[6]

完成博尔顿的宏大工程将花费比他那微薄的遗产多得多的钱。但就在这里,"老流亡者迎来了营救",在他父亲去世后仅几个月,博尔顿的第一任妻子玛丽,突然去世了。玛丽在1750年她自己的父亲去世后,已经继承了3000英镑,在她母亲去世后,玛丽理应和她的妹妹安妮·罗宾逊(Anne Robinson)平分另外2.8万英镑,剩下的部分由她的弟弟卢克(Luke)继承。现在安妮要继承她自己的份额和玛丽的份额。不知是被自己的贪婪驱使(许多人都这么怀疑),还是被丘比特之箭驱使(他自己一口咬定是这样),博尔顿马上向已故妻子的妹妹献殷勤。在1760年6月,尽管有相当多的公众皱眉,有牧师反对,有卢克心底郁积的疑虑,但他们还是结婚了,因此罗宾逊家族的2.8万英镑财产,都掌握在了博尔顿手中。所谓的半途而废也就到此为止了。

受到新财力的激励,博尔顿在1762年与约翰·福瑟吉尔合作,福瑟吉尔用自己的5400英镑和博尔顿出资的6207英镑相匹配,获得了苏荷住宅的钥匙。两年后,卢克·罗宾逊也去世了,把他的罗宾逊地产份额留给了安妮,等于不经意地留给了她那位淘金丈夫,他继续往苏荷灌注了几千英镑。到 1765 年,制造厂已经变得足够大,博尔顿关闭了雪丘街的工房,征用了苏荷住宅,他着手扩大和粉刷,建造了可爱的梯田形花园,以池塘和威武的常青树加以装点。在房子下方,房子和工厂的中间,博尔顿建造了一大片马厩。在马厩的正西方,他建造了一排附属房屋,包括一间他称之为"精灵农场"的动物园,一间用来招待客人的茶水间,一间陈列化石的房间和一间实验室。在 1789 年,著名的怀亚特建筑师家族的塞缪尔·怀亚特(Samuel Wyatt),受委托来改进这些房屋,除了其他方面的改进,还加了一间水厕和集中供热设备。在 1796 年,他的弟弟詹姆斯进一步加以改良。

> 注视着那边的大厦,侧面被高入云霄的树木所围,
> 绿色的斜坡优雅蜿蜒,南边的微风迎面吹来,
> 那里属于博尔顿的天才和身价,
> 博尔顿,艺术的赞助人,值得自豪,
> 听到你的名字应该弯腰致敬,
> 你的名声源自闻名遐迩的苏荷区的缔造者!

怀亚特家族也对那些庄严的红砖建筑有所贡献,它们构成了"闻名遐迩的苏荷区"。

这一工厂确立了工业建筑的新标准,立刻成为米德兰最大的旅游景点。苏荷区的"主体建筑"在 1767 年完工,由威廉·怀亚特(William Wyatt)设计,他的叔叔约翰是一位运气不佳的伯明翰发明家,他的堂兄查尔斯和小约翰当时都为博尔顿工作。主体建筑的形状是一个拉长了的 E 形,前面 19 根廊柱远视着山上的苏荷住宅,后

面五层楼正对着小河。这应该会让人想到公爵的宫殿，但它已经被至少一位权威人士比作巨型的牢固大厦。建筑的中心部分，装饰有一个帕拉第奥式入口，其上是一个八角的时钟圆顶，形成拱顶，主要容纳了苏荷区的镀银器皿工厂、会计室、仓库和展览厅。山墙侧翼为其较低的楼层提供了更多的工作空间，也为在楼上的苏荷区的中层管理人员和工头提供了住处。

主体建筑的后面面对着所谓的大院（Great Yard），在大院之下是三处场地，被建筑所环绕，这些建筑用于金属轧制、切割、磨光、铸造、锻造、钻孔和车削，也包括制作一些苏荷区的非金属产品。自从博尔顿和瓦特紧密合作以后，最东部的这些较低的场地成为苏荷区的"蒸汽机工厂"，在这里设计、制造和装配博尔顿和瓦特蒸汽机的部件。[7] 随着蒸汽机业务的增长，第二处更大的蒸汽机场地在横跨霍克利小河最初延伸的制造厂的下面建造了起来。博尔顿在离主体建筑东边只有20码的地方，在主体建筑和"精灵农场"之间，建立了另一幢狭长的三层建筑，来安置苏荷区的鞋带工厂。到18世纪70年代后期，苏荷区各种各样的建筑总共占地近5000平方码，能够为1000名工人提供工作空间。

不亚于苏荷区宏大气势的是其事业的范围。根据后来的埃里克·罗尔爵士（Sir Eric Roll）的说法，他的《工业组织的早期实验》（*An Early Experiment in Industrial Organization*, 1930）仍旧是从经济学家的视角对苏荷区最富有洞察力的研究，博尔顿是"一个活力无限、品味多样的人，他在制造大量不同物品时建立了适当的销售渠道"，他不是"一个……专门化的人"。[8] 这就让事情变得顺畅起来，以下是博尔顿自己对1774年苏荷产品的计算，被转交给了某些伦敦银匠：

所有种类的纽扣，着色的、镀金的、铂金的、钢制的、镶饰的、两面是黄铜的,以及各种颜色的特级纽扣,还有贴箔纽扣。男人和女人系列的钢制纽扣,镶饰黄金的,或者镶饰镀金的,或者相当常见的种类。男人和女人镀金系列产品,从最普通的到最精致的,带浮雕的和不同颜色的。各式各样的银制品和镀银制品,如茶具、面包篮、蜡烛台、托盘。各种各样的花瓶,强镀金的或奥姆鲁式镀金的。地理时钟或天文时钟,也有相当新的用于建筑上的时钟,有且只有一个齿轮。镀金玻璃制品和金银丝小装饰品以及钢铁剑柄,所有种类的袖扣(包括铂金的、钢制的、镶饰的、玳瑁色的),普通的和镶饰的盒子、工具箱、牙签盒,各种各样的银丝制品、鲨革制品,各种质量和种类的皮带金属圈和其他物品。[9]

博尔顿遗漏了盐瓶、烛花剪、拥有专利的吐司机和咖啡机,除此之外,还有公司全部的涂色和涂漆部门的产品。他的清单也未能反映出苏荷区许多单个部门的规模:苏荷区努力在奥姆鲁铜锡锌合金方面超过了法国,在标准纯银上超过了伦敦,在谢菲尔德金属板上超过了谢菲尔德。最后,博尔顿的清单早于他和瓦特的合伙,瓦特不仅带来了蒸汽机,还带来了复印机(瓦特的另一项发明)、阿尔冈灯(1784年引进),以及从1789年开始的硬币和造币设备。

更不用说,当提到质量的时候,苏荷区产品是最好的,根据博尔顿的朋友和月光社会员伊拉斯谟·达尔文的说法,它的产品"努力达到了最高程度的品味优雅和执行完美"。除了其他野心,博尔顿希望一手洗刷"布鲁马根商品(Brummagen goods)①经受的坏名声"。[10]

然而,博尔顿也坚持以低于其他具有质量意识的制造商的价格出售产品。他相信他能做到这一点,并且依旧能"发家致富",[11]利

---

① 当时人们把大规模生产的伯明翰产品称为"布鲁马根商品",也就是次品。

用最新型的机械"以低利润大量"出售。[12]"总萦绕在博尔顿脑海中的是,"詹姆斯·基尔写道,"把那些通常由个人经营的行业,转化成在机器帮助下的大生产,这就能使物品比通常售卖的产品做得更精密和更便宜。"[13]到1768年,根据达尔文的看法,苏荷区的机械发明,包括专用车床、钻头、抛光机和拣选机,通常都是由苏荷区自己的员工设计的,"在数量上、多样性上和简单性上,都优于世界上任何制造厂"。[14]博尔顿在一封写给设计师和建筑师罗伯特·亚当(Robert Adam)的信中,他自夸已经给他的车间配备了"几乎所有适用于这些技艺的机器"。[15]

为了使用所有这些设备,博尔顿需要大量的动力。对这种动力的探索,把他吸引到了霍克利小河,这一区域的其他水力资源前面已经谈到。[16]小河的水被改道进入苏荷区的工厂池塘,从这里流经主体建筑东翼的下方,流向轧制工厂。[17]在那里,水流冲击苏荷区的大水车,为轧制工厂提供动力,也为"数量惊人的不同工具"提供动力。[18]从水车的放水渠,水流急转向东,流经较低的场地,进入苏荷池塘,在那里已经总共下降了24英尺,最终重新和小河汇合。

但霍克利小河根本无法满足博尔顿不断增长的需求,特别是在春季和夏季干旱时期,池塘水位如此之低,工厂要么停工,要么回到一天仅工作几个小时的状态。自相矛盾的是,最初苏荷工厂的这种缺陷,最终却使博尔顿成为一名富人,因为这促使他在18世纪60年代后期思考使用蒸汽动力。转缸式蒸汽机的出现仍是12年之后的事,所以博尔顿决不会梦想用蒸汽机直接给他的机器提供动力。相反,他思考的是用一台萨弗里抽水蒸汽机,让水从水车的放水渠到工厂池塘之间实现再循环,当时加伯特的合伙人、伯明翰著名的发明家之一约翰·罗巴克(John Roebuck),向他提到,他雇用了一位年轻的苏格兰人,名叫瓦特,正在研究一种更好的蒸汽机。博尔顿在1768年夏天邀请瓦特来到苏荷区,并被这位年轻的工程师所吸引,下决心劝诱他永远到这里来。

问题在于罗巴克持有瓦特蒸汽机三分之二的股份，并且不愿意与年轻的发明家分道扬镳，尽管后者反复令人失望，进展如蜗牛般缓慢。之后，在1772年，埃尔银行（Ayr Bank）的倒闭迫使罗巴克在一年内走向破产。罗巴克未清偿的债务包括博尔顿和福瑟吉尔公司的1200英镑欠款，博尔顿提议以雇用瓦特和罗巴克的瓦特蒸汽机股份作为回报，勾销债务。[19]几个月后，瓦特拆卸下来的原型机，从金内尔运到了苏荷区，苏荷技工约瑟夫·哈里森（Joseph Harrison），在一处低处场地重新组装了它。一旦启动并运行，蒸汽机——起初以"巴力西卜"（Beelzebub）而知名，最终（更亲切地）以"老贝斯"（Old Bess）而知名——开始工作以弥补工厂池塘水源不足的缺陷。[20]1774年5月，瓦特本人在苏荷区露面。常言道，剩下的是历史。

简而言之，博尔顿在他的制造业同行中是独一无二的。在一个以劣质品而知名的地区，他坚持制造高质量的产品；当大多数小装饰品制造商专攻少数几种产品时，他生产了一大批产品；在大多数生产者小规模生产时，他偏爱大规模生产。而且，当大多数伯明翰企业家只作为代工商运营，把他们的制造和营销业务转包给小业主和单独商人的时候，博尔顿和他的合作伙伴既生产也销售所有苏荷区的产品，把必需的工人们聚集在一处单一的庞大场所中，在那里他们执行完全的技术控制和经济控制。[21]最后，博尔顿试图在技术允许的范围内实现制造过程的自动化，而其他的生产者几乎都是依赖单一的人工操作的机械。

博尔顿确实是把事情做到了极致，然而为什么他会做到如此极致？因为，尽管苏荷产品是极为出色的展示品，苏荷区也是令人印象深刻的烧钱大户。正如珍妮·厄格洛（Jenny Uglow）[22]的评论，"奇妙的制造厂，看上去如此精致，几乎毁掉了其合伙人"。博尔顿的花销惊人，出售或抵押了他原有的大部分财产，捆绑了福瑟吉尔的资本，不择手段地利用了罗宾逊家族的地产。单单主体建筑就花费了2000英镑——在当时是一个令人头晕目眩的数目——最终花费达到了9000英镑。

企业的早期收益甚至不能为其如此巨额的投资提供一丁点儿辩护，博尔顿和福瑟吉尔很快就被债权人紧逼。到1778年6月中旬，福瑟吉尔已经准备承认失败。"最好马上停止付款，"他写信给博尔顿，"把我们的债权人召集到一起，来面对最坏的情况，好过被套在脖子上的枷锁勒死。"[23]相反，博尔顿极力留住苏荷银行家，但是企业继续在大量消耗金钱。到1780年，其账单（透支）账目已经上升到2.5万英镑，投入的2万英镑资本已经累计损失1.1万英镑。涂色和涂漆部门，平均每年损失500英镑，和奥姆鲁铜锡锌合金业务一样，在这一年被关闭。[24]标准纯银部门，是另一个费钱的部门，已经大大缩减其规模。[25]

正如我们在本书第二章中看到的那样，博尔顿和斯凯尔公司，是博尔顿在1782年6月长期忍受折磨的福瑟吉尔去世之后组建的合伙企业，[26]情况并不比博尔顿和福瑟吉尔公司好。博尔顿和瓦特公司的希望，蒸汽机部门，岌岌可危地寄托于康沃尔矿业的命运，直到"转缸撒旦"前来拯救。一直到那时，博尔顿和瓦特公司靠不住的现金流，使得霍克利小河相比之下看上去像一条狂暴的激流。例如，在1781年12月下旬，蒸汽机公司发不出来工人的基本工资，更不用说他们的圣诞节奖金了，为此不得不用博尔顿和福瑟吉尔公司已所剩无几的流动资金来缓冲。[27]

根据埃里克·罗尔爵士[28]的说法，苏荷区差劲的经济表现，根源在于其庞大的规模和范围，使其成为一个奇迹。博尔顿已经把企业的生产能力扩大到"远远超出了产品需求流动性所能证明的极限"。最终，是蒸汽机业务拯救了苏荷区，保住了其不朽的名声，充分证明了博尔顿是一个结合了"精明的商业实践、非凡的运气和真正的远见"的人的标准观点。[29]不过,事实仍然是,一般的工业哲学都在强调巨大化和高科技,这正使博尔顿和瓦特公司获得了这样引人注目的成功,也使得博尔顿的大多数其他事业,到了18世纪80年代中期同样引人注目地失败了。同样的哲学将会坚决地应用于造币业:博尔顿不把它建成世界上最大、最注重质量、技术最先进的铸币厂,决不会罢休。

"苏荷区"

任何只要依赖的不是苏荷铸币厂最新产品的人,都会弄明白以下"事实":第一,蒸汽动力铸币厂的一台样机在1786年为东印度公司试运行铸造硬币;第二,尽管铸币厂到1788年已经完善,但皇家铸币局的反对使它直到1797年才开始生产王室硬币;第三,全套铸币程序,从金属轧制到铸造,都发生在原来的苏荷工厂范围内;第四,铸币厂以生产线为基础运行,材料经由传送带和传送槽被自动输送到铸币各工序;第五,铸币机器完全是由蒸汽动力推动的(博尔顿首次决定利用蒸汽动力铸币是在1774年);第六,蒸汽动力冲压机比手工冲压机的铸币速度快10倍。

因此,塞缪尔·斯迈尔斯[30]写道,博尔顿在1774年首先构想了利用蒸汽动力铸币,并且在1786年"第一次成功运用蒸汽机,执行了他与东印度公司签订的铸造超过100吨铜币的合同"。[31]博尔顿原来的铸币厂,用斯迈尔斯的话说,是"暴力和嘈杂的",再加上太小,不足以完成博尔顿预期的王室铜铸币合同。他因此改造和扩建了铸币厂。到1788年底,完美的铸币厂已经准备好开始铸币,生产线上有6台造币冲压机,另外2台在准备中。然而,皇家铸币局的官员"消极反抗,将采用新铜币推迟了10多年",[32]这迫使博尔顿开始从事商业铸币来保持他的铸币厂运转。最后在1797年,铸币厂开始铸造王室铜币,最终铸造了4200吨的铜币。[33]

关于苏荷铸币场所的安排,大多数人引用的是一份1800年的叙述,其中首次确认,在苏荷区运营的铸币厂建于1788年,这份材料继续讲述了"所有的准备程序如何在同一场所的邻近房间进行",包括"把铜轧制成片材,切割成铜板,抖落到干净的袋子中,为模具的使用准备就绪"。此外,据信不同的步骤已经和生产流水线联系在一起,根据埃里克·罗尔爵士[34]的说法,以致达到了"可以被描述为制造流程现代组织的早期预演"。

> 不同级别的工人之间没有任何个人交流……铜板被传送到抖落的房间,从那里整箱整箱地以极快的速度沿一个倾斜的平面传送到铸币房间,并且带着一个重量标签。[35]

根据伊拉斯谟·达尔文等人[36]的说法,全部工序的动力,都是"由一台改良的瓦特蒸汽机提供的,它把铜轧制成半便士,比以前为了赚钱而轧制的铜更出色;它带动切刀或螺旋冲压机,裁剪出圆形铜片;并且同时铸造出硬币的两面和边缘"。[37]最后,利物浦勋爵[38]告诉我们,除了节省劳动力,蒸汽动力和博尔顿精致的造币设备的结合,让苏荷区"在给定的时间内,造币数量至少是皇家铸币局能够铸造的10倍",皇家铸币局用的是普通螺旋冲压机。

这些是传统观点。但是苏荷区档案讲述了一个不同的故事。首先,没有特定的苏荷铸币厂这回事。相反,正如理查德·多提解释的那样,苏荷区有多达三家铸币厂,这还不包括东印度业务或后来由小詹姆斯·瓦特和拉尔夫·希顿(Ralph Heaton)建立的铸币厂。最初的苏荷铸币厂,被其创立者简单命名为"苏荷"而知名,在

1789年开始铸币,持续了不到10年,也就是说,刚好完成博尔顿首份500吨王室铸币委托任务。这份任务,再加上超大的两便士"车轮币",几乎把博尔顿的铸币机器震散架了。结果在1798年,博尔顿拆除了他最初的铸币厂,又重新建造了另一所,总共使用了一条铸币生产线,不同于他8年前申请专利的那条生产线。第二家苏荷铸币厂完成了博尔顿的大量王室铸币委托任务,在10年后的1813年检修封存之前,还完成了少量任务。最后在1824年,马修·罗宾逊·博尔顿在短暂恢复使用老铸币厂后,开始建造第三家,也是最后一家苏荷铸币厂,仅是前一个铸币厂一半的规模。这家铸币厂在1850年1月向墨尔本的安南德·史密斯公司(Annand Smith & Company)装船发送了最后一批代币,之后便被随便拍卖了。[39]显然,在19世纪的最初几年,令许多苏荷区的访客感到头晕目眩的铸币厂,并不是博尔顿在18世纪80年代建造的那座具有先驱性的蒸汽动力铸币厂。因为弄混了这两个铸币厂,早期的资料给读者留下了错误印象——博尔顿最初的设计是成功的,从而低估了他花费10年时间,来想出真正可靠的用蒸汽铸造重币的方法。

  一些确凿的事实也证明,人们经常说的第一批蒸汽动力铸造的硬币,是博尔顿为东印度公司在苏门答腊岛明古连定居点铸造的硬币。事实上,尽管明古连硬币的铜片或圆板①是在苏荷区准备的,使用的铜饼是由威尔金森公司付款的,但硬币不是在苏荷区铸造的,而是在伦敦法国常设法庭的一家仓库里建立的临时铸币厂铸造的。[40]这个铸币厂,装备的是手动螺旋冲压机,枢密院(正是它授权东印度公司造币)允许用200英镑购买3台这样的机器,这只是苏荷蒸汽动力造币设备所花费用极小的一部分。

  在伦敦使用的手动冲压机没有安装在苏荷区,因为在苏荷区这

---

  ① 也以"造币金属板"或"达布斯"(dubbs)而知名。

里没人知道，如何制造一台像样的螺旋冲压机。相反，博尔顿和约翰·斯凯尔（他管理东印度造币业务）委托一位独立的雪丘街机械师安东尼·罗宾逊（Anthony Robinson），来制作两台。深受人们喜爱、酗酒放纵的苏荷工人"之父"约瑟夫·哈里森（他的酗酒问题，是苏荷雇员中普遍存在的痼疾，导致他至少让1台蒸汽机失控并毁掉），也被指派从事这个项目。哈里森报告说，冲压机在9月末到达伦敦，并且随后就发明了一个自动的铜板"压条法"。[41]在第二年夏天，罗宾逊被要求制造第三台冲压机，但是他直到10月才开始动手，因为他首先要为约翰·韦斯特伍德制造1台冲压机。[42]

部分是因为工业考古学家乔治·德米多维奇（George Demidowicz）在20世纪90年代的深入挖掘，[43]我们也知道了苏荷造币工序从来不全是由蒸汽动力驱动的，它们也不全是在"邻近的房间"完成的。事实上，只有在最后阶段，硬币的实际铸造是在铸币厂本身的建筑内进行，它不是坐落在苏荷制造厂主体建筑之内，而是在"精灵农场"的后面，约100码远。最初的苏荷铸币厂，由一个宽阔的棚顶构成，内含一间"造币室"，房间里最后安装了8台造币冲压机，每台由一名十二三岁的男孩照看，他们唯一的工作是当有需要的时候，把冲压机停下来（每台机器有自己的开关），然后再重新启动。这些冲压机被布置成一个圆圈，依靠楼顶的一个大转轮来启动。在1791年添加了一处附属建筑物，场地用作一间办公室、一间仓库、一间铁匠铺、一间木匠铺和清除铜板室、热处理室、酸洗室。铸币厂有自己的转缸式蒸汽机，被封装在铸币厂建筑和博尔顿的茶室之间。蒸汽机既为造币冲压机提供动力，也为将成品毛坯送到冲压机的震动机提供动力。

造币工序的前期工作，不是在铸币厂进行，而是在原苏荷制造厂之内进行的。在位于最西部低地的场所，由工厂的水动力轧制机，将铜饼轧成片材。预期要为东印度公司造币，这家工厂被重新设计,两年后进一步改进,这样既能把铜饼热轧成铜锭和初级片材,又能把后者冷轧成统一硬币厚度的抛光片。尽管在此后的80年里,被称为"老贝斯"的蒸汽机,弥补了工厂池塘动力的不足,但是苏荷区的轧制工厂从来没有转变为使用蒸汽动力。一旦铜被轧制、酸洗、抛光,它就会被切割成短条或细条,之后就会被送进苏荷区的6台毛坯切割冲压机。这些冲压机位于苏荷抛光工厂一楼一个很小的"切割"室,这里邻近轧制工厂,从1788年6月开始,由水力而不是由苏荷区闻名遐迩的转缸式拉普蒸汽机,提供动力。[44]

所以,与早期资料相反,苏荷区铸币使用的不是1台而是2台蒸汽机。这些资料传达的造币流程形象,完全是蒸汽动力驱动和自动化,是言过其实的,因为我们已经看到,一些苏荷区机器是水力驱动的;同时苏荷区铸币流程的某些阶段,预示了19世纪中期的标准造币习惯,其余部分则稍不同于老伦敦塔铸币局的程序。[45]

以利物浦勋爵的说法,即苏荷区冲压机的铸币速度,比老伦敦塔铸币局的冲压机快10倍,真相远非如此。根据苏荷区康沃尔代理商托马斯·威尔逊的说法,伦敦塔的官员认为,他们的一个手工冲压团队,"一天良好的工作",能生产2.5英担王室半便士(或者说,利用每常衡磅产出46枚半便士的标准,假定每天工作10小时,每分钟产出不到21.5枚硬币)。[46]相比之下,在1789年6月(当时苏荷区还没有开始用"阻环"铸造硬币),詹姆斯·劳森(James Lawson)报道说,尽管有"许多小障碍",其一台正在运行的冲压机能够在一周内铸造24英担硬币。换句话说,这台冲压机可能用6天完成了皇家铸币局冲压机10天的工作。这肯定是一个相当大的改进,但它远远不到10倍。

此外,苏荷区只有在浅模具的帮助下,才能达到最大铸币速度,劳森断定,"模具厚度的最小区别是每分钟会产生2—3次击打差异"。[47]最终的改良让苏荷区的冲压机,即使是在使用阻环让硬币保持完美圆形的情况下,每分钟也能击打 50—120 次浅浮雕硬币(取决于它们制造的硬币大小)。用"阻环"以这么快的速度击打硬币,可能是博尔顿最令人印象深刻的铸币成就。然而,它代表的是一种改进,比帕雷斯矿业公司铸币厂使用约翰·韦斯特伍德曾经见过的最糟的螺旋冲压机完成的工作量多了近 6 倍。

坚持认为苏荷区并不像某些资料所说的那样创造了奇迹,并非否认其达到的不可思议的成就和独创性。无论如何,博尔顿的铸币厂,是一项宏大精彩且困难重重的成就。"只有上帝才知道,"劳森在一封给马修·罗宾逊·博尔顿的信中回忆道,"你父亲为达到目的,焦虑和不屈不挠的毅力……让他经常参与实验,并坚持到我们所有人都筋疲力尽。"[48]

尽管威廉·默多克说,博尔顿首次向他提出由蒸汽动力驱动 8 台造币冲压机的想法,"大约是在 1784 年或 1785 年",[49]但苏荷区的这项工作一直到 1787 年 4 月才开始,当时博尔顿仍旧致力于为东印度公司造币。新的项目开始于建造山墙屋顶铸币蒸汽机厂房,配备了 10 马力的转缸式蒸汽机。铸币厂建筑本身在 11 月时已经准备妥当,然后是最困难的部分——为铸币厂添置设备。博尔顿和他的工作人员,不得不想出一个方法来,把动力从蒸汽机输送到铸币厂的造币冲压机上。这意味着需要一个配件,把旋转轴的动能转变成一系列立式螺杆的快速升降运动。

他们选定的解决方案,既要服务于铸币厂本身,又要从更小的规模上服务于切割室,由一个巨大的像旋转木马的设备构成,在一个重型木框架里面,一个巨大的水平安装的铸铁轮子之下,冲压机呈圈圈状安置,像许多木马一样。不同于木马的"转轮",为冲压机配备了特殊的臂架或者说"托盘",与托盘形成互补的是 5 个 S 形的冲压机驱动轴,连接到巨轮的上方。[50]插入两台冲压机之间的来自转轴的动力,依靠的是纵轴和一系列扇形齿轮和巨轮连在一起。钱币奖章收藏家吉姆·里夫斯（Jim Reeves）告诉了我们这个设备是如何运作的(或者说它应该如何运作)，远好于我所期望的。

随着轮子转动，它分别驱动冲压机，通过轮子上的一条臂轴和螺旋造币冲压机的一条臂轴联结，这传递了旋转的部分，冲压机臂轴的运动通过和两个活塞的链接被抵消，这两个活塞被封装在密封汽缸中，因为每台冲压机……在之后的转动周期中，冲压机臂轴脱离与驱动臂轴的连接，活塞的真空驱动冲压机臂轴返回锤打硬币，这样击打的主要震动就不会回传到驱动轮。[51]

1788年即将结束时，博尔顿铸币旋转木马的图纸已经准备好，各种部件也已齐备，包括巨大的铸铁轮，它在威尔金森的布拉德利工厂中铸造，第二年春天旋转木马在铸币厂安装，在1789年6月，1台单独的冲压机投入运转。尽管博尔顿起初并没有想过为他的设备申请专利，但当他想到某位瑞士同行(我们接下来很快就会了解到他)可能会仿制他的设备时，他改变了主意。博尔顿的"造币工厂"专利文件在1790年夏天准备好了，10月时收到皇家签名盖章。[52]

然而，在博尔顿看到所有8台造币冲压机按照他初始的计划正常运行之前，让人坐卧不安的两年多时间过去了。为什么花费了如此长的时间？根本的问题在于，博尔顿在建立东印度铸币厂的时候已经经历过了，周围很少有人知道如何制造一台像样的在工厂运行的造币冲压机，更不用说制造一台博尔顿想为他的工厂安装的特殊冲压机。除了必需装备定制的臂轴来代替普通的转轮，这些冲压机必须符合特定的铜板输送或"送料"，设备必须能跟得上快速的击打速度。

博尔顿从始至终都知道，他必须做一些特殊安排，才能让他的冲压机被制造出来；但他认为，他已经找到一个理想的解决方案——不仅能解决这个问题，而且能解决他在筹备铸币厂过程中面临的其他几项挑战——在一位多才多艺和骄傲自信的瑞士雕工和技工让·皮埃尔·德罗兹的脑海中。可怜的博尔顿根本不知道自己惹上了什么麻烦。

德罗兹式无情

德罗兹萨迦①开始于1786年12月。在此期间斯凯尔正对为东印度公司造币感到极度痛苦，宁愿去制造纽扣，博尔顿和瓦特以及博尔顿的儿子马修·罗宾逊正在考察法国马利的水力工厂，在那里，水是从塞纳河一路抽到凡尔赛宫的。在一次去巴黎的短途旅行中，年轻的马修尝试了法国的最新时尚，博尔顿和瓦特利用英国财政部赋予他们的权力，对巴黎铸币厂进行了一次官方访问。在那里，他们看到了卡隆盾牌样品（如此命名是为了纪念法国财政部长），这件样品是铸币厂雕刻师之一德罗兹一手制作的。这件盾牌给博尔顿留下了直观的印象，除了带有精美雕刻的正面肖像外，边缘还带有凹版铭文，使用的是德罗兹发明的六段式阻环，阻环的部件在每次铜板被击打后自动分开，这样成品硬币就可以很容易地从上面取下来。

不久以后，德罗兹本人现身，向博尔顿和瓦特以及托马斯·杰斐逊（Thomas Jefferson）展示了他的阻环，杰斐逊正在为自己的国家造币收集想法，碰巧在场。[53]德罗兹带博尔顿和瓦特去看了他使用

---

① 萨迦，意为"话语"，是13世纪前后被冰岛人用文字记载或口传的一种短故事，主要是神话和历史传奇。

的冲压机，也是他设计的，让博尔顿亲手铸造了一枚边缘带字母的克朗（博尔顿留存他的手工制品作为纪念，后来他很高兴地展示给威廉·皮特）。那天晚上晚些时候，德罗兹来到博尔顿和瓦特的房间，让他们仔细看了他的分段"托盘"，并且用他的其他造币技能取悦他们。除其他事项外，他还暗示他想出了一种制造多层铸币模具的新方法，这样一套原始手工雕刻模具可以生产出数百个相同的工作副本。

博尔顿后来对瓦特说，只有这个人能够帮助他和加伯特正在游说的新王室铜铸币事务，德罗兹了解如何雕刻头像，想必可以雕刻乔治三世的肖像，并且他的多层模具新技术，允许把他的雕刻精确复制到不仅仅是几吨的硬币上，而是 500 吨甚至 1000 吨硬币上。最后，德罗兹的分段阻环和特制的冲压机，能够制造完美圆形边缘标记的硬币，比他们以前铸造的速度快得多。想象一下，在一台转缸式蒸汽机上钩吊几台这样的冲压机的情景……

一旦回到英国，博尔顿仍得等待皮特的准许，当 2 月威廉姆斯的德鲁伊币闪亮登场时，刺激博尔顿采取行动（他害怕会落后于竞争对手），这些行动被证明是不成熟的。在 3 月 7 日，他写信给德罗兹，为没有早点写信道歉。"您自己的经验将告诉您，"博尔顿解释道，"一切取决于大臣们决定的事情都进展缓慢。"[54]博尔顿要求德罗兹准备一个带乔治国王头像的模具，并用他的特制冲压机铸造 20 枚或 30 枚银先令。博尔顿在 4 月开始建造他的铸币厂之后，再次给德罗兹写信，这一次他请求复制德罗兹的冲压机。他给德罗兹 100 英镑以换取必要的图纸，再给他 100 英镑，让他按照他们的要求制造一台冲压机。在德罗兹把图纸的价格抬高到 200 英镑之后，协议敲定了。

尽管德罗兹在 5 月初就已经完成了先令样品，但博尔顿在一个月后仍在焦急等待他需要的冲压机图纸，来完成他的铸币厂建设。

在6月初，威廉姆斯和他的儿子小托马斯到巴黎拜访德罗兹，用理查德·多提的话说，弄清"他和博尔顿是否已经签署协议，如果已经签署，他是否能够悔约，来为安格尔西岛集团工作"。[55]尽管德罗兹拒绝背叛博尔顿，但博尔顿在获悉威廉姆斯仍在努力时，决定带德罗兹到英国来，在这里他能够"让他只享用他的蛋糕和牛奶"[56]，在这里他们两人一起工作，在冲压机和展示样品上会取得更快的进展。

在博尔顿多次请求之后，德罗兹最终同意在9月到英国来。但是他只能来1个月，并且没带急需的冲压机图纸，博尔顿尽管很失望，但仍要求德罗兹准备铜制的半便士样品，可以让他向皮特提供无可置疑的证据，证明他有能力胜过威廉姆斯的德鲁伊币。他也敦促德罗兹非正式同意回到苏荷区做受薪雇员。除了这些，德罗兹的到访没有带来多大价值，除了一些华而不实的谈话，比较了正统的、过时的铸币方法和博尔顿与德罗兹的切边替代方法。

当德罗兹返回巴黎之后，期待随时被召见提供王室半便士的博尔顿，决定不再等待德罗兹的图纸，继续向前推进，向霍奇尔斯和哈里森及格林博公司（Hodgells, Harrison & Greenbaugh, HH&G）下了一个订单，购买1台切割机和2台造币冲压机。[57]另外，他仍在指望他的瑞士秘密武器。当枢密院在那一年12月接连询问博尔顿造币计划的一些问题，博尔顿的答复毫无疑问是要德罗兹发挥重要作用的，尽管没有提到他的名字。在被问到他打算如何在他的铸币中使用"最难以模仿的"工艺时，博尔顿用以下的清单作了答复：

第一，铜在轧制时必须被精致抛光，在制作半便士时还从未这样做过。

第二，模具应该由欧洲最好的雕刻师雕刻。

第三，在环绕硬币的边缘应该同时铸造铭文，同时敲击到硬币的两面，不应该像那些被称为安格尔西岛德鲁伊便士那样切削边缘；或者像我们的几尼那样轧边，但是字母应该像浮雕一样，正如我给出的原因，像用在法国的新里弗币一样。

第四，这些操作应该按照这些新原则，由机器来完成，这将制造出和在英国已知或已用的任何冲压机做出的硬币，明显不同的效果。

第五，这些机器应该能够以更快的速度工作，比现在的机器使用更少的工人，以便节省费用，方便调度。

当然，第二条指的不是别人，正是德罗兹，而第三条和第四条指的是德罗兹的发明（其他几条指的是苏荷区改良的轧板机和工厂中的蒸汽动力造币设施）。

在冬季剩下的几个月里，随着 HH&G 公司为博尔顿制造冲压机，德罗兹仍逗留在巴黎，博尔顿写了大量越来越急迫的信件，请求他拿出他的图纸和他的半便士样品，以及他本人尽可能快地到苏荷区来。最后在 1788 年 1 月，德罗兹回信了，未能让博尔顿满意，说尽管 HH&G 公司的冲压机设计是垃圾，但在德罗兹准备 3 台他自己的冲压机和一个石膏模型的时候，博尔顿不妨继续使用它。又过了难熬的 3 个月，德罗兹的冲压机终于和那些难以捉摸的图纸一起运到了苏荷区。即使是在这个已经延迟的日期，其中两台冲压机仍需要维修，而第三台仅仅是一个骨架。

在博尔顿等待他的冲压机的时候，德罗兹终于抽出时间完成了一些半便士样品。首批样品在 2 月 18 日抵达苏荷区，但由铅币构成，也没有任何种类的边缘标记，几乎不可能给枢密院留下深刻印象。在 3 月初，德罗兹继续完成了 6 枚镀金币和 8 枚青铜币，两个月后（继更换了一个断裂的倒模），他又追加了 54 枚镀金样品。尽管这些硬币凸显了铣进的边缘，但它们仅是麦穗纹饰图案，与德罗兹的盾牌样品相比，倒退了一大步。博尔顿在 6 月毫无自信地写道，德罗兹可能会很友善，寄来一些更好的作品，"由您伟大的冲压机完美打造的"。[58]暂时来说，博尔顿勉强接受麦穗纹饰的样品——幸运的话，枢密院硬币委员会将会忘记他之前坚持的需要凸起字母的主张。

大约在这段时间里，博尔顿经过多次甜言蜜语哄骗，终于说服德罗兹返回到苏荷区工作两年，回报是每年500英镑的费用，以及免租金住在博尔顿早已为他建造的一间房子里，这是在已经为他的冲压机支付或承诺的钱之外的费用。但到了履行他的承诺的时候，德罗兹再次犹豫不决，最后总算在1788年10月的第一周抵达，[59]带着几个助手一起来的。到这个时候，博尔顿开始对他的王室造币合同有了疑虑。但已经支付德罗兹几百英镑，包括预付了他的薪水，他决心以这种或那种方式让自己的钱花得值。

在两年的工作时间里，德罗兹提出要做些什么。他认为，首先，协助博尔顿完善他的造币冲压机，特别是如他已经承诺的那样，让他的分段阻环开始工作。其次，他同意雕刻一个带有改良的国王肖像（博尔顿希望是国王的坐像）的原始模具，以及用于实际的王室造币的冲孔器。最后，他同意传授给苏荷员工他曾经夸口的改良后的模具复制方法。

那么，德罗兹最终做了些什么？几乎什么也没干。他不停地抱怨，实际上对所有事情都抱怨。他为他不佳的表现炮制了精巧的借口。他多管闲事，制造麻烦，此外让正规的苏荷区技工坐立不安——詹姆斯·劳森、约翰·萨瑟恩（John Southern）、彼得·尤尔特（Peter Ewart）——他们（尽管瓦特偶尔会帮忙）不得不加班工作，来让博尔顿的铸币厂就绪，而报酬丰厚得多的瑞士人却在偷懒。德罗兹也拒绝向任何人透露模具制作和模具复制的秘密，花费他大好的时光独自制作模具和冲孔器，他甚至有胆量仅仅是在答应尽快修好一些不能用的模具后，就给自己放了两周假。[60]

所有这些都足以让一个牧师发出诅咒了,更不用说一个顽强不屈的制造商。然而因为博尔顿把德罗兹既看作朋友,又视为绅士,他坚持给予他信任。这让老扎克·沃克(Zach Walker Sr.)等人确信他认为德罗兹会为了荣誉而死。

根据您的描述,我不能确信德罗兹先生本质上是诚实的,或者说性情良好。本质上诚实,不会同意一个人拿了别人的钱,而不履行他的承诺,或者不让协商一致的价钱物有所值;性情良好,不会忍受朋友被这样的忽略受到伤害——懒散、懒惰或任何这样的借口都太厚颜无耻了。[61]

最终博尔顿意识到,他不得不采取行动。但是他能做什么呢?他和他的瑞士雕刻师之间没有起草过书面合同;博尔顿鲁莽地依赖于一份绅士间的协议。这至少需要改变。最后,在11月中旬,博尔顿和德罗兹起草了一份正式合同,详细说明了他们在近一年半前非正式商定的或多或少同样的条款。但尽管有了合同,苏荷区老员工们仍在抱怨德罗兹的无用之处。到了来年1月,瓦特终于受够了,建议博尔顿不要再向德罗兹支付一分钱,"除非被法律强制",因为这样做只会让他"养活他的律师"。[62]对德罗兹来说,他厌倦了苏荷区,就像苏荷区讨厌他一样,他似乎很高兴自己有了一个违背承诺的合法借口。

僵局一直持续到1790年3月,博尔顿此时开始把德罗兹视作他曾经接触过的"最没用的、古怪的、讨厌的、乏味的和轻浮的"人,[63]打算通过仲裁和他解决问题。在随后的一个月里,挑选出了仲裁陪审团,并提交了文件供他们考虑。这些文件之一是詹姆斯·瓦特的书面证词,这份证词是他在7月7日送给博尔顿的,旨在特别证明德罗兹情况的破坏性。在证词中,瓦特赞扬了这位昔日好友"超级干净整洁，在雕刻模具时手艺良好"，而且"他制作的工具比伯明翰常用的工具更精确"。但他也注意到，如果德罗兹只是在他的雕刻上"选择取得一些进展"，那么他和博尔顿的争议也不会出现。[64]

考虑到证词的来源，更具毁灭性的是瓦特对德罗兹技术贡献的评价，这使得这位瑞士人坐实了是一个哄骗者。关于德罗兹的"改良"冲压机，瓦特写道：

在我看来，且就我能记得的唯一新鲜事而言，构成德罗兹先生冲压机优点的第一是硬币边缘冲制的一体成型，仍需要证明在实践中是否可行……第二是在你见到他之前，就已经到手的多层模具的改良。

第三是更容易的修复和调整模具的方法，不是那么完美，他在巴黎已经告诉过我们；第四是取代了以前使用的螺栓而使用托架。

机器的其他部分就我所知是由你本人、萨瑟恩先生和我设计的，尽管我的贡献很少。[65]

事实上，瓦特评论的第一部分提到的德罗兹有名的分段阻环，证明是上当之货：手工雕刻的分段很快就消耗殆尽，并且很难复制，因为接头需要完美匹配。[66]因此，尽管制作出了少量的令人印象深刻的样品，但对常规造币来说代价太昂贵了。至于德罗兹"改良的多层法"，根据博尔顿的"信件……摘要"目录[67]，他紧接着在1788年2月18日提到，它实际上和"在东印度铸币厂使用的"分层法是一样的，"除了他的是直线运动，而不是环形运动，但都是通过大螺旋运动而发挥作用"。[68]的确，在急于完成博尔顿铸币厂的某个时刻，劳森曾要求尤尔特挖掘出一件伦敦老东印度铸币厂的设备，这样就能重新翻新后在苏荷区使用。[69]

最后，德罗兹出众的模具复刻设备，结果是无用的累赘东西。

德罗兹把一个普通的模具复刻升级为带简陋液压装置的"机器"(本质上是一台普通手工造币冲压机的增强版)。仅有液压装置是没有用的:根据瓦特的说法,它是"一件违背了自然法则的蹩脚东西,除非大自然愿意改变钟摆的摆动"。结果,"一台普通的冲压机也能做好……可能做得更好"。[70]简而言之,根据瓦特的评价,如果说苏荷铸币厂最终成功地建立起来并开始运行,那根本不是德罗兹的功劳,因为在这里几乎找不到任何他自吹的发明的痕迹。

不足为奇的是,1790年7月提出的解决方案,大体上是有利于博尔顿的,在已经支付给德罗兹的约1087英镑的基础上,他还要支付给他近820英镑的最终金额,与此同时德罗兹应该交出他在苏荷区致力于开发的所有模具和冲孔器(博尔顿仍希望能将其中一些运用到他的王室铸币中),并且履行诺言教会博尔顿的员工用他特制的设备来复刻模具,无论如何这是物有所值的。之后,德罗兹马上带着行李离开苏荷区,回到法国。他满可以去考文垂,这是博尔顿所关注的,只要他不偷窃博尔顿的任何造币生意秘密。

但德罗兹并没有结束对博尔顿的烦扰,他先是拒绝交出模具,然后让法院撤销仲裁协议。这激怒了博尔顿,让约瑟夫·班克斯爵士代表他出面调停,班克斯在那一年11月进行了调停。最后,在1791年2月,在约瑟夫爵士的帮助下,博尔顿拿到了德罗兹应该归还的物料,连同德罗兹自己的清单,其中包括在他逗留期间准备的每一件物品。[71]除了在结算时特别提到的17件物品(12个冲孔器、4个模型和1件模具),清单还提到了16个模型,10个冲孔器,两对模具,一些蜡制模型,两个"敲击出层次的盘子或机械"——也就是两个对德罗兹来说没有用处的"托盘"。无论从哪个角度看,这都是微不足道的筹码,特别是考虑到博尔顿又多花了700英镑,比他购买瓦特蒸汽机三分之二股份的费用还多。

尽管如此,博尔顿还是很高兴摆脱了这个讨人厌的瑞士人,他给他和他的员工带来了那么多的痛苦。但他刚摆脱一个障碍，就又面临着另一个更大的障碍——看来，德罗兹并不是唯一一个让他失望的人。

皮特暂停

也许英国人的证词对德罗兹是不公平的，毕竟那些证词大多是片面的，要么是来自博尔顿本人，要么就是来自博尔顿的亲密朋友和同事。仲裁委员会的判决也不能从表面上看，因为该委员会也是一边倒的：尽管起初有3名成员，德罗兹自己选择的贾斯廷·维利亚米（Justin Vuilliamy）在判决前退出了委员会。[72]

此外，正如波拉德[73]观察到的，德罗兹在苏荷区的灾难性间歇期只是"其总体杰出的职业生涯中的一个短暂插曲"。德罗兹在来到苏荷区之前，在法国已经取得了很好的名声，他回去后也无损他的名声。在1799年，他回去为巴黎铸币厂工作，充任硬币和勋章保管员，从1804年起担任铸币厂博物馆的管理员，在这里骄傲地展示了他在硬币、冲压机和其他方面对法国造币史的贡献。德罗兹1814年退休，在1823年满载荣誉去世。[74]

最后，如果说德罗兹违背了他的承诺，那么博尔顿也违背了他的承诺。特别是博尔顿让德罗兹来到苏荷区，告诉他，他将被征召来改革英国的铜币。因此，德罗兹期待的不仅是博尔顿提供的金钱收益，而且期待沐浴在这样一项改革通过他的工具一定会传达出的荣光之中。尽管有些时候政府看起来准备征召博尔顿提供帮助，但结果都是空欢喜一场。到德罗兹两年任期结束时，承诺的王室铸币合同还没有出现。如果说德罗兹应该因没有完成工作而感到内疚，那么博尔顿手头没有任何项目配得上"欧洲最好的雕刻师"，也应该感到内疚。

博尔顿的王室造币合同变成了什么？斯迈尔斯[75]声称皇家铸币局单凭一己之力，仅仅通过"消极抵抗"就把它搁置了整整10年时间，这与事实相差甚远。事实上，皇家铸币局只是在一场相当复杂的政治剧中扮演了一个小角色。

让我们回顾一下当时的情况。自从1782年加伯特兄弟提交了他们礼貌但令人遗憾的报告后，政府似乎就注定要对造币问题有所作为。到了1786年夏天，关于即将重新铸造硬币的传言不绝于耳，到了那年秋天——大约在枢密院硬币委员会成立前一年——塞缪尔·加伯特和博尔顿正在游说，要求获得铸造王室铜币的许可。

加伯特和博尔顿所示好的那些人是首相威廉·皮特和主席为查尔斯·詹金森（Charles Jenkinson）的贸易委员会（枢密院委员会向贸易委员会提交不好解决的经济难题的报告）。皮特在1783年12月被任命为第一财政大臣、财政大臣和首相时，是一位年轻的改革派议员，尽管口才相当好，但他发现自己相当矛盾，赋予他权力的国王，正是他强烈希望剥夺其特权的人。在接受这些任命时，皮特拯救了王室，让其摆脱了查尔斯·福克斯政治联盟带来的更大威胁，该联盟甚至想剥夺国王任命自己大臣的特权。国王反过来也支持皮特，即使这意味着要配合他不喜欢的改革。[76]

相比之下，拘谨和浮夸的詹金森是一个彻头彻尾的"旧宫廷政治"的代表，他作为国王在下议院朋友们的领袖，比皮特内阁的任何成员都更容易接触到国王陛下。因此，他对皮特构成了真正的威胁。然而，皮特本人在1784年将"詹基"派往贸易委员会，两年后又让他主管这一机构，与此同时奖励他一个贵族头衔——霍克斯伯里勋爵。皮特选择由詹金森来处理国家的经济事务——而不是政治事务——是因为他在贸易和金融方面的特殊知识，也因为他在18世纪70年代初精心策划黄金重铸中的作用。[77]简而言之，正如皮特向他母亲解释的那样，尽管从政治上看这项选择可能"听起来有点奇怪"，但詹金森"真的很有资格得到"这一职位。[78]的确，当谈到造币时，詹金森是一个比皮特本人更加坚定不移和不知疲倦的改革倡导者。然而，皮特对他的被任命者仍很警觉，一直到1791年都把他排除在他的内阁之外，到那时诸多事件才让两个人的观点更加接近。

尽管造币问题被首先提交到贸易委员会，但1787年秋天成立了一个枢密院的特别委员会，由卡姆登勋爵领导（出任主席），专门处理这一问题。到这一年末，它被称为"硬币委员会"，写信给博尔顿要求提供他的计划的进一步细节，要求提供他建议的硬币样本，并且邀请他到伦敦进行面谈。拖延了一段时间后，博尔顿在1788年第一个月里对委员会的要求作出了回应。

从那之后，第一次有迹象表明，政府可能不像博尔顿那样急于推进新的铜币铸造。几个月过去了，博尔顿没有听到任何消息——没有来自皮特的消息，没有来自霍克斯伯里勋爵的消息，甚至没有来自枢密院的消息。这种沉默似乎是委员会决定在重新审议铜币之前先致力于金币重铸，而不是像斯迈尔斯认为的那样，由于皇家铸币局的抵制——不管是被动的或者其他什么样的。在10月16日，心灰意冷的博尔顿写信给霍克斯伯里勋爵，试图让事情重新开始。"整个夏天，我都让自己在做准备，"他说，"遵从我有幸得到的阁下或枢密院的召唤。"[79]他还说，苏荷铸币厂将在元旦前准备好每年铸造的1000吨硬币，如果有需要，可以铸造更多。

但博尔顿的准备是徒劳的，因为就在第二天晚上，他的信还没有送到霍克斯伯里勋爵手里时，国王突然因剧烈的腹痛而弯下了腰，然后开始口吐白沫，语无伦次。起初御医认为是痛风以某种方式进入了大脑；但很快所有人都清楚，乔治三世至少是暂时性的疯了。随着国王的病重，博尔顿铸造王室铜币的前景也看起来很渺茫：正如博尔顿在1788年11月28日的一封信中向威尔金森解释的那样,在国王恢复"健康"之前,枢密院不会对铸币采取任何行动。[80]

问题不仅在于国王必须亲自在博尔顿的合同上签字,皮特的政治生存也岌岌可危,除非国王康复,否则将不得不宣布摄政统治,威尔士亲王会毫不犹豫地解雇皮特和他的内阁,支持他的反对派朋友。皮特在危机发生的第一时间设法紧紧抓住权力,主要是多亏了普利尼(Prinny)不体面的名声,这使得把王室统治权交给他的想法特别不受欢迎,也多亏了当福克斯(Fox)被迫对摄政问题立即作出决定时,他正带着他的情妇在意大利游荡。但福克斯最终还是回来了,即使是半疯的普利尼,尽管是个好色之徒,也比一个彻头彻尾的疯子好得多。

到了1789年1月,博尔顿担心出现最坏的情况,再次写信给霍克斯伯里勋爵。他的信[81]似乎值得全文引用,即使仅仅因为它是一个很好的例子,说明博尔顿喜欢把他对铜铸币的兴趣作出自以为是的解释。

尊敬的勋爵:

在过去一段时间里,我对铜铸币问题一直保持沉默,因为很明显,您的心思被更高更重要的主题所占据,尽管我必须由衷地对敬爱的君主的健康状况的失调和这个国家最近所享有的繁荣可能会消失表示遗憾,然而在这些灾难中,我情不自禁地想到我可能经受的损失,铜铸币可能会走向失败。我提出这件事的主要动机是,我完全相信我能够阻止伪造货币行为,并挽回机械技艺这一分支的荣誉,但是在我付出相当大的代价之后(必须制作枢密院各位大人命令我做的样本)。那么很自然,我不仅应该考虑偿还那笔费用,而且同样要考虑获得一笔小小的收益。为此,我重新安装了我的轧板厂,使其成为英国最好的轧板厂,我在我的花园建造了一座建筑,与所有其他建筑或工厂分开,以便进行造币,我还为此准备了两辆救火车,已经设计和安置了这些新机械,足以为半个欧洲铸造金币、银币和铜币,类似于为法国王室打造的样本,我有幸向您呈上样本。我已经与雕刻师德罗兹先生达成协议,条款对我来说是沉重负担,但是没有他,我就无法达到我预期的完美程度。我在很大程度上放弃了其他的工作,并且已经花费了几千英镑为实施造币做准备,以这样的价钱和这样的方式来终结伪造货币导致的邪恶和麻烦,其他任何人都不可能做到这一点。

因此,我出于对家庭的责任等原因,谦卑地恳请您在这一重要危机中给予建议和帮助。

如果在政府发生重大改变之前,枢密院的各位大人就造币能够下令或者与我签订任何合同,将会极大地减轻我的焦虑,如果您认为我有必要直接到城里来的话,我将立即听从您的建议。

伯明翰居民会议公告下周五召开,会签署一封感谢皮特先生的信件,不可能遇到任何反对意见,尽管在此类会议上可能会出现代理人操纵,但很明显,只有一种观点遍布在这个国家所有人民的头脑中,他们不会被政党束缚,或因利益而具有倾向性。祝愿您和您所爱的人身体健康、万事如意,我谨以最崇高的敬意向您致意。

阁下
最忠实的
最顺从的仆人
马修·博尔顿

霍克斯伯里勋爵给博尔顿[82]的回复似乎同样值得引用,因为它的字里行间潜藏着一丝微妙的嘲讽:国王病重,皮特的政府岌岌可危,这位制造商却在这里哀叹他失去了一份还没有授予他的造币合同。

亲爱的先生：

我收到了你 12 日的来信，我非常担心地认为，在我们亲爱的君主的健康状况恶化所必然产生的诸多弊端中，因为你对公共服务的热忱，你可能会遭受损失和不便。你很清楚，我是多么热心地愿意推进铜铸币业务，而且我也希望矫正金银币的缺陷，并使它们比目前所处地位有更好的基础，我很高兴地认为，政府拥有优势，根据你的能力和你的发现进行调整，来完成这项重要的工作。在此期间，一场可怕的灾难降临到我们头上，使我们所有的行动都停止了，因为继续进行一项我们将无法完成的措施将是徒劳的……在收到你的信之前，我已经和皮特先生谈过这个问题，他同意我的想法，认为如果不会给你带来很大的不便的话，你最好因此到城里来。我很高兴听到伯明翰的绅士们如此看好目前的政府，特别是他们现在所采取的措施。

谨上
霍克斯伯里

在月末，博尔顿确实到伦敦拜访了霍克斯伯里勋爵，看他是否再次向皮特提到他的情况。但霍克斯伯里没有得到任何消息：皮特总之不打算回信，他只顾着自己的生存，懒得答复关于斯塔福德郡工厂主不幸的信件。

博尔顿在伦敦对霍克斯伯里感到失望，返回到苏荷区以后，试图直接向硬币委员会请愿，他首先提醒他们，他已经为铸造 1500 吨铜币做了大量准备工作，花费了"4000 多英镑，并损失了一年对其他业务的关注"，因此，他决定——

由于国王陛下健康状况恶化，可能会打断前述计划的执行，从而使我遭受无法承受的损失。

我必须谦卑地祈求诸位大人考虑我的情况,并给予我符合各位大人的诚实和正义的救济。[83]

在委员会对博尔顿的请愿作出回应之前,国王就开始康复了,有人说这要归功于一位名叫威利斯(Willis)的牧师的服侍,他通过频繁放血、强迫呕吐、冷水浴,以及主要是用"1件紧身衣、数个铁夹子、1把椅子和1段绳子"的方法治愈了他,[84]这种使他恢复理智的方法似乎是通过吓唬他而起作用的。[85]到了3月,大法官报告说国王完全康复了,恢复了对造币采取行动的前景,从而使博尔顿的救济请求变得毫无意义。

6月,博尔顿去到伦敦,在那里他与国王进行了交谈,并向国王和他的大臣递交了半便士的样本。国王的头脑非常清楚——博尔顿注意到了他是如何回忆起他们7年前的一次谈话的细节的——这使博尔顿相信他的铸币前景近在咫尺,以至于他现在担心的不是如何得到他的合同,而是如何得到用于履行合同的铜。[86]这是第一次——但几乎也是最后一次,博尔顿向威尔逊抱怨说铜矿之王故意不给他供货,尽管他要求威尔逊将这一抱怨保密,否则"很快就会传给威廉姆斯先生,因为他在特鲁罗市不止有一个捐客"。[87]

虽然威利斯的治疗可能帮助国王恢复了健康,从而挽救了皮特的政府,但这也让国王处于筋疲力尽的状态,以至于他决定从今以后"希望其他人履行他们的职责,而他只保留那些需要进行监督的工作"。[88]换句话说,国王打算将更多的工作推给内阁。[89]

由于失去了国王的积极支持,皮特又忙于推动议会改革,修订《测试法》和《法人法》,以及废除奴隶贸易,没有空余时间来处理造币问题,它被推到了次要的地位。霍克斯伯里在一封日期为4月13日的信中,把这一情况告诉了博尔顿,并把责任推给了卡姆登勋爵:"自从国王陛下康复后,公共事务的压力非常大,以至于不可能重新开始生产铜铸币,尽管我对这项事务有一些话语权,但在正常情况下,它属于枢密院院长的职权,他是为此被任命的委员会的负责人。"[90]因此,看起来博尔顿同月为纪念危机的结束而委托制作的可爱纪念章(并提醒国王没有完成的铸币业务)——这是他与德罗兹合作的一个重要的钱币奖章类产品——将是白白铸造和发行了。

由于不知道霍克斯伯里传来的拒绝信,博尔顿在4月14日给他发了一份备忘录,在备忘录中,他把康沃尔铜矿工的不幸和日益增长的私人代币贸易,列为需要迅速改革铜铸币的理由清单。关于康沃尔,博尔顿写道:

现在那里有一半以上的铜矿停产,矿工们处于极度不幸之中,并且每天都在恶化。出售1500吨或2000吨铜给政府,将会接济康沃尔每年近1万英镑税收……必须在短期内终止康沃尔矿工的毁灭,终止给予安格尔西公司垄断权……接下来的每一年都会减少康沃尔的能力,增加安格尔西公司的能力,该公司主计长的目标是权力,现在正在白金汉郡的大马路上拉票,谋取议会的一个议席。[91]

至于当时流通中的私人代币,包括威廉姆斯的德鲁伊币,博尔顿警告说,"其他人会仿效这些事例,除非用权力之手制止这种日益严重的恶行"。[92]他想到的"恶行"确切是指什么,博尔顿并没有说,尽管他想到的可能是代币带给他的伤害,如果它们的数量多到让新的王室铜铸币看起来没有必要:博尔顿已经面临的前景是"解雇一些有价值的工人,终止在造币方面的支出,我会非常不愿意做这两件事,毕竟我已经花了很多心血"。[93]博尔顿的备忘录以一个明显绝望的符号结束。

事实上,阁下,我很不幸地将我的生命和财富的很大一部分,花在了各种改良上；这些改良对我们的制造商和公众来说，远比对我自己更有用，我担心现在的情况会让我的家庭又一次遭受严重的损失，除非阁下站在朋友一边。我的要求不是基于任何其他理由，而是因为相比这项工作由国王陛下的铸币局，或者王国内的任何其他人来做，我都能把这项工作做得更好、更便宜，并能更有效地终结我们所抱怨的恶行，但我担心这项计划会无疾而终，除非您让它复活并给予重视。

我再次恳求您的青睐和保护，并致以最崇高的敬意。

霍克斯伯里只能再次强调他在4月13日的信中所说的内容：博尔顿应该自己给硬币委员会写信，而不是给贸易委员会。"由我来主导这项业务，这是不恰当的，"霍克斯伯里解释说，"尽管我愿意提供我力所能及的任何帮助。"他最后提醒博尔顿，政府刚刚经历了一场风暴，"你不会对迄今为止因我们最近遭受的灾难而造成的拖延感到惊讶，所幸现在已经很好地结束了"。[94]

灾难可能已经结束，但皮特的麻烦却没有结束。麻烦复杂化在于他与大法官瑟洛勋爵（Lord Thurlow）的持续冲突，瑟洛从1788年起就与他"公开冲突"。[95]瑟洛对皮特政府在1788年任命财政大臣乔治·罗斯（George Rose）为上议院的议会事务官感到不满，这个职位是罗斯希望在他已有的令人印象深刻的挂名职务上再添一笔。[96]另一场风波发生在1789年，皮特将瑟洛的朋友弗朗西斯·哈格雷夫斯（Francis Hargraves）从财政部顾问处解雇。在摄政危机期间，瑟洛几乎是公开支持威尔士亲王，然而康复了的国王让他继续担任他的职务，这相当于阻挡了皮特的改革。因为瑟洛和霍克斯伯里是朋友，也因为霍克斯伯里本人真诚地致力于改革造币，瑟洛没有直接破坏重铸硬币。然而，通过干扰皮特的其他改革，瑟洛迫使皮特把所有的精力都投入这些改革中，使他没有时间处理零钱问题。

尽管皮特专注于其他事务,但硬币委员会在1789年秋天重新开始活动,它再次要求与博尔顿会面,因此也恢复了他对迅速采取行动的希望。在1789年12月11日,在他多次往返伦敦与苏荷区的一次回家的路上,博尔顿写信给霍克斯伯里,表达了他希望枢密院能在假期前抽出时间来处理"造币事务",并表示他准备"在任何时候都听从阁下的命令"。[97]

使博尔顿重获希望的同一系列活动,也唤醒了通常是沉睡的皇家铸币局,它现在对私有化铜铸币的恐惧与日俱增,直接向博尔顿的计划发起了防御性的攻击。在其"反对建议中的改变铜铸币备忘录"中,[98]铸币局反对新的铜铸币的全部想法,宣布:

1. 没有必要这样做。
2. 它不会对公众产生任何好处。
3. 它将花费公众大量的金钱。
4. 它将产生许多犯罪和违法行为。

铸币局还宣称,从本质上讲,那些受到假币负面影响的人,正是"任意且明知故犯地"贩卖假币的人。

博尔顿作为主要的制造商,能够轻松地驳斥铸币局自以为是的错误论断。[99]加伯特发挥了他的作用,他用一连串的针对铸币局备忘录的信息,包括一份铸币局章程的副本,破坏了霍克斯伯里的假期。在他可以理解的延迟答复中,霍克斯伯里解释道,他已经"全力忙于货币业务,并且忙于我家里即将举行的一场婚礼"。他接着说,章程令他完全满意地证明铸币局官员"没有任何权力或权利可以阻挡改革"。[100]皇家铸币局可以进行造币改革,在必要时也可以迫使它停止改革,这肯定是一个好消息。但这一消息并没有阻止博尔顿自己的假期被"一个最不受欢迎的假期礼物"所毁掉——来自威廉·马修斯(William Matthews)的消息,在圣诞节那天,政府决定推迟进一步的铸币听证会,"至少到明年2月"。[101]

事实上,另一个消息更糟糕,尽管博尔顿此时不知道,此前一直支持他铸币野心的塞缪尔·加伯特,现在却与他保持距离,原因与铜饼的价格有关。早在1787年,铜饼的价格曾低至每吨60—80英镑,但此后又涨到了86英镑,虽然铜的涨价对康沃尔矿工来说是个好消息,却扼杀了伯明翰的小装饰品和纽扣制造商,加伯特作为伯明翰商业委员会的主席,感到有责任反对任何有可能使铜价进一步上涨的项目。

尽管加伯特在1790年初就开始对任何大规模的铜矿开采表示疑虑,[102]但他在4月12日给霍克斯伯里的信中,完全卸下了自己的包袱。[103]

事实是,我真的害怕有一种观点盛行,即由于我与博尔顿先生的亲密关系,我推动了大量的铜币铸造,因为我确信,一旦开始,公众的混乱将是不可容忍的,而且我认为是危险的,没有任何补救措施……可以用来解决它所产生的痛苦,因此,无论在任何场合,我总是(作为自我防卫)谴责这种设计。由于我不敢过分干涉,我会把这封信的副本给博尔顿先生看,并允许他像我一样向阁下进呈意见。[104]

博尔顿对加伯特的心态变化视而不见,继续向他的老朋友寻求同情和帮助。3月29日,他写信给他的同情者:

我发现自己处于一个非常不愉快的境地。一方面,我被德罗兹先生折磨得死去活来,他已经厌倦了什么都不做,只想从我这里得到所有的钱,然后再回到法国(他最近的行为使我相信,我对他的道德品质有误解）。另一方面，我处于一种毁灭性的焦虑之中，因为我不得不继续雇用我所有昂贵的工人，如果我解雇了他们，如果政府突然间要求实施拟议中的铸币计划，我将无法再招募他们。

此外，这些设计师兼工人急切地想被我们的伯明翰铸币商接收，从而将我的发明据为己有，并与我竞争政府的青睐。

我希望陛下的大臣们能允许我做一个小的开始，不是用以其他用途，而是用一个正常的工作过程来证明，我的所有设备是否完善，也能使我判断，是否需要德罗兹先生的进一步帮助……

恳请您告诉我，您是否知道枢密院的大人们，什么时候重新开始讨论这个主题，或者您是否认为会在今年春天或夏天开始。我已经有一段时间没有听到这方面的消息了。[105]

加伯特感到很纠结，他在4月7日给霍克斯伯里的信中附上了博尔顿信件的副本，信中除其他外，还谈到了这位伯明翰制造商越来越好斗的状况。霍克斯伯里的部分答复内容如下：

听到博尔顿先生正处于你提到的困境中，我很担心。我确实关注他，但我总是告诉他，铸币事务并不明确属于我的部门，虽然我愿意为其提供一切帮助，但我不会在没有国王其他仆人的共同协助和意见的情况下自己承担……然而，如果不是我在过去3个月里所从事的许多其他业务占用了我全部的时间，我早就应该提醒皮特先生这一点了。但这些业务确实是如此多变，许多又是如此困难，以至于我觉得我的理解能力和健康状况，都不足以应付这些事务。我很遗憾的是，听说伯明翰在铜的供应和价格方面出现了混乱。[106]

简而言之，尽管博尔顿从未停止过接到"最终命令……开始铸造铜币"的希望，[107]但在1790年春天，一系列的不利情况，使得实现这一希望的可能性，比以往任何时候都小，这些情况在此后两年内基本没有变化。在1791年10月29日，马修·罗宾逊·博尔顿写信给威尔逊，对他父亲的处境表示哀叹：

> 一系列新工厂已经建成，他花了大价钱从巴黎请来了设计师，架设了几台新的冲压机，许下了交付大量硬币的诺言，所有这一切现在都处于停顿状态……工作停顿现在对他来说是一个非常大的损失，但在一位讲信义者的眼里，人格的损失是一个更大的考虑。因此，你不会感到惊讶，我的父亲会对这种失望感到难过。[108]

在1792年5月下旬，瑟洛勋爵的干预给行动带来的障碍终于被消除，皮特决定通过告诉国王他或瑟洛必须离开的方式，来迫使他采取行动。被逼无奈，国王解雇了瑟洛。因此，皮特终于获得了对其内阁的完全控制。[109]但他很快就发现自己被法国日益咄咄逼人的外交政策，弄得焦头烂额，包括法国在荷兰鼓励叛乱的尝试，以及这种叛乱对英国的贸易和海军力量构成的威胁。与此同时，瑟洛的职位仍然空缺，一直到1793年1月掌玺大臣才得到任命。不到一个月后，2月1日，法国向英国宣战。

战争使得发行新铜铸币的可能性，比以往任何时候都小。因为这意味着，首先，政府将没有多余的资金来支付重铸的费用；其次，铜的价格受船舶外壳需求的严重影响，即使没有新的铜铸币，也会达到前所未有的高度。除了在伯明翰引发动荡之外，铜价的不稳定也使得重新铸造铜币的风险变大，因为如果价格涨得足够高，新铸造的铜币可能很快就会被扔进熔炉，而全部努力将成为一项巨大的浪费；另一方面，如果铜的价格在不久的将来再次下跌（比如说，由于敌对行动的迅速结束），事先进行的任何重新铸币也会被证明是浪费，因为政府实际上是在高价买入铜，只为了低价卖出。

相当自相矛盾的是,尽管法国战争使博尔顿的造币推迟了几年,但与这场冲突有关的一个插曲最终促使政府决定生产新的铜币。但这要等到1797年——皮特的"多灾之年"——博尔顿首次开始建造铸币厂整整10年之后。

一项铸币的重担

与此同时,博尔顿必须想办法至少部分收回他已经投资在铸币厂的7000英镑。尽管他不止一次试图这样做,提出出售他的铸币厂的锁头、库存和木桶,但他最后能做的,就是提出为英国政府以外的客户铸造硬币。就像博尔顿和福瑟吉尔公司曾经在英国国外寻找新的纽扣客户,博尔顿现在也将外国政府视为其硬币的潜在购买者。

新成立的美国政府一度看起来像是一个可能的前景。在1789年9月,一个与博尔顿关系密切的美国人,名叫约翰·欣克利·米切尔(John Hinckley Mitchell),在纽约会见了华盛顿总统并讨论了他的计划,向新国家提供20万英镑的金币、银币和铜币。米切尔打算让博尔顿在苏荷区进行实际的铸币工作,以换取一笔服务费。华盛顿的反应令人鼓舞,因此米切尔建议博尔顿准备一份报价表,说明他的费用。[110]博尔顿在11月25日这样做了,他给出的铜币价格是每吨四十六英镑十三先令四便士(或每磅14便士,包括包装费和到布里斯托尔港的运费),并鼓励米切尔让交易"尽快有结果,以便我可以适当地安排自己的时间和生意。因为除了英国的铜铸币业务,我现在正与其他一些欧洲国家签订条约,以处理他们的全部铜币业务"。[111]

在1790年4月7日,米切尔的提案被提交到美国众议院,众议院将其送交给作为国务卿的托马斯·杰斐逊。杰斐逊在一周后向众议院做了报告。他当然认识提案中提到的无名"承办人",也认识"欧洲……最好的设计师",他将为拟议中的造币雕刻模具。他毫不怀疑这两个人"确实有条件提供比以往任何国家曾经发行过的硬币都更完美的硬币"。然而,杰斐逊的结论是不利的。像一些现代美元化的反对者一样,他认为把一个国家的货币让其他国家生产是"将货币生产提交给另一个主权国家"。[112]除此之外,他还担心米切尔的计划会使美国的货币体系在战时受到敌人的干扰。因此,他建议美国在米切尔的"承办人"的帮助下建立自己的铸币厂。[113]国会最终决定建立一个美国铸币厂,但这要等到1792年春天,当时杰斐逊已经决定亲自负责这个项目,把博尔顿完全排除在外。[114]

当他为美国铸币的前景还没有明朗时,博尔顿采取了更为大胆的措施,提出为法国铸造货币。在1790年4月26日写给伦敦银行家约翰·佩雷戈(John Perregaux)的信中,他担心他的提议会被传出去。"看在上帝的份上,"他告诉佩雷戈,"不要说出一个字……因为如果出现我有任何为外国服务的倾向,可能会对我造成重大伤害。"[115]博尔顿特别担心消息会传到他的老朋友塞缪尔·加伯特那里。博尔顿清楚地知道,加伯特厌恶革命,而博尔顿则依靠加伯特和他的儿子弗朗西斯(他当时正被考虑担任皇家铸币局主计长的职位)来保住他对王室铸币合同的希望。不过,博尔顿还是坚持了下来,他与一位名叫"斯韦德尔"(Swediaur)的德国化学家建立了联系,他在法国高层中有关系,并在1791年2月7日的一封信中,授权他代表苏荷铸币厂获得一份法国造币合同,或者出售铸币厂本身——也就是造币冲压机"及其所有附属物"——给法国政府。[116]

斯韦德尔没有向法国政府兜售这两项建议,然而,他确实让博尔顿与巴黎商人蒙纳隆兄弟(Monneron Frères)取得了联系,他们给了苏荷区一个大额私人代币委托合同。事实证明,完成这项委托要比博尔顿想象的困难得多：铜在不久之前还非常丰富，以至于威胁到了康沃尔矿山的生存，而现在却如此稀缺，以至于博尔顿不得不费尽心思来筹措足量的铜。[117]在写给蒙纳隆兄弟的信中，博尔顿声称，铜的短缺只是威廉姆斯为挫败他而采取的另一种手段，"我们被伟大的垄断者和他的间谍、掮客和密探所困扰和攻击"。[118]事实上，一个月前，博尔顿曾恳求他所谓的克星，以低于市场价的价格向他提供铜，理由是否则他将在与蒙纳隆兄弟的交易中亏损。威廉姆斯不为所动，他的回答是，告诉博尔顿这样的交易"损害了铜业以及你自己的利益"，博尔顿要想不赔钱，可以"给我一份可观的委托，让我为你完成这些合同"。[119]

比铜的稀缺性更令人不安的是这样一个事实——在这点上很难指责威廉姆斯——博尔顿的铸币厂不能胜任这项工作。法国的代币比英国的任何商业代币都要厚，都要重，这既磨损模具，又磨损冲压机。为了减少故障，冲压机的速度被放慢到每分钟敲击45下。然而，最终还是失败了。在1792年2月中旬，灰心的博尔顿向蒙纳隆兄弟解释道，"用来敲击5苏斯币"的巨大力量"让冲压机的大部分部件断掉、弯曲或扭曲"。这股力量甚至折断了一台冲压机的部分平衡杆，砸到并弄伤了博尔顿最好的工人的手臂。[120]在一封后续信件中，博尔顿试图为事实上令人沮丧的情况，披上一层玫瑰色的外衣。

> 你不要得出结论说我的造币计划，比我一直描绘和一直思考的要差……我以我的名誉向您保证，它不是，但是所有特定部件的强度和大小，只能通过试验来确定，而且我比以往都更有信心，所有的不完善之处很快就会被克服。[121]

但是，问题远没有"很快得到解决"，而是继续存在：一台又一台的冲压机损坏，因此，更多的时候，往往只能维持一台冲压机的运转。这样的情况一直持续到1792年的春天。蒙纳隆兄弟公司在3月的突然破产，将苏荷铸币厂从毁灭的边缘拉了回来，蒙纳隆兄弟公司紧接着在4月进行了企业重组，5月3日的一条法律禁止法国私人代币的进一步生产。[122]人们不禁要问，如果政府在1788年就签署了千吨级合同，铸币厂将会如何发展。其结果很可能是灾难性的，特别是如果政府坚持订购重币的话。但是，我们不需要留下太多想象的空间，因为在制造蒙纳隆兄弟公司代币的时候，遇到的类似更大规模的重复试验，正好是苏荷区在1797年经历的。

在18世纪90年代早期，苏荷铸币厂还接到了另外三份外国铸币合同，都是为英国殖民地铸造，一份是来自东印度公司的第二份订单，该订单于1791年2月底获得批准。[123]这一次是为公司的孟买定居点订购的，订购的钱币数量为100吨，远远超过了博尔顿的其他早期铸币项目。幸运的是，这次委托所要求的最大硬币只比未受损的铜半便士稍大一些，这样博尔顿就能让他的冲压机和模具保持完整，在短短9个月完成全部订单。[124]博尔顿的下一份殖民地委托来自塞拉利昂公司（Sierra Leone Company），该公司需要银元和铜便士用于西非殖民地。这笔订单涉及不到100万枚硬币，在1792年12月开始铸造，1793年5月被铸造出来。至少在当时，这就是这个小殖民地所需要的全部数额。[125]第三份殖民地订单来自百慕大，规模仍然较小，仅仅是90042枚硬币，包括100枚样币。与塞拉利昂公司的委托一样，这个订单也是在1792年底下达的并于1793年5月完成。[126]

然而，单单是外国的铸币委托，无法维持苏荷铸币厂员工的充分就业，更不用说支付铸币厂的巨大资本成本了。结果，博尔顿发现自己很不情愿地扩大了对英国商业代币业务的参与。正如我们在本书第二章中所看到的，博尔顿最初涉足这一领域，并不是为了给苏荷铸币厂建立一个永久的商业客户群,而是为了在王室铸币合同上打击他的竞争对手——威廉姆斯和韦斯特伍德。未能说服政府迫使这些对手退出,博尔顿试图吸纳他们,唯恐他们把注意力转移到他自己的计划上。因此他提出为威廉姆斯铸造德鲁伊币,以及与韦斯特伍德合伙生产克龙贝恩币(Cronebanes)。威廉姆斯最终同意放弃自己铸币;尽管韦斯特伍德的铸币厂在博尔顿对其客户的挖角中幸存下来,但其重要性在约翰·韦斯特伍德去世后逐渐降低。

因此,到了18世纪90年代,博尔顿已经接近于拥有了整个英国的代币市场,并且他需要这样做,因为到那时,他已经失去了为英国政府铸造铜币的所有希望——抛开他早先表达的对商业代币的反对意见——开始积极寻求私人客户的订单。博尔顿在这个方向上迈出了重要的第一步,与南安普敦啤酒商泰勒和穆迪公司(Taylor, Moody & Company)的沃尔特·泰勒(Walter Taylor)联系。早在1789年,博尔顿就曾劝说泰勒放弃向韦斯特伍德订购硬币,并向他保证苏荷区很快就会准备好新的王室硬币。到了1791年春天,泰勒已经放弃等待政府采取行动,并开始再次购买代币。这一次,博尔顿没有试图说服他,而是亲自接下了泰勒的订单,使约翰·韦斯特伍德又失去了一个客户。[127]

博尔顿的另一个早期商业客户是康沃尔金属公司,正如本书第二章中所述,该公司成立于1785年,目的是拯救康沃尔的铜矿。虽然约翰·维维安早在1789年8月就已经开始接触博尔顿,当时他预计要订购100吨半便士,但博尔顿直到1791年中期才开始着手为他制作第一批硬币。虽然这些硬币的正面类似于威廉姆斯的德鲁伊币,但已被德罗兹的替代者兰伯特·杜马雷斯特(Rambart Dumarest)漂亮地完成了,维维安那时已经开始重新考虑他最初提议的订购规模,最终被修改为仅订购一吨多的代币。[128]杜马雷斯特还负责制作了好看的、大受欢迎的"格拉斯哥半便士",博尔顿在1791年10月和 1792 年 2 月将其交付给了吉尔伯特·希勒公司。[129] 在最后一批格拉斯哥半便士交付后，苏荷区的硬币制作活动出现了低潮，一直持续到 1793 年的最初几个月。

人们可能会问，博尔顿的铸币厂作为一家完全商业化的企业，是如何取得成功的？答案是，它根本就没有成功。就像博尔顿的许多其他纯粹私人的企业一样（除了蒸汽机企业之外），苏荷铸币厂是一家亏钱的企业。1792 年 9 月 13 日，苏荷区的记账员威廉·布朗准备了一份关于铸币厂利润和亏损的报告，指出截至 1791 年，苏荷铸币业务的净损失为 6475 英镑。再加上花费在威廉姆斯无用的冲压机和 1791 年新建的铸币厂大楼上的金额，亏损达到 7780 英镑。[130] 在 1792 年，苏荷区又在铸币收入上赚了 5285 英镑；但即使（慷慨地）假设这个总金额中只有三分之一是生产成本，它也不可能将累计损失减少到前一年的一半以下。"事实上，"理查德·多提[131]总结说，"苏荷铸币厂不是一家持续经营的企业，直到它的主人在 1797 年获得了第一份王室铸币合同才会成为一家企业。"[132]

在那之前，博尔顿别无选择，只能尽可能多地签署商业铸币合同。但当这些合同到位后，要从中获利并不容易。尽管有一段时间，博尔顿似乎可以对他的代币实行垄断价格，但到了 1793 年，这种情况已经不复存在：政府无论是通过生产更多自己的硬币还是通过取缔商业代币，都没有采取行动，这催生了一大批新的商业代币制造商；马修·博尔顿本想和平地垄断铜币，却突然发现自己在一个竞争激烈的铸币行业里被打得头破血流。

第四章　人民的货币

> 如果不是在国王疏忽或软弱的时候,
> 人们应该何时努力打破他们的束缚?[1]

没有问题?

在1790年秋天,约翰·威尔金森发现自己处于一种踌躇不定的状态,在关闭帕雷斯矿业公司铸币厂后,博尔顿提出要为他铸造硬币。但博尔顿花了很长时间才开始工作,到了来年春末,他只生产了500英担的威利币——仅是微不足道的数量。威尔金森对改变感到绝望,转而向老约翰·韦斯特伍德求助,后者承诺每周为他提供1500英担的硬币。

博尔顿突然明白了威尔金森的计划,他感到被出卖了,一气之下撤回了他的服务。然后,事实证明韦斯特伍德无法提供他所承诺的定额,更不用说弥补博尔顿退出后的数额了。因此,到了10月,穷途末路的铁厂厂长别无选择,只能让博尔顿改变想法,博尔顿当时已有几台冲压机在运营。博尔顿同意这么做,但在此之前,他要让自己"一吐胆气"。

请允许我指出,我在模具上花了十几几尼为你铸币……当我发现你让韦斯特伍德和我陷入敌对时,我就停了下来,因为如果和这样的对手对阵,就太懦弱了。分享半便士铸币任务的下一件事就是分享法新。我不喜欢钝刀割肉这种方式,然而如果你选择下单值得雕刻新模具的任何数量的半便士……我将签订合同,每周为你制造你喜欢的数量的硬币。[2]

在接受博尔顿的条件时,威尔金森也表现出了他自己的一点胆气。

由于你的无所作为或犹豫不决,我不得不在其他地方获得任何代币。不管我的倾向如何,你能完成铸币让我更为喜欢。但是……对于一个饥饿的人来说,牛排会比鹿肉更受欢迎,因为鹿肉需要等待。[3]

可怜的威尔金森得再饥饿上一阵子,因为一直以来狡猾的德罗兹已经让首批威利币模具笼罩着乌云,也阻挡了新模具的面世。最后,杜马雷斯特前来救驾,让博尔顿能够在12月呈送样本。威尔金森发现这些东西足够吸引眼球——毕竟它们是汉考克完美原件的忠实复刻。[4]但问题仍然存在,因为在威尔金森看来,这些硬币太过忠实于原作了,它们是根据老帕雷斯矿业公司每磅32枚的标准制作的,威尔金森认为这太重了。"无论政客和政治家如何判断一个适当的标准,"他告诉博尔顿,"我都会倾向于(除非有什么规定阻止)为我的客户负责,特别是在对我自己的利益有好处的情况下。"[5]威尔金森希望他的硬币按照王室每磅36枚半便士的标准来制作,而且希望能尽快完成,"我相信……5吨适当大小或重量的硬币,很快就会跟上——如果你知道我缺少铜币的苦恼,我想你会尽快提供给我的"。[6]

这件小事的意义在于,它让我们看到了临近1791年时英国的货币情况:这件事揭示出,尽管有了第一批代币,包括所有的德鲁伊币的冲击,零钱短缺问题仍旧相当严重。然而在货币不足的两年后,同样的事件却呈现出一幅完全不同的景象。到那时,威尔金森已经得到了交付的6吨多苏荷区威利币,他发现自己为货币剩余所困扰。"现在有这么多私人铸币,"威尔金森在1792年11月告诉博尔顿,"我无法在自己的工厂里,卖出一年前不费吹灰之力就能售出的代币总量的四分之一。在我们见面之前,我必须拒绝下任何订单。"[7]威尔金森预计他现有的供应能维持另外"两到三个月"。[8]事实上,维持了超过一年的时间。

威尔金森最终又下了两个订单,每个订单只有7桶。但这就是全部了——到1795年3月(最后7桶交付时),英国已铸造出它所需要的所有威利币,而且在大多数情况下,拥有了其所需要的所有小额零钱。"在这个以前货币短缺的国家,"大卫·戴克斯[9]写道,"总的来说,代币为国家提供了良好的服务。"甚至连马修·博尔顿也忍不住对代币进行了无意识的赞美,他一再抱怨说它们的广泛接受,影响了他获得王室铸币合同的机会。[10]

简而言之,私人部门的铸币者解决了英国小额零钱的大问题。

每个人都是自己的铸币师

或者说,至少在一段时间内看起来是这样。除了满足制造业地区的硬币需求外,第一批"工业"代币,特别是德鲁伊币,赢得了"王国货币"的地位,与王室铜币一样广泛流通(正如那位迷路的人所证明的那样),并且在任何地方都受到青睐。[11]"安格尔西岛的货币在这里获得了惊人的重视,"一位利物浦的记者告诉《绅士杂志》(1789年2月25日),"你真的很少会遇到伦敦塔半便士,即使有也可能被找借口拒绝。"正如我们所看到的那样,黑乡充满了威利币和其他代币,[12]而威尔士到处是德鲁伊币和麦克莱斯菲尔德半便士。"威尔士的所有铜币,"约翰·费拉尔(John Ferrar)[13]于1795年8月在这里旅行时写道,"都很重、很好。"在爱尔兰,爱尔兰和爱尔兰人联合矿业公司(Associated Irish & Hibernian Mine Company)——罗伊公司的兄弟公司——的"克龙贝恩"半便士,再加上由其竞争对手爱尔兰人矿业公司(Hibernian Mining Company)发行的"卡马克斯"币,几乎完全取代了王室硬币,并一直持续到19世纪。[14]商人的代币甚至被带到了北美,在那里缺乏现金的商人对它们的欢迎程度,不亚于他们的英国同行。

早期的"工业"代币只是一个开始,因为它们的成功,带来了一股新加入行业者的洪流。商业代币的制作和发行,曾是少数工业和矿业公司的自留地,现在被各种各样的小商人接受——杂货店主、布料商、银匠、麦芽商以及几乎所有其生意需要小额硬币的人。即使是小规模的代币发行者,也几乎总是在其社区中拥有良好的声誉,他们的代币发行量与他们的资本和信贷能力相比,总体上是适度的。

新代币发行商的扩张在1794年达到了顶峰,当时有64位新商人成为硬币发行商。[15]与此同时,人们越来越少地使用王室铜币——逆转了格雷欣法则,良币在驱逐劣币。"地方的半便士,"邓迪硬币收藏家小詹姆斯·赖特(James Wright Jr.)在1795年写道,"是当今最常见的硬币,已经在某些地区……几乎完全取代了非常基础的和粗俗的国家铜制货币。"[16]不久之后,当约瑟夫·莫泽(Joseph Moser)——一位伦敦治安官,狂热地反对私人铸币——向一位切斯特商人提供3枚真正的伦敦塔半便士以换取一些鼻烟,商人冷静地告诉他,价格要么是6枚伦敦塔半便士,要么是3枚地方半便士。莫泽很快就发现,使他大为沮丧的是,在切斯特发生的故事几乎在所有地方都是如此——地方代币"比真正的政府半便士更受欢迎"。而官方铜币"经常被拒绝,虽然肯定是不合法的",但除非它"以低于政府半便士的价格出售"。[17]

到18世纪末,大约有600吨铜被用于制造约4000万枚商业便士、半便士和法新,总价值超过10万几尼,这些铜币从不少于200个独立的来源流入英国的支付体系。[18]按价值计算,这比皇家铸币局自1750年以来发行的铜币还要多,这还不包括匿名代币和针对收藏家铸造的外表美观的代币,这些代币的名义价值可能是真正商业代币的两倍。[19]一定数量的商业代币也比同等数量的王室铜币更有价值,因为代币是可以兑换的,可以回到它们的来源地再次发行,而王室铜币则倾向于单向进入零售商的收银台或批发商的保险箱,在那里无用地堆积起来。用经济学家的行话来说,商业代币的"流通速度"比王室硬币快。

政府决定容忍商业代币,并无限期地推迟对自身币制的改革,从而带来了新的铸币厂和新的代币的出现,使博尔顿通过赶走韦斯特伍德而垄断商业铸币的希望破灭。第一批新加入者彼得·凯普森(Peter Kempson)和威廉·路维奇(William Lutwyche)于1791年出现在舞台上,并最终在其委托的范围内与苏荷铸币厂相匹敌,满足更多(但通常是更小的)客户的需求,并制造了数十吨的代币。韦斯特伍德和博尔顿一直在等待缺少硬币的工业家来找他们,而凯普森和路维奇则从纽扣贸易中汲取灵感,让骑手(流动推销员)到全世界各地巡回宣传,以拉动贸易。例如,在1794年的新代币发行中,有17个客户来自肯特郡,路维奇(或他的某些代理人)曾在那里挨家挨户地推销。[20]凯普森也在萨福克、诺福克和埃塞克斯做过同样的尝试。由于这种营销努力,英格兰那些工业较少的郡保证了它们自己的商业代币供应,而不是等待代币从工业化的北部地区涓滴渗透过来。

凯普森和路维奇虽然有类似的营销策略和经营规模,但他们在其他方面没有什么共同之处。[21] 虽然两人都生产了很好的商业代币,[22] 但凯普森主要是因其杰出的系列奖章上,描绘了伦敦、考文垂和(当然还有)伯明翰的重要建筑而被人记住;而路维奇则是因为他的伪造币,包括伪造王室硬币和商业代币,而成为著名的人物。他们的不同行为与两人的社会地位大致相符。凯普森(1755—1824)在代币插曲发生之前和之后,除了是一位声誉卓著的纽扣制造商,他还是一位受人尊敬的社区人士,他的市民贡献包括长期担任穷人监护人。1824年,他以"绅士"的身份在莫斯莱去世,在此一年前,他把仍在蓬勃发展的纽扣业务交给了他的儿子和前合伙人。路维奇(1754年洗礼)是一个不起眼的人物,他在伯明翰的贸易指南中仅仅被列为"铜代币制造商",在1801年之后完全退出了贸易指南,那时他已经放弃了铸币。他的死亡似乎没有被记录下来。

最终有数十家铸币厂参与了18世纪商业代币的铸造。其中许多家甚至比路维奇的铸币厂更默默无闻。[23] 然而,我们确实知道,他们中的大多数经营者都是从纽扣制造商开始做起的,而且几乎所有人都在伯明翰开店营业(见表2)。

表2 1787—1797年商业代币制造商

铸币厂业主/制造商	铸币厂地点	主要职业	已知职员数量	产出(吨)
马修·博尔顿	苏荷区	各种	17	76.61
托马斯·多布斯	制服街	金属轧制工	2	1.50
詹姆斯·古德	伦奇街	纽扣制造商	9	1.10
伯纳姆·哈蒙德	雪丘街100号	纽扣制造商	1	0.50

续表

铸币厂业主/制造商	铸币厂地点	主要职业	已知职员数量	产出(吨)
约翰·汉兹	谢菲尔德*	制模工	3	无数值
查尔斯·詹姆斯	伯明翰/伦敦+	制模工	2	无数值
约翰·斯塔布斯·乔登	伯明翰	制模工	1	1.00
彼得·凯普森	小查尔斯街	纽扣制造商	58	51.95
约瑟夫·肯德里克	大查尔斯街36号	纽扣制造商	3	1.00
威廉·路维奇	坦普尔街	制模工/玩具商	71	66.90
威廉·曼沃林	伯明翰	带扣制造商	4	2.25
约瑟夫·梅里	樱桃街	带扣制造商	1	0.07
托马斯·米恩德	惠特尔街	玩具制造商	5	无数值
帕雷斯矿业公司	大查尔斯街9号**	铜矿业	2	300.00
詹姆斯·皮特	兰卡斯特街	纽扣制造商	1	1.15
彼得·斯基德莫尔	伦敦	砌炉工	2	0.50
萨姆·沃林	布拉德福德街	纽扣制造商	3	4.25
老约翰·韦斯特伍德++	大查尔斯街20号	金属轧制工	12	82.40
O. & J. 韦斯特伍德	大查尔斯街22号	纽扣制造商	2	0.15

续表

铸币厂业主/制造商	铸币厂地点	主要职业	已知职员数量	产出（吨）
威廉·威廉姆斯	伦敦	纽扣制造商	1	无数值
匿名者				5.50
总计			200	596.83

资料来源：Selgin 2003b，480，部分以 Dykes 2004，170 为基础修订。

注释：街道地址都是在伯明翰。R. C. 贝尔（R. C. Bell）仅以"匮乏"或"常见"列举代币。笔者由于缺乏其他资料来源，给它们分别赋值为 0 或 10 英担。

* 可能是伯明翰的伊斯灵顿。
+ 大约在 1790 年转移到伦敦。
** 也在弗林特郡的霍利韦尔。
++ 和 John Gregory Hancock 合伙。

世界工厂

Birmingham，Brummagem，Bromwicham，Brymingham，Bermingeham……不管你想怎么拼写或发音都可以，这个地方有些奇怪。即使在运河繁荣之前，伯明翰已设法成为英格兰最重要的工业城市，并且正朝着成为"世界工厂"的方向发展。然而，它却远离主要原材料的来源地——特别是铜和锌——大多数制造商都依赖这些材料，运输是一个问题，因为它离任何港口或可航行的河流都有一段距离。伯明翰甚至没有像样的河流，能够成为其锤磨工厂和轧制工厂的可靠动力来源。

在这种情况下，伯明翰是如何设法吸引并孕育出如此不成比例的英国杰出的企业家、发明家和熟练工匠的呢？特别是，为什么是它——而不是伦敦或布里斯托尔或谢菲尔德——设法成了,用埃德蒙·伯克经常重复的措辞来说,"欧洲伟大的装饰品店"?

尽管伯明翰金属加工业的起源仍然不明确,但可以追溯到15世纪,当时伯明翰小村庄已经是切割工具、钉子和加工剑的一个来源地。直到17世纪末,伯明翰几乎没有什么发展,但在18世纪,伯明翰就像一块磁铁,吸引了各行各业的各种熟练工匠,特别是金属行业的行家。但为什么是伯明翰而不是谢菲尔德呢?谢菲尔德周围有煤田和良好的水力资源。或者是更方便的布里斯托尔?德雷克(Drake)在1825年的城市指南中所作的解释是最好的解释。简单来说,让伯明翰与众不同的是自由。根据德雷克的说法,伯明翰享有"完美的自由……免除了所有法人公司和特许公司的尊严、荣誉、豁免、特权和烦恼"。他进一步解释说:

没有令人厌烦的奴役的荒唐形式,必然赋予活跃的手艺人在这里从事他所擅长技艺的权利……这个地方的气氛,对任何人来说都是自由的,其结果是,它收获了活跃的人才和工业的好处,他们从四面八方涌入。[24]

1661年的《结社法》将不从国教者排除在城镇法团成员之外,由于没有组成法人组织,伯明翰(不像布里斯托尔)成为不从国教者的天堂。1665年的《五英里法》将不从国教的牧师赶出了法人城镇及其周边地区,从而增加了伯明翰的相对吸引力。1673年的《测试法》通过将聪明而有抱负的持异议者排除在市民和市政机构之外,也发挥了部分作用,从而不经意间鼓励了他们在商业领域碰运气。尽管通过1689年的《宽容法》,《五英里法》被有效废除,《测试法》也被大大削弱,但伯明翰作为不从国教者的避风港,其地位在那时已经牢牢确立。其带扣贸易中心的地位,也是如此,宗教迫害将其从以前沃尔索尔附近的总部赶到了这里。[25]到了18世纪80年代，带扣已经让位给了纽扣，但在其他方面却没有什么变化——伯明翰仍然是世界上金属扣件和小装饰品的主要产地，不从国教者继续为这个地方注入创业的活力。[26]

但不从国教者对伯明翰经济的贡献，虽然巨大，也不能被夸大。毕竟伯明翰的大部分增长都发生在1689年之后，当时伯明翰不再为持异议者提供那么多的特权，这些特权他们在其他地方无法拥有。而且，不信奉国教也很难成为一个成功制造商的先决条件。因此，根据同为纽扣制造商的朱利叶斯·哈迪（Julius Hardy，他自己是一名循道宗信徒）的说法，凯普森是"一个非常刻板的实干家"，[27]而博尔顿，尽管他与特立独行的人打交道（包括有争议的约瑟夫·普里斯特利），并倾向于自然神论，但在被埋葬在汉兹沃思完全是国教的圣玛丽教堂之前，他定期参加伯明翰圣保罗小教堂的仪式。

如果宗教自由是最重要的，那么博尔顿和他那些铸币者同行就算在谢菲尔德也可能过得很好，谢菲尔德是伯明翰在纽扣贸易方面最接近的竞争对手，而且也没有组成法人组织。但谢菲尔德被刀匠公司的权威所牵制，并且被（尤其是在1750年以后）同业工会主义的普遍蔓延，以及随之而来的罢工和"瘫痪战术"所牵制。[28]尽管从1800年开始努力取缔它们，同业工会最终将谢菲尔德变成"世界上最大的封闭式工厂"。[29]因此，由于这一做法，伯明翰成为"强调'自由贸易'的城镇，在那里几乎没有任何限制，不管是商业的还是市政的，这是众所周知的"，[30]在那里自由贸易的概念甚至被扩展到国家的造币上，无论多么短暂。[31]

从纽扣到劳动分工

虽然吸引包括纽扣制造在内的小装饰品行业来到伯明翰的原

因尚不清楚,但纽扣制造和硬币制造之间的联系却很明显,因为两者所涉及的材料和技术非常相似。[32]在这两个行业,首先,生产都是从金属条开始(铜条,或者对于制造纽扣来说,是一种被称为"白合金"的黄铜和锡的混合物),金属条是从轧制的金属板切割而来。圆形造币金属板,或称为"坯件",是使用小型手摇螺旋冲压机从金属板冲压而来。然后,这些坯件可能会被送入削边机,要么给它们做上标记(就像商业代币经常做的那样),要么就是简单地把它们弄圆。最后,使用更强劲的冲压机将图案打到削好边缘的坯件上,螺杆之上焊接着雕刻好的钢模,并用一个相当重的哑铃型杆子或圆形飞轮啮合在一起。

一个典型的冲压组由3—5人组成,一个人负责插入坯件和移除成品纽扣,其他人负责巧妙地转动飞轮或杆子,使模具旋转几圈,然后把新的坯件放在冲压机的下台板上,或者,如果是铸币,则是把第二个模具连接到台板上。螺杆和坯料的剧烈碰撞会产出一个成品纽扣或硬币,将被手工取出,或者在使用更先进的冲压机情况下,随着飞轮的回弹自动弹进一个料斗中。接着,一块新金属板将被插入,能够使冲压机再来一次。一个有经验的组员可能会在短暂的休息时间之间以这种方式冲压15分钟左右。

当然,纽扣与硬币不同,纽扣只在其正面有图案,它们的"反面"留着制作金属柄,但这些设计可以很精致——精致到一副镀金制服纽扣可能会卖到140几尼,或者每颗纽扣超过1英镑。[33]这看起来似乎是一个离谱的价格,仅仅为了给男仆的衣袖增添一点光彩而支付这样的价格。但是,人们只需看看伯明翰博物馆或维多利亚与阿尔伯特博物馆里的这些纽扣,就会发现它们是真正的艺术作品,在纯粹的华美程度上远远超过了硬币。[34]

纽扣制作是典型的家庭手工业,大多数师傅只招收一两名帮工。确实存在一些大规模的公司——最著名的是约翰·泰勒公司,其规模之大,每年仅是金属屑就值1000英镑——但这些都是例外。在这里,商业铸币也类似于纽扣制造,有相当多的小型企业与几家大型企业竞争。由于激烈竞争,没有自鸣得意的机会,因此,大大小小的纽扣制造商都在追求技术革新。在授予伯明翰企业家的许多专利中,纽扣制造商占有相当大的份额:在18世纪的最后几十年中,几乎没有一年不向他们中的至少一个人授予专利。[35]在其他类型的专利中,有与改进螺旋冲压机和冲压设备有关的专利,其中有6项是在1761年至1800年颁发的。[36]当然,对于每一项获得专利的创新,(当时和现在一样)都有许多没有申请专利的创新。[37]看上去,因此我们可以安全地假设,即使是小规模的纽扣制造商,也为自己配备了高效的机器,其中许多机器也来自伯明翰,包括"快线"冲压机,这种冲压机只需转动四分之一圈(而不是两整圈)就能关闭模具,以及配备了自动送坯机的冲压机。[38]

然而,尽管新式机械对纽扣行业很重要,但影响该行业效率的真正关键因素是它对劳动分工的严重依赖。亚当·斯密著名的劳动分工例证,就来自伯明翰的一家制针厂来说,在那里,10个人可以"在一天内制造4万多枚针"。[39]斯密可能提到纽扣制作能更有力地说明他的观点。"你们也许会觉得不可思议,"一位1755年参观过泰勒纽扣工厂的游客,给在伦敦的一位朋友写信时说道,"当我告诉你,它们(纽扣)经历了70个不同工人的70道不同工序。"[40]这种对分工收益的彻底利用,也许是18世纪下半叶最重要的技术革新,尽管亚当·斯密作出了努力,但这一技术革新还是被各种有趣的、可以说没那么重要的机械发明所掩盖。[41]

在他们的其他才能中,伯明翰制造商以能够从贸易中跳出来,或同时从事几种贸易而享有盛名,因为他们遵从的是市场的指令。[42]伯明翰的一首老歌吹捧了这种多面性:

> 我是一个各行各业的游荡者，
> 每个行业和所有行业。
> 如果你想知道我的名字，
> 他们叫我万事通……
>
> 在燕子街做波纹管，
> 在码头街是个铁匠，
> 在鸟嘴街卖过牛肚，
> 在弗里曼街是个锁匠，
> 在樱桃街是个庸医，
> 在夏日巷卖煎饼。
> 后来我终于有了一个诀窍，
> 制造蚯蚓蛋糕。[43]

132　　因此，任何伯明翰的纽扣制造商，都可以很容易地变成铸币大师。确实如此，只要纽扣制造商被允许拥有螺旋冲压机，但拥有螺旋冲压机早在1662年2月就被普遍禁止。虽然皇家铸币局当局被允许销毁任何在伦敦塔范围之外发现的螺旋冲压机，[44]但他们可以想出更好的办法来享受他们的"挂名差事"。而政府反过来意识到，严格遵守其指令，如果完全有可能的话，会摧毁纽扣行业。因此，官员们对伯明翰的做法视而不见，允许它不仅成为纽扣制造之都，而且成为私人铸币之都，不管它是合法的还是非法的。在指出伯明翰是大多数英国假币的来源地时，帕特里克·科洪[45]注意到，纽扣制造技术的"巧妙改进"是如何"轻易地应用于假币的铸造和着色"上。英国的铜币以"伯明翰纽扣"或只是普通的"纽扣"而著称，并不是没有道理的。

持久的印象

虽然伯明翰新入行的代币制造商,主要是为了满足小客户的需求,小批量制作他们的代币,但它们在所有基本方面都与之前的代币相似。绝大多数代币是半便士,还有一些便士和法新,都是按照与王室标准相差无几(有时甚至超过)的标准切割的,几乎所有的硬币都是由铜制成。

这种几乎只注重铜代币的做法,似乎与铜作为工资支付媒介的不便性,是自相矛盾的。按照伦敦塔的标准,一磅铜铸造46枚半便士,那么10先令——在18世纪90年代是典型的一周工资——转换成超过5磅重的代币,这还不包括捆绑代币的纸质钱串的重量。当然,在实践中,工资很少完全用铜币支付。不过,即使是最体贴的雇主,也很难将铜币支付保持在工资总额的一半以下,更不用说将其保持在或低于每包工资6便士的法定限额了。

那么,为什么私人部门不生产更方便的银代币?尽管彼得·马赛厄斯(Peter Mathias)[46]把对铜的关注,视为零售业日益重要的证据,认为事实上王室银币并不像人们通常想象的那样稀缺。但真相是,银币甚至比铜币更稀缺,银币没有被制造出来,并不是因为白银真的那么稀缺,而是因为很少有人敢于流通私人银币,因为没有这样的先例(更不用说法律)。早在1788年,威尔金森就提出了这个想法;10年后,约翰·富拉顿(John Fullarton)上校准备试一试——印有威尔士亲王半身像的代币——但约瑟夫·班克斯爵士却劝他不要这样做。[47]富拉顿的尝试不会是最后一次,因为银代币——而且是大量的代币——最终被发行出来了。

大多数18世纪的代币都有另一个共同点,这让它们与王室货币和早期代币区别开来,那就是它们的非凡外观。根据弗朗西斯·克林金德(Francis Klingender)的说法,他的《艺术与工业革命》(*Art and the Industrial Revolution*, 1947)仍是该主题的杰出著作,这些代币展现出一种独特的"知识活力、社会意识和富有想象力的设计的结合"。[48]克林金德是一位立场坚定的马克思主义者,他也不反对用私人铸币来颂扬英国资本家。他说:"在迄今为止保留君主肖像的地方,发现像罗伊或威尔金森这样的人的肖像,是非常合适的。"在克林金德看来,同样合适的是,在许多代币上发现的工业、商业和名望领域中"健康的"具有寓意的人物,因为这些具有寓意的人物没有"那种自觉的哀伤,而这种哀伤在维多利亚时代的设计中,可以辨别出同样的符号"。[49]克林金德谈到的维多利亚时代的硬币当然不是商业代币,而是官方货币。

　　克林金德最喜欢的代币是由约翰·格雷戈里·汉考克设计的。像其他许多伟大的伯明翰刻模师一样,汉考克在苏荷区做学徒,他的父亲在1763年就把他送到了博尔顿那里,当时他仅有13岁。[50]他作为老约翰·韦斯特伍德的商业伙伴和挂名负责人,承接了首批代币委托,包括最初帕雷斯矿业公司的德鲁伊币委托。汉考克的德鲁伊币,(用克林金德的话来说)展示出一种令人愉快的"严肃古典形式与奥西恩风格浪漫主义的结合",[51]实现了"开门红"。但当汉考克转向他的下一个项目——威尔金森的威利币时,他将古典象征主义换成了勇敢现实主义与工业宣传的结合,这将形成今后许多代币的模式。尽管大多数发行商没有走到将自己的肖像刻在硬币上的地步,但许多人效仿威尔金森的做法,通过"精妙地以其清晰与和谐的方式呈现"的雕刻,在硬币上描绘他们的工厂和店面或"工业技术的最新成就"。[52]在某些情况下,细节是令人震惊的:工厂内部被一砖一瓦地描绘出来;船舶被拆卸到直至梯绳;机器的雕刻看上去适用于专利说明书。

例如，谢泼德·达夫和哈米特公司(Shepheard Dove, Hammett & Company)的普利茅斯半便士，根据贝尔[53]的说法，这家大麻和亚麻制造厂创立的目的是"作为一项慈善事业，为穷人提供就业，并为贫困儿童提供教育和衣物"。这些硬币是由路维奇铸造的，用于庆祝普利茅斯的帆布业；硬币背面是一个女人在纺纱，而正面是一个男人将纱线织成帆布。或者是韦斯特伍德的泰晤士和塞文运河代币，也是汉考克的设计，正面是一艘航行中的塞文河渡船，悬挂着英国国旗，而背面则是对萨伯顿隧道的细致渲染。还有煤溪谷钢铁公司的代币，由托马斯·怀恩(Thomas Wyon)雕刻，并由凯普森制造，正面是英国大铁桥，背面是凯特利的斜面机械，以及巨大的飞轮。最重要的是，另一位铁器制造商约翰·摩根发行的华丽的卡马森半便士，也是约翰·格雷戈里·汉考克的作品，其两面展示了人们在耙煤和使用倾斜锤的艰辛室内场景，当然，是不可能雕刻出高温场景的，但有人忘了告诉汉考克这一点。[54]

另外两位代币雕刻师，彼得和托马斯·怀恩兄弟，值得特别一提，他们在英国官方硬币的改良过程中，发挥了间接作用。与汉考克一样，怀恩兄弟也与苏荷区有联系：他们的父亲乔治·怀恩三世，一直到1783年或1784年都在苏荷区的银制、镀金和奥姆鲁物品部工作，之后他建立了自己的模具雕刻业务。[55]在18世纪90年代，彼得和托马斯从他们的父亲那里学到了这门手艺，他们为许多铜代币雕刻模具，也为凯普森制作奖章模具，彼得专攻前者，托马斯专攻后者。

在1797年他们的父亲去世后，兄弟俩把家族生意交给了弟弟乔治·怀恩四世，然后分道扬镳。彼得留在了伯明翰，在那里他和他的儿子威廉(他在1810年当过学徒)为许多19世纪的商业代币制作模具。托马斯搬到了伦敦，在那里，通过枢密院硬币委员会的推荐，他成功获得了位于小塔山翻新后的皇家铸币局首席印章雕刻师的职位。他的儿子和学徒小托马斯在1811年跟随他去了那里。事实证明他很有天赋,铸币局让他成为有史以来最年轻的首席雕刻师,仅有23岁。不久之后,威廉·怀恩完成了他的学徒生涯,被任命为次席雕刻师。不幸的是,小托马斯于1817年9月去世,年仅25岁,使首席雕刻师的职位暂时空缺。最终,威廉填补了这一空缺,确保了这一雕刻王朝将在19世纪余下的时间里主宰英国硬币雕刻业。[56]

汉考克和怀恩兄弟所雕刻的那些设计,产生了非预期的效果,将商业钱币变成了有价值的历史文献。"由人民发行,它们讲述了人民的故事,并成为王国中最重要财产的不朽记录……他们向我们展示了他们的职业和技能、他们的习俗和生活方式。"19世纪德比郡著名的古文物收藏家卢埃林·朱维特(Llewellyn Jewitt)这样说,经济史学家彼得·马赛厄斯后来引用了这段话。[57]马赛厄斯本人甚至走得更远——对他来说,这些代币构成的完全是一部"工业革命的图例史"。[58]支持这一观点的是马赛厄斯自己的精致的1962张各种代币的彩色照片,以及他自己的专业评论。[59]

然而,如果认为所有或大多数代币都描绘了工业或商业的场景,那将是相当大的误导,因为事实上,它们的设计覆盖了全部文化范围。

它们身上所展示的图案是非常多的……国王、王后、主教、贵族、政治家、战士,科学界、艺术界和文学界有名望者的肖像;国家或地方事件的纪念;自然物的呈现……人类在教堂、学院、堡垒、港口、船舶、矿场、工厂和运河中的智慧;古代建筑雕刻;神学、政治或社会讽刺的作品;展览、商业或物品的古朴广告;描绘各行各业工作的人,或垂钓、射击、演说和拳击;鸟类、野兽、鱼类、昆虫、植物和花卉;武器、顶饰、旗帜和徽章;乐器和音乐符号。[60]

也不是每一枚商业代币都是艺术作品,有些代币相当平淡无奇,除了一些城市的纹章和暗号外,显示的都是无关紧要的东西。然而,从整体上看,商业代币的设计远远超过了那些由政府铸造的绝大多数硬币上的设计。赖特通过提出一个反问来说明这一点。

如果这些代币中只有三分之一可以从设计的多样性、所代表的有趣物体或良好执行中得到评价,那么,对于从库诺贝林时代起,现代欧洲以任何金属铸造的任何系列的国家硬币,只有类似的数量,能说得过去吗?[61]

赖特毫不怀疑,"每一位对这个主题有智慧、不受偏见束缚的读者"都会给出答案。[62]

私人部门为什么会做出这么好的硬币?之所以如此,首先是因为漂亮的钱币是很好的宣传。当时,还没有全国性的报纸杂志,广告也仅仅是由通告构成。代币是"为数不多的媒介之一,让有说服力的——甚至是有侵略性的——广告可以蓬勃发展"。[63]尽管每种代币都适合做某种宣传,但将代币作为广告平台的做法,在一些零售商发行的代币中最为明显。例如,白手起家的伦敦书商詹姆斯·拉金顿(James Lackington)发行的代币反面,是一位有名望的人物,在吹完他的(也就是拉金顿的)号角后正在休息,围绕他四周的刻印文字宣布他是"世界上最便宜的书商"。迷人且具吸引力的商业代币(不亚于今天迷人且具吸引力的印刷广告),能很好地反映它们所代表的企业,而低劣的硬币则恰恰相反。出于这个原因,大多数硬币发行商都会毫不犹豫地在一流的模具上多花几几尼。商业铸币厂反过来不得不和其他人争夺伯明翰最好刻模师的服务。

但对私人钱币发行商来说,还有一个更实际的原因,接受委托制作尽可能最高质量的硬币。这样的钱币更难被伪造,或更难被伪造得令人信服，它们的发行者因此能够更好地发现假币，从而避免赎回它们。

实际上，当真币永远不再回到他们的手中，则是钱币发行商获利最多的时候。因为他们的利润等于他们在钱币上的支出与硬币面值之间的全部差额。因此，对钱币的收藏给了钱币发行商第三个理由，来制造有吸引力和有趣的硬币。起初，这个理由并不重要，因为收藏家倾向于忽略商业代币。但一旦商业代币成为英国的主要零钱，他们就很难再继续忽视它们了，特别是考虑到它们出色的雕刻。所以他们关注了代币。一旦他们开始这样做，就会发现自己被深深地迷住了。

代币狂热

理查德·多提[64]将18世纪的商业代币故事，比作一出三幕剧。第一幕一直持续到1791年，涉及主要实业家及其铸造的代币，包括威廉姆斯、威尔金森和博尔顿；第二幕持续了三四年，见证了新铸币厂的加入，以及代币发行普及全英国各地的小企业；第三幕以1794年掀起的代币收藏热潮开场。根据既作为收藏家又作为代币设计者参与的赖特的说法，收藏热潮是对商业代币非凡特征的一种自然反应。

如果不是在对其目标存在高度敬意的情况下，这种极端的依恋是不可能被激发的；但如果我们冷静地欣赏这些硬币和奖章的真正高贵和用途，我们也不会怀疑这种高度的敬意，这些硬币和奖章追求某种显著的和最大的特色。

收藏家们不遗余力地获得每一种商业代币的样本,为稀有和艺术作品支付溢价,并急切地期待新的发行。[65]

收藏家们没有预料到(当然也不会欢迎)的是,他们无辜的消遣活动,会对商业代币的未来进程产生深远的影响。"代币狂热"催生了新代币的过剩,其中大多数都不再作为货币使用。一旦代币的制造者和发行者意识到,人们购买代币是为了放在古董柜中,他们就会比以往更加努力地赋予它们引人注目的或者值得拥有的雕刻图案。但这还不是最重要的,因为一旦他们意识到收藏家们无法抗拒稀有的代币,私人铸币厂就会开始制作专门针对他们的代币。不久之后,市场上就充斥着这种"即时珍品"(这是理查德·多提提出的说法),包括故意制造的真正贸易代币的变种。其中一些带有更改过的文字或边缘标记和发行者的名字,这些名字要么是拼写错误,完全虚构的,要么是随意"从一些(贸易)目录中摘取下来的"。[66]这种"华而不实"的代币所承载的兑换承诺——如果他们有这样的承诺——当然也是虚假的。大多数华而不实的代币被称为"骡币",它是由一个真正贸易代币的正面模具和另一个贸易代币的反面模具组合而制成。骡币的好处是,它们允许私人铸币厂使用手头已有的模具来迎合容易受骗的收藏家,同时又能避免被指控实际上伪造了任何委托人的代币。

除了这些华而不实的代币,包括骡币,商业铸币厂也制造了一些合法产品,但从未打算流通。这些产品包括收藏家委托制作的个人或"私人"代币,用于他们之间的交易,以及一系列类似代币的"奖章",尽管是由铸币厂直接向公众出售的。后者中最著名的是凯普森和彼得·斯基德莫尔(Peter Skidmore)的"建筑"系列。[67]最后,还有所谓的政治代币(正如它们的名字所暗示的那样),它的作用与竞选纽扣服务相同。

与真正的贸易代币不同,专门为收藏家制作的代币,被直接卖给了可收藏硬币的经销商——特别是那些无良的经销商——他们将代币以高价卖给收藏家。在其他条件相同的情况下,雕刻清晰、重量适中的硬币,获得了最高的溢价;因此,许多华而不实的代币与假币不同,它们实际上质量上等。这些代币大多数也都是小批量生产(如果不是微量的话),因为如果它们充斥市场,收藏的目的就会落空[68]:如果一枚代币足够稀有,收藏家可能会支付高达一到两几尼的价格,或是其面值的几百倍,只要收藏者不怀疑它是假的。私人代币由于特别稀少且制作精良,因此在市场上获得了最高的溢价,一些私人法新的售价高达 5 英镑。[69]

尽管一些商业铸币厂在收藏家市场上特别活跃(如路维奇就是一个臭名昭著的骡币制造商),但每家铸币厂都以这样或那样的方式,参与到了收藏热潮中。苏荷铸币厂也不例外,从它的一些委托任务中可以看出,包括它在 1794 年为兰开斯特硬币收藏家丹尼尔·埃克莱斯顿(Daniel Eccleston)铸造的半便士。除了"特别厚重和精致"之外,[70]埃克莱斯顿的代币,正面是他的半身像,反面的图案是一艘船停泊在一把犁和飞梭后面,拥有异乎寻常的宽幅带文字的凸起边缘,这种边缘也融入了博尔顿的首批王室硬币中。[71]比埃克莱斯顿的硬币更受人们喜爱的是,苏荷区为乔治·查普曼(George Chapman)上尉制作的佩林志愿军币,其最后一批样本,在苏荷区将注意力转向制作明显不那么华丽的王室硬币之前,就已经交付。

代币狂热并没有持续很久——仅在一年左右的时间就达到了顶峰,[72]然后就出现了沉寂,这无疑是由爆炸性的代币种类——尤其是假代币引起的。这些假币考验着收藏者的耐心,同时也使他们受到嘲笑。即使是商业代币经销商本人,也忍不住要嘲笑一下天真的收藏家,就像伦敦的马修·丹顿(Matthew Denton)所做的那样,他发行了一种华而不实的代币,图像是两个人面对面,周围被文字"我们三个傻瓜"环绕。这样,收藏家失去信心就不足为奇了。尽管代币收藏从未完全停止，但在一个世纪后才开始真正的复兴，而这一复兴直到今天仍在不断走强。

混乱引发混乱？

一些钱币学家声称，主要是由于收藏热，英国商业代币的整体质量在不断下降。一些人甚至宣称，商业代币最后比它们要取代的王室铜币好不了多少。根据这种观点，格雷欣法则在短暂而神秘地离开后，又以惊人的速度回来了。

因此，塞缪尔·哈默尔[73]（Samuel Hamer）说，虽然商业代币起初显示出比王室硬币具有"明显的优势"，但最终它们"变成了一种令人讨厌的东西"。肯·艾尔克斯（Ken Elks）告诉我们，这种情况发生，是因为收藏热潮所引发的"混乱"，造成更好的代币被"大量几乎没有价值的钱币"挤到了一边。他补充说，到1797年，事情"已经到了无法控制的地步……最后，政府被迫采取行动"，授予博尔顿一直吵着要的铸币合同，并宣布私人代币为非法。[74]贝尔[75]和多提[76]也同样声称，代币在1797年被取缔，部分原因是代币的质量下降。

但政府并没有在1797年取缔代币，而且在接下来的20年内也不会取缔代币。此外（正如在本书下一章中所看到的），英国商业代币的状况与政府决定授予博尔顿铸币合同的决定，几乎没有关系。最后，关于英国商业代币的基本说法，说它是在自己毁灭自己，这充其量是一种半真半假的说法。

该主张似乎涉及三个更具体的断言：第一，代币被广泛伪造；第二，真品代币的质量，随着时间的推移而下降；第三，众多的代币来源和类型，导致了彻底的混乱——很像弥尔顿《失乐园》中描述的部族造成的混乱。

141 各自的派系,在他们的几个部族中,
或轻或重,或尖或滑,或快或慢,武装起来。
蜂拥而至,多如沙数,
在巴卡或昔兰尼的热土。[77]

让我们依次审视每一个断言。

关于假币,我们已经看到了它们是如何渗透和影响王室铜铸币的。可兑换的商业代币的造假,应该具有更大的破坏性,因为它剥夺合法的代币发行商任何限制其责任的手段,使他们的情况并不比许多签空白支票的发行者好。然而,合法的代币发行商远没有被毁掉,甚至没有因为造假而受到影响。一些发行几年来一直在进行,而新的发行商也不断出现。到目前为止可用记录显示,没有任何一个代币发行商被逼破产或因伪造的代币而陷入困境。

代币是会被伪造的,这没有错。在这里,路维奇再次成为罪魁祸首,他制造了大量的假币,包括一些最好的假币。埃尔克斯[78]写道:"路维奇伪造代币的真正程度,也许在很大程度上没有得到重视。因为有些(他的赝品)做得非常好,以至于它们被接受为真品。"这些高质量的赝品包括威利币和卡马克斯币,以及由伯明翰矿业和铜业公司(Birmingham Mining & Copper Company)发行的代币。

但造假并没有对真正的代币发行商造成多大伤害,因为令人信服的假币,如路维奇的假币,只是例外;绝大多数伪造的代币明显是假的。许多假币通过其雕刻的粗糙程度来宣布了自己的身份,但是最明显的漏洞是它们的重量。根据埃尔克斯[79]的说法,他的结论是基于对近8000枚现存代币的艰苦研究,代币赝品几乎总是比它们所

模仿的真代币轻四分之一到三分之一。这种"过分轻便的"代币,根据当时一位观察家的说法,"很容易与真币区分开来"[80]:因为假币被切割成与真币相同的直径,所以要发现它们只需要观察其厚度。明显的代币赝品可能在与劣质伦敦塔币(包括假币)一样的基础上被接受,也就是说,在缺乏足够真正的商业代币供应的地方,作为一种权宜之计被接受。

此外,假代币的数量,再次引用我们当时的消息来源,"与以前流通的伯明翰半便士(也就是伪造的伦敦塔半便士)相比,微不足道"。[81]大多数代币根本就没有被伪造过。几乎所有大规模发行的代币都是例外,包括商业代币剧集首"幕"中发行的所有工业代币。[82]根据大卫·戴克斯[83]的说法,这些代币"非常普遍","在相当大程度上吸引了造假同伙的注意力"。因为它们涉及许多真实模具的变体,大规模的发行使得通过对比硬币来追踪欺诈行为,变得更加困难。

然而,所有私人代币中最突出的代币,也从未被人以接近于破坏王室铸币制度那样的规模伪造过。因此,在据称由帕雷斯矿业公司发行的1000种零散代币中,埃尔克斯仅发现了42种伪造品——或者说仅是今天英国1英镑硬币中假币比率的四倍。[84]这一数字无疑部分归功于收藏者的勤奋,但这种勤奋反映了德鲁伊币的赝品相对容易识别。伪造王室铜币的发生率要高得多,反映了以下事实:第一,王室铜币的制作规模比德鲁伊铜币更大;第二,皇家铸币局相对缺乏制模专业技术,导致合法的王室铜币变体以庞大的数量出现。此外,正如我们所看到的,大多数杰出王室钱币的破损状态,在很大程度上使得复制它们极其容易。

"工业代币"假货的流行,可能也反映了随着时间的推移,伪造品生产的减少。这种减少出现的部分原因,是合法的小规模代币发行量的增加,削弱了造假的空间,既减少了伪造代币的市场,又减少了适合伪造的代币的份额。正如大卫·戴克斯[85]所解释的那样,小规模的代币只在当地流通,这取决于它们能否被定期兑换。在大多数情况下,它们很快就会从其源头迅速转移到当地的旅馆和酒馆,然后再返回,使欺诈行为在短时间内就会被发现。因此,造假者对它们视而不见,正是由于这个原因,当地发行的硬币才会胜过非当地发行的硬币,即使后者(据称)是来自大公司。"当诺里奇和后来的伊普斯维奇的主要商人决定……只收同城人发行的代币时,"戴克斯写道,"他们采取了一种自我保护措施,以防止任何在他们周边不熟知的东西。"[86]顺便说一下,在纸币方面也有同样的趋势,公众更喜欢地方的钞票,而不是由英格兰银行发行的钞票,部分原因可能是出于对地方的忠诚,但也因为地方纸币没那么容易受到伪造的影响。

在某些方面,乡村银行家发行的小规模钞票,使他们能够通过一些方法专注生产高质量的纸币,而这些方法无法用于英格兰银行所需的大量生产的纸币。此外,他们的纸币经常在局部地区流通,因此很快就会被识别出是伪造的。[87]

随着地方代币的发行越来越普遍,代币造假变得不那么值得了。事实上,它或多或少变得毫无意义,因为任何打算发行轻质和不可赎回的代币的人都发现,以一种光明正大的方式更容易做到这一点。与此同时,收藏家市场的出现,为那些坚定的假币制造商提供了一个更有利可图的渠道——制造骡币和其他"即时珍品"。

人们可能会认为这最后的变化没有什么区别,因为一个可收藏的假货仍然是一个假货,无论人们是否选择将其称为"赝品"。但从经济角度来看,针对收藏家的假币与普通的假币完全不同,因为它们直接从制造商手中转移到了主要在伦敦的不法钱币交易商手中,他们再以"远远高于其面值"的价格零售。[88]因为针对收藏家的投机性代币从未流通过,任何因其造成的混乱或损失,都不是由普通民众承担的,而是由收藏家,特别是容易受骗的收藏家承担。因此,情况并非像彼得·马赛厄斯[89]所说的那样,针对收藏家的投机性代币"增加了将代币作为货币使用的困难"。特别是劳动者,没有理由害怕它们。相反,如果他们能在工资包里找到一两枚骡币就很幸运了。

遗憾的是,代币专家采用了将各种投机性代币称为"假币"的做法,因此误导了其他人,使他们以为普通大众是被1794年后"假币"泛滥强加于身。仔细观察就会发现,这种泛滥几乎完全是针对收藏家的。因此,在1796年写给《绅士杂志》的一封信中,查尔斯·派伊哀叹道,代币"被伪造是出于最坏的目的,以强加给公众",他心目中的"赝品"实际上是骡币(将正面和反面混在一起,以制造多样性,边缘字迹的变化,也是为了同样的目的),而"公众"指的不是普通人,而是派伊的代币收藏者伙伴。

> 这种垃圾的制造,或者说,可以正确地称之为铜的浪费,已经被系统地提了出来;收藏家购买时,没有考虑到它们的制造目的只是为了强加给他们。[90]

任何人都会被假代币所迷惑,这是很遗憾的。但是,就假币只会对收藏家造成伤害而言,它不是要求进行币制改革,而是要求收藏家更加谨慎。购者自慎。

简而言之,造假者对商业代币制度的破坏,要比对王室货币制度的破坏小得多。这一事实足够引人注目。但是,当我们考虑到商业代币的造假问题时,它就变得更加引人注目了,这远不是一个悬而未决的问题,而是合法的行为,或者说实际上是合法的行为,因为没有任何法规禁止它。根据普通法,这也许是一个欺诈或"仿冒"的例子,但如果是这样的话,政府当局从来没有为要逮捕犯有此罪的人而烦恼过。真正的代币本身的法律地位是值得怀疑的——17世纪的禁令仍然存在——这也无济于事。如果国家能像对待王室假钱币的制造者那样,费心去追踪和惩罚假代币的制造者,那么代币制度可能会被证明具有更强的防伪能力。

接下来,让我们来讨论一下所谓的真代币的整体质量随着时间的推移而下降的问题。例如,夏普(Sharp)[91]写道,早期的代币,包括帕雷斯矿业公司的德鲁伊币,"几乎含有了它们名义价值的铜",但当铸币被不太审慎的"发行商"接手后,这种情况就不复存在了,这些人试图通过节省铜来提高利润。最近,马赛厄斯[92]谈到"(商业代币)标准的恶化以其自己的方式蔓延开来,如同王室铜铸币制度最初的缺陷一样普遍"。最后埃尔克斯[93]认为,标准从1792年开始下滑,新的发行商追求制造出"非常轻的代币……作为赚取额外利润的一种手段"。重要的是他补充说道,"没有理由相信此时的铜价有任何上涨"。

145　除了引出为什么早期的代币"发行商"未能利用后来的代币"发行商"无法抗拒的利润机会的问题之外,这种说法是与事实不符的。最早的代币,包括帕雷斯矿业公司的德鲁伊币,其价值并不接近"铜的名义价值",这也没关系,否则它们很快就会被熔化。虽然后来的代币确实更轻,但它们的"内在价值"通常与德鲁伊币差不多,比伦敦塔半便士更高,因为在18世纪90年代,铜的价格确实上涨了。正如表3所示,这种上涨往往会抵消代币平均重量的下降,使其内在价值保持不变。

表3 成品铜价和半便士代币重量,1787—1800年

年份	铜价(便士/磅) 格伦费尔(Grenfell)	铜价(便士/磅) 图克(Tooke)	平均重量(盎司)	平均内在价值(便士) 格伦费尔(Grenfell)	平均内在价值(便士) 图克(Tooke)
1787	11	9.480	0.499	0.343	0.296
1788	11	9.600	0.499	0.343	0.299
1789	11	9.600	0.452	0.311	0.271
1790	11	10.080	0.448	0.308	0.282
1791	11	10.400	0.450	0.309	0.293
1792	12	11.460	0.419	0.314	0.300
1793	13	13.230	0.372	0.302	0.307
1794	13	13.152	0.346	0.281	0.285
1795	13	13.152	0.339	0.275	0.279
1796	13	13.776	0.334	0.271	0.287
1797	14	14.400	0.351	0.307	0.316
1798	14	14.400	0.370	0.324	0.333
1799	15	15.600	0.361	0.338	0.352
1800	17	18.000	0.275	0.292	0.309
平均	12.786	12.595	0.394	0.308	0.301
关联系数			−0.879(格伦费尔) −0.928(图克)		

资料来源:Token weights: Elks 2005. Copper prices: Thomas Tooke 1838, 400 (average of reported quarterly prices); Grenfell 1814。

我们最后要谈的是商业铸币过程是混乱的这种指控。这段经历产生了各种各样令人困惑的代币,这一点是不容否认的:一位专家声称已经确定了大约6000种不同的代币变体,包括所有的模具变

体,但不包括已知的伪造品。[94]不过,问题是,对谁来说这是令人困惑的分类呢?

代币收藏家感到困惑是显而易见的,因为如果不是这样的话,目录的编写就不会成为一项家庭手工业。收藏家(以及专业的钱币学家)也不会付出如此多的精力和时间,来从真正的代币中区分那些投机性代币和骡币,并且来为真正代币的变体编目。但这并不能从中得出,各种各样的代币对普通公众来说是一种"可厌之物";而且,在得出有关商业代币的经济结论时,必须考虑到普通公众的观点。

首先,我们必须认识到,在专家确定的6000多种代币类型中,只有几百种是真正的商业代币,而不是匿名代币、政治代币和私人代币,以及为愚弄收藏家而制作的代币。[95]可以肯定的是,这仍然是一个庞大的数字。但它到底造成了多大的混乱? 从公众的角度来考虑,各种真正代币设计的存在并不一定是坏事:正如我们所看到的,它实际上是通过限制(在许多情况下完全避免)任何特定类型硬币的模具变化,来使造假更加困难。也没有任何非常强烈的美学或政治理由,让所有面额的硬币看起来都一样:本杰明·富兰克林(Benjamin Franklin)就曾嘲笑英国官方的做法。"在每个半便士上不断地重复大家都知道的枯燥故事,"他说,"如果没有人知道乔治三世是'英国、法国和爱尔兰的国王',那对人类也没有什么损失。"[96]

大量的独立代币发行商是另一回事。这意味着,为了让自己了解每一种合法的代币发行情况(以便能够在任何地方区分真假代币),消费者和零售商将不得不承担一项几乎不可能的负担。"在这里",关于英国在18世纪90年代中期的小额货币,理查德·塞缪尔(Richard Samuel)[97]写道:

我们有一小部分王室硬币,可能常常是磨损严重的硬币,与数量庞大的劣质仿制品、大量可靠的代币、大量劣质的代币混杂在一起,都在同时流通。人们完全可以想象,穷人和无知的人,更不用说其他人了,一定很难知道他们的零钱到底是由什么构成。

然而,在实践中,这种负担要比塞缪尔所说的小得多,因为大多数代币的流通范围并不广。由于有关代币的信息非常缺乏——除了大"工业"代币之外——而这些信息又远离它们的发行地,这就构成了一种梯度,就像碟子的两侧,使大多数代币都在其发行地附近流通。因此,大多数零售商只需要处理一两种地方代币类型,也许还伴随着同样少量的来自其他地方的主要工业代币。而他们的客户只需了解零售商认为最新的东西。这"需要一个大胆的工人向他的雇主出示代币,并要求以王国硬币来算他们的面值",[98]这也许是事实,但一般来说是无关紧要的,因为工人们可以把他们在当地赚到的代币花掉,而把它们的兑换留给店主和公职人员,只有来自遥远地区的不熟悉的代币才会被拒绝。根据约瑟夫·莫瑟(Joseph Moser)[99]的说法,他在18世纪末写道(当时对取缔的恐惧使人们对非本地代币十分敏感),"现在你拿着约克的地方半便士,不能在巴尼特通行,甚至不能在唐卡斯特通行;但它仍然肯定是该地区的传统货币"。

莫瑟实际上在这种有限的通货中,看到了谴责代币的另一个理由:他说,想象一下,一个被解雇的切斯特运河工人的命运,他带着付给他的解雇费去了什鲁斯伯里或曼彻斯特,"或任何距离这里二三十英里的城镇",这个工人会"发现他在前一个城市拿到的一半以上的硬币,在路上没有什么用处,而当他走到旅程的终点时,就完全没有用处了"。[100]但在这里,莫瑟似乎忘记了他自己的证词,意思是说当时外地的代币在当地,比真正的伦敦塔铜币更值钱,这意味着莫瑟的贫穷工人在切斯特时,将他的外地代币换成伦敦塔铜币,实际上比他在切斯特时以伦敦塔铜币收到工资要赚得多。

兑换硬币的需要,以避免从一个地区到另一个地区时的兑换损失,不像人们想象的那样,对消费者来说负担不大,因为尽管英国正在进行商业革命,但其在很大程度上仍然是一个"地区经济的集合体"。[101] 大多数英国人,特别是工人,很少离家远行,因此没有什么理由对以当地货币支付或接受当地货币作为零钱的做法感到遗憾。当人们旅行时,他们可能首先携带"工业"代币或王室铜币,或在任何地方都会接受的银币。但在家乡,当地的铜钱往往是最可靠的,也是最不容易混淆的零钱。

简而言之,在估算从商业铸币中产生的"混乱"时,就好像所有商业代币在任何地方都有可能遇到一样,是将 18 世纪的消费模式与现代消费模式混为一谈了。要正确计算商业代币给英国普通工薪阶层带来的混乱,也需要将骡币和其他针对收藏家的投机性代币,从大多数人可能会遇到的代币总类型中减去。在听到早期和现代的代币爱好者,感叹他们喜欢的应该传承下去的代币体制陷入混乱的时候,不禁让人想到,他们把他们和他们的同龄人在积累藏品过程中不得不面对的混乱局面,与那些实际收到代币用于交换的人所面对的混乱,混为一谈了。

如果……将会怎么样?

说英国的商业铸币比一些作品中所说的那样要好得多,并不是要否认它离理想状态很远。真正具有民族特色的零钱,假设它在其他方面运作良好的话,可能会更受欢迎。国家认可的硬币可以免除店主不得不检查和分类到了他们手里的硬币的负担。人们可以从一个地区到另一个地区,而不会感到有必要换钱。当然,在一个现代的、完全一体化的经济中,没有人会想象当地的硬币是一个令人讨厌的东西。

但至关重要的,不是英国的商业代币如何与某种理想硬币或现代硬币相比较,而是它们如何与之前的钱币相比较。在这场竞争中,商业代币在大多数方面都取得了胜利,特别是在最重要的一个方面:人民的判断力。无论代币专家如何争论,零售商和他们的顾客都喜欢商业代币而非塔币。换句话说,如果说商业代币是一种麻烦,那么它们就是一种受欢迎的麻烦。

在使得商业代币受到青睐的所有原因中,最令人瞩目的是皇家铸币局用几个世纪的时间,来完善其政策和程序这一事实,而英国的商业铸币厂和硬币发行商的发展,几乎不到10年的时间。而且,皇家铸币局的产品受到严格的——即使不是严厉的——防伪法的保护,而商业代币根本没有享受到任何法律保护。最后,皇家铸币局从来不需要担心其产品被取缔,而商业代币的制造商和发行商从一开始就在法律的阴影下运作,他们有充分的理由预期政府最终会取缔这些硬币。

对政府取缔的担心被证明是有根据的,但假定政府不会这么做。假如英国政府不是取缔商业代币,而是批准了它们,那时可能会发生什么?

这种可能性似乎很牵强,因为政府行使的任何权力都不会比它们对各种通货的垄断更被视为理所当然。赫伯特·斯宾塞是唯一一位对此提出质疑的杰出思想家,他说:

> 货币和政府的概念是如此时常地联系在一起——立法者对货币制度的控制也是如此普遍——而且人们已经完全把这种控制看作理所当然的事情,以至于好像没有人询问过,如果取消这种控制会有什么结果。也许在任何情况下,国家监督的必要性,都不会被

如此普遍地假定为必须,而在任何情况下,否认这种必要性都会引起如此大的惊讶。[102]

然而,斯宾塞却否认了这一点。他声称,格雷欣法则只适用于当政府强迫其公民接受贬值或其他劣质的硬币时。相反的趋势——良币驱逐劣币的趋势——如果将造币权交给私人企业,就会普遍存在。奇怪的是,尽管他在1851年作出了这些论断,但斯宾塞从未提到过英国的商业铸币经历。不过,很明显,如果由他来决定,斯宾塞会允许商业铸币继续下去,永远打破皇家铸币局的垄断。

众所周知,斯宾塞是一个不折不扣的自由放任和最小化政府的支持者。然而,他的立场不应该被轻易否定,因为当商业铸币仍在进行时,许多人从中看到了永久解决英国小额货币问题的基础。"这些硬币的大部分",钱币史学家斯蒂芬·利克(Stephen Leake)说道[103]:

得到了整洁的铸造,对收藏家的柜子来说是不小的补充;它们比我们的国家通货要重得多,而且我们希望它(商业代币)将成为政府参与改进这部分铸币的手段。

帕特里克·科洪采取的立场尤其值得注意,因为当涉及在伦敦塔之外的铸币时,科洪并没有什么纵容。在担任警务司法官时,他亲自追踪了几十个伪造货币者,如果由他来决定的话,他很乐意将这些人全部送往单程植物学湾之旅①:

---

① 这里比喻将这些人长期流放。博塔尼湾是澳大利亚的一个小海湾,1770年库克船长首次在此登上澳大利亚大陆,因在当地发现了许多新植物,所以它又被称为植物学湾,后来澳大利亚曾长期是英国犯人的流放地,所以才有这样一种比喻。

来吧,我快乐的孩子们,因为我们必须离开。
戴着镣铐去博塔尼湾。
哭泣和抱怨都没有用。
因为也许我们可以再见到老英格兰。[104]

具体而言,科洪希望将其定为重罪,判处七年流放。

第一,任何人制作或制造任何一片铜或其他金属,无论是否有任何设备,其目的都应视为制造大不列颠王国或爱尔兰王国的铜币。

第二,除受雇于铸币局或经财政部授权的人员外,任何铁匠、雕刻师、浇铸工等或任何人,在没有合法理由的情况下,不得制作或修补、购买或出售、隐藏或拥有任何冲孔器、印章、模具、铸模等,或意图在此类铜币的部分或全部上,刻制印记,或者类似的东西。

第三,任何人在任何一天内购买或出售,或提议购买或出售,或发出或提供付款,或给予或提议给予交换,30个或更多的铜块;这些铜块类似于或意图类似于,或通过或意图被当作上述王国的现行铜币。[105]

然而,尽管他敦促进行一场名副其实的"小块金属战争",科洪还是准备容忍商业铸币。他在他的《论大都会的警察》中写道,"在3个条件下,将商业铸币合法化也许是有益的":

1. 他们制作所用的铜应是纯铜。
2. 这种硬币应该比博尔顿先生的新造币至少重10%。
3. 流通这种硬币的当事人应该向持有者负责,在被要求时,可以兑换为黄金或白银的价值;为此应该在他们所发行的硬币、代币或奖章上,标记上他们的名字和义务。[106]

商业铸币商一般只违反第二条,而且他们这样做也很好,因为当时的铜价不稳定,并且还在上涨,所以根据该规定制作的代币很快就会被熔化。事实上,许多"博尔顿先生的新造币"本身在发行后的几年内就被熔化了。科洪,尽管他的口才很好,但他并不是政治经济学家。

可以肯定的是,科洪远没有确信,商业代币的合法化会比将其与其他未经授权的铜币一起取缔更明智。然而,他甚至考虑到了官方认可私人铜铸币的可能性,这一事实表明,实际上他也能领会这种硬币的效用。这也给了我们一个很好的理由,想知道这样的硬币会是什么样子,以及它可能有多大的作用。

反事实的历史总是有风险的。但是,关于私人铸币,人们能够大量依靠两个相关行业的证据:纽扣制造业和银行业。正如我们所看到的,制作代币与制作纽扣没有什么不同,而发行代币与发行(小面值)纸币也没有什么不同。

当商业铸币在 1787 年开始运作时,英国地方银行业本身也刚刚起步。事实上,代币发行商是银行家的一种原型,他们的代币相当于非常小额的纸币,除了它们是由铜而不是由纸制成。随着实际的地方银行的增加,它们的纸币被广泛用于伦敦以外地区的付款。在伦敦,英格兰银行的纸币当道。但是,由于法规对纸币的尺寸有较低的限制,并且由于非常小的纸币不切实际,因此这种纸币永远不可能取代硬币在小额支付中的地位。在这种情况下,由银行家接管代币的发行是非常合理的,而不是把这项业务留给各种商业或工业企业。同样合理的是,他们在发行银币的同时,或者可能是代之以发行铜代币,因为银币在许多交易中更方便。正如我们将看到的,银行家确实成为重要的代币发行者,而且他们在 19 世纪初确实求助于银代币。

对于代币发行商来说——无论名义上是否是银行——建立分支网络，以鼓励他们的硬币更广泛地（即使不是全国性地）流通，也是有意义的。此举将结束大多数代币所共有的严格的"地方"身份。但是与向银代币的转变不同，这种情况从未发生过，部分原因在于六位合伙人规则使英国的乡村银行难以设立分支机构，部分原因在于苏格兰银行虽然能够而且确实建立了分支网络，但被阻止在英格兰设立分行。

一些严格意义上的"地方"钱币的存在，最终可能会产生专业的钱币兑换商或经纪人，类似于在南北战争前美国从事纸币交易的纸币经纪人，在那里法律也限制了银行分支机构的发展。纸币经纪人的总部设在不同的大城市，他们以折扣价购买银行票据，这反映了任何感知到的风险，此外还有将票据退回到其赎回来源的实际成本。他们还制作了可用的价格表，以及"假币检测器"，旨在给商家假币警示。代币经纪人可能向英国零售商提供类似的服务，从而使他们更容易接受来自遥远地区的代币。[107]

当然，私人铸币厂本身也要为假商业代币的存在负责。然而，我们很难冒着风险想象，但只要有足够的时间，某些铸币厂的坏名声就会赶上它们：毕竟，代币发行商的利益，是尽量避免与那些有可能"制作骗币"或滥用他们的硬币模具的铸币厂做生意。有信誉的铸币厂同样有理由采取措施，对付信誉较差的对手，以防止他们对整个造币业造成无法弥补的伤害。在这里，伯明翰的纽扣行业提供了一个有启发性的对比，因为较好的纽扣制造商也面临着保护他们的行业不受造假者的损害的挑战，特别是假的（洗过的）镀金纽扣制造者的损害，其纽扣会很快变黑。为了打击这种行为，以马修·博尔顿为首的行业领袖们，于1795年成立了纽扣协会。该协会随后获得立法，规定生产水洗纽扣是一种犯罪行为，可被处以 16 英镑的罚款,并对提供信息导致定罪的人给予 10 几尼的奖励。在两个月内,该协会就将 3 名伪造者定罪,这足以使镀金假冒行业终结。[108]

> 因为伯明翰的小伙子能分辨金与铜,
> 如果他不知道,杰米·约翰逊(Jemmy Johnson)就会挤对我。[109]

毋庸置疑,像上述这样的猜测必须以将信将疑的态度来看待,因为商业铸币制度从未有机会成熟。相反,英国政府采取了措施将其扼杀,首先是暂时取缔,然后是永远封杀。

第五章　博尔顿铜币

> 银币大多数低劣,
> (每个无赖都薅公众的羊毛)
> 我们发现,铜币优良的不多,
> 除了博尔顿的便士币。[1]

菲什加德的惊恐

1797年2月22日。我们和托马斯·威廉姆斯一起,再次回到了威尔士。但我们不在安格尔西岛,我们在彭布罗克郡,在北海岸。我们不是和铜王托马斯·威廉姆斯在一起,而是和另一个不同的托马斯·威廉姆斯在一起——托马斯·威廉姆斯先生,来自特莱辛,一名退休的水手。现在是早上四点——对"旱鸭子"(新水手)来说是十点——威廉姆斯刚刚打断了他的晨练,通过他的望远镜注视着一队海军舰艇:两艘大型护卫舰、一艘轻巡洋舰和一艘小帆船。他们正从北主教岩附近向菲什加德驶去。威廉姆斯并不知道,但他正在见证长期拖延的马修·博尔顿王室铸币合同的到来。

威廉姆斯所知道的是,这些船舰有一些古怪的地方。它们悬挂着英国的彩旗,这一点是肯定的,但是,如果它们属于英国,而且是回到本国的,为什么它们的甲板上挤满了军队,而且为什么这些军队穿着深色——几乎是黑色——的制服?因此,威廉姆斯认为,这些船不属于英国。他们是法国人,而且他们正在入侵英国。

就入侵而言，在菲什加德的那次入侵是一个相当散漫的事件。登陆部队由不超过 1400 人的乌合之众组成，其中许多人是被释放的囚犯，由一个名叫威廉·泰特（William Tate）的退休爱尔兰裔美国冒险家领导，每人只配备了 100 发子弹。当他们在 2 月 23 日凌晨登岸时，两个威尔士团和几批手持枪支、刀剑和干草叉的当地人正在动员来对付他们。随着英国人的防卫力量的增加，法国人用搜寻食物和偷窃港口来巩固自己的力量，然后开始了全面的抢劫狂潮。整整一天，黑色军团的成员们（因其深棕色的服装而得名）——其中许多人头重脚轻，无法直接射击——被三三两两的当地人杀死。然后，在傍晚时分，彭布罗克郡的民兵到达。晚上 8 点，泰特认为自己人数不足（实际上他仍有二比一的优势），决定寻求投降的条件。在 2 月 24 日上午，黑色军团向一支由威尔士志愿者组成的小部队放下了武器。

不用说，泰特的入侵，被认为是企图征服英国，这注定是一场惨败。但征服并不是重点，登陆的真正目的——或至少是其中的一个目的——是通过破坏英国的货币体系，来打击英国的经济。至少就这一目的而言，这次入侵是一次惊人的成功。

威廉姆斯一认清法国小舰队的真面目，就派了一名信使到圣大卫教区。在那里，其他信使也被派去提醒乡下。很快，关于入侵的谣言就被传得沸沸扬扬，而且通常是夸大其词的。轻巡洋舰变成了护卫舰，而护卫舰变成了战列舰。登陆部队的规模也相应扩大，从几百人到几千人，最终达到一万人。没过多久，就有报道说，在彭布罗克城堡上空飘扬着三色旗和其他法国人的登陆——在圣大卫教区，沿着卡迪根湾，甚至是在布里斯托尔登陆。只是几天——也许只是几小时——谣言就传到了威尔士以外的英格兰，在那里它们会被进一步夸大。

与此同时，在伦敦，英格兰银行徘徊在失败的边缘。自 1793 年战争开始以来，英格兰银行一再被政府要求向其提供预贷款。它的金银储备也随之减少，从1794年的600万—700万英镑，到1796年2月只有250万英镑。1796年12月的班特里湾入侵事件，虽然在军事上失败了，却也使情况进一步恶化，让公众长期处于对入侵的恐惧中，这激起了对几尼的进一步囤积。这些几尼不得不由地方银行家交给公众，而他们反过来在伦敦的账户上兑现，导致伦敦的银行提取它们在英格兰银行的存款。

在班特里湾入侵事件之后，银行的董事生活在"持续的恐惧之中，担心一些新的警报会引发另一场危机"。[2] 就在菲什加德登陆的前夕，情况变得非常糟糕，以至于银行董事的一名代表，恳求皮特考虑提供一些救济。最好是安排政府至少偿还银行借给它的1170万英镑的一部分。但在政府对这一呼吁采取行动之前，银行最担心的事情发生了：关于入侵的报道——极其不准确的报道——使银行遭受了极大的现金流失，导致其股票价格暴跌。

英格兰银行现在面临着迫在眉睫的违约，它只有通过支付先令和六便士的票据来设法避免违约，银行的两位董事再次向皮特寻求帮助，皮特在他的客厅里来回踱步了一整夜，才决定该怎么做。在1797年2月26日星期日，他和枢密院的其他成员在白厅集会。在那里，经与国王协商，他们起草了一份枢密院命令，部分内容如下：

> 由于不同地区出现了毫无根据或夸大其词的警报，看来，除非立即采取某种措施，否则可能有理由担心缺乏足够的现金供应，来满足公共服务的紧急需要；枢密院的一致意见是，为了公共服务的绝对需要，英格兰银行的董事应停止现金支付，直到议会认为可以对这一问题采取行动。[3]

所谓的《银行限制法》[4] 表达了"议会的理智"，经过漫长且经常是激烈的辩论,该法于 1797 年 5 月 3 日获得御准。该措施使枢密院已经(非法)批准的停止支付合法化,禁止银行支付黄金,除非在某些特殊情况下,包括支付其股息。该法案还免除了英格兰银行因先前停止支付而产生的任何法律后果。

具有讽刺意味的是,泰特投降的第一份报道传到伦敦时,正值枢密院令在准备之中。但在这一消息能够引起任何官方回应之前,卢比孔河就已经被越过了,而且在 21 年内不会再被越过:政府在试图拯救银行的过程中,无意中发现了一种将银行纸币变成黄金的方法,这样银行就可以无限制地贷款给它。此外,银行的限制,尽管是前所未有的,却安抚了相当一部分公众,包括大多数银行家和商人,给他们带来了相当大的安慰。马修·博尔顿的伦敦银行家和密友夏洛特·马修斯(Charlotte Matthews)的反应也许是典型的。"人们已经被吓疯了,"她在 2 月 28 日给博尔顿写信道,"如果不是对铸币采取了严厉的补救措施,那么普遍的破产就会发生……这里的人民非常高兴地接受了这一措施,我希望全英国人民也能这样做。"[5] 因此,白厅并不急于结束这一限制。在此期间,英国将不能使用其官方银镑,甚至不能使用以前事实上的金镑,而是使用纸镑,相对于它,黄金和白银的价值可以自由浮动。

如果说纸镑对大多数商人来说是一种解脱,那么它对博尔顿本人来说则是一种彻底的福音。因为正是它,他终于获得了王室铸币合同。纸镑究竟是如何帮助博尔顿的? 当限制令生效时,金币的主要来源——唯一没有明显短缺的硬币——被切断了,而那些已经在流通的几尼和半几尼则被藏起来或出口了。[6] 因此,长期以来被用于支付半几尼以下的所有款项的银币和铜币,现在也不得不充当半几尼和几尼的角色,而它们不可能做到这一点,这不仅有很大的不便,并且进一步加剧了小面额硬币的短缺。在这种情况下,政府如果继续忽视货币状况,这将不再是一个简单的"让大众等待"的问题了。乡绅以及商人和普通人现在都感受到了冲击,而绅士们不可能再等下去了。

因此,3月的第一周出现了一系列旨在缓解货币短缺的活动,包括旨在放松对小面值纸币限制的措施。3月3日,通过了一项法律[7],允许英格兰银行发行5英镑以下的纸币。3月10日,另一项法律[8]赋予英格兰和威尔士的地方银行以及私人同样的特权。最终,第三项措施解除了对价值低于20先令的苏格兰纸币的单独禁令。[9]

虽然小额纸币的合法化有助于减少对硬币的需求(包括直接的和通过鼓励银行机构的普及),[10]但仅凭这一点很难弥补像样硬币的不足。纸币钞票太过脆弱,无法成为一种实用的小额支付的流通媒介,虽然有时会发行低至半克朗(25.6便士)的纸币,10先令或半几尼的纸币并不常见,但大多数银行不屑于发行低于20先令或1几尼的纸币。

一位苏格兰银行家回忆说,他的客户"被剥夺了用现成的钱购买生活必需品的手段"。

这里没有价值低于20先令的纸币,他们要想在其他地方找到零钱是非常困难的。因为当人们一旦知道暂停支付硬币的时候,没有一个人愿意拿出他们可以保留的一个先令,其结果是,金币和银币都被囤积起来并立即消失了……星期六,我们遇到了最强烈的抗议……因为许多贸易大户以最恳切的方式要求得到一点银子,以使他们能够支付他们工人的工资。当我们意识到他们的要求来自真正的需要时,我们所能做的就是把他们带到一个单独的房间,私下里兑换一两张纸币,因为我们不敢在账房公开这样做,唯恐引发暴乱。[11]

然而,苏格兰的情况比英格兰和威尔士好,因为至少有一些苏格兰纸币,像商业代币一样,广泛流通,而英格兰和威尔士地方银行的纸币只在当地流通。[12]英格兰银行(它也从未发行过低于1英镑的纸币)也不例外:它的纸币只能在伦敦支付,因此,往往只在距离伦敦城30英里左右的范围使用。最后,纸币甚至比代币更容易受到欺诈性的模仿,因此必须谨慎对待。英格兰银行的纸币是最轻薄的,尤其令人怀疑。[13]

简而言之,不能指望用纸币来填补金币消失后留下的空白;如果纸币不行,那么某种金属将不得不这样做。政府别无选择,只能向公众提供新的辅助硬币,并尽可能快地提供它们。

一项真正的失误

在拒绝发行1英镑以下纸币的想法后,英格兰银行像任何一家公司一样,急切地想得到小额零钱。然而英格兰银行存有大量的银币——价值超过24.1万英镑——堆积在金库中。问题是,这些硬币是西班牙的,或西属美洲的:它们是"柱"元,价值8个西班牙雷亚尔(因此被称为"八柱"币),来自汉堡、葡萄牙和西印度群岛,是英国的贸易红利,也来自公海上被俘的船只。因为它们是银元而不是先令,银行把它们看作大量的原银。由于一盎司标准银的市场价值长期以来一直在五先令四便士以上,因此以皇家铸币局的官方兑换率每盎司五先令二便士来熔化和重新铸造银元是不可能的。但是,在紧随限制法之后改变的迫切需要,导致一项计划——由英格兰银行和财政部策划,根据1797年3月3日的一项委任状宣布——将银元以每盎司四先令六便士的兑换率兑换成英国货币。考虑到西班牙银元的硬币重量和标准,这一比率预计将使它们的价值超过其金银价值。

实现这一转换的方法是由皇家铸币局在每枚硬币的正面,即西班牙君主的耳朵下方,盖上与金匠铺的银板上相同的乔治三世半身像作标记。正如一些不敬的人所说的那样,"银行为了使他们的西班牙银元流通,把一个傻瓜的头像盖在一头驴的头像上"。这一次,铸币局的动作很快,第一批"银元"即将在3月6日发行。但在最后一刻,银的市场价格跳涨,让银行和财政部临阵退缩。3天后,银行终于开始发行这些硬币,但只是将其官方价值提高到四先令九便士,防止它们成为格雷欣法则的最新受害者。虽然这一调整看起来很小,但事实证明是有争议的,因为它标志着一个决定性的变化,即脱离了旧的皇家铸币局银价(这一价格从1601年以来一直有效),并转向公开的银代币制度。

起初,新的代币看起来是一项极大的成功。几天来,英格兰银行的支付大厅里挤满了寻求新硬币的人;有些人排了几个小时的队才排到出纳窗口。到8月初,超过150万枚,价值34.5万英镑的银元,已经被认领,并开始在付款台、零售店、国家银行之间流通。

对银元来说并不缺乏需求。不幸的是,英格兰银行并不是唯一一家准备好满足这种需求的公司,因为尽管政府最终同意采用银代币制度,但它仍然坚持这样的观念:成功的铸币仅仅是对硬币的金属含量进行控制的事务。因此,它没有认识到使硬币——尤其是代币——难以仿制的必要性。因为任何一种硬币,不管是官方的还是非官方的,其价格远高于其金属价值,人们就会受到诱惑去仿制它。

而仿制银元是很容易的。如果一个人碰巧有一把锤子,一些西班牙银元(很容易找到),以及一个带有虚假印记的冲床(即使是三流的雕刻师也能做到),一项适度的但像样的利润就在弹指一挥间获得。由于银元没有得到任何王室公告的认可,这使得伪造它们变得更加诱人,因为伪造它们的人只能依据普通法受到起诉,而不是像那些被发现伪造"国王的货币"的人那样面临更为严厉的惩罚。

英格兰银行的出纳员,是最有能力识别假币的人,他们在初始代币发行后的几天内,就开始发现假币,这一点应该不足为奇。起初,英格兰银行选择忽略这个问题,但在夏季,随着标准银的价格下降到每盎司四先令十便士,造假活动爆发了。更复杂的伪造者,为了寻求更大的利润,也开始制造轻量的西班牙银元,并在其上使用虚假印记。不久之后,英格兰银行惊愕地发现,它一直在接收和重新发行这些假币。从那时起,英格兰银行感到有义务仔细检查交给它的每一块银元,并拒绝接收有疑问的银元,即使它们可能实际是真的。这当然是自找麻烦,银行也知道这一点。因此,9月28日,英格兰银行宣布收回其代币,并将以匆忙铸造的七先令金币支付;公众将在10月底以前交出它们,到11月,任何仍未交出的真正的代币将不再是有效的——换句话说,它们将再次被当作垃圾银。

公众在第一次发行银元时就陷入了狂热,现在又陷入了另一种疯狂。银行只回收它认为是真币的银元,而且是以20块或更多为一批回收。大多数人拥有的银元不到20块,即使是那些认为自己可能拥有必要数量的人也不能确定,因为他们无法分辨真假。白银交易商从人们的困境中获利,让人们舍弃真正的银元,以略高于其金属价值的价格出售给他们。最后,在10月10日,银行担心发生公共关系灾难,提出接收任何好的银元(也就是足额的),不论盖的是真印记还是假印记,以官方比率四先令九便士计算,只收10天,之后就恢复原来的计划。

正如人们所料,银行的慷慨提议让伪造者的锤子挥舞得比以往任何时候都快。预料到会有麻烦,警务司法官科洪在追捕造假者时,既狂热又排外,而且他特别倾向于将矛头指向伦敦的犹太人,提议在支付大厅放置一个标志,上面写着"所有犹太人带来的银元,都要在这里兑换"。这个想法是为了让犹太人受到特别审查,这样他们就会在交易假银币时三思而后行。

英格兰银行是否因为实施了科洪的计划而贬低了自己，并不清楚，但它在首次试探性地朝着公开的信托银币制度方向迈进时，银行和政府都犯了一个非常明显的错误。直到1804年，银行才再次尝试发行银代币。在此期间，如果要彻底解决小额零钱短缺的问题，就必须用铜而不是用银来解决。

铸造车轮币

政府甚至在第一枚反标记的西班牙银元出现之前，就开始计划一种新的铜币制度。1797年3月1日，下议院要求国王授权采取措施，"以获得这样的铜铸币的直接供应，因为这可能是在目前的紧急情况下，最适合用于支付劳苦大众的工资"。[14] 国王在3月3日遵从了这一要求，将新的职责分配给一直暂停活动的枢密院硬币委员会。同一天，查尔斯·詹金森，以前是霍克斯伯里男爵，但现在被提升为利物浦伯爵，给博尔顿带来了好消息。

亲爱的先生：

鉴于在当前的状况中出现的困难，要为所有阶层的人，特别是那些生活不富裕的人找到一种流通媒介。有人建议，在这样一种时刻，拥有一种新的铜铸币，可能是适当的；没有人比你能更好地判断这项措施的适当性，以及在发行这种性质的硬币时应该采取的计划；也没有人比你能够更准确、更迅速地执行它。已经出现的想法是，发行一种价值为2便士或3便士的铜币，以代表1先令的六分之一或三分之一：这种硬币中铜的价值，当然应低于铜条的价值，也就是说，铸造铜币的费用就在其中；应该从中扣除；也许可以多拿一些；但如果可能的话，我们应该避免多取一些，以免鼓励别人伪造它。这枚硬币肯定会非常大而笨重,但我很怀疑,这是否会成为人们的反对理由。我希望你能不失时机地把这个问题放在你的脑海里,并根据我的建议制订一个计划,或你可能想到的任何其他计划,根据你的判断更有可能达到预期目的的计划。

我意识到,在当前的事务状态下,你待在伯明翰可能是必要的,因为你在那里有很大的影响力。在这种情况下,你可以把你对这个问题的意见以书面形式发给我。但是,如果你可以适当地不待在伯明翰,那你最好是到伦敦城里来,以便与皮特先生和我就此事进行一些交谈,因为我们应该很容易解决这个问题,使我们都满意。

我是

利物浦[15]

对博尔顿来说,这个消息来得正是时候:战争正在扼杀小装饰品贸易,而苏荷区正在努力支付账单。就在菲什加德登陆的前几天,博尔顿向马修斯夫人透露,"伯明翰镇由于缺乏贸易和外国汇款而变得如此贫穷和窘迫,我们无法收回我们的债务,并且我们欠的每一笔债务都被拖欠了"。[16]

当然,利物浦勋爵不可能只是把合同交给博尔顿,必须举行新的听证会,并且必须考虑其他建议。不过,毫无疑问,博尔顿最终会得到这份合同,因为他的铸币厂是唯一有能力按政府考虑的规模铸造硬币的铸币厂,而且利物浦勋爵现在已经完全致力于他的事业。因为他是迄今为止硬币委员会中最活跃的成员,也是唯一出席委员会所有会议的成员(而且往往是仅有的两名成员之一),利物浦勋爵可以迅速采取行动。在这一过程中,在几周内举行了十几次会议,博尔顿和其他人(包括托马斯·威廉姆斯)被接见,征求了各种信息,竞争对手的报价(来自韦斯特伍德家族和帕雷斯矿业公司的铸币经理查尔斯·怀亚特)都在会议记录中做了适当记录。然后,在3

月28日，经过了必要的动议后，委员会在白厅提交了报告。不出意料的是，该报告对博尔顿提交给委员会的样本给予了高度评价，同时提出博尔顿本人是生产数百万件类似产品的最佳人选。尽管拥有最后话语权的财政部对委员会的建议提出了一些修正，但其还是同意了总体计划。6月9日，国王也同意了：苏荷铸币厂终于获得了王室铸币合同。

根据该合同，苏荷铸币厂要铸造480吨便士和另外20吨两便士。这些铜币将是英国首批带有这些面额的官方铜币，也是首批由蒸汽铸造的铜币。博尔顿认为硬币最好是体现出共同的重量和计量单位，所以（在政府的批准下）他让便士的重量精确到1盎司，尺寸刚刚超过1.4英寸（或17枚硬币=2英尺），而让两便士的重量为2盎司，尺寸为1.6英寸（或5枚硬币=8英寸）。[17]在约翰·索恩的恩惠下，他甚至不厌其烦地获得了一份经认证的英国皇家学会标准尺的副本，以便使新硬币的直径恰到好处。

博尔顿每生产一吨硬币可获得一百四十九英镑六先令八便士，其中108英镑用于支付铜价，三十七英镑六先令八便士用于支付制造成本，4英镑用于支付在整个英国分发硬币的费用。在其报告中，硬币委员会注意到，博尔顿的铸币费用远远低于皇家铸币局在1775年以前铸造铜币的平均成本，加伯特认为后者的平均成本不少于每吨59英镑；它也低于1788年1月铸币局提出的回铸每吨42英镑的价格。这种比较是似是而非的，因为皇家铸币局的数字指的是半便士和法新，铸币的费用更多地取决于要铸造的硬币的数量，而不是总重量。另一方面，铸币局42英镑的报价只包括超出铸币局固定开支的那些费用，包括资本折旧和官员的工资。

苏荷区的硬币也应该是明显优于皇家铸币局所能制造的硬币。它们的最终设计是康拉德·海因里希·库克勒（Conrad Heinrich Küchler）的作品，库克勒是博尔顿1793年聘请的一位德国人，是替代德罗兹的3人里的最后一位(其他两位是兰伯特·杜马瑞斯特和诺尔·亚历山大·庞索恩)。虽然库克勒性格沉闷,脾气不好,但他是一个娴熟的雕刻师,他的专长是肖像雕刻,这使他成为苏荷区的首席勋章雕刻师。他以前的任务包括雕刻博尔顿的康沃利斯和豪伊勋爵勋章;而他最终通过雕刻特拉法尔加纪念章和博尔顿自己的纪念章,巩固了自己的声誉。但是,奖章和商业代币一样,是苏荷铸币厂采取的一项权宜之计,一旦有了王室铸币项目,就会被搁置一边。所以库克勒放弃了他的其他项目,来为乔治三世雕刻一幅优质的肖像,他完成了这个项目,让国王十分满意。[18]

总的来说,新的硬币(除了一些小细节外,两种面额的硬币都是一样的),都有传统的图案。库克勒图案的国王右侧脸半身像,出现在了硬币的正面,周围被"GEORGIUS Ⅲ · D · G · REX"刻印文字环绕,这幅画像打破了传统,只是用一个披肩半身像代替了通常的胸甲半身像,并采用了首字母"D · G",而不是拼出"Dei Gratia"。反面上面有"BRITANNIA"的字样,下面有日期(1797),还有"土地女神"坐在海洋中的一块岩石上,右手挥舞着橄榄枝,左手紧握着三叉戟。在她面前航行的是一艘三桅战舰,在她的身边有一个椭圆形的盾牌,盾牌上是圣安德鲁和圣乔治的组合十字架。就在盾牌下方的岩石表面,"SOHO"这个词向任何想知道的人宣布,这些钱币不是来自伦敦塔,而是来自一家遥远的私人工厂。就铸币商公司而言,库克勒不妨在背景中加入一个小小的伦敦塔,这样就让英国"向它伸出了舌头"。

铸币商可能会对新的硬币感到不满,但他们很难说这些硬币比他们自己的铜制品差。然而,正如理查德·多提[19]指出的那样,这些钱币的艺术性远不如大概10年前博尔顿展示的样币。[20]特别值得注意的是,这些新币完全没有边缘标记。这是一种传统的手段,用来阻止铸造出假币——也是博尔顿在他最初的建议中非常强调的手段。博尔顿与德罗兹的痛苦遭遇，主要是由于他想使用德罗兹的"分段阻环"来标记硬币的边缘，现在看来是徒劳的。

博尔顿的王室硬币确实有一个新颖的特点，也就是它们的宽大、凸起的边缘，这（加上它们的大尺寸）使它们被称为"车轮币"。正是沿着这些宽大的边缘，硬币的文字以铸印字母出现。边缘是为了防止浅刻的"BRITANNIA"和同样浅刻的君主像迅速磨损；但同时也创造了一个浅的沟槽，里面可能会藏污纳垢。虽然这种宽边没有出现在以前的任何英国官方硬币上，但它们在勋章上已经很常见了（在那里不存在污垢问题），而且博尔顿曾在他的埃克莱斯顿半便士上测试过。

尽管它们的边缘很平坦，而且有 8 年的蒸汽造币经验可以了解它们的设计，但车轮币与苏荷区的设备不匹配。多亏了蒙纳隆兄弟公司的插曲，博尔顿非常清楚地知道：法国的 5 索尔代币，每枚宽 30 毫米（1.53 英寸），重约十分之九盎司，它几乎把苏荷区的冲压机撕成了碎片。[21] 因此如果稍小但更重的便士车轮币，没有把同样的冲压机撕成碎片，那么两便士硬币肯定也不会。

意识到这一点，博尔顿决定，甚至在王室铸币合同正式归他所有之前，重建他的苏荷铸币厂。[22] 但这样做需要几个月的时间，博尔顿提出立即开始铸造车轮币。因此，他让约翰·萨瑟恩负责加固旧铸币厂。[23] 铸造开始于 6 月 9 日，想象一下，萨瑟恩和布希（Busche）以及其余铸币厂高级员工手指紧紧地交叉站在旁边，他们肯定需要尽可能多的运气，因为，正如多提[24]所解释的那样，尽管萨瑟恩作出了努力，但新铸币"实际上超出了苏荷区的能力范围"。

冲压机断裂，模具破碎，瓶颈出现了，疲惫不堪的工人们要被噪声震聋了……每分钟转十几圈的高架转轮的隆隆声，再加上铁弯和滚轴相互撞击的刺耳声音，空气汽缸发出的嘶嘶声和噼啪声，以及模具将"BRITANNIA"文字和国王肖像敲击进金属块的声音。

尽管有各种干扰，铸币厂的工作人员还是设法在1798年4月下旬完成了苏荷区的首笔王室订单。[25]在不到11个月的时间里，他们铸造了超过1750万枚硬币，以相当大的优势超过了帕雷斯矿业公司的记录。无论从哪个角度来看，这都是一个了不起的成就，尽管这一记录很快让苏荷区本身也黯然失色。

王室镇纸

167　　然而，从经济角度来看，车轮币是一个失败的产物。尽管有围绕着它们的所有热议和制造它们的所有聪明才智，但它们并没有缓解英国的零钱短缺问题，也没有解除假铜币的诅咒，它们也不可能做到这一点。

为什么不能呢？问题的一部分是硬币本身，即它们的面额。公众长期以来一直渴望得到优质的法新，特别是半便士，但政府却选择给他们提供便士和两便士。硬币委员会为这一举措进行了辩护，首先，考虑到伪造品，现有的半便士和法新的存量"完全足够供零售部门使用……只要这种低面值硬币继续维持原样"；其次，"发行与现在使用的铜币相同的面额但价值更高的铜币，无论多么循序渐进，都可能会使现在流通的全部半便士和法新失去信誉，从而给劳苦大众带来痛苦"。[26]

这些论点几乎没有说服力。[27]当然，如果把所有破损的硬币和假币算在内的话，周围有大量的半便士和法新，但这些有缺陷的半便士和法新，是迫切需要新官方硬币的证据，而不是否认这种需要的理由。人们担心新半便士和法新的出现可能会使旧币失去信誉而加剧短缺,这与旧的和未经授权的硬币填补任何因新的和经授权的硬币短缺而产生的空白的明显趋势不一致。只要良币的供应仍然短缺,那么就不仅仅是新币的出现,而是相信这种出现预示着对旧币的合法取缔(就像1672年后发生的那样)的观念,就有可能使后者失去信誉。因此,如果政府急于保留旧半便士和法新,它只需要公开声明;也就是说,它只需清楚地表明,在宣布新币生效时,并不打算废除旧币。理想情况下,政府会允许旧币继续有效,直到所有有所需的新币逐步替代它们。[28]

不幸的是,皮特的政府没有采取任何措施向公众保证,他们并不打算在开始发行车轮币后不久就废除旧铜钱。因此,政府最终做的恰恰是其试图避免的事情——也就是加剧了小额零钱的短缺——尽管还没有发行一枚新半便士或法新。车轮币的出现对商业铸币行业产生了特别的寒蝉效应,因为发行商担心面临大规模的兑换,而停止了进一步的订单。这是对即将到来的取缔的恐惧——而不是对新王室铜币的普遍偏好,因为在任何情况下,都不可能取代代币的地位,直到1799年新的王室半便士出现——这导致商业代币的生产在1797年后降到了最低点。同样的恐惧也阻碍了现有代币的流通,无论其质量如何。"我很乐意给你寄一些麦克莱斯菲尔德和安格尔西岛的半便士,如果它们能送达你那里的话,"伯斯勒姆的商人约翰·谢尔文(John Sherwin),在1797年9月写信给谢菲尔德的锉刀制造商彼得·斯塔布斯(Peter Stubs),"因为它们在我们这里已经停用了。"[29]

最后,即使硬币委员会推迟生产新的半便士和法新的理由是正当的——它从中得出推论应该生产便士和两便士,也是不符合逻辑的。铜制便士和两便士以前从未发行过(这些面额传统上是为白银保留的),尽管铜币普遍短缺,但不清楚现在它们是否会被立即接受。

7月初,当约翰·萨瑟恩从新的苏荷铸币厂的工作中抽身出来,向全英国各地的银行家征集车轮币订单时,他发现,他们只愿意接受"凭信用"的新硬币——也就是说,用三月期的伦敦钞票兑换。这些银行家担心他们在处理新硬币时可能会遇到麻烦,并希望避免在等待麻烦解除的过程中束缚他们的资本。萨瑟恩在利兹给博尔顿写信:"如果没有这样一种防止损失的保障……你会发现很少有人会以我们希望的热情进入这个行业。"[30]在后来从纽卡斯尔寄来的一封信中,他解释说,尽管店主宁愿拥有新的便士,而不是继续用磨损或假冒的塔币半便士交易,"我发现半便士更受欢迎,而两便士不那么招人喜欢"。[31]

银行家和店主厌恶新两便士的原因很明显:每枚2盎司,"荒唐的"(这个形容词是约翰·克雷格爵士使用的)硬币,对口袋衬里构成严重威胁,因此被认为是一种麻烦。至于便士,虽然它们只有两便士一半的重量,但仍然比对应的银币重得多,体积大得多。同样重的便士德鲁伊币提供了一个成功的先例,这是事实。但半便士德鲁伊币被证明更受欢迎,因此也是帕雷斯矿业公司铸币厂关闭后唯一生产的种类。大多数其他商业代币也都是半便士,包括第一批威利币,虽然打算将其作为便士使用,却被市场拒绝。市场在商业代币方面,明显倾向于半便士而不是便士,店主和银行家完全有理由担心,其会对王室硬币产生类似的结论。

他们的担心是有道理的吗?关于两便士硬币,毫无疑问,他们是有道理的:巨型硬币从来没有流行过,除了作为古董、收藏品和镇纸。尽管有过一些大币订单,但所有这些订单都来自与博尔顿关系友好的工业家,他们用这些钱来支付他们倒霉工人的工资。[32]在工人们花掉这些钱之后,这些巨型硬币就很少再见到了,除非是在啤酒商和其他批发商,以及最终的铜币熔化商的手里。这些店主很少处理这些过大的硬币,这一点被博尔顿在1799年12月的调查中发现,大多数人只保留4个抽屉来存放铜币:一个放新便士,一个放旧王室半便士,一个放较好的假币,一个放"垃圾币或最差的硬币"。换句话说,店主不愿意为他们不得不偶尔接收的两便士留出空间。与其让它们给其他顾客添麻烦,还不如让它们成为自己的"口袋之物"。[33]

关于车轮便士,记录不太清楚。一方面,一旦明确了新的半便士和法新不会出现,订单就会蜂拥而至——对苏荷区来说,就是要负责满足所有地方订单,而对马修斯夫人来说,则是同意从她的芬彻奇街仓库供应伦敦市场。[34]8月24日,当马修斯夫人第一次开业时,她有点不知所措。

> 硬币于昨晚11点到达……如果我在硬币到手之前就登了广告,我相信这所房子会被挤垮。因为我从来没有经历过像今天人们在我的仓库里那样的混乱场面。银行家在发出订单时还很畏缩,但当他们看到公众心态的变化时,他们纷纷涌向我,而且绝不允许拒绝。我希望你趁着这股热潮还在,再送一次货。[35]

从马修斯夫人随后的信中可以看出,这种"热潮"持续存在:"我发现镇上对你的便士的渴望简直无法形容"(1797年10月10日);"我现在接到了157桶硬币的订单,[36]快给我送来一些,否则我会被撕成碎片"(10月13日);"在我的账上还有240桶(未完成的订单)"(11月10日);"我今年收到的388桶硬币,一桶都不剩了,我焦急地等待着那些驳船的到来"(1798年2月3日);"我已经完全没有硬币了"(6月29日)。最终,人们对车轮币的需求仍然很旺盛,足以让博尔顿再接再厉,在完成最初的订单后又接受了两次委托。到1799年7月26日,当车轮币模具被销毁的时候,市场总计已经吸收了将近4400万枚便士,相比之下两便士只有72.218万枚。

另一方面，尽管车轮便士被订购的速度比博尔顿能提供的速度快，但公众对它们的反应却并不是普遍很好。阿伯丁的一位五金零售商约翰·尤尔(John Ewer)，是直接向博尔顿表达了自己的失望之情的数以百计的地方商人之一。[37]"我不得不通知你，"他写道，"我们进口便士的效果。我只能很遗憾地说，这与我的乐观预期不符，肯定也不符合政府值得赞赏的意图。"[38]尽管尤尔的许多顾客接受了这些便士，但他们是不情愿的，而其他顾客则一并拒绝了这些便士，甚至宁愿选择可疑的半便士。

此外，似乎便士和它们的大个兄弟一样，从来没有完全成为英国流通媒介的一个常规组成部分。在1798年送给利物浦勋爵的一份报告中，[39]博尔顿承认，它们没有被积极地循环利用，而是似乎消失了。尽管他将此归咎于店主继续用"非法硬币"支付，但博尔顿选择忽略了更根本的原因——那就是公众愿意继续使用旧铜币，大概是因为他们发现较小的铜币相对便利，尽管它们是粗制滥造的。至少这些劣质硬币中的一些仍然是法定货币，可以支付到6便士，但这些对事情没有帮助。[40]简而言之，即使把面值的便利性问题放在一边，格雷欣法则也倾向于对"优良"便士不利，对"劣质"半便士有利。传统的解决办法是，政府再一次召回旧币，剥夺它们的法定货币地位，同时提出接收这些硬币（也许还有一些伪币）以换取新的铜币。但这种传统的解决方案，只有在新硬币完全有能力使旧硬币过剩时才能采用。在1797年或1798年的情况显然不是这样的，而且在大量新半便士和法新被铸造出来之前，情况也不会是这样的。

与此同时，博尔顿敦促政府通过其他方式来推广使用车轮币。特别是，他要求政府向船坞和陆军及海军军需官"推荐"，政府最终也这样做了。政府还安排将车轮币送至纽芬兰、开普敦和新南威尔士。原来零售商不愿意或不能交付给顾客的车轮币，英国政府自己也开始使用，并将其转手给了那些倒霉的殖民地居民、士兵、水手以及海军物资供应商。[41]

总的来说，车轮币远不如英国钱币史无数记载表明的那样受欢迎。如果不是博尔顿明智地坚持在他的合同中包含每吨4英镑的分销津贴，它们可能更不受欢迎，这样他就可以将其"用纸成串卷起或打包在新木桶中，在两个王国每家门口"推销。[42]这样就可以避免皇家铸币局政策更严重的缺点之一——只能在伦敦塔发行硬币。

但博尔顿和其他任何人都没有采取措施来纠正铸币局的反向错误，即没有按规定退回不需要的硬币。与旧塔币半便士一样，不像大多数商业代币，车轮币是不可兑换的：没有人承诺会将它们按面值兑换成英格兰银行的纸币，更不用说兑换成金几尼了。因此，一旦进入流通领域，它们往往就会从制造商的付款台和摊位上单程旅行到酒馆（直接或通过零售商店的额外循环），然后再到酿酒公司，而在这里再一次被放到公司自己的仓库中，直到这些公司开始处理这些货币。不久之后，关于铜币供应过剩的抱怨再次出现，这让人想起18世纪70年代和更早时听到的那些抱怨。

流动资产

幸运的是，讨厌的车轮币问题只持续了几年。但是即使这个看似幸运的事实，也指出了车轮硬币最终的致命缺陷。铜饼的价格急剧上升，从1797年6月的平均每吨112英镑上升到1805年4月的每吨165英镑，这使啤酒商不至于永远背负着无用的硬币。由于战争，原铜在欧洲港口的价格甚至更高，比如在卡迪斯港，到1799年初，那里的原铜价格已经达到每吨175英镑。[43]因为一吨车轮币的名义价值只有大约150英镑，一旦铜价大幅上涨超过这一水平，熔化它们或以其他方式将它们作为废铜出售就变得合算（尽管会受到惩罚)。

考虑到啤酒商和其他人一直在抱怨他们的仓库里堆积着不想要的车轮币,早在1798年7月,就开始听到车轮币被出口到荷兰和其他地方的传言,也就不足为奇了。[44]随着铜价的不断上涨,英国铜匠开始与外国同行竞价购买车轮币。1805年4月,当铜饼在英国的价格达到每吨165英镑的顶峰时,车轮币熔化的活跃交易已经持续了一段时间。4月13日,《泰晤士报》报道了一个可能是这种贸易的典型例子。

一段时间以来,人们都知道最近的铜币被收集起来用于熔化,因此下令警方严格把关:星期四,一名属于哈顿花园办公室的警官,跟踪一辆装有8桶约2000磅便士和两便士硬币的马车,从萨福伦山出发到上泰晤士街的一个铜匠那里,警官封锁了这些财产以便后续调查。罚金100英镑,并没收货物。[45]

尽管有严厉的处罚和警觉的警员,但大量的车轮币在制成后的8年内又被重新变成了原铜。还有许多幸存下来,这与其说是证明了禁止熔化硬币禁令的成功,不如说是证明了它们的笨重(这导致在铜币熔化商得到它们之前,它们被用作镇纸和烟灰缸,或被投入储蓄罐和古董柜中),以及证明了它们的外观,在19世纪的前几十年里,出现了大量的轻型车轮币假货。[46]

真正的车轮币一开始就做得如此之重,尽管有这种重量带来的笨重和铜价不稳定带来的威胁,现在回想起来似乎很愚蠢,但其中有一个原则问题:也就是说,硬币定价不应大幅高于其"内在价值"。这一原则,长期适用于英国的银币和金币(其不利后果已经指出),当1672年的公告首次授权发布时,也被扩展到官方铜币上。根据该公告,皇家铸币局将铸造半便士和法新,含有"足够重量的铜,并符合其真正的内在价值和半便士与法新各自的价值，只需扣除铸币和使用伪币的费用"。相比之下，赋予苏荷区车轮币通货地位的公告，要求它们具有"内在的价值……包括手艺，以及尽可能地与相同的名义价值相吻合"。简而言之，政府从125年的铜铸币经验中一无所获，包括那些特别成功的、因此特别具有指导意义的商业铸币经历，只在拼写方面有轻微改进。

也许它的收获比这更多一点，因为它至少意识到有必要使其小额零钱更难被伪造。毕竟，这个目标是它将新的铜铸币承包给博尔顿的原因之一（另一个原因是节省时间和金钱）。博尔顿坚持认为，他的机器除了能比以前更快、更便宜地铸造硬币外，还将制造出无法被伪造的硬币。

可惜的是，他没有做到这一点。

真诚的奉承

尽管1797年7月19日的一项议会法案规定，伪造车轮币是一项重罪，但根据理查德·多提[47]的说法，车轮币的伪造品——是"合理可信的"伪造品——在它初步亮相两个月之内，就在伦敦和其他地方被发现。虽然多提向他的读者保证，"它们的数量还不足以代表一种麻烦"，但博尔顿本人并不这么乐观。到了10月，他已经担心到在《皮尔森报》上刊登了以下通知：

铜币

议会于1797年7月19日通过了一项法案，以更有效地防止本王国现行的铜币被伪造，以及伪铜币的使用或支付。鉴于某些便士（在国王陛下的王室公告中有所描述）已被投入流通，这是对所有法律的蔑视，通过对其他劣质金属的精心加工，在沙范或阴范中凭印象制作而成，在付款时流出，而被粗心大意的人持有。

因此，有必要正告这些人：

第一，在沙范中铸成的任何物品，其表面都有明显的粗糙感，不像在造币冲压机中用钢模所生产的细磨光泽。

第二，它们不是用纯红铜铸造的，而是用劣质金属的混合物铸造的，而且颜色比法定钱币更淡。

第三，在铸造过程中，由于浇铸贱金属的收缩，这些硬币的直径比法定硬币要小一点，而且要轻得多。

第四，假币的边缘是粗糙的、不完整的。

注意：适当观察就会发现，法定便士重一盎司，直径相等，17个便士排成一列，尺寸为两英尺。我们将感谢您提供关于这个问题的任何信息，并对提供信息的人给予丰厚的奖励。

马修·博尔顿
苏荷区，1797年10月6日

虽然通知中没有说明打假人的报酬有多"丰厚"，但多提[48]给出的数额是100几尼，这可不是一笔小数目。博尔顿如此慷慨，不只是爱国的原因：除了侵犯王室铸币特权外，造假者也在嘲弄他，他声称他的钱币不可能被仿造。

一年零几个月过去了，博尔顿的提议没有得到任何回应。然后，在1799年1月，他收到了以下信件。

博尔顿先生：

我想告诉你，我认为我可以找出一个人，他在这个镇上制作你的硬币，他们每周制造300或400枚便士。我会很高兴收到你的亲笔信，告诉我你会给我多少奖金，这封给你的信将在今天下午送到

邮局,雨天将顺延;你可以依赖我的作用,我很高兴能在一两天内拜访你,请不要让任何人知道此事,你会很感激的。

您最忠实的谦卑的仆人
W. P. 星期五上午 11 点[49]

博尔顿向半文盲"W. P."付了钱(他原来是一个叫威廉·菲利普斯的人),作为回报,他听到了不止一项而是三项车轮币的造假活动,所有这些活动都是在博尔顿的眼皮底下进行的,地点在伯明翰。在伯明翰地方法官的允许下,博尔顿和他的 14 名工人与伯明翰的警员一起,对这三个地方同时进行了突击检查。第一组人去了航海街,他们在那里当场抓住了理查德·巴伯(Richard Barber)。第二组抓到了一个叫皮特的家伙,博尔顿称他是"惯犯"。第三组,他们强行进入一个叫托马斯·尼科尔斯(Thomas Nichols)的人的家中,就没那么幸运了。博尔顿讲述了尼科尔斯是如何设法"保住他的培根"的,读起来就像某种廉价的惊险小说。据博尔顿说,他的手下——

被告知他(尼科尔斯)在最上层的商店。他们骑马进入,但里面没有人。在观察到一扇暗门后,他们试图通过,但在另一侧遇到了一些反抗,接着发生了争斗。警员将他的箭杆插了进去。在看到它时,尼科尔斯像花斑眼镜蛇一样,跳过一扇门,跳到一个梯子上,他立即把梯子踢了下来,然后下到一个没有门的下层房间,从一个专门设计的窗户逃走了。[50]

后来,博尔顿发现,令他懊恼的是,菲利普斯自己也在伪造车轮币,他背叛了他的伪造者伙伴,要么是为了报复他们,或者只是为了给自己减轻压力。尽管菲利普斯从未因伪造博尔顿的钱币被定罪,但一个叫威廉·菲利普斯的人,这两个很可能是同一个人,1807 年在沃里克被指控伪造普鲁士燕麦。[51]

至于其他罪魁祸首,人们没有听到更多关于皮特的消息,他可能已经逍遥法外了。巴伯也得以脱身,这要归功于皇家铸币局官员对那个在他们看来篡夺了他们权力的人怀有恶意。在召集了一个陪审团之后,在沃里克举行的大斋节巡回审判中,准备在巴伯被捕后不久指控他犯有伪造货币罪。但是,只有在铸币局律师约翰·弗农(John Vernon)的帮助下,巴伯才能被起诉,由他来断定博尔顿的控告是否恰当。博尔顿正式写信给弗农,寻求他的合作,但一个月过去后才收到答复。在答复中,弗农承诺立即派他的助手鲍威尔先生去沃里克。但弗农的拖延至此,最巧合的是,"马上"意味着鲍威尔将于3月26日到达沃里克——就在这一天,沃里克的法官被迫解散陪审团,并以证据不足为由,宣布巴伯无罪。[52]

虽然法官本人认为"铸币局的拖延诉讼……非常可耻,但绝非不寻常",博尔顿的同事威廉·切希尔(William Cheshire),把这些看作铸币局骚扰博尔顿而作出的一致努力的一部分。

铸币局希望让你的钱币的可靠性化为乌有,他们不承认你的起诉是适当的,或你有起诉的权利……他们希望让人们认为你自己应对受困负责……

先生,我希望你能原谅我表达我的想法,我认为铸币局的人正试图通过这种手段给你的造币以致命一击。[53]

切希尔并不是多疑。在弗农让巴伯逃脱的几天前,他指责博尔顿自己伪造王室铜币,铸造的铜币比他被授权铸造的多出100吨;弗农随后向博尔顿提供了一些"友好"的建议,博尔顿没有理会,大意是说博尔顿不应该对巴伯的起诉施加压力,因为这样做可能会给博尔顿自己被捕和判刑提供理由。我们将看到,这并不是皇家铸币局第一次试图通过指控伪造来恐吓对手。

巴伯对伪造车轮币行业的贡献是值得注意的,不仅因为他设法逃脱了,而且还因为他的赝品是在螺旋冲压机上,用手工雕刻的模具,极其精确地铸造出来的。[54]换句话说,它们并不是博尔顿在报纸公告中所提到的那种低端的砂铸仿制品。有人可能在没有建造蒸汽动力铸币厂的情况下,设法成功地模仿了车轮币的模具和设计特点,并从中获利,这是特别令人不安的,因为这种能力似乎破坏了博尔顿关于蒸汽铸造硬币防伪优势的说法。

事实上,博尔顿似乎沦为他自己对蒸汽动力夸张说法的牺牲品。他不仅成功地说服了自己,认为动力的改变,从人的呼噜声转变为呼哧呼哧的蒸汽机,可以在某种程度上使硬币更难被仿造,而且这种改变可以代替传统的防伪措施,包括边缘标记和高凸浮雕等,这些不容易适应苏荷区的蒸汽动力设备。简而言之,博尔顿有一种将优点突出于需要的高超手法,这种本领引导他去推广蒸汽动力作为治愈英国造币弊病的万能药。令人惊讶的是,有那么多人相信他。

被逼入墙角

尽管车轮币有缺点,或者在某种程度上因为这些缺点(这些缺点导致车轮币消失进入储藏……并最终进入熔炉),博尔顿从1797年8月起就开始游说,将他的原始合同延长,[55]他得到了枢密院的许可,承接第二份500吨车轮币的订单。随后,在1798年11月又签订了第三份合同,是250吨的便士。[56]到了后一个日期,博尔顿还在游说以获得同样大额度的王室半便士和法新的委托。

博尔顿完全有理由寻求这些额外的订单。他要收回第一家铸币厂的费用，还有很长的路要走，更不用说更换铸币厂的巨大费用了。订单之间的任何长期滞后，都可能迫使他要么解雇那些不容易被取代的熟练员工，要么继续支付他们工资，尽管他们没有事情可做。

博尔顿要想让他的铸币厂保持忙碌，就必须迎接三个挑战。他必须实现他重建苏荷区铸币厂的计划，因为原来的铸币厂太脆弱了，无法经受住另一轮车轮币铸造的考验，而且速度太慢，无法每周生产博尔顿提议供应的 20 吨半便士。他还必须拿出足够的铜来完成他的新委托。最后，他必须确保获得铸造半便士和法新的王室授权，取代他迄今为止一直依赖的模糊承诺。

在这些挑战中，第一个挑战似乎是最困难的。然而，事实证明其他挑战也是如此，这在很大程度上是因为，在面对这些挑战时，博尔顿发现与自己面对面竞争的是一个老对手。令人生畏的托马斯·威廉姆斯似乎正在竭尽全力挫败博尔顿的计划，从购买这个国家的每一盎司优质铜开始。

正是在为他的一些商业代币委托项目获取铜的过程中，博尔顿第一次意识到威廉姆斯是多么接近垄断市场的程度。长期以来，威廉姆斯一直是英国海军铜制船舶外壳、螺栓和钉子的主要供应商。为此，他需要所有他能整到的精铜。为了达到这个目的，自 1793 年以来，他一直在利用长期合同来获得对所有或部分炼铜公司产出的优先获得权，其价格反映了签订合同时铜的年平均价格。[57] 参加威廉姆斯计划的公司必须提前 3 个月通知他，才能终止协议。另外，他们必须把铜卖给他，不管别人出价多少。[58] 1794 年，威廉姆斯也开始购买康沃尔矿石，在他自己的威尔士工厂进行冶炼。所购买的这些康沃尔矿石，可以让他一直到 1799 年，每年可生产 200—300 吨的铜板。

直到 1797 年，博尔顿都不介意威廉姆斯的购铜计划，理由很充分：1792 年至 1796 年，他是该计划的受益者之一，向威廉姆斯出售了大量的铜，并从中获得了丰厚的利润。但是，一旦他预感到王室铸币合同即将到手，博尔顿对铜王的态度就发生了很大变化。[59] 1796 年秋天，当东印度公司向博尔顿下达了 150 吨硬币的订单时，他发现威廉姆斯又对英国的大部分精铜有了优先获得权。博尔顿只能通过约翰公司所提供的精铜，来完成应允的铸币。500 吨硬币的王室铸币合同前景构成一个更大的挑战。在 1797 年 3 月 4 日和 3 月 7 日，博尔顿写信给他的康沃尔代理人托马斯·威尔逊，请求他的帮助，他与芬顿公司（Fenton & Company）有联系，但威尔逊提醒他，芬顿公司和福克斯公司这两家主要的竞争对手都"明确承诺将他们生产的所有产品卖给威廉姆斯先生"，他们只有在征得威廉姆斯同意的情况下才能卖给其他人。"我的意见是，"威尔逊补充说，"除非通过威廉姆斯，否则你不会得到铜。为什么不把他当作一个朋友呢？我知道骨头是可以转动的，但你能把它打断吗？"[60]

尽管威尔逊无从知晓，但"打断骨头"事实上正是博尔顿准备要做的事情。近 10 年前，他和威廉姆斯在约翰·威尔金森的面前握手言和，签署了一份协议。威廉姆斯将为博尔顿承接的任何王室铜铸币提供热轧铜板，而博尔顿则负责处理其他一切，包括冷轧。博尔顿还应该让威廉姆斯充分了解他在获得王室铸币合同方面的任何进展。作为回报，威廉姆斯同意，他将放弃他自己为政府铸币的愿望。

在这种情况下，博尔顿应该很自然地直接去找威廉姆斯购买铜。只是博尔顿不打算兑现他与威廉姆斯的君子协定。相反，他希望将把铜轧成板的利润加到他从王室铸币中可能赚到的利润上，为此，他决定偷偷地凑齐 500 吨精铜，同时尽可能不让威廉姆斯知道来自白厅的好消息。

因此，博尔顿没有采纳威尔逊的建议，而是让他在他能找到的任何地方到处寻找铜饼,起初试图以每吨低至 100 英镑的价格买下它。然而,博尔顿很快就知道,低于 106 英镑的价格根本什么也买不到,小部分甚至到了 108 英镑,结果这是他的合同中允许的最高价格。但他仍然坚持他的计划,对他尽力欺骗的人一直表现出友好的一面。因此,3 月 6 日,就在威廉姆斯好心写信给博尔顿告知他财政部的戳记银元计划的两天后(威廉姆斯担心这个计划可能是为了替代重新铸造铜币),博尔顿知道真相,但对此事却闭口不谈,要求威尔逊"提供他能得到的所有铜",并告诉他要遵照指示"对威廉姆斯完全保密"。[61]

当天晚上,博尔顿和威廉姆斯一起吃饭,博尔顿后来告诉威尔逊,威廉姆斯对我是多么"友好和友善",仿佛是在祝贺自己蒙骗了威廉姆斯。博尔顿在台前一直保持着友好的姿态,这样他就可以在紧要关头通过威廉姆斯得到一些铜;但在幕后,他却毫不留情地对付他。例如,在他们"友好"晚宴的前一天,他向瓦特痛苦地抱怨说,"威廉姆斯似乎已经垄断了整个"精铜市场,因此他正在敦促政府对订购新的铜币三思而后行。[62]

当然,博尔顿不可能将他的王室铜铸币计划保密很久。3 月初,他设法从奇德尔冶炼公司(Cheadle Smelting Company)获得了 20 吨铜,他告诉对铜有留置权的威廉姆斯,他需要这些铜来完成他最新的东印度公司铸币订单。威廉姆斯把铜卖给了博尔顿,在 3 月中旬才发现他真正想要的是什么。这一发现激怒了威廉姆斯,既因为他被骗了,也因为博尔顿违反了他们旧协议的条款。3 月 20 日,博尔顿起草了一封给威廉姆斯的信,在信中他试图为自己的所作所为辩解,除了其他方面,他认为威廉姆斯在类似情况下也会这样做。"现在,我的好先生,"博尔顿写道,"请允许我问一下,你或任何其他谨慎的生意人,是否不会像我一样,利用时间来进行封锁并采取行动。"[63]这封信是否发出去了并不清楚,无论如何,威廉姆斯并没有原谅博尔顿。根据威廉姆斯的传记作者 J. R. 哈里斯所说的,"两个人之间的决定性决裂可以追溯到这个时候"。[64]

博尔顿仍然渴望得到精铜,而且他与威廉姆斯之间的桥梁已经烧毁,博尔顿只剩下一个选择,那就是自己冶炼铜。为此,他在 3 月底安排他是"主要股东"的罗斯铜业公司(Rose Copper Company),收购了芬顿公司。[65]这样,博尔顿就可以直接与威廉姆斯竞争康沃尔的矿石,在开始执行新铸币时完全绕过他。

具有讽刺意味的是,如果博尔顿和政府听从了威廉姆斯本人给他们的建议,在被威廉姆斯的铜逼到墙角时,他的麻烦可能会少很多。1797 年 3 月 16 日,硬币委员会会见了威廉姆斯,询问了成品铜的市场状况,当时卖价为每吨 112 英镑。当被问及他认为在未来 10 年内价格会发生什么变化时,威廉姆斯回答说:

> 如果铜的消耗量像我认为的那样,在未来 10 年内以与过去 10 年相同的比例增长,那么我不会冒险在任何相当长的时间内,以任何相当大的数量,以低至每吨 112 英镑的价格,在伦敦或伯明翰交货。[66]

威廉姆斯继续将铜的价格上涨归因于制造业对铜的消耗增加,特别是船舶的外壳(仅在利物浦每年就消耗 400—500 吨铜),欧洲的铜价甚至更高(这就排除了进口),以及国内外铜矿产量的减少。威廉姆斯指出,他自己的安格尔西矿区,"在过去的两年里,铜的产量没有以前那么多,它们的未来产量取决于意外情况,而这是无法计算的"。[67]

没有人比威廉姆斯更了解铜的情况,这大概就是为什么硬币委员会要就这个问题与他面谈。然而,尽管他直截了当地回答了他们的问题,但委员会在其最终报告中却做了他让其不要做的事;也就是说，委员会估计用于拟议中铸币的成品铜的成本仅为每吨112英镑。更糟糕的是，财政部在随后对委员会的提案进行修订时，将铜价限额降低到每吨108英镑，这远远没有考虑到铜的可能升值，反而大大低于其在前一年的平均价格。博尔顿本应知道得更多，但他不希望冒着失去他长期追求的合同的风险，于是轻率地接受了修改后的条款，从而使自己在本质上承诺获得500吨铜，然而得到的补偿每吨至少要比威廉姆斯和其他人的价格低4英镑。[68]然后，当他意识到自己的错误时，他没有责备自己，也没有责备政府，而是责备托马斯·威廉姆斯。

博尔顿并不是唯一一个把威廉姆斯当成"替罪羊"的人。随着铜饼的价格不断上涨，从1797年的每吨96.12英镑涨到1799年2月的123英镑，伯明翰从事铁器制造的人员发出了越来越响亮和痛苦的抱怨，他们眼看着自己微薄的利润被蚕食，并相信威廉姆斯是罪魁祸首。[69]虽然铜价上涨的根本原因与威廉姆斯没有什么关系，他只是精明地预测并保护自己的利益不受价格上涨影响，但这并没有阻止皮特和霍克斯伯里在议会中谴责威廉姆斯（当时他代表马洛自治市），促使他要求成立一个调查委员会以洗刷自己的罪名。根据哈里斯[70]的说法，博尔顿在"怂恿"皮特政府诽谤威廉姆斯方面发挥了重要作用，部分原因是出于对此人的敌意，但也是因为他希望这样做可能会导致限制铜出口的措施，并以其他方式压低铜价。

通过议会谴责来对威廉姆斯进行控诉，尤其可悲的是，威廉姆斯的批评者在推动铜价上涨方面所做的工作，远比威廉姆斯本人所做的要多。更重要的是，这些批评者完全了解事实。由于康沃尔和安格尔西岛的产量下降，英国的铜矿年产量已下降到只够生产大约7800吨精铜的水平。在这个总数中，仅东印度公司每年就索取约1500吨，而海军部又拿走了1000吨左右。最后，铜铸币本身在调查时已经吸收了1200吨，预计在随后的两年半时间里还将吸收3500

吨。简而言之，当政府正认真地试图将高涨的铜价归咎于威廉姆斯的"虚假交易"的时候，它却在吞噬英国日益减少的铜产量的近一半。博尔顿很清楚这些事实，在调查前不到一年的时间，他发送给硬币委员会的一份文件中，他自己也写下了这些事实。[71]但他向调查委员会提供的关于威廉姆斯罪责这一核心问题的证词，是巧妙地保持中立的。

威廉姆斯对博尔顿的背叛感到愤怒，试图以牙还牙。在4月8日开始并持续一个月的调查的第三个星期里，他像弗农一样，指责博尔顿非法铸造车轮币。不像大家对威廉姆斯提出的指控，这次的指控是有道理的，因为博尔顿完成了他的第二批500吨的车轮币，正在开始生产最后一批250吨的车轮币，而这两批车轮币都没有获得授权。事实上，博尔顿根本没有任何书面材料可以提供给调查委员会为自己辩护，他完全是根据硬币委员会的"口头"命令来执行新的任务。[72]虽然委员会对这一疏忽难辞其咎，人们也只能同情博尔顿为了避免解雇他的铸币厂员工而继续铸造硬币的愿望，但无法回避的事实是博尔顿触犯了法律，因为法律规定，没有王室授权的情况下制造王室钱币等同于造假行为。[73]

博尔顿设法摆脱了威廉姆斯为他设置的"微不足道的陷阱"，议会投票决定将他的非法铸币行为追溯为合法。此外，后来被称为"铜业调查"的调查最终也如博尔顿所希望的那样，为降低铜的进口税和限制铜的出口作了准备。由于这些措施和一系列铜铸币标准的降低（从1797年的每磅铜16枚便士降至1799年的18枚便士，然后再降至24枚便士），以及考虑到精铜价格的大幅提高（从1797年的每吨108英镑提高到1799年的121英镑，1805—1806年的169英镑，1807年的143英镑），博尔顿能够获得他所需要的所有精铜，以完成他的王室委托。

至于威廉姆斯，虽然他肯定没有从铜的调查事件中获利，但他至少能够相对安然无恙地度过这次事件,即使感到有些气馁。[74]当事件最终水落石出的时候,调查委员会的报告[75]并无定论,但这对威廉姆斯来说已经不重要了,因为那时他的商业帝国和他的身体状况都在迅速恶化。长期受哮喘困扰的铜王,现在又受到痛风的折磨,痛风使他的写作和行走越来越困难。1802年11月,他陷入了昏迷,再也没有醒来。仿佛它们自己的耐力,与它们主人的耐力有着千丝万缕的联系,在同一时间,安格尔西矿业也逐渐消失了。

对这个经常比他们技高一筹的人,怀有长期的怨恨使威廉姆斯的商业同行们无法为他写出墓志铭(或有利的墓志铭)。博尔顿,就他而言,仍旧坚信威廉姆斯是在与他作对,要置他于死地。但威廉姆斯的前工人仍然认为他是"公平竞争的汤姆",而他最亲密的伙伴帕斯科·格伦费尔(Pascoe Grenfell),呼应哈姆雷特的说法,虽然没那么有创意,但也是真诚的,他写道,"总的来说,我们很难再次见到像他这样的人"。[76]

最后的半便士

尽管博尔顿的敌人没有努力使他们的造假指控成立,但他们提出这些指控的时机,对博尔顿来说是最糟糕的,博尔顿当时正拼命地想获得铸造半便士和法新的授权。博尔顿指望在完成他的车轮币订单之前,得到一份这样的授权。就在4月9日"铜业调查"开始的时候,他写信给苏荷区的书记员,要求他告诉萨瑟恩,调整铸币厂两台冲压机上的"球",这样它们就能以更快的速度铸造半便士和法新,还要求库克勒将拟议中的半便士模具石膏模型送到伦敦。

库克勒的半便士和法新设计代表了从车轮币就开始的一个重大变化。一项修改是车轮币的凸起轮圈被取消了,而采用了"凹面",碟形区域。虽然博尔顿一如既往地声称,凹面设计将有助于防止伪造,但它们的主要目的,就像它们所取代的轮圈一样,是为了防止钱币上浅雕的磨损。[77]然而,另一项修改确实对造假者起到了真正的威慑作用,尽管这并不具有独创性:小型钱币的毛坯在铸造前,要对其边缘进行磨光,或"研磨"。[78]

新硬币也将以每磅铜 18 枚便士(或 36 枚半便士)的较低标准铸造。博尔顿在 1798 年首次提出了较低的标准,当时铜价达到了每吨 113 英镑——这个价格使得按照以前每磅 16 枚便士的标准造币成为亏本生意。[79]虽然政府在 1799 年的第一次委托半便士和法新任务中采纳了博尔顿的建议,但铜价的进一步上涨最终导致标准进一步降低,达到每磅 24 枚便士,略低于旧的塔币标准。博尔顿的半便士和法新就这样被挡在了熔炉之外,这些熔炉曾消耗了如此多的车轮币。

总的来说,博尔顿现在期待制作的钱币,比他们制作的早期商业代币,包括大多数博尔顿自己的商业代币,与他的车轮币的共同点似乎更少。换句话说,政府终于开始向制造商和店主提供硬币,类似于当他们的顾客需要钱币的时候他们委托生产的那些硬币。

设计更好的硬币是一回事,获得制造硬币的许可是另一回事。1799 年夏天,新的苏荷铸币厂已经准备好开始铸造库克勒的半便士和法新了。自从第一批车轮币出现后,商人们就一直在恳求制造这些硬币。但博尔顿直到 11 月才得到官方许可,而且 12 月初以前,不允许他出售一枚半便士或法新。在 6 个月的最佳时光里,官僚主义的拖延让位于另一项拖延:首先,博尔顿的提案被发现在格式上有问题;其次,他需要提供关于造币和铜的单独建议。这些建议在 1799 年 4 月被利物浦勋爵和国王陛下"接受",但当时司法大臣在乡下,王室授权书在他缺席时无法准备妥当。当司法大臣返回时,必须参与在场的财政大臣又离开了。事情就这样痛苦地持续了一个月又一个月。

到了8月中旬，在司法大臣猎获了他的最后一只鹧鸪之前，又一个月过去了，博尔顿陷入了绝望。"除了硬币，我现在不能思考任何问题"，他写信给他的律师安布罗斯·韦斯顿（Ambrose Weston），后者同意担任他在伦敦的代理人，以确保获得半便士委托。

推迟造币将对我的和睦、我的信用以及我在全英国各地建立的正规流通体系，造成致命的影响。我每天都会收到十几封订购成桶硬币的信件，由于我有许多定期的客户，他们也会感到失望，并被迫采取其他措施和再次使用劣币……

如果利物浦勋爵愿意施恩召集一次委员会会议，我相信这项业务可能会进入某种持续推进的轨道，不会让造币事务在3个月内完全停止，如果不能获得正规的官方文件，我应该会满足于同样的授权，就像上次我收到的来自委员会或利物浦勋爵的信函，授权我铸造760吨硬币：因为国王已经批准了标本和铸造550吨硬币的建议，剩余的只是形式和仪式，可以在法律官员回城后立即确认，或者更早地通过快递寄送授权书或其他文件。除非采取此类措施，否则整个王国都会因失望而变得谣言四起，以至于当硬币生产出来并让他们面对时，他们会在硬币流通的过程中设置障碍。与所有公共考虑无关，这对我来说是残酷的，因为会损失7万英镑的利息，而且每周都要向一群人支付相当大的费用，如果我把他们赶走，我就无法找到能够替代他们的人。[80]

事实上，博尔顿已经在铸造半便士了，尽管这样做有风险，他非常清楚这样做的风险。"上周我冒险铸造了20吨硬币，"他在8月24日的一封信中告诉韦斯顿，"但做不合法的事是不愉快的。"[81]到10月中旬，他又制造了80吨硬币，但他仍然没有授权书，直到11月

4日才获得了授权书。即使如此，他也不能松一口气，因为财政部不允许他出售新的硬币，直到王室公告宣布后它们才可以开始流通。就在公告发布的前几天，12月初，博尔顿声称，他制作的硬币每周让他花费不少于100英镑的利息。这种情况和其他情况（包括塔楼铸币厂提出了一项竞争的投标）让博尔顿认为，"对于我将铸币艺术推到最高点所花费的心思和金钱来说，这不是令人鼓舞的回报"。[82]

虽然利物浦勋爵试图向他保证，他所经历的拖延只不过是官僚主义的拙劣，但博尔顿确信，威廉姆斯和他在财政部的朋友是幕后黑手。他告诉韦斯顿，他们组成了"一个阴谋集团，要抢走我的造币、我的发明、我的角色，并使我疲惫不堪"。[83]尽管博尔顿可能已经很累了，但他并没有被打败。到了圣诞周，他已经接近于实现他的目标，即每星期制造20吨半便士和法新，但仍然远远不能满足他的订单需求，订单需求量是现在的10倍。对几个月来一直被围着询问的马修斯夫人，他承诺每周给她200桶硬币，"直到你说停为止"。[84]从记录显示来看，她从未说过停。

一个新的利维坦

当博尔顿和威廉姆斯在伦敦争论不休时，约翰·萨瑟恩和詹姆斯·哈雷（James Harley）正在努力组建苏荷区的新铸币厂。自1782年以来一直为苏荷区工作的萨瑟恩，且是瓦特最得力的助手，他在1798年1月想出了一个新主意，即用真空传动装置，代替博尔顿的叮当作响的"旋转木马"，来带动系列造币冲压机。在博尔顿答应付给他500英镑奖金的鼓励下，萨瑟恩在4月中旬见证了它的首次成功试验。大约在同一时间，萨瑟恩看到了新铸币厂建筑的草图——一个弯曲的双顶棚屋，面积约为1000平方英尺——博尔顿希望能在其中挤进8台新的真空驱动冲压机。一座新的蒸汽机房,配备一台16马力的蒸汽机,以及一个新的抛光室。蒸汽机房将被安置在旧铸币厂房的南端,新的抛光室就在其右侧,在那里它将与新铸币厂房的南端平接。到了夏末,建筑工地周围堆满了砖块和橡木木材。9月,塞缪尔·怀亚特回到苏荷区监督新铸币厂的建设。

1799年元旦,新的蒸汽机已经安装完毕,并准备开始工作。一个月后,在整个铸币厂建设过程中滞留在伦敦的博尔顿,很高兴地通知约瑟夫·班克斯爵士,他已经"完成并开始运行我的利维坦"。[85]但哈雷直到2月1日才完成第一对新冲压机,并且一周后才将这些冲压机搬到了新的铸币厂房。又过了两个月,第二对才加入进来。

与此同时,博尔顿在前段时间同意重新整修俄罗斯的帝国铸币厂,在5月的第一周,博尔顿轻率地邀请俄罗斯大使参观他正在运行的新铸币厂。当时还有3周的时间,8台冲压机中只有4台准备就绪,他向哈雷承诺,如果哈雷在5月1日以前完工,他将获得3几尼奖金。这项额外的诱惑奏效了,尽管效果不尽如人意。"我很高兴地写下,"萨瑟恩在5月1日匆忙给博尔顿的纸条上潦草地写道,"我希望你能亲眼看到我的工作,今天上午所有的8台冲压机一起工作了相当长的时间。"[86]

因此,博尔顿并没有失望;而且,似乎俄罗斯大使也没有失望。从新铸币厂优雅的主入口漫步出来,紧挨着博尔顿的茶室,国王陛下的伦敦代表穿过一个装修豪华的入口大厅,进入一个接待厅,在那里,有一幅博尔顿和瓦特公司获得专利的大型"多重"肖像画,是凯瑟琳大帝的画像,周围被博尔顿和瓦特的小型画像以及其他"多重"画像所包围,其中包括一幅精美的以撒祝福雅各的画像。

过了接待厅,就是铸币室,它就像精神病院一样嘈杂,它的墨绿色墙壁、石质装饰和天蓝色的天花板上仍然散发着新油漆的味道。

支撑天花板的是两排带有玫瑰花的铸铁柱子，横跨其间的是一连串的8台冲压机，每台冲压机都被塞进一个几乎不超过6平方英尺的空间。每台冲压机的螺杆上端连接着一个大吸头，从那里有一个主轴延伸到上面的顶楼（虽然大使看不到，而且即使他敢问，也不会被告知，但主轴是一连串链接中的第一个，从冲压机链接到8个真空缸——每台冲压机一个真空缸——通过隐藏在铸币厂活动地板下的几根"酒管"，从蒸汽机房输送蒸汽到这里）。这些冲压机由身穿红蓝色制服的年轻男孩操作，他们坐在一个低于地面3英尺的立方体空间里。[87]这种安排使男孩们能够一直盯着冲压机的下模，因为在那里，脱线的或漏掉的坯料可能会造成恶劣后果。除了在必要时停止和启动冲压机外，男孩们还负责将圆形坯料装入进料斗，这些坯料装在12×6×3英寸的托盘中从抛光室送来。

在俄罗斯大使访问时，冲压机都在咔嗒咔嗒地运转，其中6台冲压机以每分钟60枚硬币的速度铸造便士车轮币，而其余两台冲压机则各自以每分钟63枚和72枚硬币的速度生产半便士和法新（进一步调整后，后一组数字最终可以提高到70枚和80枚）。苏荷区的3台老冲压机用萨瑟恩的真空驱动更新后，也在原来的铸币厂里铸造便士，但速度较慢，为每分钟42枚硬币。坯料继续在主体工厂进行切割，在那里，博尔顿的机械"旋转木马"的小型版本仍在使用。在这一周结束之前，博尔顿不得不要求萨瑟恩停止铸造半便士和法新，因为他还没有收到关于这些硬币的书面订单，并担心威廉姆斯或威廉姆斯的一些"铸币厂朋友"可能再次给他"下套"。然而，在接下来的8年里，新的铸币厂将为英国提供2950吨半便士和法新——接近整个18世纪伦敦塔铸币局生产的铜币重量的3倍。

除了让博尔顿完成他的王室铸币委托之外，新的苏荷铸币厂还成为全新的皇家铸币局的原型。马修·博尔顿来之不易的铸币合同,对苏荷区及其创始人来说不仅仅是一个胜利,它们标志着"老工厂"终结的开始。

受骗上当

不仅是自 1783 年加伯特父子发表严厉的报告以来,而且在一个多世纪的好时光里,皇家铸币局成功抵制了各种形式的改革建议。在行政上,它保留了 17 世纪末所拥有的中世纪特征,并且它的一些设备也同样过时了。

没有什么能更好地说明铸币商公司成功抵制技术革新的顽强精神了。在一个多世纪的时间里,他们成功挫败了通过用螺旋冲压机或液压冲压机取代剪刀和锤子来实现铸币机械化的多次尝试。

虽然螺旋冲压机似乎是在 16 世纪之交,由意大利勋章制作者包括布拉曼特(Bramante)首次使用的,[88]该技术于 16 世纪 40 年代末在奥格斯堡首次用于铸造钱币。[89]螺旋冲压机从那里传播到了欧洲其他地区,包括巴黎,那里的磨坊铸币厂(Monnaie du Moulin)完工于 1553 年,配备了螺旋冲压机。它们从法国传播到了伊丽莎白时代的英国,当埃洛伊·梅斯特雷尔[Eloi(or Eloy) Mestrell],一位前巴黎铸币厂的雇员,碰巧也是胡格诺教徒,为了躲避天主教的迫害,到英国寻求庇护。当时,伊丽莎白正在努力挣扎着进行大规模的重新铸币,她的上一任的货币大贬值让重铸成为必需,因此,梅斯特雷尔被允许在伦敦塔铸币局安装他的机器。[90]1561 年 10 月,他的新币"顺利通过了所有试验",[91]12 月,女王给他颁发了 25 英镑的年金,以便他可以继续铸造硬币。

虽然铸币商公司激烈反对梅斯特雷尔的存在和方法,但他们起初对此无能为力,因为政府早在 1543 年已经废除了他们传统的、自治的地位（以及局长和总监的职位），取而代之的是政府对铸币的直接管理。因此，尽管皇家铸币局官员反对，梅斯特雷尔还是能够在他们的眼皮底下继续按自己的方式造币，时间长达10年之久。令官员们失望的是，梅斯特雷尔的硬币"很受公众欢迎"，"不仅比锤击硬币更圆润、更匀称"，而且"更精致，雕刻得更精细"。[92]

然而，在1571年，皇家铸币局开始扭转这一局面。这一年，铸币商安排了新的试验，旨在证明梅斯特雷尔的方法不如手工锤击的成本效益高。特别是，这些试验证明，准备正常重量坯料的过程，使用梅斯特雷尔的机器需要10倍以上的时间。次年4月，皇家铸币局的旧章程被恢复。下一年4月，皇家铸币局恢复了旧的组织结构，局长和总监——理查德·马丁（Richard Martin，后来的理查德爵士）——再次承担起铸币局运作的全部责任。马丁立即停止了梅斯特雷尔的业务，宣布"无论是上述机器还是由此产生的任何工艺，都不会对女王陛下有利"。[93]

尽管大多数造币史学家都接受了马丁的结论，但难以令人忽视的是，在梅斯特雷尔有机会尝试这些想法之前，铸币商就已经反对了他的想法。此外，正如查利斯教授[94]指出，这些审判并没有考虑到梅斯特雷尔钱币的优越设计，这使得它们更不容易被伪造。无论如何，梅斯特雷尔被突然解雇。由于他的独特技能不能为他带来进一步的合法收入，他出于沮丧，转而造假，这使他于1578年在诺里奇被痛骂一顿。正如詹姆斯·麦基（James Mackay）[95]所写的那样，这是"英格兰机械造币先驱者的一个非常悲惨的结局"。

与此同时，回到巴黎，钱币仍然是用机械铸造的，1585年，对新技术的反对导致了对锤击的恢复，螺旋冲压机只限于制作勋章。[96] 30多年过去了，当时的巴黎铸币厂总雕刻师尼古拉斯·布里奥特（Nicholas Briot）开始了一场漫长但最终徒劳的斗争，争取在那里恢复机械造币。根据弗朗索瓦·勒布朗（François Le Blanc）的说法，

"阴谋和恶意所能想出的每一种手段都在发挥作用,以挫败……全欧洲在其职业中最能干的人的计划"。[97]

在法国遭到拒绝后,布里奥特和梅斯特雷尔一样,在英格兰寻找更大的用武之地。1625 年,查理一世让他成为新的图案提供者,因为他的新职责包括模具的雕刻和带有国王肖像的勋章铸造,布里奥特被允许为此目的建造和安装他自己的"滚筒"和"摇摆"冲压机。[98] 4 年后,他设法以某种方式获得了用他的特殊设备铸造硬币的许可。布里奥特的实验在 1631 年获得了皇家委员会的批准,第二年,他发现自己再次成为总雕刻师,这一次是让他不太开心的皇家铸币局的总雕刻师。

虽然铸币局并不打算扔掉它的锤子,但布里奥特几年来一直在用自己的方式,在伦敦和爱丁堡铸造少量的钱币,他于 1631 年被派往爱丁堡监督铜币铸造,当地人对他的"机器"的反应与理查德爵士对梅斯特雷尔的反应正好相反:从各方面来看,布里奥特的机器能够比锤子更快速地铸造硬币,尽管并不总是更经济。根据一位苏格兰证人所说:

这种通过米尔恩冲压机和摇摆机来制造硬币的方式是非常重要的调配方式,但更昂贵……因为他的铁制模具比另一种方式更容易污损,而且米尔恩冲压机的维护费用高昂,但这是一种非常勇敢的方式,用于铸造斯特林铜钱,它需要非常快的速度,而且不能用普通的方式来完成,因为要多花 3 倍的费用。[99]

用皇家铸币局历史学家约翰·克雷格爵士的话来说,"机械可以经济地应对巨量的突然扩张,但是……从其他方面来说,不太复杂的方法更便宜"。[100]正如我们将看到的,这一结论与一些皇家铸币局员工的评估有着惊人的相似之处,就是几乎是在两个世纪之后，他们对马修·博尔顿的蒸汽动力铸币机械的评估。尽管如此，布里奥特还是被允许以他的方式继续铸造少量的硬币，甚至在议会1642年查封了皇家铸币局之后，他的实验在他4年后去世时才结束。

尽管他可能没有意识到这一点，但布里奥特活得足够久，足以见证他的想法在他的家乡最终取得成功。在1641年的银币重铸过程中，在巴黎举行了一场新旧铸币方式的竞赛，这场竞赛被认为是螺旋冲压机的决定性胜利，以至于1645年法国铸币厂被彻底禁止使用铸币锤。然而，在英国，布里奥特的铸币方法虽然得到了政府的青睐，但仍不得不与来自皇家铸币局的强烈反对意见相抗衡。当共和国邀请巴黎铸币厂技师彼得·布朗多（Peter Blondeau）来进一步推进布里奥特已经开始的现代化流程时，皇家铸币局官员们挥舞着枪迎接他。约翰爵士报告说：

> 铸币商的愤怒越过了一切界限；在一场公开的小册子战斗中，铸币商以他们的尖酸刻薄，来压制布朗多，铸币局官员夸大以前法国人的缺陷和他们假装的改进；并以要求他绕铸币厂一周受夹道鞭笞，来作为这个来自法国的新逃亡者的结局。铸币商宣称，他们在任何情况下铸的币，都比外来者用躺在这所设施里的一些废弃旧机器[101]铸的币好。

事实上，已经安排了一场新旧方法之间的竞赛。虽然它没有像之前的法国竞赛那样被证明是决定性的，但其结果是布朗多被允许安装他的冲压机，并开始制造硬币。但要铸造硬币，首先必须要有金属，而皇家铸币局让布朗多几乎得不到任何金属：比如，在1656年获得了价值超过10万英镑的西班牙掠夺品后，铸币局只让他铸造了2000英镑，其余的都归自己所有。摄政政体开始不久之后，随着布朗多的大部分保护者都陷入了困境，布朗多赶紧回到了法国。3个月后，皇家铸币局将他的机器装船运到了爱丁堡。在铸币商看来，这就像把它们托运给魔鬼一样。

因此，皇家铸币局又一次设法躲过了机械化。但并不长久，在1661年5月17日——距离梅斯特雷尔首次将螺旋冲压机引入英国的那一年正好100年——复辟的国王，在受够了粗劣铸造的货币和由此引发的猖獗切削和伪造后，命令皇家铸币局尽快改用螺旋冲压机，以便所有的硬币都可以用带纹路或字母的边缘进行铸造。[102]让铸币商大失所望的是，布朗多在次年2月被召回，并支付了其1000英镑来让他建造和安装新冲压机。1662年3月，用机器铸造金币和银币的工作正式开始。

前往小塔山

从梅斯特雷尔在英国首次采用新技术的那一年算起，皇家铸币局将锤子换成螺旋冲压机整整花了100年的时间。官方从手动冲压机转到蒸汽动力冲压机，只用了不到其五分之一的时间。然而，铸币局官员并没有完全张开双臂欢迎这一最新变化。

事实上，铸币局在18世纪末比在16世纪末更没有理由去拥抱技术变迁。维持现状对铸币局和铸币商都有丰厚的回报，而任何一种节省劳动力的技术变革都有可能伤害到后一个群体，而不会给前一个群体带来回报。只要铸币局保持它的垄断地位，其官员和雇员的收入就不会因其拒绝接受新技术，而受到不利影响，即使（或特别是）新技术在效率上有很大的提高。

当博尔顿提出他最新式的制造硬币的方法时，铸币局多年来一直面临着改革其铸币方法的压力。18世纪70年代的金币重铸，涉及508161金衡磅的硬币，使70多名工作人员忙了整整10年，并花费了政府高达75万英镑的资金。实际的铸币费用（不包括日常费用和要求弥补不足金币的黄金费用）总共不到11.55万英镑，[103]或每吨产品419英镑。这（从某种意义上说）大约是苏荷区和其他商业铸币厂（它们必须收回其投资费用）为他们的铜币要价的10倍，并且是博尔顿铸造银克朗要价的大约4倍。[104]

尽管加伯特父子的报告使谢尔本勋爵（Lord Shelburne）相信，进行重大的铸币局改革是可行的，从废除铸币局局长、总监和主计长办公室开始，但谢尔本政府的倒台使改革的势头丧失。[105]然而伴随着银行限制法，这种势头得到了恢复，这要归功于皇家铸币局为英格兰银行铸造代币的彻底失败和博尔顿的王室铜币的（相对）成功。加伯特的报告被"尘封"[106]；而枢密院硬币委员会于1787年首次召开会议，以解决缺乏优质铜币的问题，1798年2月7日枢密院硬币委员会正式改组，由利物浦勋爵领导，负责调查"国王陛下铸币厂的设施和章程"。[107]至此，利物浦勋爵已经完全被博尔顿的新铸币方法征服，就像博尔顿的朋友约瑟夫·班克斯爵士一样，他是重组后的委员会的另一位成员。由于委员会的其他成员缺席了大部分会议，因此博尔顿的朋友们能够确保英国的未来铸币（不仅是铜铸币，而是所有的硬币）都是按照博尔顿的方式进行——如果不是在皇家铸币局，就是由博尔顿本人在苏荷区来完成。

事实上，在1月30日，利物浦勋爵在预料到他的新费用后，曾写信给博尔顿询问：(1)苏荷区铸造新的王室银币的费用是多少？(2)在一个月内能铸造多少克朗和半克朗？(3)博尔顿和他的一些"最能干的技师"是否愿意加入新硬币委员会的一个小组委员会，对皇家铸币局进行正式检查？(4)博尔顿认为用他改进的铸币机械重新装配铸币厂需要多长时间？博尔顿于2月18日答复说，他可以每月铸造14万金衡磅的银币，只要他能将适当标准的银锭运到苏荷区。他的铸币费用是克朗每金衡磅9便士,半克朗10.5便士,先令和六便士分别为一先令二便士和一先令六便士。[108]他可以在获得必要的银锭后一周内开始铸币。至于用他的机器重新装备皇家铸币局,博尔顿认为这至少需要一年时间。最后,博尔顿准备听从利物浦勋爵的召唤,"随叫随到"检查皇家铸币局,尽管他认为这样做没有什么意义,因为他已经对其设备和程序非常熟悉,他已经看过"无数次"。他说,再次访问,"在某些计划被各位大人消化之前……只会增加羡慕和嫉妒,我在这个月内已经有了一些这方面的经验"。[109]到了4月初,硬币委员会认为消化得差不多了,决定是时候让博尔顿重访皇家铸币局重新审视了,不管他是否受到欢迎。

事情很明显:铸币局要么为其潜在的改革者铺上红地毯,要么甘冒失去其"古老的特权"的风险。[110]至少根据回忆,没有什么比副局长詹姆斯·莫里森(James Morrison)一再试图回避这一困境更徒劳的了,他谴责"在没有很大必要的情况下,在国王陛下的铸币局以外的任何其他地方铸造货币的错误倾向",同时宣布伦敦塔准备以低于苏荷区的价格铸造铜钱,并且以同样的速度铸造。[111]利物浦勋爵没有理会莫里森的疑虑或他的出价,利物浦勋爵正确地将其理解为纯粹的虚张声势。

皇家铸币局的检查开始于4月27日。博尔顿和瓦特公司的前雇员、曾帮助设计阿尔比恩工厂的约翰·雷尼(John Rennie)也参加了检查,他是由博尔顿推荐的。在几天的时间里,雷尼、博尔顿和硬币委员会小组委员会的成员,包括约瑟夫·班克斯爵士,多次造访铸币局。博尔顿在5月8日提交的简短报告中,大部分内容是关于改进铸币局化验程序的建议——为了换换口味,他没有就铸币局如何改进铸币部门提供建议,他解释说,他不希望"陷入……与他人的争执,那些人的习惯和风俗,已经建立了有利于以其旧方式开展旧行业的偏见;而且这些人的职业,不允许他们获得机械和哲学方面的经验,而这些经验是更普遍和更广泛的制造业提供给思考者的"。[112]这是交际手段上的一次有趣的扭曲,但它并不能让硬币委员会满意,委员会第二天把博尔顿叫回白厅,让他明确讲清楚他的经验之谈。博尔顿大体上遵从了这一劝告,建议对皇家铸币局进行翻新,以便或多或少地复制他在苏荷区建造的铸币厂。如此装备的话,他认为它可以在一小时内只用一蒲式耳的煤,以及8个年轻男孩的劳动力,铸造出同样多的钱币,如同用老办法铸造需要55个人和11台冲压机。[113]

最终,博尔顿给利物浦勋爵送去了一份详细的陈述,内容涉及他认为皇家铸币局应配备的机器装备。在陈述中,他建议使用1台20马力的蒸汽机,为1台新的轧板机、8台冲压机、8台切币机、2台摇床和数台车床提供动力。博尔顿和瓦特公司的苏荷铸币厂将制造蒸汽机以及由其驱动的机器,而苏荷区的技师们将把所有的东西组装在一起,除了轧板机,这最好是留给"王国里最好的装配工"雷尼来做。[114]但是博尔顿很清楚,通过帮助皇家铸币局实现现代化,他有可能使自己的铸币厂陷入困境。因此,他坚持要求签订"剩余铜币的合同",以"让我放心",并将此作为让博尔顿和瓦特公司重新装备皇家铸币局的条件。"我的愿望和意图是,"他写道,"采取正确和正直的行动,对我的国王和国家履行我的职责,同时,我也应该为我自己的家庭在这个行业履行我的职责,且在这种状态下,我的介入是为了取悦上帝,而不是把我的脑袋放在制造的机器上,把它砍掉。"[115]毕竟,允许他保留铸造铜币的特权,是政府为回报博尔顿为其作出的巨大牺牲而做的事。

当我想到我10年来所付出的艰辛,长期以来我自掏腰包,而且我还在继续拿出更多的钱来进行重要的实验,以及我所冒的永远无法得到回报的风险;我想说,当所有这些东西完全发挥作用时,我就会意识到,我应该得到一笔丰厚的回报,而且毫无疑问,这对国王陛下的大臣们来说也同样明显,我对他们的荣誉和自由有一种隐隐的信任。[116]

截至1799年底,博尔顿仍在等待他的"丰厚回报",但他至少获得了许可——书面许可,也就是继续铸造铜币,而且他准备在拟议的皇家铸币局改革中,尽自己的一份力量。但就在博尔顿开始行动的时候,改革计划遭遇了另一项挫折:利物浦勋爵的膝盖受伤了,迫使他退休了。[117]

利物浦勋爵不能再发挥作用,几乎破坏了在他或马修·博尔顿有生之年进行皇家铸币局改革的前景。如果不是英格兰银行在1804年初决定再次尝试发行附加戳记的银元,很可能就会出现这种情况。尽管最后一次尝试发行银代币的计划彻底失败,恶化了银币的短缺,但英格兰银行还是作出了这个决定。由于囤积和战时通货膨胀,银行家发现自己要花100多英镑,才能为客户获得60英镑的旧克朗和半克朗。[118]因此他们开始游说财政部和英格兰银行,以获得救济。

财政部被证明是可以接纳意见的,根据利物浦勋爵[119]的说法,尽管这只是因为政府本身也发现无法"向皇家海军的海员和王国船坞的工匠支付报酬,由于缺乏较低面值的硬币"。它最初的反应是在1804年1月2日向皇家铸币局发出授权令,授权它恢复对西班牙银元附加戳记。在一次为了避免1797年代币遭遇猖獗伪造的无效努力中,该授权令要求对银元使用八角形头像附加戳记,这通常是为濯足节银便士保留的戳记,以取代运用于早期系列较小的税花印记。[120]

但当皇家铸币局开始制作新的英格兰银行代币时,博尔顿正准备胜过它。他一直在进行他自己的一些重铸银元的"实验",他发现他的蒸汽动力冲压机几乎可以用一套新的模具，完全取代西班牙硬币上的原始标记，实际上是把西班牙的原版硬币当成了空白银板。博尔顿将他的发现报告给了约瑟夫·班克斯爵士，班克斯被这一最新的"造币杰作"所征服，并敦促博尔顿写信给英格兰银行。[121]博尔顿在2月6日接受了班克斯的建议，提醒银行董事（似乎他们需要被提醒）上一次银元的失败，并向他们保证，他的版本将更难伪造，并提出以每10万英镑收100英镑的诱人价格提供给他们。[122]

当铸币商公司发现博尔顿正在酝酿的事情时，他们大发雷霆。让博尔顿侥幸拿走铜币铸造是一回事，因为铸币商和他们的师傅早就承认，铜铸币并不"属于铸币局"。但让他铸造银币则完全是另一回事，因为正如他们在2月24日给财政部的备忘录中所坚持的那样，这将是允许他侵占他们古老的和专属的权利。但他们的抗议被置若罔闻：他们被告知，拟议中的银元并不是本王国的现行硬币，而仅仅是"英格兰银行为了方便公众而发行的"代币。[123]

因此，随着笔锋一转，皇家铸币局被剥夺了银币铸造的垄断权。而马修·博尔顿赢得了成为第一个与皇家铸币局合法竞争的私人铸币商的特权。英格兰银行于3月3日接受了他的提议。不到8周后，他运送了三批西班牙银元中的第一批，包括一些带有皇家铸币局八角戳记的西班牙银元，在弓街警员的护送下，用货车运到了苏荷区。5月15日至7月12日，超过100万枚博尔顿的五先令银行银元登上返程到达针线街，在那里，5月20日至6月2日，英格兰银行提出用这些出色的钱币，来换取那些劣质的皇家铸币局代币。[124]

铸币商2月24日的备忘录，在复兴皇家铸币局改革运动中，发挥了重要作用，不仅因为对它的回复，打破了铸币商公司阻止改革的最后希望，而且因为它标志着铸币商公司从官方立场向博尔顿铸币系统的彻底转变。预计他们对博尔顿的合法投诉会失败，他们补充了应急投诉，说他们的设备陈旧，使他们无法与他的铸造能力相提并论。换句话说，代替了继续抵制或推迟技术变革，铸币商现在把这种变革作为他们生存的最大希望。突然之间，皇家铸币局改革的主要障碍消失了，硬币委员会的任务相对容易了，即满足铸币商自己的明确愿望。3月5日，皇家铸币局很快就作出选择，应该重新配备"适用于制造货币的各种最先进的动力引擎和机器"。[125]

起初，政府打算整修和扩建皇家铸币局的旧址——一个马蹄形的、阴暗的、狭窄的、衰败的建筑群，车间和生活区沿着伦敦塔潮湿的内墙延伸了半英里长，就像船体上缠绕的许多藤壶。一些房间长期以来由巨大的木头支撑着，这些木头本身都有倒塌的危险，用铁夹子固定在一起。无可救药的陈旧和需要持续的、昂贵的维修，该塔甚至作为一个关押国王陛下的敌人和存放珠宝的地方，也不尽如人意。作为一个现代硬币厂的所在地，它是一个无望的不合时宜的地方。

此外，正如约翰·雷尼（以工程委员会总测量师的新身份）在11月所报告的那样，这座古老的遗留建筑根本不够大，无法同时容纳国王的军械和博尔顿与硬币委员会建议的那种铸币厂，必须建造一座新的建筑，而政府正好有一个合适的地方，那就是离伦敦塔仅几百码远的小塔山，那里是最近腾出的王室旧烟草仓库。新设施的规划是在1805年春天绘就的，并于当年8月开始建造。在此期间，政府与博尔顿和瓦特公司的谈判也开始了，该公司最终同意提供2台蒸汽机、8台造币冲压机、12台切割机、6台"铣床"、4台摇床、4台车床、1台模具复刻机以及其他各种设备，总价为1.699万英镑。而把滚轧机的硬件留给了伯明翰的伊格尔铸造厂（Eagle Foundry）。

尽管新的铸币厂设备，在1807年7月就已准备就绪，但新的建筑却还没有准备好。皮特在1806年1月去世，使进展被搁置了几个月，因为新政府正在组建。铸币室和切割室所需的邓迪式石头地基，对伦敦最好的泥瓦匠的技能构成了严峻的考验。到了1808年春天，当它最终准备就绪时，该建筑已经花费了预算中的9.6万英镑的两倍（不包括机器的费用）。它建成还需要4年的时间，在旧的塔楼铸币厂腾空之前，总建筑支出超过30万英镑，标志着博尔顿的蒸汽动力铸币工艺取得了最终的胜利。[126]

遗憾的是，马修·博尔顿没有活到足够长的时间，来见证这一胜利。由于多年来一直患有肾结石，他在小塔山项目开始前的几个月，就永久地卧床不起了。他于1809年8月17日去世。他的去世至少让他免受目睹他自己的铸币厂的悲惨衰落，因为尽管他采取了预防措施（以及马修·罗宾逊的忠告），但苏荷区最终还是在翻新后的皇家铸币局俄狄浦斯故事中，扮演了拉伊奥斯的角色，不知不觉中创造出使自己灭亡的工具。当然，不同的是，皇家铸币局从一开始就打算"弑父"。

1810年4月的小塔山"处女秀"硬币，被证明是未来事情的预兆。这套硬币包括25吨为东印度公司在槟城附近的爱德华王子岛定居点铸造的铜币。就像皇家铸币局非常沮丧地了解到的那样，它不能将其对银币的垄断视为理所当然，苏荷铸币厂现在也发现，其铸造王室铜币的权利并没有得到保证，而是会被争夺走。而且，在官方项目中，政府一般会偏向于皇家铸币局而不是苏荷铸币厂。马修·罗宾逊·博尔顿一次又一次地提出，将他的铸币厂置于公共安排之中，但还是被打发走了。

因此，从1813年6月到1821年6月，苏荷区没有生产任何英国硬币；事实上，它没有生产任何硬币。[127]到了1816年中期，小博尔顿被迫解雇了大部分技术工人，只保留了由男孩和妇女以及少量成年男性组成的骨干团队——主要是出于慈善的动机，苏荷区损失惨重。[128]1819年1月初，当政府再次委托皇家铸币局而不是苏荷铸币厂之后（这次是为了制造爱奥尼亚群岛的铜币），乔治·雷尼（George Rennie）向他的前老板报告，直击要害："你已经为他们提供了与你作战的武器,而且他们勤于使用并不会生锈。"[129] 最后也是最惨烈的打击来自 1821 年,当时皇家铸币局恢复了为不列颠群岛铸造铜币的工作。然而,到那时,事情很久以来就已经很明显了,以至于小博尔顿"甚至懒得抱怨"。[130]

然而,在 1821 年确实见证了苏荷区新一轮的硬币制造活动。这些讨论中的硬币是运往圣赫勒拿岛的半便士,拿破仑刚刚在该岛去世。这将是在马修·博尔顿著名的铸币厂生产的最后一批硬币,因为它们的生产碰巧被一位名叫约翰·霍金斯(John Hawkins)的东印度公司工程师见证了,他负责为公司计划在孟买建造的新铸币厂装备设备。霍金斯很喜欢他所看到的一切,而马修·罗宾逊·博尔顿也很高兴地让给了他,包括锁头、库存和木桶,只要价格合适。最终达成了交易,到 1824 年 9 月,这座开创了现代造币时代的铸币厂已经被毫不客气地拆除、装箱,并被塞进船舱,绕过半个地球,在巴拉德码头再次卸下。[131]

人们可能会认为,苏荷区的衰落和倒下标志着英国商业代币制造的结束。毕竟,到 1812 年,1800 吨 1805 年以后生产的博尔顿铜币(更不用说 450 万枚苏荷区的英格兰银行银元)已经投入流通,而且英国拥有一个全新的蒸汽动力铸币局,其产能甚至超过了苏荷铸币厂。确实,除了作为收藏品,公众肯定不会再使用商业代币了。

换句话说,人们可能会认为,在接受博尔顿的高科技铸币方法后,英国政府濒临正式解决小额零钱的大问题。

人们可能会这么想。但是,人们会错意了。

第六章　最后的致意

> 幸福的人,没有忧虑和争斗,
> 在丝绸或皮革的钱包里保留着灿烂的先令;
> 他不会听到新牡蛎的痛苦叫声,
> 也不为欢快的麦酒而叹息。[1]

那吞没的声音

1809年7月初,愤怒的乌云聚集在英格兰中部的谷物种植区。然后,雨来了,瓢泼大雨倾泻而下。

这个月的其余时间以及整个8月和9月,雨一直在下。最后,在10月中旬,雨停了。但那时已经为时太晚:谷物收成减少了三分之一,许多收获的东西要么发芽了,要么在碾磨前就发霉了,不适合做面包。谷物价格相应地飙升,即使是普通的小麦,每8蒲式耳也就是1夸特能卖到100先令以上。[2]

不过,在欧洲大陆,天气对作物很有利,而且其价格相对较低。因此,英国人民有了一个选择:他们可以像1799年的惨淡收成后那样去乞讨面包,或者他们可以与敌人开展交易。可以理解的是,他们选择了后者。于是,尽管有拿破仑的大陆封锁令和英国自己的枢密院令,在1809年的收获季节到1810年的收获季节,有150万夸特的小麦和面粉以及另外60万夸特的其他谷物——英国有史以来,在如此短的时间内最大的粮食进口量——被运经英吉利海峡。[3]

多亏了大陆的粮食,英国人民避免了另一场饥荒——也就是另一场面包饥荒。然而,他们这样做,只是让自己遭受了一场不同的饥荒,但也不失为一种熟悉的饥荒。因为必须购买粮食,却不能用英国货物购买,法国当局可能会对运往英国的谷物视而不见,但在阻止英国货物在欧洲大陆登陆方面,他们是绝对严阵以待的,而且他们愿意通过没收满载违禁品的船只和枪杀船长来证明这一点。因此,通过拿破仑漏洞百出的封锁线的粮食和其他货物只能用硬币购买——也就是用金币或银币。

1809年后,账单也没有停止。1810年的第二次歉收——这次是因为干燥的春季大风——让1夸特小麦达到了120先令,导致更大量的进口。其他大陆商品的进口,包括羊毛、丝绸、牛油、大麻、亚麻和亚麻籽,也都大幅增加。总的来说,1808—1810年,英国在大陆商品上的支出,从不到3000万英镑跃升至超过4100万英镑。[4]仿佛这一切还不够,一车车的金银也被送去填充威灵顿在葡萄牙的军事仓库。到1810年结束时,半岛战役已经消耗了3200万英镑,是同期粮食支出的3倍多。[5]1811年,同一战役又耗费了5800万英镑。[6]

难怪铸币的市场价格直线上升。金价在银行限制法之前,固定在每金衡盎司三英镑十七先令六便士。到1809年2月达到四英镑十先令,5年后高达五英镑八先令。而西班牙白银的价格,也从限制法前的每盎司约五先令三便士,上升到1811年8月下旬的6先令,到1813年秋天,达到7先令以上。[7]按照这些比率,无论是几尼还是银元,更不用说完好无损的王室银币了,都是作为贵金属远比作为法定货币值钱。政府徒劳地尝试,利用斯坦霍普勋爵法案[8]来阻止几尼的交易,对被发现以溢价购买或出售几尼的人实施严厉的惩罚。正如人们所预料的那样,该法案只是将金银贸易进一步推向地下,让商人和制造商更难获得用于合法用途的几尼或银元。

难道就没有其他办法来控制硬币的外流吗?原则上说,英格兰银行通过严格规定其随时准备发放信贷的条件，可能已经压低了金银的价格，但也造成了一些额外的商业损失。但是，英格兰银行没有"逆风而行"，而是采取了相反的做法，将存款和票据从1808年8月末的3000多万英镑扩张到两年后的3800多万英镑。鉴于这种巨大的增长，谁能责怪金银委员会将金银价格高涨的责任直接归咎于英格兰银行的主管们？

> 用理性劝说——一两个小孩子——
> 甚至马尔萨斯本人也是其朋友。
> 有些人的问题是适度的和少数的，
> 但我们的，我亲爱的法人银行，是没有尽头的！[9]

但是，我们不要让自己卷入金银的争论中，[10]我们只需认识到，到1811年2月1日，金银的高价导致英国许多本已稀缺的金银币被熔化，而只有通过利用这些熔化的硬币，英国人才得以养活自己，同时让拿破仑一路奔逃。

一位名叫本杰明·斯马特（Benjamin Smart）[11]的伦敦商人在1811年3月17日的一封信中，对这种情况作了精辟的总结。"每个来伦敦的乡下人都带着几尼来出售；全英国各地的代理人都被雇用来收取几尼，现在它们以半克朗的溢价来出售"。至于银币，斯马特写道：

> 再过几个星期，就没有银元了。标准白银今天是每盎司六先令三便士；未盖戳记的银元的成本（也就是价值）是整整五先令三便士；如果他能以5先令收到货币，有哪个白银制造商会去市场支付这个价格？

正确答案是，没有。

向上渗透经济学

206　　碰巧的是,就在斯马特写完信的时候,英格兰银行宣布,它正在召回其银元代币,以从银匠手中拯救它们。

鉴于自第一次以每枚 5 先令发行银元代币以来,银价已大幅上涨,以至于现在它们作为金属出售的价值,高于它们的流通价格;并且鉴于它已经被认为是权宜之计,在枢密院硬币委员会各位尊敬的大人的建议下,为了防止其退出流通领域,将额外的价值……加之于上。英格兰银行的管理机构和公司特此通知,它们已经向其出纳员和其他人员发出命令……接收所有在银行支付的银元代币,比价为每枚五先令六便士,而不是以前的 5 先令;从今以后支付和发行所有银元代币……并按相同的比价。

但是在召回银元可能已经把英国从更严重危机的边缘拉了回来的同时,它仍然面临着硬币短缺的问题,严重到足以在议会中被称为"最重量级的邪恶"。"本院的每一位成员,"福克斯通勋爵(Lord Folkestone)在 4 月 8 日注意到,"知道在伦敦找到零钱的困难,并且我从已收到的信件中得知,在乡下困难更大。"福克斯通接着说:

我被告知,在集市上,不可能得到 1 英镑的零钱;而且为了支付小额款项,必须有三四个人一起购买,才能凑成 1 英镑的钞票。除非这种灾难得到补救,否则这个国家的贸易是不可能继续进行下去的。[12]

为了应对这场"灾难",政府采取了进一步措施,6月26日,宣布发行新的三先令和一先令六便士的银行代币。硬币委员会采用了同一种似是而非的推理,即决定将第一套博尔顿硬币,限定为便士和两便士,因为它担心先令和六便士代币,会驱逐最近一批对应的王室货币。新银行代币是重建后的皇家铸币局的第一项任务,因为它仍在熟悉它的新设备。[13]一系列的事故阻碍了几个星期内的货币生产:铸币局首席雕刻师七旬老人(且衰弱的)路易斯·平戈(Lewis Pingo)制作的模具,无法与博尔顿的冲压机相匹配;而新工厂的轧制机似乎也很脆弱,在7月和8月分别出现了故障。[14]

尽管发生了各种不幸的事故,铸币局还是设法在年底前向英格兰银行交付了价值100万英镑的代币。到那时,交易商对每盎司西班牙银元支付6先令,而银行银元再次面临着被低估的危险。而且,英格兰银行既没有分支机构,也没有与地方银行家打交道。因此,它的代币一般只在伦敦廉价商店可用,预计它们会从那里流向全英国各地。这种安排类似于英国皇家铸币局的古老政策,即只在塔楼交付硬币,没有运输津贴,但也不比它好。7月,政府决定将银行代币运往65个主要城镇,并根据每个城镇的人口设定配额。这当然有所帮助。但是,事实证明,这些配额与各个城镇的需求不匹配,大多数地方的配额很快就被用完了,但少数地方的配额使用得却很缓慢;而每一个少于7000人的英国社区仍然不得不等待它的涓滴渗透。[15]

银币的持续短缺,特别是先令和六便士的短缺,导致伯明翰、布里斯托尔、伍斯特和其他工业城市起草官方呼吁书,要求增加银币。这些呼吁书被提交给首相兼财政大臣斯宾塞·珀西瓦尔,提交给枢密院硬币委员会的各位大人,提交给英格兰银行,提交给所有的地方银行家。总而言之,提交给任何有可能为申请人提供一些银行代币的人。地方报纸通过发表社论尽了自己的责任,比如下面这篇来自《陶顿纪事报》(Taunton Chronicle)的社论。

208　　零钱稀缺——优质硬币的完全消失，以及购买银币的极端困难，根据每一个人的描述，继续让人们感到困惑，如果不是惊慌失措的话。银行代币的发行量如此之少，以至于到目前为止，它们的作用与其说是为了方便公众，不如说是为了满足公众的好奇心。事实上，除非立即采取一些措施来纠正这种日常（日益增加的）弊端，否则就不可能进行平常的交易。零钱的需求，不再仅仅是一种不方便，而是成千上万的商人和穷人实际痛苦的来源。前者不得不选择发放他们希望避免的信贷，或将他们的商品留在手中；而后者则被迫屈从于购买，选择的自由被牺牲给情况的需要。一个严重的事实是，在上一个陶腾(Taunten)市场日，一些屠夫和市场人员宣布，他们打算不再为所有不是他们的固定客户提供所必需的供应品。而另一些人则宣称，他们决心完全不参加市场。[16]

爱尔兰的情况也同样严重。沃特福德议员、前（爱尔兰）财政大臣约翰·纽波特爵士(Sir John Newport)向议会保证："危机是偶然引起的，白银的稀缺，特别是在贫困的农民中是最严重的。事实上，农民把他们的熏肉或其他物品带到沃特福德，不得不带着支票回家……他太有可能会丢失支票，或不得不再次到市场上去拿支票换零钱。"[17]

大量的车轮币

银币比以往任何时候都要稀少，铜币可能会取代它的位置吗？早在18世纪90年代，600吨的商业铜代币就已经接近于做到了这一点,不仅解决了王室法新和半便士的短缺问题,而且还弥补了先令和六便士的不足。到 1811 年,超过 3600 吨的博尔顿铜币——价值超过 68 万英镑——已经在大不列颠发行,更不用说还有 600 多吨在爱尔兰发行。那么,为什么不能用它来取代流失的银币呢?

部分答案是,铜的价格在 19 世纪的第一个 10 年也达到了顶峰,虽说比黄金和白银的价格上涨要早一些,但原因不同:铜的价格上涨并不是因为出口,而是因为大量的铜被英国国内消耗——皇家海军和苏荷铸币厂。铜王的逝世并没有像他的诋毁者所说的那样,结束铜价的飞涨。相反,成品铜的价格持续上涨,从 1802 年的每磅 17 便士(威廉姆斯去世的那一年)到 1805 年的 23 便士。按照后一价格,即使 1799 年的博尔顿铜币也被低估了,而最初的车轮币(和所有的老帕雷斯矿业公司德鲁伊币)作为铜的价值,比作为硬币的价值高出近三分之一。[18]这对伦敦酿酒商来说是一个好消息,他们手上有大量不需要的铜币。但对英国工业家来说,却是一个坏消息,他们现在发现自己正在与熔炉争夺便士、半便士和法新。

在这里再一次表明,对熔化货币的法律惩罚,对保护硬币没有起到什么作用,尽管它们确实导致了偶尔的逮捕,如 1805 年 4 月 13 日《泰晤士报》的公告中所报道的那样[19]:

一段时间以来,人们都知道最近的铜币被收集起来用于熔化,因此下令警方严格把关:星期四,一名属于哈顿花园办公室的警官,跟踪一辆装有 8 桶约 2000 磅便士和两便士硬币的马车,从萨福伦山出发到上泰晤士街的一个铜匠那里,警官封锁了这些财产以便后续调查。罚金 100 英镑,并没收货物。

因此,在他完成最初 1797 年和 1799 年合同后的短短几年内,马修·博尔顿开始收到来自全英国各地的信件,要求提供更多的硬币，他当然无法提供。1804年10月，在答复一位这样的来信者时，博尔顿除了表示同情，无法提供什么。他注意到，有一段时间苏荷区本身，不得不在公开市场上以溢价购买博尔顿铜币，来满足自己发放工资的需求。[20]

正是为了弥补旧有博尔顿铜币的损失，枢密院决定在1805年、1806年和1807年再订购三批铜币，包括为大不列颠订购的另外1800吨便士、半便士和法新，为爱尔兰订购另外600吨。这种新的博尔顿铜币是以每磅24枚便士标准铸造的，也就是说标准略低于旧的塔楼标准。公众对"轻量级"硬币的热切接受，标志着官方在放弃对"内在价值"的迷恋方面，又迈出了重要的一步。

但最新的博尔顿铜币，像所有王室铜币一样，而不像商业铜代币，不倾向于去需要它的地方或者只去一次，永不返回。苏荷铸币厂改进了皇家铸币局在伦敦塔交付硬币的标准做法，每吨从政府那里获得4英镑，以支付运输费用。但由于这些铜币不能兑换，苏荷区的铜币倾向于——不亚于伦敦塔的旧产品——堆积在伦敦。把它们运到外地，每吨又要花费4英镑或类似的费用，而这一费用政府是不会支付的。

因此，苏荷区的最新硬币，在为各地提供了暂时的救济后，最终成为伦敦批发商的负担。"到1808年5月，"根据彼得·马赛厄斯[21]的叙述，"来自伦敦的商人（尤其是酿酒商）提出的请愿书中，表示不需要的和不能用的博尔顿硬币库存，在他们的金库中堆积如山。""博尔顿，"马赛厄斯补充说，"被告知不要再向伦敦发送硬币，直到酿酒商们'卸下包袱'。"1808年5月至1809年2月，苏荷区安排从伦敦的主要酿酒商那里收集了近1万英镑的无用硬币，用于满足其他地方未满足的需求。然而，伦敦的情况恶化了，抱怨开始来自坎特伯雷和利物浦。[22]

1813年3月和10月，伦敦的商人们再次向硬币委员会提出请求,抱怨说他们正在遭受"严重的损失和麻烦,原因是在伦敦及其周边地区流通的铜币数量过多"。商人们虽然不愿意在付款时拒绝贱金属铜币,因为"害怕得罪他们的顾客",却被迫将不需要的铜币卖给"制造商、典当商和其他人,以换取他们开出的3月期票据,当他们向其预付零钱的各方难以为继时,他们将面临损失。尽管他们自己也需要现钱"。[23]与以往一样,问题的根源在于缺乏兑换不需要的王室铜币的安排。[24]

简而言之,它是18世纪80年代情景的重现,但至少有一个很大的不同——规模上的差异。英国经济和随之而来对零钱的需求,有了极大的增长。英国的人口,在1781年可能不超过700万人,而在1801年达到了890万人,这一年第一次进行了人口普查(10年一次)。到1811年,人口达到了1810万人。在这30年间,英国人的人均名义收入几乎翻了一番。[25]这些原始数据表明,英国的小额零钱需求增加了5倍以上,这还不包括工资支付需求的不成比例的增长,尤其是制造业的工资支付需求,相对于其他类型的收入而言更是如此。

辉煌的先令

在这种情况下,商业代币再次出现就不足为奇了。"这是政府在硬币问题上受到的蔑视,"威廉·戴维斯[26]写道,"历史重演,私人公司再次决定提供代币……以促进国家的贸易倾向。"由于最初的代币浪潮在19世纪初自行消退了,政府从来没有费心去取缔私人铸币。因此,一旦有需要,就可以合法地进行另一轮此类造币。到1811年6月,这样的时刻已经清晰地来临,从《布里斯托尔公报和公共广告商》(*Bristol Gazette and Public Advertiser*)的一篇社论中可以明显看出。尽管《公报》在十几年前还高兴地对商业代币说再见,但现在它希望商业代币能够复兴。

如果大资本家要像几年前那样发行铜代币和银代币……囤积者很快就会发现堆积无用财富的愚蠢行为。就我们自己而言,我们同意怪人杰克·富勒(Jack Fuller)的观点,[27]牡蛎壳、皮革碎片、蜡烛,如果它们不会熔化,或其他任何形式的材料,通过一致同意,都可以代替成为流通媒介:它们都不像纸那么脆弱。只有一个微不足道的反对意见,那就是不可能知道如何让屠夫、面包师、农民等人同意这种协议?[28]

屠夫和其他人可以被说服接受小金属片,包括私人铸造的金属片,这当然是一个既成事实。此外,也不乏"资本家",包括一些大资本家,愿意尝试《公报》的建议,因为这些资本家自己也很难得到零钱。少数人已经发行了代币,7月将见证新加入者的蜂拥而至。到了秋天,商业代币复兴正如火如荼地进行着:所有英国的制造业城市和许多地方都市,再次获得了定制的和当地发行的零钱供应。

尽管当时的硬币需求量大得多,但19世纪商业代币的总体生产规模应该比早期商业代币的规模小。[29]这一点并不令人费解,因为第一次是在没有任何阻碍的情况下进行了10多年,而第二次开始还不到一年的时间,政府就开始了强制取缔。新的私人铸币与以前那次的真正实质性区别,不在于发行的总体代币数量,而在于它们的质量以及发行者的地点和性质。

首先,18世纪90年代的代币主要是半便士,也有一些便士;几乎所有的代币都是铜制的。相比之下,19世纪的代币系列,倾向于更大面值的硬币:便士占所有铜代币的73%,其余的不仅包括半便士,而且包括大量的两便士和三便士。更重要的是,新发行的货币包括大量的银代币,特别是银先令。这样的代币在早期代币中几乎闻所未闻,在它逐渐消失的时候出现且只在苏格兰出现过:小 J. 怀特(J. Wright Jr.)在 1797 年设法发行了一些邓迪银先令;在 1799 年,威廉·富拉顿上校准备发行他自己的银币(印有威尔士亲王的肖像),但硬币委员会劝他不要发行。[30]撇开这些特殊情况不谈,没有人敢于铸造银代币,因为这样做会被皇家铸币局认为是对其独有的、古老的特权的直接侵犯。

发生了什么事,导致了这种变化? 银元出现了。从 1797 年开始,政府允许英格兰银行发行自己的银币,特别是允许它在其他地方,而不是在皇家铸币局铸造银币,这无意中开创了一个先例。在其他人开始思考之前,这只是一个时间问题,"如果英格兰银行不需要向伦敦塔申请银币,我们为什么要这样做?"法律的闸门被打开了,在对 1804 年 2 月 24 日的一份备忘录的答复中,铸币局抱怨说,它违反了它的铸币特权。财政部冷淡地回答说,没有发生任何违反规定的情况,因为银元不是硬币而是代币。[31]都柏林很快就利用这一裁决,在同年发行了自己的银代币。5 年后,根西岛的毕晓普泽西公司(Bishop de Jersey & Company)发行了自己的五先令银币。但根西岛虽然是英国王室属地,但从技术上讲,它并不比都柏林更属于英国,所以这次发行也没有侵犯到迄今为止尚未扩展出英格兰银行的特权。

最后,在 1811 年 3 月 11 日,一个名叫霍普金斯的尼斯布商与铁器制造商约翰·摩根一起试水,在英国发行印有他们自己镇的徽章的银先令和六便士。在没有人对他们采取任何行动的情况下,英国的银行家在他们社区的敦促下,开始效仿他们的做法。例如,在布里斯托尔,《公报》在 6 月 11 日的社论中对当地的银行家进行了批评:"作为一种暂时的救济,沙夫茨伯里银行和其他银行已经发行了地方银代币,为什么布里斯托尔的银行不能做同样的事情呢? 如果他们这样做获得的利润较少,那么他们就应该和其他商人一样,对他们的客户负责。"[32]布里斯托尔的银行家成功了,就像英格兰各城镇的其他几十家银行一样。

银行并不是唯一的银币发行者。正如当时的一份资料来源所说,[33]"自从大臣们把王室的一项特权转交给英格兰银行后……每一家其他银行、银行家、代理人、商人和店主都理所当然地认为他们具有同等的权利……是所有人的特权"。到1811年底,不少于80个社区拥有自己的银币。到1812年中期,这个数字已经上升到100个。[34]

值得注意的是,苏格兰没有参与到银代币事件中。其中一个原因是,紧随银行限制法之后,议会决定暂时恢复苏格兰银行在1765年失去的发行小额钞票的权利。苏格兰人对他们的银行有如此大的信心,以至于他们通常甚至宁愿选择小额纸币而不是硬币;用一位苏格兰证人和小册子作家的话说——某位名叫"玛拉基·玛拉格罗瑟"(Malachi Malagrowther)[35]的人——"苏格兰银行系统已经完全把黄金从苏格兰国家中驱逐了出去。除非偶尔在一个陌生人的钱包里,否则你永远不会在那里看到1几尼"。[36]虽然在1800年恢复了对小额纸币的禁令,但在禁令解除时发行的许多小额纸币,此后多年仍在流通。而且,苏格兰的工业企业,尤其是著名的巴林达洛克棉纺厂(Ballindalloch Cotton Works),以及詹姆斯·芬利公司(James Finley & Company)的卡特里内和丁斯顿棉纺厂,不是委托制作自己的银代币,而是转而在外国银币上盖上他们自己公司的印记,承兑印记足以让银币在它们无法流通的地方流通。[37]

除了涉及银代币的作用大大增加之外,19世纪的代币事件还揭示了一个巨大的转变,那就是代币发行者总体分布在北方。现在所有发行者的70%以上(以及英格兰发行者的50%以上)被发现在连接塞文河口和瓦希河的直线上方,相比之下,早在18世纪90年代所有发行人中的50%(英格兰发行者的20%)在同一条线上运作。[38]

这种转变是完全可以预见的，因为在这几十年间，英国工业增长的模式发生了转变。关于代币发行商总体分布的统计数字，可能会产生误导，然而，在铜代币的使用和来源一方与银代币的使用和来源另一方之间，存在着明显的差异。正如我们所看到的，银币发行的地方几乎主要是重要的英格兰和威尔士社区，且主要是为了回应当地人对更多零钱的请求，而绝大多数的铜代币现在不是由小零售企业委托发行的（就像18世纪90年代那样），而是主要由大型工业公司委托生产，这些公司用铜币来支付自己的工资。这些铜代币发行商集中在英格兰的"斯塔福德、沃里克和约克等郡"[39]和威尔士的斯旺西铜冶炼区。[40]

所有铜代币中的三分之二来自金属制造企业，特别是铜业公司，1808年后的铜价骤降鼓励了后者的参与，他们发现自己坐拥成吨的廉价原材料。全部6家铜业公司——包括罗斯铜业公司（马修·博尔顿是该公司的创始股东）、王室铜业公司和联合铜业公司等——发行了便士代币和一些半便士代币。因为除了其中一家公司外，其他公司的总部都设在伯明翰、谢菲尔德或布里斯托尔，并在威尔士有冶炼厂，所以它们的代币流通广泛。[41]

最大的铜代币发行商是米德兰的一位铁器制造商，名叫塞缪尔·费雷迪（Samuel Fereday）。费雷迪曾是约翰·威尔金森的管家，在这位伟大的铁器制造商于1808年去世后，他接管了威尔金森的布拉德利工厂，[42]当时他已经成为南斯塔福德郡几家工厂的合伙人。[43]到1811年，费雷迪已经成为英国最大的雇主，他的各种工资单上有近5000名工人。为了满足他的巨额零钱账单，费雷迪订购了200万枚铜代币（大部分是便士，也有一些半便士），该订单是由伯明翰的主要奖章制作者、博尔顿的前学徒和纽扣制造商爱德华·托马森（Edward Thomason）完成的，他在两年中的大部分时间里，通过每隔一个星期五就把一车硬币送到费雷迪的比尔斯顿工厂，来完成这一订单。[44]

较新的代币在设计上也与早期的代币不同。第一轮商业代币出现时,工业革命刚刚开始,第二轮则是在工业革命全面展开时出现。因此,较新的代币比以前的代币倾向于采用更加商业化和"工业化"的外观。[45]区分早期代币的边缘字母已经消失了,纵向或对角线的纹路取代了它们的位置。而许多较新的代币要么是仅有刻印文字,要么是刻印文字辅以地方或自治市徽章或花环,取代了可以在以前代币上发现的半身像和工业场景。

总的来说,19世纪的代币似乎没有什么艺术性,导致收藏家将其视为次品。但是也有很多例外。想一想约翰·罗伯森(John Robertson)的先令或半克朗代币,他是一位泰恩河畔纽卡斯尔的银匠,这些代币的边缘磨得很整齐,正面印有纽卡斯尔的徽章,四周环绕的是刻印字母"PAYABLE BY JOHN ROBERTSON * NEWCASTLE ON TYNE"。翻转过来,可以看出是在博尔顿铜币反面基础上的超越,不愧是库克勒本人设计的(但是由彼得·怀恩刻制,他至少是与他平起平坐的),在一个包裹上刻着"Commerce",而不是在岩石上刻着"BRITANNIA",四周的刻印字母是"NORTHUMBERLAND & DURHAM 12D TOKEN-1811",而不是"BRITANNIA-1797"。

精致的雕刻更多的是用在铜代币上,部分原因是这种代币倾向于大规模的制造:对于大规模的委托来说,精致模具更为经济,因为在这种情况下,原始的手工雕刻"母版"的高额成本可能会被分摊。1811年,诺里奇布商塞缪尔·巴克(Samuel Barker)发行的便士,由彼得·怀恩设计,在其正面展示的是诺里奇城堡,背面是两只羊在吃草,可与一些最具艺术性的18世纪代币相媲美。[46]同样令人印象深刻的是费雷迪的1811年代币,其复杂的正面描绘了在比尔斯顿附近的普里斯特菲尔德工厂的带烟囱熔炉。其模具是由另一位杰出的伯明翰雕刻家托马斯·哈利迪(Thomas Halliday)制作的,哈利迪是马修·博尔顿的学徒,他的纽霍尔街工厂,又是英国维多利亚时代所有最好的雕刻师的培训基地。[47]1812 年,费雷迪屈服于那些坚持认为他的铜代币太轻的批评者,转而生产更重的。但当他这样做时,他也放弃了为原作增光添彩的可爱雕刻,巧妙地证明了一个基本的造币原则,即当涉及阻止造假者时,高"内在价值"和难以复制的雕刻是可以替代的。正好,罗伯森的精致银代币也证实了这一理论,它的重量大大低于更加功利的同类银币,其中许多银币的估价并不高于它们的"内在价值"。

虽然 19 世纪的代币经常缺乏优美的图案,而且在一定程度上,比起它们 18 世纪的同类品,更容易被伪造,但从其他方面来看,它们是优质的硬币。阻环的使用,以前只限于博尔顿的代币、帕雷斯矿业公司的便士和彼得·凯普森的一些苏格兰委托硬币,现在已经相对普遍了。[48]而且,"压制阴模法"模具技术的改进———一件单个的原始母模可以充当同一"工作"模具的基础———限制了合法钱币之间的模具差异,使其更容易发现伪造品。更有天赋的模具制造商哈利迪就是其中之一,可以使"单个(工作)模具之间的差异变得非常难以区分",[49]而相应地,很容易分辨出基于真正手工刻制的母版和由手工刻制的(与压制阴模法相反)复制品制造出的硬币。总的来说,尽管新代币更加平凡,用钱币学家约翰·泰勒(John Taylor)的话说,新代币是"制作精良的作品……非常适合其特殊用途"。[50]

优秀的奖章制作者

虽然哈利迪曾经被认为不仅为许多 19 世纪的代币制造了模具,而且还制造了代币本身,但专家[51]如今倾向于将他视为为他人准备模具的专家,而不是一个主要的代币制造商。到目前为止,哈利迪最重要的客户是爱德华·托马森,他除了为费雷迪制作所有的代币外,还为几家铜业公司制作代币。和大多数伯明翰铸币商一样,也和他的父亲一样,托马森从制作纽扣和带扣开始。但托马森的父亲在 1786 年让他到马修·博尔顿那里签约做学徒,而托马森最终也分享了他的师傅对大胆冒险的喜爱,以及他对钱币产品的兴趣。尽管他的前几项发明都失败了,但托马森以他在 1801 年获得专利的开瓶器找到了富矿——至今仍是葡萄酒鉴赏家的最爱。此后,他取得了一个又一个的成功,成为伯明翰最著名的企业家。

在参与商业铸币的前几年,托马森就已经让自己成为英国主要的奖章制作者之一,仅次于博尔顿本人。博尔顿和库克勒(苏荷区最好的奖章雕刻师)分别于 1809 年和 1810 年去世,这不仅消除了托马森的主要竞争对手,还为他最令人印象深刻的工作提供了灵感:一枚四英寸的纪念章,纪念他师傅的去世,由彼得·怀恩雕刻。它被认为是全欧洲最大的纪念章,实际上它并不是,[52] 但它仍然是一项杰出的成就。托马森随后又推出了几枚无可争议的奖章一等品。其中,最后的也是最伟大的作品是一系列 63 英寸奖章,描绘了圣经的场景,于 1830 年完成。鉴于他的其他成就,足以使托马森赢得"水手国王"威廉四世轻拍肩膀的荣誉;9 次获得外国骑士勋章,3 次获得外国功勋奖章,1 次获得神学勋章,以及 9 次获得副领事职位。对于一个纽扣制造商的儿子来说,这已经很不错了。

由于托马森不喜欢为自己的成就大肆宣扬,[53] 我们可以让他来解释他参与商业铸币的原因,前提是我们要记住他对日期的糟糕记忆。

218　　在 1807 年,商业人士在获得银币零钱方面面临着巨大的困难,特别是支付工人工资的铜币更是如此。在这一年里,我安装了制造代币或硬币的机器,因为制造商的痛苦和烦恼是如此之大,以至于许多主要公司决定流通他们自己的铜代币和一些银代币,并在他们自己的工厂支付,而不是让他们的工人到几十家小酒馆,去获取零钱。[54]

据推测,托马森应该写于1811年,或者也许是1810年:他为了给自己的工人支付工资而铸造的代币,被他称为是他最早制作的代币,实际上日期为1811年和1812年,[55]人们并不知道有更早的代币出自他手。这种不一致在托马森的回忆录中随处可见,回忆录写于他70岁时,并在他去世前3年发表。

尽管托马森在教堂街的设施承接了一些非常大额的代币委托,但不能说托马森垄断了代币业务。在1811年12月给马修·罗宾逊·博尔顿的两封信中,老扎克·沃克确定了在伯明翰经营的5个"主要代币制造商",包括托马森,以及三个较小的代币制造商。另有一些当时的分散资料揭示了另外8家代币制造商,其中包括谢菲尔德的纽扣制造商杨格与迪肯公司(Younge & Deakin),它们负责制造一些更重要的银代币。这使得19世纪的代币制造商总共不少于16家。[56]尽管他们中的大多数都是第一次(也是最后一次)铸造代币,但也有少数人,包括彼得·凯普森和博纳姆·哈蒙德(Bonham Hammond),曾是18世纪的代币制造商,而凯普森和哈利迪都是在苏荷区初获经验的。

在19世纪的商业铸币场景中,明显没有苏荷铸币厂本身的身影。苏荷区在1802年铸造了其最后一批英国商业代币——查理维尔十三便士货车"车票",此后,它将自己限制在海外商业铸币的冒险上。马修·罗宾逊·博尔顿不愿接受考验触碰英国商业代币的委托,这是有充分理由的:现在,苏荷区已经成为英国铜币和英格兰银行银元的唯一官方来源,他如果冒着失去特权地位的风险,为有争议的商业代币作贡献,那就太愚蠢了,况且这种商业代币最终必然会让位于更多的官方造币。不过，决定不参与还是有代价的：在1813年底，苏荷区的造币账户显示损失了约1267英镑，"主要是由于工资支付和完成的工作很少"。[57]

不太伟大的摩根

如果说爱德华·托马森是19世纪最著名的代币制造商，那么一个自称为"亨利·摩根"（Henry Morgan）的人则是最臭名昭著的。摩根通过如下广告宣布他进入了这个行业，刊登在1811年7月26日伦敦《星报》（*Star*）上。

提供银代币和零钱给军团发薪员、制造商、农民、商店和旅店老板、公共工程的记账员，以及所有其他需要零钱的人，用于他们的业务或支付工人工资。

乡村居民可以获得住宿，每辆马车可以携带价值5英镑乃至更多的物品，每周一次，请写明真实姓名、职业和住所，寄给M公司，由希顿先生负责，地址是伦敦斯特兰特街克莱门特巷27号，并附上纸币或优质票据的汇款。除非已付邮费，否则不接受任何信件。

摩根的提议听起来完全合法。然而，钱币学家和代币目录学家威廉·戴维斯[58]谴责他的活动是"一种潜在的疾病，最终会扼杀私人企业"。阿瑟·沃特斯[59]同样谴责摩根的"邪恶行为"，并称其本人为"恶棍"。

摩根到底做了什么，招致这样的憎恶？第一，他厚颜无耻地在他的产品上印上"由王室许可发行"和"特许银代币"等铭文。正如《贝尔每周通讯》（*Bell's Weekly Messenger*）于1811年11月11日向其读者指出的,这些铭文是假的:根本不存在发行银代币的王室许可证这回事。摩根的"许可",假设他有的话,只可能包括每个银制品制造商都需要的许可证。

第二,摩根严重涉嫌生产和销售普遍流通的匿名和不可兑换的代币,而不是合法的商业代币。在他有功劳的108种代币(不包括样币)中,只有23种带有明确的兑换承诺,[60]其中一些还印有假发行商的名字。[61]仅仅这一记录就使摩根成为一个叛逆者:在道尔顿列出的所有不同的银代币中,包括摩根的发行物,84%是"真正的贸易代币",上面有真实的发行商名字,严格履行其兑换承诺。[62]

平心而论,匿名代币本身并没有什么不光彩的地方:不是每个需要零钱的商人都能负担得起自己定制硬币,而且也不一定有足够多的真正的贸易代币由其他来源来供应。但是,摩根的银代币异常的轻,重量可能仅为其他大多数银代币的三分之二。因此,它们的存在抹黑了所有私人银币的声誉,为那些希望制止私人代币的人提供了重要的弹药,他们的理由是其产品往往"重量不足"。

第三,也是最严重的一点,摩根犯了至少伪造了两种合法贸易代币的罪行——以弗朗西斯·盖拉特(Francis Garratt)为首的一群布里斯托尔商人的先令和六便士代币。严格地说,在这里,伪造是一个过于强烈的词,因为摩根的布里斯托尔代币实际上是私人代币的"伪装":尽管它们与原件非常相似,但原件的背面印有发行商的名字,而摩根(也许是为了保护自己不被指控为普通法中的欺诈行为)将所有的名字都拼错了:"Fras. Garratt"变成"Frans. Garrett";"Wm. Terrell"变成"Wr. Terrell";"Grigg"变成"Gregg",以此类推。他还将正面的日期从8月12日改为8月22日或7月12日。这些欺诈行为很快就被发现了,这使得盖拉特公司(Garratt & Co.)在1812年2月12日的《巴斯纪事报》(*Bath Chronicle*)上刊登广告,提醒公众注意摩根的"臭名昭著的欺骗行为"。[63]

为什么要欺骗？摩根的动机似乎不是为了赚钱（因为"伪造"的代币数量太少，不可能产生任何收益），而是报复。摩根似乎已经为盖拉特公司提供了最初的一小批代币。但是，当同一集团以布里斯托尔商业代币银行公司的名义，进行更大规模的代币发行时，他们没有求助于摩根，而是转向求助其竞争对手的供应商。被蔑视的摩根反击了，他索回了在最初委托中使用的一些模具，对其进行了修改以逃避欺诈的指控，并铸造发行了他自己的版本。[64]虽然对盖拉特公司和他的朋友们来说，摩根的"怨恨"发行，被证明更像是一种麻烦，而不是一种灾难，但摩根的可疑行为，对整个商业代币系统造成很大的伤害。钱币学家彼得·克莱顿[65]甚至宣称摩根"在很大程度上，对代币经济的破坏负有责任"，这种破坏开始于1813年，最终导致私人代币被全面取缔。

具有讽刺意味的是，摩根设法从他自己的活动所激发的代币取缔运动中，捞取好处。他在1813年6月24日的《星报》上刊登了一则广告，写道：

地方金银代币，由梅塞尔·摩根公司（Messrs Morgan and Co.）的模具制造商和奖章制作商，在1811年3月为方便公众而发明并首次制造的。在他们得到许可的代币制造厂，位于伦敦牛津街拉斯伯恩广场12号，有幸得到了连续三项议会法案的立法批准和支持，在短时间内，以卓越的执行风格，持续为公司和个人进行任何设计。在过去的两年里，其为摩根公司从银行家、制造商和店主那里获得了大量广泛的订单，这些订单几乎遍布联合王国的每一个城镇。注意：未支付邮费的信件将不被接受。已经准备好雕刻许多模式的模具。

事实上，正如我们将看到的那样，摩根提到的"连续三项议会法案"只是"批准"在一定程度上宣布政府推迟取缔代币的重复决定。

这最后一个广告也指向围绕摩根身份的谜团以及他的铸币厂的下落。拉斯伯恩广场12号原来不是一家铸币厂的所在地，而是裁缝店——换句话说，是一个寄信的地方[66]；摩根的名字在他在伦敦经商的那段时间里，没有出现在任何伦敦目录中。显然，摩根打算对自己的铸币操作细节和真实身份保密。

但这并无法阻止钱币奖章学家进行推测。

大多数人认为，尽管摩根打了广告，但他只是一个代币销售员而不是制造商。因为用于摩根代币委托的大量模具来自托马斯·哈利迪的伯明翰工厂，威廉·戴维斯[67]得出结论，摩根充当的是哈利迪本人或爱德华·托马森的代理人，毕竟，托马森铸造的绝大多数代币使用的都是哈利迪的模具。那位名声不佳的亨利·摩根可能为尊敬的爱德华·托马森制造过"先令"，这是一个诱人的假设。只有托马森可以（而且几乎可以肯定地说）让人深信不疑地夸口自己接受了"来自银行家、制造商和店主的大量和范围广泛的订单，几乎遍布联合王国所有城镇"；托马森是唯一已知的代币制造商，不仅制造了铜代币和银代币，还制造了金代币。但摩根关于他制作的所有代币的主张，可能就像他其余的广告内容一样，是胡说八道。而且，如果摩根代理托马森出面的假设完全是合理的，那么另一种暗示他代理哈利迪或者其他使用哈利迪模具的代币制造商出面，就不再合理了。简而言之，尽管托马森在谈到戴在胸前的功绩勋章时从未回避，但要将摩根的恶行归咎于他可没那么容易。[68]

自掏腰包

正如我们所看到的，许多19世纪的代币，包括大多数银币（摩根的代币是臭名昭著的例外)背后都有慈善的意图。慈善是几家英国济贫院——或者更准确地说,是几个英国城镇的济贫官发行代币的唯一理由。这种代币占所有发行的代币类型的8%,并在三个实体中大量发行——伯明翰、谢菲尔德和伍斯特的济贫院。[69]

长期以来,英国的济贫工作一直由各个堂区负责。每个堂区选出两名或更多的"济贫官",由他们(与当地治安法官一起)决定谁有资格获得救济,确定"济贫税率",并根据其征收税款,以及建造和维护济贫院。这最后一项是由1601年的《济贫法》首次规定的,允许堂区选择让身体健康的贫民工作,同时为他们提供住房和食物("院内救济"),代替在他们自己的家里向他们付款("院外救济")。1722—1723年的《济贫院法案》更进一步批准了一项"济贫院测试",依靠这种方式,对拒绝进入济贫院的申请人,可以拒绝向其提供救济。院内救济因此受到鼓励,因为它可以利用济贫院产品的销售收入来减轻救济负担。

实际上,像其他公共企业一样,济贫院通常是亏损的。它们还赢得了拥挤、肮脏、疾病缠身、食物难吃的名声,其被收容者会受到院长的虐待和捐助者的蔑视,这样的名声并不完全是不应得的:

> 他们的房子是收容堂区穷人的,
> 泥墙难以承受破碎的门;
> 在那里,腐烂的气味,凝滞,打转,
> 枯燥的纺轮整日嗡嗡作响,令人沮丧,
> 孩子们住在那里,不知道父母的关怀,
> 父母不知道孩子的爱,就住在那里!
> 伤心的妇女躺在没有快乐的床上,
> 被抛弃的妻子,从未结婚的母亲,
> 垂头丧气的寡妇,眼泪无人理睬,

残疾的老人比儿童有更多的恐惧，

瘸子、瞎子，他们是最幸福的！

百无聊赖的白痴和疯人院。[70]

平心而论，带着泥墙的济贫院——也就是较贫困村庄的小房子——往往是最差的，而在较大的城镇中，更为令人印象深刻的砖瓦房则没那么糟糕。[71]然而，它们作为不健康地方的总体声誉，导致在1796年放宽了对院外救济的限制。"在一代人的时间里，"诺曼·朗梅特（Norman Longmate）[72]写道，"院外救济从罕见的例外到几乎成为普遍的规则，特别是对身体健康的男子而言。"济贫院开始将自己局限于老人、未婚母亲和她们的孩子、孤儿、残疾人，以及法国战争开始后，阵亡士兵和水手的赤贫妻子。到1803年，济贫院的被收容者只占英国救济案例的10%左右。[73]

在18世纪初，没有人能够预料到的是，在随后的20年里，"有被救济的资格者"（使用当代术语）大量增加。1801年至1813年，英国的救济贫困账单从410万英镑上升到665.6106万英镑。到了1818年，这一数字为787.0801万英镑。申请救济者的数量空前，尤其是院外救济，使济贫官面临着巨大的挑战：除了必须筹集更多的钱之外，他们发放的救济金额很微薄，每周很少超过2或3先令，这意味着他们必须以零钱的形式进行发放。

制造业城镇面临的挑战最大，随着战争的持续，这些城镇中以出口为导向的产业逐渐衰落。伯明翰在这方面受到的影响最大，它的小装饰品贸易因欧洲市场的关闭和铜价的上涨而受到破坏。"皮特先生的'人道战争'，"塞缪尔·加伯特酸溜溜地写道，"几乎完全消灭了我们的贸易。"[74]到1809年，根据威廉·哈顿（William Hutton）所说，至少有500名伯明翰商人的生意失败。[75]只有枪支制造商兴旺起来，尽管还不足以弥补其他大多数行业的萧条。结果是，许多人被赶出了工作岗位，这些人能做的就是加入军队或海军。对于其余的人来说，包括他们的妻子和孩子，只能在"济贫院或坟墓"之间作出选择。[76]

伯明翰的济贫院位于利奇菲尔德街的下方，在现在的维多利亚法院所在地，也就是现在的法人街。这座建筑最初建于1733年，在1779年又建了一个新侧翼，这样它可以容纳多达600名被收容者。然而，在19世纪的前20年里，有时会有超过1000人挤在这里，如果他们有能力的话，就会被安排工作，纺纱、织线、梳理羊毛和抽取亚麻。除了供养这些济贫院的被收容者外，伯明翰的108名穷人监护人（一个由纳税人选举产生的委员会，伯明翰的监事是当然成员），负责每周不少于2000例的院外救济"案例"，一个典型的案例涉及两到三人。例如，在1817年的复活节，超过2.2万人每周依赖某种形式的慈善，但其中只有1000人是济贫院的被收容者。[77]

济贫院的被收容者得到的实物救济，包括食物、衣服和住所等，而院外救济则完全由金钱支付，每个领取者或儿童领取1先令到二先令六便士不等。[78]救济金的总支付额在1811年略低于2.1万英镑，此后呈上升趋势，到1818年，几乎达到6.2万英镑，[79]监护人不得不以某种方式拿出非常多像样的铜币和银币，然而，他们不能指望已经陷入困境的纳税人拿出这笔钱。

起初，伯明翰的监护人试图从政府那里获得帮助。1811年7月初，他们的一个代表团出发前往伦敦。他们的任务是与珀西瓦尔会面，解释零钱短缺如何使他们无法向穷人提供服务，就像过去一样，拿出他们自己的"乞丐碗"，并说："请吧，先生，我们还想多要一些。"这次任务取得了成功，因为这些人带着3000英镑的银元回来了，以及珀西瓦尔的承诺，即再提供6000英镑的新三先令和一先令六便士硬币，一旦准备就绪就会提供给他们。[80]但这样的金额并不能维持下去。到了8月，镇上的官员发现自己的钱又不够用了，于是再次向政府提出申请,这次他们向硬币委员会提交了一份备忘录,并强调制造商及其工人的困境,而不是穷人的困境。这份备忘录由伯明翰高级执达官约瑟夫·莱德山姆(Joseph Ledsam)签署,并在8月30日发表在《阿里斯的伯明翰公报》上,宣布:

1. 本镇和附近地区的贸易,因缺乏小额零钱,而遭受巨大且严重的损失,这些零钱是用来支付给不同行业的制造商的。

2. 在这个城市和附近地区,有成千上万的人,他们每周的劳动收入不超过3至10先令,而雇主被迫向他们中几位一起支付英镑钞票,他们就需要去小酒馆找零,当然,在那里必须花一些钱来促使酒馆老板给他们提供零钱,或者他们必须购买一些他们不需要的物品,或者在许多情况下,他们必须以超值的价格赊购食品,当他们的购买总额达到1英镑的时候,再支付1英镑。

3. 银行代币的发行,虽然有很大的重要作用,但决不足以补救这一弊端。因此,请愿者必须恳切地请求各位大人能够迅速订购铜便士和半便士硬币,这将有效地消除劳动者所面临的不幸。[81]

但硬币委员会并不打算再订购更多的铜币,不久前他们已经下了3份订单,总共订购了1800吨博尔顿铜币。如果监护人想要更多的钱币,他们只能自己制造。

事实上,他们一直在这样做,尽管程度非常有限。自1810年起,他们开始发行英镑、克朗和半克朗的卡片和皮革代币。在1811年秋天,他们对政府感到失望,开始制作小面额的金属代币。事实上,伯明翰济贫院最终成为银先令和六便士的发行商之一,也发行了大量的铜代币。[82] 后者主要包括便士,但也包括数量可观的三便士代币,都是由当地的纽扣制造商铸造的。圣保罗广场的塞缪尔和托马斯·阿斯顿(Thomas Aston)铸造了所有的三便士代币和部分便士,而其余的便士委托分给了大查尔斯街的亨利·劳格和彼得·凯普森。[83]看来,彼得·怀恩也参与了银代币模具的制作,以及三便士铜代币的模具制作(此外一位名叫威利特的陌生雕刻家,因为其余的铜代币模具而受到称赞)。

从理论上讲,伯明翰的济贫院铜代币,可以在济贫院内以英格兰银行的纸币兑换,其作用很像今天的食品券,只在某些商店可用,用于购买面包和其他必需品,但绝不能用于购买酒精饮料。在实践中(也像食品券一样,只是范围要大得多),它们被视为王国的硬币,如果不是比王国内可用的硬币更好的话,不仅在伯明翰,而且在附近的村庄和城镇流通。这一理论的失败对穷人的监护人来说是个好消息,因为它的失败增强了对其代币的需求,使他们可以向公众提供这些代币,以换取纸币。这种交换相应的浮动金额,可以进行投资,而利息至少可以减轻济贫税的一些压力。

考虑到所有获得的收益,其他社区的济贫院也制造和发行自己的硬币,就不足为奇了。谢菲尔德拥有三层楼的联合济贫院,在1812年有18327英镑的巨额救济支出,在1813年飙升至超过了2.7万英镑,[84]也于1811年开始发行便士。伍斯特的工业之家也是如此——一个巨大的综合体,占据了塔洛希尔的大部分地方,位于伍斯特市的东部。工业之家的代币由便士和半便士组成,于1811年11月8日首次制造发行。从11月16日刊登在《伍斯特先驱报》(*Worcester Herald*)上的以下通知中,可以看出它们的巨大受欢迎程度。

工业之家的主管发现对他们发行的代币的需求远超一开始的期望,并因此发生了许多令人失望的事情,由此现在已经提供了足够的数量,来满足公众任何数量的需求。他们同样请求表态,由于发行这些代币所带来的好处与贸易利益的便利无关,将被用于资助济贫税,他们相信他们会得到每个阶层应有的鼓励。

注意:这些代币可以在任何时候在他们位于修道士街的办公室定期兑换成银行钞票。他们还补充说,他们的责任必须优先于任何个人的发行。

正如最后一条所表明的,工业之家并不是伍斯特的唯一代币来源。相反,它发现自己正在与当地其他代币发行商正面竞争,毕竟当地市场是小额零钱的一个有限市场。因此,主管认为明智的做法是刺激公众的良知,从而支持他们自己的代币,而不是支持竞争对手的代币。他们成功做到了这一点,在一次当地商人的会议上,全体一致决定,除了工业之家和政府的硬币外,不接受其他任何东西。不过,制造商进行了反击,他们在一家酒馆举行了他们自己的会议。在那里,他们决定,如果没有更多的改变,伍斯特的生意就无法经营。因此,他们打算继续发行他们自己的便士和半便士,这些便士和半便士与最好的王室铜币一样重,而且他们已经准备好为此支付每磅20先令的价格。[85]

另外两家大型济贫院,即位于伍斯特郡的黑尔斯欧文(Halesowen或Hales Owen),以及诺里奇的斯莫尔巴勒(Smallburgh),都发行了他们自己定制的便士和半便士。[86]其他大多数济贫院大概都是用他们能得到的王室硬币,或使用其他人发行的地方代币,来勉强应付。然而,位于西约克郡的布拉德福德济贫院,采用了一种巧妙且便宜的折中办法:不选择委托生产自己的代币,也没有不加选择地使用其他代币,而是采取了给各种铜业公司发行的代币加盖戳记的方式,尤其是伯明翰联合铜业公司的代币,济贫院自己的戳记,由一对相反的香肠状凹痕构成,其中以凸起的字母显示"BRADFORD"和"UNION"字样。

多亏了这些临时措施,通过制作自己的代币或获得别人发行的代币，英国受困的济贫院挣扎着度过了其漫长历史中最具挑战性的阶段——或者至少是大部分时期。因为最困难的时期是在巴黎条约签订后的几年里，英国经济进行了第二次艰难的调整，使需要的救济金额比以往任何时候都更多。恰恰是在那个时候，政府已经严厉打击了银代币，也选择严厉打击铜代币，却丝毫没有打算提供任何东西来取代它们的位置。

雷丁的伟大希腊人

19世纪最令人尊敬的代币来源不是济贫院、铜业公司或银行家财团，而是个人，他发行代币的部分目的是帮助他的同胞，同时也是为了引起人们对英国政府管理国家通货不善的关注。约翰·伯克利·蒙克(John Berkeley Monck, 1768—1834)曾就读于伊顿公学，并在中殿学院学习。在伦敦从事法律工作数年后，他搬到了雷丁，在那里，在1809年他的父亲去世后他得到了一大笔财产，这使他能够投身于广泛的慈善活动，这也使他能够自由地追求他对政治经济学的热情，这种热情是由银行限制法所引起的。

蒙克是英国纸币标准不屈不挠的批评者，他赞同大卫·李嘉图严格的金银通货主义立场，把纸币英镑相对于硬币贬值的所有责任都归咎于英格兰银行，并赞成恢复以前的金属本位。尽管他的观点几乎没有妥协的余地，但他在演讲和写作中，表达这些观点时的坦率和雄辩，再加上他对同胞的无可争议的关心，为他赢得了巨大的公众支持。在1812年以微弱劣势落败后，他于1820年当选为议会议员，并在1826年再次当选。关于他，米特·福特小姐(Miss Mittford)[87]，碰巧是一名选民，她写道：

他是一个伟大的希腊人,也是一个伟大的政治经济学家——议会中的安德鲁·马维尔[88]……他有时随一个党派投票,有时随另一个党派投票,只要他喜欢他们的措施;尽管他很独立,但受到所有人的尊重,在这里,他的自由、他的开朗、他的好脾气和他不屈不挠的善良,被国人奉为偶像。

蒙克是如此受欢迎,以至于当他于 1834 年 12 月 13 日在科利公园去世时,根据《绅士杂志》的报道,他的逝去"让全城深感悲痛"。[89]数以百计的绅士、学者和商人参加了他的葬礼,陪同他的遗体从科利公园到圣玛丽教堂,四人并肩一列,一路上,人行道上挤满了其他哀悼者,为了能够表达自己的敬意,镇上的店铺都关门歇业。[90]

1811 年后的货币饥荒为蒙克提供了一个完美的机会,抡起棍子反对斯宾塞·珀西瓦尔的政府,而该政府不仅没有尽其所能结束令人讨厌的限制,反而威胁要将英格兰银行的纸币变成法定货币。蒙克在语言和行动上都进行了反击,前者包括给珀西瓦尔的一封公开信,后者则是用自己的替代品,代替政府"质量低劣的"货币。雷丁和其他许多社区一样,在 1811 年底,极度缺乏银币。就在那时,蒙克开始发行他自己的半克朗和一先令六便士银代币,他从托马森那里订购了这些银币,既是为了自己使用——就像他自己所说,使他自己"独立于英格兰银行"——也是为了供当地企业和官员使用,他为这些企业和官员充当钱币批发商。蒙克的代币,以钞票兑换,他在雷丁的小熊旅馆[91]亲自处理,最终占到了在自治市流通的银币总价值的四分之一,而且几乎是附近村庄唯一的银币。相比之下,英格兰银行的代币,只占雷丁银币的大约六分之一,这是一个相对较高的比例,反映了雷丁距离伦敦很近。雷丁的其他小额零钱包括王室六便士和先令,磨损严重,以至于需要花费 100 多枚先令才能组成一金衡磅。

根据《雷丁水星报》(Reading Mercury)的一篇赞赏性社论,蒙克的代币使雷丁没有陷入贸易萧条的困境。该报指出,在它们出现之前,"几乎每个人,尤其是零售商,都有理由抱怨,最令人不安的是用于找零的小银币的稀缺"。该社论继续说:

> 缺少的数量如此之大,以至于许多商人不得不因为缺少这种东西,而拒绝他们的客户,或者为非常小的金额提供信贷,这种情况带来了非常大的额外麻烦,并且经常导致他们的客户和债务的损失……但是,与前一年相比,你们大量的、自由的代币使今年银币变得充足,并为贸易提供了相应的便利。[92]

尽管蒙克的银代币对雷丁的市民很重要,但对蒙克本人来说,它们只是旨在为英国金币注入新活力的计划中的一个小伎俩。该计划于1812年2月12日正式开始,蒙克"致斯宾塞·珀西瓦尔阁下"的信发表,当时珀西瓦尔正担任自己内阁的财政大臣。在评估英国的货币状况时,蒙克写道:

> 现在已经没有任何货币在流通,只有一种质量低劣的硬币,全是由轻巧的先令和六便士构成,或由银行代币构成,质量和数量都低于双金属(复本位)比率的标准。即使是这种基础货币和低劣的银币,英格兰银行也很少发行……去年夏天,由于这种货币的稀缺性,国家遭遇了最大的困难。穷人们不得不用一英镑的纸币领取工资,并允许对零钱打折。[93]

蒙克补充说,尽管"发行当地代币者个人的投机行为,在很大程度上消除了这一特殊不便的压力……但减色通货所带来的普遍不便,仍然完全存在"[94];事实上,蒙克希望一旦恢复"旧标准",就可以完全取消代币。[95]至于政府计划让英格兰银行的纸币成为法定货币,蒙克认为,这是"一项充满罪恶和愚蠢的措施",那"实际上将是一种破产行为……解除了和一系列非常有支付能力的富有债务人的约定,而将完全不必要的损失强加给他们的债权人,因此是完全没有道理的"。[96]

相反,蒙克希望使国家"逐步恢复到旧有的标准",并"安全而体面地"这样做。[97]但是,究竟如何"逐步"恢复一个金属标准?蒙克认为可以通过发行金代币——他称之为"代表性几尼"——银行纸钞可以自由兑换成它。尽管"代表性几尼",每枚4本尼威特和1格令,但它们将远远低于"旧标准",至少有一些金属价值,因此将是朝着正确方向迈出的一步。两年后——与金银委员会建议的延迟时间一样——这些代币可以自由地兑换成真正的几尼。[98]

蒙克完全理解——也许比皇家铸币局的工作人员更了解——基于信用的金代币与足额金币之间的区别。此外,他还意识到,"赋予几尼代币高数字价值将是对伪造的巨大诱惑"。这种诱惑可能会被避免,他写道,"可以在模具上花大力气,使除了一流的艺术家之外,其他人都无法仿造这些模具,希望这些艺术家在这个国家永远不需要靠出卖自己的才能来赚取面包"。毕竟,"我不知道金代币会比现在的银行钞票更容易被伪造。在这两种情况下,必须让银行和政府保持警惕,以打击这些欺诈行为"。[99]

简而言之,这就是蒙克对政府的建议。但他怀疑政府是否会采纳这些建议——至少在没有他的进一步推动下不会采纳。因此,他选择通过发行他自己的"代表性几尼"来督促政府,其形状是"40先令"的金代币,正面是阿尔弗雷德大帝的肖像,并附有铭文(出自奥维德的《变形记》)"PIGNORA CERTA PETIS: DO PIGNORA CERTA"——字面意思是,"你寻求最可信的保证:我给予你最可信的保证"。[100] 爱德华·托马森使用蒙克提供的金块，铸造了 200 枚这样的硬币，每枚含有 6 本尼威特和 8 格令（或者大约值 34 先令）的黄金。

政府被催促了，没错：因为蒙克的金代币，与他的银币不同，是前所未有的。即使是英格兰银行，它的黄金业务在限制法之前和期间比任何人都多，但它从未敢侵犯皇家铸币局黄金造币的垄断权。出于需要，政府不得不允许它——一家私人公司——发行银元，然后再发行更小的银代币，部分原因是政府本身避免被指控破坏古老的标准。这一步为其他私人银币的发行开辟了道路，政府容忍了这些银币，因为它们有助于满足迫切的需求，也因为政府不知道有什么法律手段可以阻止它们，而不影响银行发行的信誉。但蒙克的金币则完全是另一回事。到目前为止，它的价值太高，还不足以缓解小额零钱的短缺，从政府的角度来看，它们只服务于促进蒙克的首选计划以结束银行限制法。[101] 它们会进一步削弱皇家铸币局的造币特权。此外，它们的存在是令人尴尬的，因为它们提供了无声的证词，以支持金银主义者的主张，金银主义者认为银行纸币已经贬值，并反对尼古拉斯·范西塔特（Nicholas Vansittart）荒谬的相反主张，即 1 英镑纸币和 1 先令加在一起价值与 1 几尼一样多。

对蒙克来说，则完全乐于看到政府红脸——最好能让它感到羞愧，从而结束限制。头脑中有了这个目标，他计划发行第二批黄金代币。趁着斯坦霍普勋爵法案于 3 月 25 日到期之际，蒙克在 4 月 10 日的《雷丁水星报》上刊登广告，称他愿意为每 100 几尼支付 115 英镑的纸币，或者每几尼支付 102.5 便士——这实际上比市场价格低了 2.5 便士。

尽管蒙克的报价便宜，不管是对几尼还是对非几尼来说，也不管他是否得到了很多黄金，他的计划都会被斯宾塞·珀西瓦尔阻止。珀西瓦尔似乎听闻了蒙克的意图，于是他亲自拜访了爱德华·

托马森,得到了托马森的承诺,即在珀西瓦尔与蒙克面谈之前,不会继续为蒙克铸造金代币。面谈是否进行了——如果进行了,在面谈中说了些什么——还没有被发现。不过,结果是,英国已经看到了它最后的私人金币。[102]

通过制造自己的金代币,蒙克希望能促使珀西瓦尔对英国的货币制度采取一些措施。这确实怂恿了他,但远没有让珀西瓦尔采取措施来结束银行限制法,或以其他方式来改革政府自己的货币制度,这位"伟大的希腊人"却促使他做了一些别的事情。在阻止了私人部门对王室造币特权的最新攻击后,珀西瓦尔决定发起反击,以一场运动的形式,将英国所有的非官方硬币都消灭掉。

第七章　失而复得的特权

去吧,我照顾的孩子们!
现在从理论修复开始。
我所有的命令都是简单、简短、充实的,
我的孩子们!要骄傲,要自私,要迟钝。
保护我的特权,维护我的王位,
这个点头确认了你们各自的特权。[1]

半块面包

当斯宾塞·珀西瓦尔决定停止商业铸币时,他有很多后援可以利用。虽然许多人认为商业代币是保持英国内部贸易流通的唯一途径,但其他人则认为它们是一种威胁,甚至是一种耻辱。

一些人从原则上反对商业代币,认为它们侵犯了王室铸币特权。基于这样的理由,约翰·罗伯森的 120 名纽卡斯尔贸易伙伴宣布,他们不仅会拒绝罗伯森的代币,也会拒绝"任何其他个人"发行的代币(这些商人后来态度缓和了)。[2]甚至有一些代币发行商对踏入政府的地盘也有顾虑。有一个人对"偷窃王室不可剥夺的特权之一"感到遗憾,他担心,如果允许人民"窃取"这种特权,他们可能会"开始攫取其他的特权,而这条道路将导致可怕的后果"。[3]

另一些人指出了商业代币的实际缺陷,其中之一就是它们不像银行代币和王室钱币,只在有限的地方或"本地"流通。尽管大多数代币发行商都是完全有声誉的,但他们的声誉很少超出其居住地的范围,而接受其他社区的代币是有风险的。因此,1811年11月2日,威尔士人在赞扬当地(威尔士)代币发行商帮助补救"因前所未有的零钱匮乏而造成的相当大的不便"后,又警告其读者不要接受"离发行地相当远的地方"提供的代币。[4]这样的警告并没有被充耳不闻。因此,正如扎克·沃克向马修·罗宾逊·博尔顿报告的那样,发行代币的各方发现,"很难将代币传到超出城镇邻近之处,或它们标注的发行地"。[5]

因此,对商业代币的反对,与其说是由熟悉的代币引起的,不如说是由远离家乡的陌生货币的流通引起的。反过来,总体反对意见最可能来自缺乏自己代币来源的地方。虽然比尔斯顿的店主对由拉什伯利、伍利和萨姆·费雷迪发行的代币只说了好话,而在附近的伍尔弗汉普顿,那里没有发行代币,他们的同行却宣称,同样的代币不合适,并发誓要拒绝它们。[6]也许这种拒绝可以归结为"酸葡萄心理":为什么比尔斯顿要从伍尔弗汉普顿的零钱短缺中获利?但伍尔弗汉普顿的零售商也有合理的担心。毕竟,代币发行商不能被理所当然地认为具有稳定性;一旦一位代币发行商陷入困境(就像费雷迪最终所做的那样),该发行商的邻居就会首先得到风声,并通过迅速兑现他们的筹码,让局外人来承担后果。

商业代币也被指责为不可兑换。严格来说,该抱怨并不适用于真正的商业代币,而是适用于普遍流通的匿名代币。正如我们在与1787—1797年的匿名代币有关的情节中所看到的,每当真正的商业代币的未来受到威胁时,普遍流通的代币往往就会赢得一席之地。尽管小额零钱持续短缺,关于即将被取缔的传闻会导致真正的代币被收回。然后,匿名代币将填补这一空白。

直到1811年的最后几天,不可兑换的代币并没有造成多大的问题。但在12月初,一个谣言开始传播,用扎克·沃克的话说,"一项新的管理措施:关于银和铜铸币的措施正在酝酿之中,而代币制度将在下届议会初期结束".[7]预料到会被强制取缔,许多合法的代币发行商采取了让他们的硬币退市的措施。尽管焦急的商人们让其中一些人改变了他们的想法,[8]但仍有一个永久的有利可图的市场需要匿名代币来填补,随着反对商业代币取得进展,这一有利可图的市场变得甚至更大。[9]关于代币有时不可兑换的抱怨是以这种方式自我验证的。

最常听到的对商业代币的抱怨是它们"重量轻"、"质量低劣"或缺乏"内在价值"。这种抱怨最常针对的是银代币,事实证明这在议会中最有影响力,它在议会中引起了仍在怀念旧银本位制的政客的共鸣。由于这个原因,政府首先决定禁止银(和金)代币,之后才转而反对铜代币。

谴责一种代币是"重量轻"的,就是声称它的金属组成成分的价值低于其宣布的价值。例如,在纽卡斯尔,罗伯森的一些批评者,在仅仅通过威胁拒绝他的代币而未能使其信誉扫地之后,1812年4月28日,在《泰恩水星报》(*Tyne Mercury*)上刊登了以下广告,再次对他进行了抨击。

已在化验大厅对在本镇和附近地区发行的不同代币进行了化验,也对南部地区的几种代币进行了化验,总的来说,它们的质量很差,12便士代币的内在价值平均不超过8.5便士,有些不超过8便士。[10]

被视为纯粹是金属块的银币,其价值低于其公开宣布的价值,这是事实。但是普遍流通的匿名代币,包括摩根的大多数产品,所含的金属相对较少,而大多数真正的商业代币则相对较重:它们的票面面值与它们的"内在价值"之间的差额,根据白银的市场价格，[11] 1先令通常在1便士到3便士。这个差额的一部分——可能是1便士的价值——包括发行商的铸造、运输和保险成本。因为这些代币可以在任何时候被赎回，而且当更多的官方银币出现时，必然会被退回，它们的发行商就很难指望从中获利。相反，如果银价下跌，代币发行商最终将蒙受损失。

这些考虑对批评者来说并不重要，他们认为任何偏离（早已失效的）银本位制的行为都是对货币固有地位的威胁。巴斯的弗朗西斯·埃利斯（Francis Ellis），一位地方代币的狂热反对者，有人给他提供了证据，证明惠特彻奇和多尔从他们的四先令代币中获利甚微，他认为这无关紧要。他坚持认为，最重要的是"在巴斯的代币中，银的比例远远低于王国的现行钱币"。这种劣势可能会导致"假巴斯代币泛滥"。

最终可能因代币而产生的困惑和损失，很容易预见，尽管无法计算其程度！而且在目前的情况下，也许值得考虑的是公开的发行商，而不是巴斯代币的接受者。[12]

几个月后，当反对银代币的立法正在进行时，《贝尔每周通讯》以类似的理由谴责了所有代币。

在通常所谓的硬币中……有两项最有用的商业特性。首先，每枚硬币含有一定数量的格令；其次，这些格令具有一定的纯度。这种成分……构成了一定的固定价值……

现在，地方代币想要兼具这两种品性。但对这些铸币商来说没有任何限制，无论是在银的数量方面还是在银的含量方面……所有这些代币的简单弊端在于：它们是劣质货币，是掺假的钱币。它们是作为一种商品和利润而被制造出来的，当然，制造者必须有超越其内在价值之外的某种东西。[13]

对商业代币的最后一种批评,与以下说法有关,就是它们的重量不足。然而,这与它们之中的金属含量无关,而是与其中的金属来源有关:据说地方代币是由熔化的英格兰银行代币制成的。这一说法意味着地方代币发行商不但没有帮助解决像样硬币的短缺问题,反而通过将英格兰银行的银元和代币当作原材料,从而加剧了短缺。

这些就是对地方代币的指控。这些指控是否成立?如果是的话,它们是否证明了禁止商业代币是正当的?关于这些硬币的地方特性,至少有一些特性设法获得了广泛的,甚至是全国性的接受。"我们知道一个事实,"钱币学家 D. R. D. 埃德蒙兹(D. R. D. Edmunds)[14]写道,"一些地方代币确实在其原产城镇之外流通并被广泛接受。"扎克·沃克在他 1811 年 12 月 4 日写给博尔顿的后续信件中,报告了他自己的发现,以伦敦主要马车公司收集的硬币样本为基础,代币的流通"并不局限于制造商的周边地区"。[15]不同城镇的代币发行商有时同意接受对方的代币,就像银行可能同意接受对方的票据一样。[16]不同地区的制造业公司所发行的代币往往在所有此类地区流通。例如,由伯明翰铜业公司发行的代币不仅在伯明翰周围流通,而且还在遥远的斯旺西流通,因为这些公司在那里有自己的冶炼厂。[17]这样的例外情况使得将所有的商业代币污名化为地方代币是不准确的。

更为根本的是,虽然在全国范围内流通的硬币,在其他条件相同的情况下,比地方硬币流通得更好,但这并不能证明在全国性硬币稀缺的情况下取缔地方性硬币发行的正当性。据推测,地方硬币总比没有硬币要好。同样的道理也适用于匿名代币。尽管在合法代币没有受到威胁的情况下,这些代币本身也可能很稀缺。

至于代币缺乏"内在价值"的问题，首先，并没有像弗朗西斯·埃利斯所预测的那样，出现假冒巴斯代币泛滥的情况，也不是惠特彻奇和多尔没有兑现他们的兑换承诺。其他银代币发行商也遵守了他们的承诺，尽管他们被政府强制要求集体收回他们的代币。此外，代币的名义价值和其内在价值之间的差距，远不是一个不可原谅的缺陷，是唯一能使他们不屈服于格雷欣法则的原因。硬币委员会在批准收回银元和批准更多的"质量低劣的"银行代币时，已经承认了这种差距的必要性。议会最终也会这样做，将白银的铸币价格从每金衡磅62先令提高到66先令。

即使是《贝尔每周通讯》，尽管它对地方代币如何"掺假"进行抱怨，但它也知道不可能在坚持旧标准的同时保持银币的流通，当银元被叫停时，它以坚实的经济理由为这一举措辩护。

当货币作为金银块比作为硬币更有价值时，也就是说，当熔化货币比流通货币更有价值时；当铸币局定价五先令，而同样的东西，货币经纪人以五先令三便士购买时，在这种情况下，钱币的消失有什么好奇怪的呢？在铸币局，银的定价好像永远都是一样的。然而，白银在市场上与任何其他商品的价格一样变化不定。在过去的许多年里，它一直在上涨。其结果是，我们的硬币已经完全失去了它以前的关系。没有什么比制定一些新的铸币局规定更重要的了。直到某种事物被尝试，在我们中间，一直会缺乏货币，缺乏铸币。

……银行的行为是建立在上述原则之上的；而且是在白银价格随时上涨中，防止银元完全消失的唯一手段。[18]

几个月后，当新的银行代币发行时，相对于其内在价值，银的价值更小，《贝尔每周通讯》指出，它们"不能被视为现金，而仅仅是被称为金属票据"。编辑们解释说：

票据的性质……不需要任何价值,除非在合同条款中有规定。它仅仅是一个支付和接收的承诺,并且无论这种承诺是在纸上还是在皮革上,或是在金属上,都是无关紧要的:承诺的基础不需要有任何价值……因此,如果在没有要求这种代币应该具有任何价值的情况下,它们不值它们所表达的合同金额的总数,就是对它们不合理的反对意见。[19]

"我们可以粗略地指出,"编辑们继续说,"对我们来说,这是一个非常值得怀疑的问题,在国王的铸币厂再次开工之前,白银的铸币价格是否必须改变,并且全部置于新监管之下。"[20]

尽管《贝尔每周通讯》可能否认,但它的论点相当于暗中为地方代币辩护,反对其被指控为"掺假"或"质量低劣"。如果有的话,地方代币比银行代币更接近于"金属票据",因为英格兰银行坚定地拒绝将其代币视为自己的票据,只在交换银块时接受它们。

至于地方代币制造商一直在熔化银行银币的说法,尽管威廉·查洛纳(William Chaloner)[21]提到,有"大量的证据"支持这种说法,但人们在寻找该"证据"时却一无所获。正如我们将看到的,英国政府本身最终否认大量的银行代币被地方代币制造商或其他人熔化。可以肯定的是,早在第一批银代币出现之前,完整的银行银元就开始消失了。由于被合法低估,它注定会消失,如果它再次出现,也是以珠宝、烛台和盐碟的形式出现。私人代币制造商因此重新让至少一些以前被低估的白银流通起来。因为他们对白银的需求远远超过了通过收购和熔化银行代币所能得到的数量,他们也最终从英国西印度群岛、新南威尔士和其他英国殖民地,进口了大量的西班牙和葡萄牙硬币。[22]

简而言之,禁止地方代币的论点足够多,可以车载斗量。如果商业代币不是王室硬币的完美替代品,它们至少是不完美的替代品。正是借助于它们，公众帮助自己获得了半块面包，同时等待政府推出更多硬币。

但政府并不打算推出任何东西。恰恰相反，它正准备把那半块面包也夺走。

"最危险和最有害的措施"

指控地方代币论据的脆弱性，并没有阻止情绪的浪潮——至少是官方的情绪——转向反对它们。反过来，这种负面情绪又引起了它们即将被取缔的谣言。这（正如我们所看到的）导致了匿名代币的激增，进一步削弱了对地方代币的支持。

因此，在1812年4月27日，威廉·赫斯基森（William Huskisson）尖锐地质问财政大臣，他是否打算"提出任何措施来遏制地方代币的流通"。就在那时，珀西瓦尔刚刚阻止了蒙克发行更多的金代币。他回答说（在"听着！听着！"的呼喊声中），他打算在第二天提出"一项法案，以禁止为目的，来控制小额代币的流通"。[23]

事实上，珀西瓦尔直到5月4日，都没有提出他的"阻止发行和流通金银块或其他通常被称为代币的金属，但英格兰银行和爱尔兰银行发行的除外"的法案。议会要到5月7日才会听取它。到那时，关于该法案存在的消息已经传到了各地，它在包括约翰·伯克利·蒙克在内的商人和代币发行商中引发了一场警报。蒙克给珀西瓦尔写了第二封信，提醒他，他的措施会造成的损害。

我不是私人代币制度的捍卫者，但我衷心地对逐渐取代了王国的硬币，并导致普遍采用更低级的代用品等系列情况感到遗憾。然而，我相信，在我们目前的通货状况下，它们是绝对必需的，如果没有它们，就永远不会有足够的银子流通，以满足社会底层和劳动阶层人民对小额支付的众多和紧迫的需求……如果你打算把这些全部禁止，你就会夺走我们货币的一部分，而这部分货币不仅是最稳固的，而且是最有用的，甚至是社会下层阶级所必需的。[24]

珀西瓦尔永远不会听到蒙克的恳求了。1812年5月12日晚，当蒙克把他的想法写在纸上时，一个名叫约翰·贝林汉姆（John Bellingham）的头脑不正常的伦敦经纪人，在下议院的大厅里开枪打死了这位首相。[25]

珀西瓦尔的去世导致地方代币法案的二读被一再推迟，而新政府则被拼凑起来，由查尔斯·詹金森的儿子罗伯特，即第二任利物浦勋爵掌舵，范西塔特担任财政大臣。二读最终在6月25日进行，该法案被提交给一个全体委员会，该委员会于7月1日报告了一个修订版。7月8日，进一步的修正案得到了同意。7月9日，要求在1813年3月25日以前收回地方代币的法案被宣读，这是第三次也是最后一次宣读，法案获得通过，并提交给上议院以获得其同意。

尽管地方代币法案在下议院没有遇到严重的反对意见，但它在上议院的接受程度却是另一回事。在那里，地方代币有一个雄辩的支持者，他就是劳德代尔伯爵八世詹姆斯·梅特兰（James Maitland, 1759—1839）。除了领导苏格兰的辉格党之外，劳德代尔伯爵还是他那个时代有学问的——如果不是空谈理论的——政治经济学家之一，他发表的作品包括《对公共财富的性质和起源，以及对其增长的手段和原因的调查》(1804)、《关于流通中令人担忧的状况的思考》(1805)以及《大不列颠纸币贬值的证明》(1812)。[26]根据《国家传记词典》记载，[27]他也是"一位脾气暴躁、精明、古怪的人，口才流利"，他喜欢对抗，并且喜欢笨手笨脚地尝试幽默（谢里丹曾经说过，"一个笑话到了他嘴里就不是笑料"[28]），却经常不奏效。他的一句典型笑话激起了本尼迪克特·阿诺德(Benedict Arnold)对他发起挑战要求决斗,两人都毫发无损。没有几个人的反对意见会像86岁劳德代尔的,出现在《上议院日志》的页面上。

在货币问题上,劳德代尔基本上是一个保守派。作为一个不妥协的金属主义者,他赞成迅速终结银行限制法。他还期待着皇家铸币局能够再次负责国家的银币和铜币铸造。然而,政府取缔地方代币的计划令他感到震惊。他说,他告诉格伦维尔勋爵(在得知该措施的文本在下议院通过了之后),这个计划"只是在必需的改革和做事上,本末倒置,以我对目前流通状况的所有观念来看,即使是我,也不可能冒险这么做"。[29]

当地方代币法案于7月21日到达上议院时,劳德代尔用他的"流利的舌头"对其进行了抨击、斥责,用他宽厚的苏格兰口音,称其为"最危险和最有害的措施"。他说,取缔地方代币会——

> 破坏进行零售贸易的手段,在全国造成混乱和困扰,目前只有通过这些地方金属代币提供的小额零钱这一媒介,才能在全国进行零售贸易。

劳德代尔指出,白银的价格又在上涨;如果它进一步上涨,"甚至目前的银行代币也将很快被赶出流通领域"。在这种情况下,他大声问道:"零售贸易究竟如何进行下去?"[30]

这位狡猾的苏格兰人对地方代币"质量低劣"的指控,还准备好了一个现成的答复。他已经收集了"相当数量"的标本,发现它们的金属价值约为其名义价值的四分之三——他认为是"一个公平的比例",这没有为政府的攻击提供任何理由(劳德代尔自己的综合统计数据,本书附录中已转载,实际上表明了比例更高)。另一方面,"零钱的绝对缺乏"意味着"该法案如果获得通过,将成为制造劣币的公告，这些劣币将进入流通领域，代替由有信用的人发行的且由他们负责的代币"。[31]

事实上，关于该法案进展的消息，已经推动了"劣质"（即匿名和轻量级）代币的增加。然而，政府没有被劳德代尔的警告所打动。"尊贵的勋爵和他的(辉格党)朋友们经常发出危险措施的呼声，"利物浦说，"这就像男孩与狼的寓言故事一样。"[32]考虑到这则寓言的寓意，利物浦在明智地考虑是否真的有一只狼出没。相反，他否定了劳德代尔的担忧，坚持认为"这些地方代币所造成的恶果，强烈需要采取补救措施"。从接下来的事件来看，值得注意的是，利物浦提到的唯一具体的"恶果"，是谣传"那些有兴趣流通这些代币的人，买光了银行代币并将其撤出流通领域，以便他们通过发行本地代币获得更大的利润"。[33]

因此，尽管劳德代尔作出努力，政府还是采取了自己的方式。7月28日，上议院以鼓掌方式通过了《地方代币法》[34]，只做了些许修正。7月29日，该法案获得了御准。

由于预期代币最终会被收回，其持有者急于将其兑现，每个人都担心，如果他们不这样做，其他人也会这样做，从而耗尽代币发行商的储备。反过来，代币发行商也尽其所能地安抚公众，防止无序的运行。例如，蒙克在8月10日至9月12日，五次在《雷丁水星报》上刊登了以下广告。

约翰·伯克利·蒙克发行，1811—1812年
金银地方代币

鉴于根据上届议会通过的一项法案，宣布在1813年3月25日以前流通金银地方代币是合法的，此后不再合法，我认为我有责任呼吁公众注意这一法案，并宣布，我已准备好无论在任何时间履行我对我的代币所作的承诺。

但为了给我在城里和附近地区的代币持有者提供方便,我特此通知,在明年 2 月的第一个星期六,以及之后的每个星期六,我将在上午 11 点到下午 2 点到雷丁的小熊旅馆,把我的代币换成银行券,直到全部换完为止。

我必须感谢公众对我的信任,希望在收回地方代币的时候,政府将准备为国家提供一种标准货币的硬币,这是国民毋庸置疑的权利,而不会像现在这样,让国家成为强制性纸币通货的牺牲品,在股票市场上使用国王的硬币公开打折,并且不能通过任何法律程序将其兑换成英镑、先令、便士或银行代币,或任何铸币,或任何零钱。

约翰·伯克利·蒙克
雷丁市科利公园,1812 年 8 月 8 日[35]

蒙克的代币即将被收回,但并没有让所有雷丁的居民觉得这是一件坏事:在 9 月 14 日写给《雷丁水星报》的一封信中,一位自称"先锋"的匿名作家写道,"(我)必须让所有了解这个问题的人考虑一句格言,即必须严格遵守铸币标准",否则就会诱发假币商出现。[36]这位"先锋"似乎没有注意到,"严格遵守铸币标准"意味着完全没有硬币,或者最有动力保护蒙克的代币不被伪造的人正是约翰·伯克利·蒙克本人。无论如何,他的意见是少数人的意见:几天后,不少于 106 名雷丁的好市民以公开会议的形式回应了他的意见,他们在会上感谢了"蒙克先生,感谢他发行银代币给他们带来便利",同时"对通过一项禁止金银代币流通的法案表示惊讶……而没有对未来的白银供应作出任何规定,无论是由铸币局还是由英格兰银行供应"。[37]

不过,在威斯敏斯特,与刚才引用的"先锋"的观点不一样的观点已经占了上风,使劳德代尔的希望渺茫,寡不敌众。然而,劳德代尔希望能笑到最后。"至于'狼来了'的呼声,"他在 7 月 21 日告诉利物浦,"我毫不怀疑,早在3月25日以前,阁下在这个问题上也会喊'狼来了'!并且会非常急切地想废除目前的法案。"[38]

这位过分自信的大人并不只是在吹牛。"在完全没有官方银币的情况下,"阿尔伯特·费维耶尔爵士(Sir Albert Feavearyear)[39]认为,"代币起到了一个有用的作用,而政府根本不知道如何提供一种能够令人满意的银币,作为不可兑换的纸币的辅助品"。在这种情况下,政府别无选择,只能取消预定的取缔行动,如果不这样做,将有可能引发一场全面的支付危机。

可靠的消息来源

但劳德代尔不会认为任何事情都是理所当然的,如果他能使英国免于再次陷入困境,无论多么短暂,他都打算这样做。这意味着在3月25日《地方代币法》生效之前,说服政府改变对地方代币的看法。"你知道我很着急,"他在8月12日写给格伦维尔勋爵的信中说,"对我们的流通媒介进行全面改革。"他继续说道:

我确信,这种部分改革,如果可以称之为改革的话,一定会产生巨大的危害,以至于该法案不可能不被废除。

目前,不是所有的地方代币都能够方便国家,提供充足的零钱,而且通过向英格兰银行授予向全国提供所有价值在20先令以下货币的绝对垄断权,不可能产生所需货币的数量。但这是该法案的明显后果,当我们考虑到不存在标准银币时,而且如果存在的话,它也无法流通……

在这种情况下,我急于获得关于这个问题的所有信息,为了这个目的,我准备向整个王国的每一位地方代币发行商发送一封通函,随信附上调查问卷,通过答复让我掌握国家关于零钱的真实状况。[40]

因此,在议会夏季休会时,劳德代尔开始工作。很快,全英国各地的代币发行商开始收到他的信,以及附带的调查问卷。这封信的开篇如下:

在上届议会上,我反对题为"阻止发行和流通金银块或其他通常被称为代币的金属,但英格兰银行和爱尔兰银行发行的除外的法案"的法案。

尽管我希望为了国家的信用和福利,对我们现在进行流通的原则,进行全面修订,当时和现在的我都完全相信,在明年3月消灭所有地方代币的措施,除非有一些进一步的安排,否则证明是非常有害的。

我确实认为,有充分的理由相信,如果该法案不在议会开会时立即废除,国家的商业将受到最严重的冲击。因为,在我看来,它将剥夺制造业主支付其工人工资的权利,并使贫穷的消费者没有办法与零售商打交道;同时,它将证明对整个社会造成无限的不便。

所附的调查问卷收录于本书的附录中,其中列出了关于接受代币者和引发代币情形的15个问题。

9月初他开始收到回复,几个月后回复仍在不断涌来。虽然它们来自王国的每一个角落,但它们提供的证词是非常一致的:在官方小额零钱严重短缺的情况下,他们才不情愿地采用了地方代币;英格兰银行的代币,只满足了一小部分零售商小额零钱的需求;而且至少在制造业城镇,代币(尤其是铜代币)往往是唯一实用的集体支付的替代办法。

尽管原始答复已经无影无踪了——也许是永远消失了，也许是消失在某个尘封的档案馆的一个小角落里——但劳德代尔还是发表了一份代币统计数据的汇总表，以及他的《关于货币状况的进一步考虑》[41]，其中摘录了受访者的信件内容。这些摘录，对当时英格兰各地通行的货币状况，提供了一个迷人的、前所未有的鸟瞰，在1812年的最后几个月里，这些摘录在同行中广为流传。本书附录完整地收录了这些摘录，以便读者自己可以衡量一下即将在翌年3月生效的法案。

劳德代尔没有发表的一份答复是约翰·伯克利·蒙克发来的，他当时正在采取措施赎回他的代币。幸运的是，这位"伟大的希腊人"自己在《雷丁水星报》上发表了他的全部答复，埃德蒙兹教授[42]已经重印了它，并加上了他的专业评论。蒙克总结说：

> 我已经尽了一个人的责任……为这个地区提供了银币零钱。同样，我也不怀疑在我们目前的货币状况下，禁止地方代币流通的错误政策。但我相信，没有什么能让大臣们相信这个错误，只能靠代价高昂的经验。出于这个原因，我将在今后顺应潮流，而不是无用地反对它。[43]

狼来了！

在劳德代尔试探代币发行商意向的同时，白银市场开始证实他的预言。随着9月的到来，西班牙白银价格达到了六先令四便士，使银行代币的金属价值几乎等于其面值，再增加半便士就意味着1811年3月危机的重演。[44]危机在11月中旬到来，当时西班牙白银价格达到六先令六便士。在这个价格水平，不仅是银行代币的价值再次被低估,而且银行每订购一块新代币都会遭受损失。无奈之下,银行告诉其客户不要指望它提供银币。

在议会中,舆论的风向开始转向劳德代尔的立场。12 月 8 日,伟大的亨利·桑顿(Henry Thornton),拉响了劳德代尔几个月前就预料到了的警报。

> 如果采取了这样的措施,那么用什么来弥补不足呢?生活中普通交易的小额零钱,在任何地方都是被需要的,即使有这些地方代币的帮助;但当它们被收回时,银行行长承认,该机构没有能力发行任何银币来弥补损失。[45]

几天后,在议会假期休会的前夕,哈德逊·格尼(Hudson Gurney)站起来问道:"在目前白银匮乏和银行代币分配相对有限的情况下,大臣们是否打算强行实施《地方代币法》的规定,因此给国家带来不便?"处于守势的范西塔特打起了退堂鼓,他回答说,虽然他"完全赞同"该法案的"原则",政府现在计划推迟"该原则的实施……直到仲夏时节,以便在这期间采取措施,确保银行代币得到更加自由的供应"。[46]

这件事在 2 月 3 日再次出现,这一天英国向美国宣战。范西塔特开始承认有"许多反对意见……反对取缔这种货币"。然后,他把这些反对意见抛在一边,坚持认为,"即使不存在由任何其他种类的货币提供充分供应的机会,继续使用这样一种完全不受政府控制、如此质量低劣的和由于发行商信用有限只局限于某些地区的货币,是错误的"。最后,他以当时已经成为他的标志的扭曲逻辑,认为将原定的最后期限推后,直到一些新的银行代币可以被铸造出来,可能这是一个好主意,从而避免任何"暂时不便"的风险。[47]范西塔特最后请求允许提出一项法案,以修订《地方代币法》,使地方代币的

249　法律地位得到延续,直到在 3 月 25 日原定期限之后的 6 个月。

但是,政府期望如何获得新银行代币所需的白银呢?这是 2 月 12 日向财政大臣提出的两个好问题之一。范西塔特在回答时指出,最近外汇汇率的改善对英国有利:他暗示,这些银子将来自国外。拉纳克郡议员汉密尔顿勋爵,像他的苏格兰同胞劳德代尔勋爵一样,是一位硬通货的辉格党人,他认为这个提议是荒谬的。"如果这位可敬的先生(范西塔特),"他说,"没有其他理由希望发行银币,而只是希望改善汇率,那么这种希望是很脆弱的。"[48]但范西塔特非但没有产生怀疑,反而撤回了他早先提出的将《地方代币法》推迟到 1813 年 10 月 1 日的建议,而是赞同在 7 月 5 日生效。他说,议会届时可以"作出进一步安排,应该不会出现没有足够的银行代币供应"。贝德福德郡议员塞缪尔·惠特布雷德(Samuel Whitbread)反对修改后的计划,理由是众议院不可能在建议的日期开会,但当财政大臣提出在夏季休会前再次审议该法案时,他没有提出修正范西塔特法案的动议。

向范西塔特提出的另一个好问题涉及政府在发行新银行代币后保持其流通的策略。"尊敬的先生是否知道,"汉密尔顿问道,"在银行已经发行的 170 万英镑的代币中,有多少仍在流通?"他补充说,"相当数量的硬币已经被熔化了"。他接着总结道:

如果这是已经发行的银行代币的命运,那么,如果新发行的代币内在价值相同,尊敬的先生能提出什么保障,保证它们不会遭遇同样的命运?如果银行代币有可能因此而退出流通,那么地方代币就仍然是必需的。[49]

范西塔特引人注目的答复是:"当然应该注意,由银行发行的任何代币的价值都应与白银的市场价值保持一致,而对于这种相等,大量地方代币对公众没有这种保证。"[50]当然,地方代币发行商确实没有"保证"代币的金属价值和名义价值之间的固定关系。例如,没有任何一位地方代币发行商,简单地提高未偿付硬币的名义价值,以防止它们被熔化或以其他方式退出流通领域,正如政府已经感觉到必须有所作为,努力防止银行代币消失。但地方代币发行商做得更好:他们承诺他们的代币相对于国家标准货币拥有固定的价值,他们通过保证按要求兑换他们的代币来保证这一点。如果政府有证据证明这种承诺是不可信的,它就会把这种证据保留下来。如果政府认为,辅币应该与制造它们的金属价值,而不是国家标准货币的价值,严格联系在一起,那么它就比地方代币发行商更不了解一个实用的小额零钱系统的要求。

范西塔特如履薄冰,继续费力前行。除了建议政府可以通过定期调整银行代币的面值来防止新的银行代币被熔化之外,他否认过去有大量的银行代币被熔化。他说,它们只是被囤积起来,"当新发行的银行代币出现,地方代币的竞争被取消后",[51]它们就会出现。因此,在为新发行的银行代币辩护时,政府默默地宣布极端"有害"的地方代币无罪,根据利物浦勋爵的说法,正是这种"有害"被认为是证明禁止地方代币正当性的理由。

如果有哪一位议员注意到政府放弃了自己最喜欢的取缔地方代币的论据,他也不会把自己的想法透露给议会议事录。无论如何,这个问题是未经决议的,因为1813年2月呈交在议会之前的问题,不是是否要取缔地方代币,而是是否要推迟取缔地方代币。关于这个问题,政府和反对派现在是完全一致的:坚持3月25日的最后期限是没有问题的。范西塔特的新《地方代币法》[52],对原法案进行了修正,将代币的法定寿命延长至7月5日,并于2月16日在下议院通过,3月4日得到上议院的同意,3月23日,在仅剩两天的时间里获得了御准。

因此,地方代币获得了缓期执行,这被证明是几次缓期执行的首次。银行于 1812 年 9 月 18 日恢复了其代币发行。[53]但在 1813 年 5 月 26 日,随着 7 月 5 日最后期限的临近,银行行长威廉·曼宁(William Manning),"被迫告诉利物浦和范西塔特……鉴于市场的状况和国外支出对白银的需求,他无法为全英国生产足够的(银行代币)份额"。[54]此时,西班牙白银的售价约为每盎司六先令八便士,使每枚 3 先令的银行代币的金属价值为三先令二便士。因此,曼宁认为,"代币流通量的增加只会导致囤积或熔化"。

6 月 11 日,当地方代币被提出来进一步讨论时,政府不得不再次承认劳德代尔的"狼来了"是真的。"尽管我国与外国之间的汇率有了相当大的改善,"范西塔特解释说,"但是,货币的状况仍然使我们有必要继续执行(地方代币)法案一段时间。"[55]然而另一项《地方代币法》[56]就这样被提交给议会审议,这一次将地方代币的使用期限延长至下届会议开始后的 6 个星期,即延长至 1813 年 9 月。被证明观点正确的汉密尔顿忍不住让自己对"先行者"的代价进行一番讽刺,鉴于他在上一会期的乐观预测,对财政大臣竟然提出第二次续期表示"惊讶"。

范西塔特被迫忍气吞声,提出了对前一法案的另外两项修正案,以此来缓解自己的痛苦。一项是代币发行商用英格兰银行的纸币,来兑换他们的发行物;另一项是将价值低于 20 先令的纸币列为非法货币。赫斯基森认为,鉴于现有的法律,这些修正案是没有用的。不过,他毫不怀疑"延展《地方代币法》是极其必要的,而且可能会继续必要……在很长一段时间内都有必要"。

到目前为止,我不相信这一阶段很快就会到来,使政府能够完全收回地方代币,所以我坚信,有必要提高英格兰银行现在发行的硬币的票面价值。白银的价格已经高于地方代币的价值,而在需要金银的地方，毫无疑问，三先令的银行代币被认为比其他银币便宜得多。[57]

尽管最新的《地方代币法》在 7 月 10 日获得了御准，但到了 11 月，很明显，英国经济仍然离不开地方发行的硬币。因此，不得不通过另一项法案[58]，将代币的使用寿命再延长一整年。

然而，不会再有更多的"延期"了。为了避免公众产生任何疑问，报纸被要求发布通知，比如 1814 年 12 月 14 日《雷丁水星报》的以下内容。

取缔地方代币——1813 年 11 月 26 日通过的《议会法案》规定，"从议会下一会期(也就是现在的会期)开始并在六周后，任何金代币或银代币都不得作为货币经手或流通；每一个在议会下一会期(也就是现在的会期)开始并在六周后，流通或经手任何此类代币的人，应该罚款不少于 5—10 英镑，由审理或判决此类违法行为的法官或法官们决定[59]；但本法的规定并不妨碍任何人向原发行商出示任何此类代币进行支付，也不妨碍任何此类原发行商解除或免除其支付同样代币的责任"。因此，公众将保持警惕，注意到上述法案暗指将于下周一到期，在此之后就不能再接收地方代币了。

不希望政府对地方代币的看法与自己的看法相混淆，《雷丁水星报》补充说：

与每一个从事贸易的人一样，我们都经历了在本镇发行的那些有分量的、值得尊敬的代币所带来的良好效果，我们对它们立即停止流通所带来的停滞不前感到遗憾。

停滞没有多长时间就来临了。在雷丁市,马什和迪恩公司(Marsh, Deane & Company)甚至还没有按照法律的要求,完成对蒙克代币的兑换,硬币短缺问题就再次发生了。[60]在整个英格兰的其他地方,贸易也同样陷入困境。私人银币的撤回也有助于提高官方发行的溢价。到1815年4月,先令的溢价为4.25便士,甚至三先令银行代币也被低估了。"除非在货币方面为国家做一些事情,"《商人或商业杂志》的一位在语法上有问题的记者写道,"很快就不可能获得任何种类的零钱了,因为允许铸造地方代币的法案过期或不再续期,使伯明翰和谢菲尔德等地的制造商受到了不可弥补的伤害。"[61]

在此期间,以前的代币发行商正在遭受重创。代币涌入商店店主的分拣箱,每一枚上都印着一些当地发行商的名字。在那里,它们被送到发行商那里进行兑换,如果数量太少的话,就交给经纪人,他们收取一定的费用并且积攒起来再兑换。[62]迄今为止的记录显示,没有任何合法的要求被拒绝,尽管发行商不得不被法院强制兑换低于1英镑的金额——这一决定除了与发行商原始承诺不一致外,也没有考虑到最初导致发行代币的官方小额零钱短缺的问题。许多代币发行商遭受或预计遭受损失。例如,布里斯托尔的盖拉特公司(Garratt & Co.),公布的一份资产负债表显示净亏损5588英镑,总共发行了64万枚(或价值3.2万英镑)的先令代币。[63]

因此,私人银代币不再是——至少不是真正的银币了。就像劳德代尔预言的那样,私人货币的"低劣"形式悄悄地占据了合法商业代币兑换后留下的空白。匿名代币躲过了禁令,就像伪造的王室硬币和银行代币一样。法国货币也进入了这个领域,古老的法国12苏①和24苏代表六便士和先令。据一位了解情况的法国商人说,价值不少于20万英镑的已失效的法国硬币在1815年4月起的12个

---

① 苏,法国旧时的一种低面值硬币。

月内,被进口到英国。[64]这些是商业代币的替代品,是议会的盲目冲动为其开辟了道路。

为了铜的议员

从字面上解释,《地方代币法》应该是终止了铜代币以及金银代币。事实上,有些人希望它能被这样解释:因此,威廉·赫斯基森在1813年6月18日问财政大臣,当时预想的措施版本是否旨在取缔铜代币。赫斯基森认为,考虑到用这种"虚假的金属"制造的大量代币,以及它们倾向于"抬高了首要必需品的价格",应该是这样的。用代币付款时,店主在收取更多的费用,因为代币只能用12个月期限的票据来兑换。大概赫斯基森声称,敦促枢密员和南安普敦议员乔治·罗斯注意,他"并不清楚我尊敬的朋友所提到的那些做法的存在"。[65]

事实上,铜代币与银代币一样,通常不是用票据而是用英格兰银行的纸币来兑换。[66]赫斯基森似乎被一些代币制造商的做法所误导,他们在伦敦接受票据付款。至于有关铜代币提高了价格的指控,虽然不能一概而论地否定它(毕竟,当工人有东西可以支付时,他们一定会比没有的时候为"首要必需品"支付更多的钱),赫斯基森没有提供代币折价交易的证据,也没有这样的证据从其他来源流传下来。[67]

无论赫斯基森的论点有什么优点,范西塔特都不会让他满意,坚持认为《地方代币法》的目的不是取缔铜代币。然而,财政大臣确实欢迎任何旨在解决此类代币问题的"建议"。1813年6月29日,在对经修订的《地方代币法》进行三读时,这样一个提案被提了出来。该提案的作者,也是从那时起就一直是铜代币最强烈的反对者,具有讽刺意味的是,他是那个将铜代币热潮推向高潮的人的亲密伙伴:帕斯科·格伦费尔先是作为托马斯·威廉姆斯的"杰出下属",然后又作为他铜矿王国的继承人而发家致富。[68]格伦费尔曾是威廉姆斯在大陆船舶外壳的代理商,是他在霍利韦尔工厂的合伙人,以及是他的伦敦铜业办公室的经理。在威廉姆斯去世后,他继承了威廉姆斯的大马洛区席位(该自治市的两个席位之一,另一个席位由威廉姆斯的儿子欧文继承)。因此,他获得了一个有利的地位,可以从那里对他的上一任所开创的硬币进行攻击。

自相矛盾的是,格伦费尔希望看到私人铜币被淘汰,其原因与威廉姆斯当初推出铜币的原因相同,即促使政府铸造新的铜币。格伦费尔在6月13日已经为新的铜铸币辩护,注意到"不管金银如何稀缺,铜肯定是不稀缺的",这将阻止这种铸币的发行。[69]他现在又补充了一项建议,即禁止铜代币和(真的和假的)塔式半便士,注意到需要73枚半便士代币,而相比之下只需16枚优质王室便士,才能构成一磅的铜,而公众因此成为"16和73之间的差异"的输家。[70]一项合理的比较至少意识到便士和半便士之间的区别。而且,最新的博尔顿铜币,实际上所有的仍在流通的,是以每磅48枚而不是32枚半便士铸造而成,这意味着代币持有者所承担的"损失"不超过这些数字之间的差异。最后,半便士代币的重量通常在9—10克,或大约每枚150格令,而便士是其重量的两倍。换句话说,它们是按照相同的标准制作的,如果不是比博尔顿铜币略微更好的标准的话。每磅73枚的标准并不适用于它们,而是适用于伪造的塔楼半便士,而这完全是另一回事了。

所以格伦费尔是将事实玩弄于股掌之间。为了什么?部分原因是,由于从事铜贸易,他希望政府铸造铜币,但又不能以铜币短缺为由让政府这样做:范西塔特的官方立场是,仍有大量的皇家铜币可以使用。但范西塔特也接受了这样的说法——不管其依据有多轻率——即代币发行商在欺骗公众。"这一弊端,"他说,"已经引起了政府的注意,目前正在考虑之中,尽管还没有确定如何进行。"如果政府像格伦费尔提议的那样,对代币和老式塔楼铜币都加以谴责,那么它几乎别无选择,只能订购一种新的、大规模的皇家铜币。

口风不紧

格伦费尔在 12 月 10 日再次对铜代币进行了攻击,回顾了他早先对全国铜币质量低劣状况的观察。尽管他现在承认,他早先的数字只适用于半便士赝品,而铜代币"没有如此质量低劣"。他还提出了一个反对后者的新论点——至少具有坦率的优点。他说,私人铜代币"在这个国家是不能容忍的,因为这里铜矿的产量是欧洲其他国家的 4 倍,是世界其他国家的 2 倍"。[71]格伦费尔反问道,对于铜市场的低迷状态,还有什么比"政府支付召回旧塔楼半便士的费用,并同时以议会法案取缔伪造的半便士和铜代币",更"有效的补救措施"呢?[72]

作为对这一最新提案的回应,范西塔特没有提供含糊的承诺,而是抛出了一个重磅炸弹。"我很高兴地确认,"他说,"有关费用的考虑将不再阻止我们收回旧的塔楼半便士,新硬币的发行将很快使伪造的半便士和代币消失。"[73]范西塔特补充说,他希望将政府的意图"尽可能公开",以"防止有人因制造铜代币而造成巨大的损失"。[74]

范西塔特如愿以偿,然后他宣布的消息迅速传开,引发了对旧塔楼铜币的普遍拒绝。这种拒绝在几周内对英国穷人造成的伤害,比假铜币造成的更多,更不用说铜代币了。震惊和羞愧的财政大臣试图通过公开宣布塔楼半便士仍然是法定货币,并且政府和皇家铸币局仍然按全价收取这些硬币,来弥补这一损失。他随后发布了官方公告,以达到同样的效果。但所有这些努力都是徒劳的:到1814年4月4日,贝德福德议员塞缪尔·惠特布雷德报告说,拒绝使用旧半便士的行为仍在造成"极大的不幸……在制造地区",部分原因是阻碍了济贫税的征收。[75]穷人除了手头的少量旧铜币以外,几乎没有其他东西,他们被置于双重困境之中,由于普遍拒绝铜币,他们被迫向堂区申请援助,济贫官却告诉他们,同样的拒绝已经剥夺了堂区本身的资金。[76]根据罗杰斯·鲁丁(Rogers Ruding)[77]的说法,拒绝使用旧塔楼半便士和法新的情况,一直持续到1818年12月它们正式退役之日才结束。[78]

范西塔特考虑不周的公告所造成的伤害,也不限于塔楼铜币。正如财政大臣所预料的那样,该公告立即停止了贸易代币的进一步生产,除了少数几种真正的贸易代币外,鼓励一些发行商完全撤回他们的代币。[79]根据威廉·戴维斯[80]的说法,1813年之后发行的唯一"通过刻印文字或图案表明其所在地"的铜代币,是"鲁吉利(Rugely)的两便士、少量法新,以及谢菲尔德工厂的1815代币"。

范西塔特没有考虑到他的声明会推动匿名铜币的增加,越来越多的大量铜币进入无助工人的工资袋,并从那里进入店主的钱柜。这些匿名铜币中的绝大多数——威廉·戴维斯记录了100多种——要么是骡币,要么是相似的复制品,如果不是真正贸易代币彻头彻尾的伪造品的话,很容易与它们混淆,让店主们极度沮丧。[81]它们越来越多的存在,尤其是在米德兰地区的铁矿区,在很大程度上使曾经对铜代币的热烈反应"完全消失了……取而代之的是一种敌对的舆论"。[82]例如,在斯托尔布里奇,公民们于1815年10月24日集会,"以采取措施阻止铜代币的流通",这些铜代币"对公众造成了极大的不便,因为它们是在没有制造者或流通者姓名的情况下发行的,而且远远低于名义价值"。会议决定拒绝以匿名代币用于支付,并认为不这样做的人"是一种弊端的参与者,这种弊端是这个商业国家的耻辱"。[83]

在不知不觉中损害了私人代币和旧塔楼铜币的声誉之后,人们可能会期望范西塔特在他承诺的重铸硬币方面迅速采取行动。相反,在整整3年的时间里,铜币继续恶化,他和他的政府几乎没有采取任何行动。在此期间,滑铁卢战役给欧洲带来了和平,但同时也给英国的大片工业带来了萧条。米德兰地区的钢铁工业,其战时的大部分产品都被军工厂消耗掉了,受到的打击尤其严重,其一半的高炉不再开炉。[84]大萧条毁掉了几位合法的代币发行商,包括其中最大的——塞缪尔·费雷迪。费雷迪为庆祝滑铁卢战役的胜利,举办了一场盛大的宴会,他的工人和穷人都被邀请参加。他还不如举行一次守夜,因为"和平带给他的破坏,就像战争成就了他一样"。[85]这位曾经伟大的铁矿主的事业一个接一个地崩溃,从他的比尔斯顿银行开始,费雷迪公司于1817年倒闭,费雷迪在1821年走向个人破产,此后他试图在欧洲大陆赚取新的财富,但未获成功。[86]

不耐烦的帕斯科·格伦费尔,受经济恶化的刺激,他在1817年3月27日第三次也是最后一次把范西塔特推到了现场,问他是否打算"提出任何措施来取缔铜代币的发行"。范西塔特已经学会了管住自己的嘴,端坐不动;但伍斯特郡议员威廉·利特尔顿(William Lyttleton)站起来说,他将在假期后提请议院注意这一问题,他注意到(在"听着!"的呼声中),"在斯塔福德郡所有发行过铜代币的人中,没有一个人现在是有偿付能力的"。这一说法是不真实的(它忽略了斯塔福德郡发行代币的济贫院),但这并不妨碍它达到它的目的,即铲除对私人铜币政治支持的残余。

然而,不是利特尔顿而是格伦费尔呼吁议会再次关注铜代币,他在1817年4月25日提交了一份达德利市民的请愿书,达德利是一个拥有约1.8万名居民的城镇,坐落在黑乡的心脏地带,在伯明翰西北方向约 10 英里处。达德利镇的居民已经看到了太多破产的代币发行商和外表美观的代币,对摆脱私人代币是焦虑的。正如记录在下议院日志中的他们的请愿书,部分声明如下[87]:

> 大量的地方铜代币,其内在价值不超过其票面价值的一半,在请愿人居住的地区内流通;这些代币是由雇用了许多工人的人或由利欲熏心且没有原则的个人发行的,后者通过大量购买和流通代币来获取巨额利润;议院将判断这些已在执行的做法的范围,以及公众遭受的巨大损失。请愿人指出,在达德利镇,在过去的 18 个月里,有超过 6 吨的这种假币被两位铜匠买走,并不是为了重新发行,而是作为旧金属购买;这种罪恶由于一些率先发行这种低劣货币品种的人的声名狼藉的破产,而已经有所减轻,但它仍然被强加给公众,达到了最令人担忧和警惕的程度。请愿人充分意识到,商人和其他人可以选择是否接受这种华而不实的货币的付款,但对于社会上的劳工阶层来说,情况就不同了,他们中的成百上千人别无选择,要么接受这些货币作为他们的工资,要么和他们的家人一起在饥饿和绝望中煎熬。因此,并不令人惊讶的是,这些代币通过这种和各种类似的渠道强行进入流通领域,给公众带来了极大的烦恼和损害,其结果是,因为支付给穷人的主要是这样的代币,他们无法以自己微薄的收入获得优势;店主和其他商人则被大量劣质铜币所累,不仅要承担巨大的风险和不便,而且还要承担非常严重的损失。

请愿书最后恳请政府发行新的王室铜币,"充分满足各种交易目的;这样,在需要铜币的地方,就不再以公共便利为借口来支持欺诈和压迫的制度"。附近的斯托尔布里奇镇和韦德斯伯里镇也有类似的请愿书,在达德利的请愿书之后,紧接着很快被宣读。

格伦费尔对铜代币的价值几乎是金属价值的两倍这一说法大

加渲染，忽略了这一说法只适用于 1814 年以后发行的匿名代币，而不适用于 1814 年以前发行的代币，这些代币的"内在价值"，与最后一批博尔顿铜币几乎一样。格伦费尔还宣称，虽然富裕之人能经得起"让他们的钱生钱"，直到他们收集到足够的代币来兑换它们，但"穷人不能从事这种交易"。[88]他并没有提到富裕之人包括店主和公职人员，他们主要是通过从其他人——包括穷人——那里平价收取代币来积累代币。他也没有考虑到，持有价值不到 1 英镑代币的人，可以将它们卖给零售商和其他充当经纪人的人，以获得减去佣金后的兑换价值。[89]最后，他似乎忘记了 3 年前他站在同一个会议厅里是如何说的："人们并不全都知道，但全国各地的人都应该完全理解，在铸币局，塔楼半便士是以银行纸币的形式赋予其全额面值的。"[90]换句话说，皇家铸币局兑换其铜币的条件，与合法代币发行商的不同之处，只是在于其广告宣传较少。[91]

但议会辩论不是法庭程序，没有对虚假证词的惩罚，也没有交叉盘问证人的机会。因此当斯塔福德郡议员爱德华·利特尔顿（Edward Littleton）提出废除所有铜代币的时候，不管是不是匿名代币，他的动议得到了附议，并在没有进一步辩论的情况下被批准，他和亨利·沃特莱斯利（Henry Wrottlesley）被允许准备一项法案。由此产生的措施是"为了防止铜块或其他金属块的发行和流通，通常被称为代币"，[92]这些措施于 1817 年 5 月 9 日提出，并于 6 月 7 日获得下议院通过，上议院在修正后于 6 月 20 日通过。该法案在一周后获得了皇家批准。在 1818 年元旦，流通铜币成为非法行为，"罚金为每枚 2—10 先令，由法官或治安法官决定"。任何被发现制造铜币的人，每枚代币最高可罚款 5 英镑。英国的商业铸币已经走到了尽头。

或者几乎走到了尽头。在一些地区，包括斯旺西，法律被忽视了，被取缔的铜代币在规定的最后期限之后，非法流通了多年——

甚至几十年。[93]根据塞缪尔·蒂明斯(Samuel Timmins)[94]的说法，费雷迪的代币在1866年伯明翰附近"仍然很普遍"。取缔铜代币的法案，也让伯明翰济贫院的便士代币和其谢菲尔德的同类物仍然合法，分别直到1820年3月25日和1823年3月25日才被取缔。该法案的序言解释说，一次更加鲁莽的撤回谢菲尔德代币"将会给上述谢菲尔德镇和其持有人带来巨大的损失，这些人大部分是工人和技工，也给居民带来了极大的不便"。序言中并没有说明政府给伯明翰代币更短期限的理由，也没有说明拒绝延长其他济贫院代币期限的理由。它也没有说明在地方代币被宣布为非法，塔楼铜币已经失去了信誉的情况下，除谢菲尔德和伯明翰以外的其他地方的居民，应该如何避免"不便"。事实上，这一最终的禁止法案，必然会伤害到"劳工和技工"以及其他人，对他们来说，地方铜代币已经成为他们的主要支付手段，同时使幸存的代币发行商面临大规模的兑换，至少在某些情况下，以破产告终。

因此，正如彼得·马赛厄斯[95]所写，"以对公共责任的失败作出真正的私人反应而开始的(一项)运动，最终以利欲熏心的清算而告终"，其主要受害者"通常是卑微的人，他们无法承受其积蓄的这种贬值，如果他们有积蓄的话"。

(代币)大重铸

劳德代尔勋爵非常清楚地知道，英国政府在改革自己的硬币之前取缔地方代币，这是本末倒置。对于政府银币的到来，公众要一直等待到1817年2月。对于其配套的铜币，将不得不再等上几年。在此期间，雇主和工人们不得不使用那些设法获得的博尔顿铜币和银行代币，以及最后一批合法铜代币，还有非法代币、伪造的官方硬币、没有戳记的西班牙银元以及旧的法国苏。

一种新的和重新设计的皇家银币早就应该出现了，对每个人来说，这就像一根长矛一样简单，也许只有其工作是了解这些事情的人除外。1815年3月1日在下议院，格伦费尔指出了白银短缺所造成的困扰，同时声称改革银币的成本，并不比博尔顿铜币的成本高。范西塔特回答说，尽管"所提到的弊端是最值得补救的"，但任何这样的"补救措施"最好推迟到金币通货"恢复"之后。如果他知道银行限制法会持续多久的话，他可能会说，再等6年。在这期间，他建议，政府可以禁止外国硬币的流通，似乎这样的禁令可以在某种程度上弥补官方货币的短缺。[96]

格伦费尔就不这么认为。恰恰相反：他发出通知，如果财政大臣不能为银铸币制度提出一项措施，他将自己动手。但是，欠缺合适的时机。拖延了一年多之后，时机在1816年4月10日终于来了。在那一天，格伦费尔提醒众议院注意银币已经陷入的"不良"状态。"众所周知，"他说，"人们在换取1英镑的纸币时，通常收到的一半是法国硬币，另一半可能是英国制造的假币。"[97]他接着说，银币刚刚重新回到了以前的铸币价格。"现在没有任何理由，"格伦费尔当天向众议院宣布，"银币应继续处于这种贬值状态。"[98]与他持同样观点的还有亚历山大·巴林（Alexander Baring），是已故弗朗西斯·巴林爵士（巴林兄弟公司的创始人）的儿子，同时也是陶顿议员，他呼吁范西塔特提供"一些救济保证……摆脱它所遭受的损害和耻辱……从银铸币的状况中解脱出来"。[99]对于格伦费尔关于新铸币的呼吁，巴林补充了具体的建议，改变银铸币的标准，"这样它就不会因为该金属价格的每一次轻微变化而被带出国门"。这个想法指向了一种金本位制，以一种公开的银代币为补充，由资深的利物浦勋爵于10多年前在他的《论王国的硬币》（*Treatise on the Coin of the Realm*）中提出了这一建议。[100]到1816年，该建议虽然仍有争议，但已经不再是未经实验的了,因为它已经被银行代币和非官方的地方代币正式付诸实施。它已经被尝试过了;更重要的是,它已经起作用了。

将在皮尔政府中担任铸币局局长的巴林,忍不住利用这个机会,对铸币局这一机构提出了异议。

> 我希望,当铸造硬币时,铸币局的官员们会对他们的工作给予一定的关注,并花些心思去了解什么是铸币。我们有一座耗资20万—30万英镑的建筑,以及一个庞大的机构,但它的状况却很糟糕,以至于当他们需要制作一些代币时,官员们对铸币事务却一无所知,经过多次尝试,所有的模具都被打碎了。在为法国铸造金币(金路易)时,他们并没有提高自己的声誉,而是以搞砸铸币局作为结束。我希望铸币局局长会认为了解一下他的业务是值得的。[101]

尽管格伦费尔很快就与他那可敬的朋友——"认为应该对(铸币者)的技能进行考验"——保持距离,[102]但他也赞同将银代币置于黄金的次要角色的想法,他认为这种想法来自利物浦的《论王国的硬币》。因此,如果格伦费尔能如愿以偿的话,这种在一个世纪前就被商业宣告死亡却像腐烂的尸体一样徘徊不去的双金属制,最终将被埋葬。按照他的习惯,格伦费尔这次是用肖迪奇、斯皮塔佛德以及周边地区商人们的请愿书为他提供案例。请愿者抱怨说——

> 他们在过去相当长的时间里乃至现在遭受了极大的不便和尴尬,这是由于银币的不完善状态,特别是由于部分银币由特定面值的先令和六便士组成,这些银币在硬币中占不小的比例,是请愿者必须为其日常贸易的物品接受付款的硬币;在过去的许多年里,流通中的先令和六便士,很少有仿佛是王国的法定货币的,相反,它

们带有明显的假币痕迹，不过，由于没有更好的东西，这些钱币进入了流通；最近，有大量的法国银币涌入市场……被当作先令和六便士使用；……而且，除非对这种日益严重的弊端采取有效的补救措施，否则请愿人相信，后果将对技工和居住在制造业地区的商人造成最大的伤害，因为在这些地区，对用于支付工资的零钱的高需求导致这里比其他地区有更多的小额货币涌入；请愿人被告知，最近白银的价格出现了相当大的下跌，由于这个原因，并在上述其他情况下，他们恳请下议院考虑这一问题，以确保请愿人和广大公众获得优质银币，包括六便士、先令、半克朗和克朗，或下议院认为合适的任何其他硬币。[103]

5月21日，硬币委员会重磅出手，向摄政王报告说，由于皇家铸币局已经成功重建和改革，其首要任务应该是恢复银币铸造；委员会再次认可了利物浦的想法。[104]具体来说，委员会建议从每金衡制银中，分割出66先令，而不是传统的62先令，多出的4先令作为铸币税保留。体现这一建议和相关建议的一项法案被正式起草并出台。当格伦费尔看到该法案在下议院通过时，首相在上议院为其辩护，在5月30日，首相发表了动人的讲话，向该措施的真正起草人——他已故的父亲（死于1808年）致敬，并尽力解释其条款。利物浦勋爵解释说，拟议中的银币应被理解为仅仅是"兑换筹码……从属于金币"。[105]换句话说，银币"与铜币遵从相同的原则；因为它的性质并不是价值标准或衡量，政府只需注意有足够的银币用于兑换，而且它不应该被熔化"。[106]

然而，两院的一些议员坚持认为，白银不仅是完美的自然价值标准，而且是英国唯一真正的标准。[107]在这些人中，最狂热的莫过于劳德代尔勋爵，尽管他为地方代币辩护，但他认为古老的银本位制应予恢复，并以自由流通的几尼作为补充（一种假定），是解决英国货币问题的最终办法。6月17日,劳德代尔抨击拟议中的硬币措施是"建立在错误的原则之上",同时预言它"将给国家带来巨大的开支,而没有任何好处"。[108]劳德代尔暗示,私人发行商冒着损失自己财富的风险,发行可能会被熔化的代币是一回事,而政府以同样的方式冒着损失公共资金的风险发行是另一回事。尽管有劳德代尔的正式抗议,《银铸币法案》还是在上议院通过后,报给了国王陛下,并于6月22日成为一项法案。

该计划发行总面值为250万英镑的新半克朗、先令和六便士,其中50万英镑打算用于爱尔兰。即使是巴林也不能指责皇家铸币局生产新硬币的迅速程度:铸币局在铸币法案尚未通过时就开始制作样本,到8月中旬,铸币局的轧制车间就开始日夜不停地工作。到1816年底,铸造出总面值为180万英镑的新硬币,主要由先令和六便士构成,但也包括近50万英镑的半克朗[109];到1817年1月的第3个星期,满载新币的马车、大篷车和军械马车,在全副武装的护卫下,正在前往英国的623个兑换站,在那里用旧的皇家银币兑换它们。兑换的条件很慷慨,政府决定按面值接收所有旧标准的硬币,"无论有多污损,重量和尺寸有多小",但不包括可能的假币。事实是,在2月13日,即兑换站营业之日,上交了总面值为2606405英镑的旧币,到5月底,当重铸硬币完成时,只有价值不到7000英镑的硬币被拒绝,尽管接受的硬币的平均重量缺少了22.5%。[110]

尽管兑换站在2月27日就关闭了,而且流通中的(真的或假的)旧王室银币在3月1日被取消货币资格,但政府和英格兰银行在此后三个月内继续按面值接收旧王室银币。银元和代币从1818年3月26日开始被取消货币资格,"在支付中违法使用、提供、报价,用这样的银元付款,都要受罚,罚款总额不超过5英镑、不低于40先令。"[111]但英格兰银行在1817年5月10日以前将继续按面值收取银元,同时直到其正式禁止流通两年后,仍按面值接收其较小的代币。

于是，皇家铸币局重新获得了对英国银币的垄断权，并最终克服了"对铸造包含金属内在价值的银币的痴迷"。[112]换句话说，铸币局和政府被迫提供新的王室银币，这些银币即使不比最近被取缔的许多地方代币更轻，也和它们一样"轻"。事实上，正如詹姆斯·梅斯[113]指出的那样，地方代币扮演了一个"小白鼠的角色"，证明了公众愿意接受银代币，但一旦示范成功，就会被牺牲掉。

至于新铜币，硬币委员会的报告中没有提及，范西塔特一如既往没有看到铜币的迫切需要，因为所有的博尔顿铜币仍随手可用。因此，直到1821年，皇家铸币局才开始铸造皇家铜币——275万枚的订单——自1775年以来第一次铸造。次年又订购了便士和半便士。[114]虽然通常不会犯错的约翰·克雷格爵士[115]想象，这些更大面额的铜币不是在小塔山铸造的，而是在苏荷区铸造的（皇家铸币局忙于制造法新和爱尔兰铜币），但事实上，是皇家铸币局铸造了这些铜币，大批量铸造，尽管它直到1825年才开始这样做。[116]当然，到那时，马修·罗宾逊·博尔顿的苏荷铸币厂的大部分设备，都已被拆除并运往孟买。

英国改革后的硬币系统运行得相当好。与劳德代尔勋爵的直接预测相反，在接下来的半个世纪里，银块的价格从未超过60先令，所以没有人被诱惑去熔化新的银币。[117]当需要更多的银币时，英格兰银行就会订购这些银币，而财政部会确保这些银币被制造出来。新铜币也在1825年至1827年大规模发行之后，被定期推出，尽管数量不多。一些商业代币在被宣布为非法后的几十年仍在使用，但在没有它们的情况下，工资可以支付，钞票可以兑换。[118]英国小额零钱问题终于得到了正式解决。

问题是，如何做到的？是什么让改革后的货币制度获得了成功，而旧王室货币制度却失败了？它的成功在多大程度上依赖于从商业代币制造者那里吸取的教训和借用的技术，商业代币制造者对小额零钱问题的非官方解决方案比官方解决方案早了几十年？是什么让商业代币和后来的王室硬币比早期的同类硬币更有优势？

标准答案是，新的王室硬币，像它们的某些商业代币前辈一样，因为它们的制造者采用了蒸汽驱动的造币冲压机，而更为优质，这似乎很合理：时机恰到好处，而且我们有博尔顿自己的证词，大意是说蒸汽驱动的设备在制造防伪硬币方面具有独特的能力，因为它比人工驱动的设备更有效、更精确，也因为"难登大雅之堂的造币者"无法负担得起这种设备。然而，这是不正确的。事实上，正如我们将看到的那样，解决英国小额零钱问题的根本办法与蒸汽机没有多大关系。

第八章 蒸汽、空话与小额货币

> 在铸币厂,机器的发明,
> 仿佛货币是由魔法技巧制造的。[1]

蒸汽冲压机,你好;大问题,再见?

爆发的商业铸币商如何能够比拥有几个世纪铸币经验的皇家铸币局,提供更优质的零钱? 私人部门对英国官方硬币的最终改进,作出了什么贡献?

正如我所说,标准的观点是,私人部门的主要贡献(如果不是唯一的贡献)在于它率先使用了蒸汽动力的造币冲压机。这种观点认为,由于这种冲压机能够生产防伪硬币,英国政府只需自己使用这种冲压机,就能正式放弃双本位制,建立世界上第一个现代硬币体系。

虽然钱币奖章收藏家采取这种观点已经有一段时间了,[2]但它只是最近才在经济学家对货币历史的理解中发挥了重要作用。根据安吉拉·雷迪什[3]、托马斯·萨金特(Thomas Sargent)和弗朗索瓦·威尔德(François Velde)[4]的说法,以蒸汽为动力的造币冲压机使得基于信用的,或以代币为基础的零钱体系第一次成为可能。"政府,"萨金特和威尔德指出,"使用这项技术的速度很慢。但私人公司则不然,他们很快就发行了大量高质量的可兑换代币。"[5]为了使其货币制度现代化,"政府只需将这一(私人市场)系统国有化并加以管理,政府在 1816 年开始这样做"。[6]其他国家则效仿英国的做法。[7]

蒸汽冲压机和商业铸币

蒸汽动力改革英国造币的说法似乎是有道理的。商业代币制度的开始大体上与博尔顿发明蒸汽驱动造币冲压机同时发生,而事实上,在皇家铸币局翻新使用蒸汽动力设备后不久,英国确实放弃了双本位制,明确支持基于信用的零钱。同样真实的是,一旦这些改革完成,零钱的短缺——或至少是严重短缺——已经成为过去的事情。

然而,尽管表面上很有道理,但这一论点却不符合历史记录,这一点可以通过考虑以下因素得到证明。首先,可以通过考虑博尔顿最初将蒸汽动力应用于铸币的时间;其次,通过查阅马修·博尔顿和博尔顿与瓦特公司的文件;再次,通过核算伯明翰在 1798 年前的每一台蒸汽机;最后,通过对伯明翰小装饰品行业,特别是对钢制纽扣制造行业的动力来源进行更全面的考察。

每个人都同意,博尔顿是第一个使用蒸汽铸造硬币的人。如果人们排除了使用水力或动物动力铸造商业代币的(尚未提出的)可能性,那么在博尔顿的开创性努力之前,制造的任何商业代币一定都是手工铸造的。因此,确定博尔顿用蒸汽铸造的第一批硬币的年代就至关重要。虽然有不少作品将这一时间定为 1786 年,但它们的作者却将博尔顿首次使用蒸汽动力冲压机的时间,与他首次冒险进入铸币行业的时间相混淆了。正如我们所看到的,在 1786 年,博尔顿为约翰公司的明古连定居点铸造硬币,但他不是在苏荷区,而是在伦敦的一个仓库里,配备了几台手动螺旋冲压机。博尔顿的第一批蒸汽铸造硬币,是他在 1789 年夏天为爱尔兰联合矿业公司制作的克龙贝恩半便士,直到 1790 年秋天,博尔顿才想出用阻环进行蒸汽铸币的切实可行的方法。[8] 这样迪金森[9] 说得很对,当博尔顿在 1787 年 12 月告诉枢密院硬币委员会,他准备以不超过皇家铸币局成本一半的价格铸造防伪半便士时,他仍然没有一台可用的蒸汽冲压机。

因此,1789 年中期以前铸造的所有商业代币和 1790 年秋季以前用阻环铸造的所有硬币,都是用手动冲压机铸造的。这些硬币构成了所有 18 世纪商业代币的一半以上,因为它们包括帕雷斯矿业公司位于霍利韦尔的铸币厂和在大查尔斯街所生产的所有德鲁伊代币,以及在同一设施铸造的数吨 1787—1788 年的威利币。这些早期代币从各方面来看,都是质量最高的代币。

博尔顿首次蒸汽铸币的正确年代,就反驳了蒸汽动力对英国商业铸币的成功及官方铸币改革的成功至关重要的说法。当然,如果能证明其他商业铸币厂即使在苏荷区率先使用蒸汽动力冲压机之后,也没有采用蒸汽动力冲压机,这种驳斥就更加彻底。从这一点来看,情况确实如此,根据马修·博尔顿和博尔顿与瓦特公司的文件,根据我自己的研究和苏荷铸币厂史学家理查德·多提[10] 的研究,这些文件从未直接提及竞争对手铸币厂使用过蒸汽冲压机。[11] 虽然没有直接提到竞争对手的蒸汽冲压机,但这并不能完全证明这种冲压机只在苏荷区使用,如果没有在博尔顿和瓦特公司非常完整的账目中记录这一事实,任何公司都不可能购买博尔顿和瓦特自己的冲压机,而且看起来任何公司都不可能复制博尔顿的创新,而在博尔顿或瓦特的大量通信中却没有提及这一事实。

接下来,让我们看看伯明翰的蒸汽机,在首次商业铸币经历中的作用。[12] 在 1840 年,英国皇家统计学会发表了一份关于伯明翰到当时为止的所有蒸汽机的调查报告。使用其中的信息和其他来源的大量信息，可以定位和识别出 1798 年以前的所有伯明翰旋缸式蒸汽机的业主和主要用途。表 4 列举了这些蒸汽机——合计只有 8 台——以及它们所在的地点和一些其他信息。

表 4　1797 年伯明翰旋缸式蒸汽机

安装时间	马力	公司	主要用途	地点
1780	14	查尔斯·特威格公司	金属轧制	水街
1783	25	皮卡德谷物磨坊	磨制面粉	雪丘街
1787	18	沃伦(老)棉纺厂	棉布纺织	法兹利街
1788	18	菲普森父子公司	金属轧制	法兹利街
1791	12[*]	鹰牌铸造公司[†]	铸铁镗孔	布罗德街
1792	16	新蒸汽制造公司	金属轧制	法兹利街
1796	24	德里坦德工厂	拉丝线材	德里坦德街
1797	16[*]	老联合磨坊[†]	磨制面粉	霍尔特街

资料来源：Royal Statistical Society 1840, 440; Dent(1880)1973, 340; Timmins 1866, 213; Chapman 1801; Aitken 1866, 242; and Pelham 1963, 85–88.

[*] 后来提高了。
[†] 最初的博尔顿和瓦特公司设施。

从表中总结的信息可以得出两个主要结论。第一，没有确切的证据表明，这些蒸汽机曾被用于驱动任何种类的动力冲压机或冲压设备，它们的已知用途是金属轧制或镗孔、磨面或研磨工具；第二，没有一台蒸汽机(它们都位于该镇的环形运河网络，以便将运煤成本降至最低)位于任何商业铸币厂的一箭之地。事实上，只有两台位于伯明翰的小装饰品区；而且这些蒸汽机的历史都有据可查，没有任何迹象表明它们曾经参与过铸造代币或其他钱币类产品。

皮卡德的蒸汽机

曾经矗立在水街 65 号的蒸汽机,是世界上第一台旋缸式蒸汽机。它是詹姆斯·皮卡德(James Pickard)和布里斯托尔一位名叫马修·华斯伯勒(Matthew Wasborough)的发明家的杰作。华斯伯勒有一个想法,那就是用齿条取代标准的纽考门往复式蒸汽机的连杆,该齿条可以与一个装在传动轴上的大齿轮啮合。在该设计获得专利后,再加上一个飞轮,华斯伯勒与皮卡德在 1779 年联手制造了一个原型机。皮卡德反过来说服了一个名叫查尔斯·特威格(Charles Twigg)的纽扣制造商加入冒险。博尔顿和瓦特在听到一名苏荷区雇员关于该蒸汽机的报告后,认为它是一个"嘈杂的、不稳定的劣质机器"而不予理会,然后平静地致力于开发他们自己的旋缸式蒸汽机。然后皮卡德从袖子里抽出一张王牌:1780 年 8 月,他设法申请到一项由安静有序的曲柄组成的旋缸驱动机械的专利———一项相当明显的解决方案,瓦特本人也曾不太认真地考虑过这个方法。这项专利激怒了瓦特,据推测,他曾抱怨说(说法前后矛盾,显然是由绝望驱使,值得同情):(1) 任何傻瓜都能想到的东西,不应该被授予专利;(2) 皮卡德从一个苏荷区雇员那里偷来了这个想法,这个雇员在汉兹沃思啤酒馆喝了几夸脱的烈酒之后,无意中向皮卡德的一个间谍透露了这个想法。[13]

尽管皮卡德-特威格-华斯伯勒蒸汽机的建造是为四对轧机提供动力的,但它产生的 14 马力也被用于其他用途,这一点在 1783 年《百利目录》(*Bailey's Directory*)上刊登的广告中说得很清楚。

查尔斯·特威格公司,金属的轧制者,枪管的研磨者和钻孔者,在雪丘街的蒸汽机厂。注意:该工厂是为上述目的而建立的,同时也是为了对钢铁制品进行抛光,精加工带扣、带扣金属圈和各种其他物品的目的而建立的,这些在过去通常是用脚踏车床完成的。整个设备由一台蒸汽机驱动,省去了制造商到几英里外的乡下水力磨坊的麻烦。[14]

特威格公司还将动力"出租"给其他用户,通过机轴将动力引向附近的工作间,这些工作间可以按天或按周租用。但没有迹象表明,他曾将动力出租给伯明翰的任何一家代币制造商。

特威格的命运表明,在那个更残酷的时代,即使是相对进步的商人也会遭遇不幸。1793 年,他发现自己负债累累,在接下来的 5 年里,正如他对马修·博尔顿解释的那样,他不得不"放弃财产里的每一分钱,来满足那些我所欠其债务的先生的要求"。最后,为了避免被关进债务人监狱,并供养他的妻子和 7 个孩子,他不得不在《阿里斯公报》上宣布自己破产,这意味着要卖掉他最后的重要资产——轧钢厂。在这个时候,他给他的老客户和朋友博尔顿,写了一张绝望的纸条,哀叹自己的命运,同时提醒他把他在南下之前为苏荷区所做的轧制工作,记入他的账户。[15]而这张绝望的纸条,是人们最后听到的关于这位现已被遗忘的世界上第一台旋缸式蒸汽机赞助商的消息。

曾经矗立在雪丘街和水街交界处的工厂,最初被称为皮卡德的谷物工厂。皮卡德在 1783 年离开了金属轧制行业,建造了这家工厂和相邻的一家面包店。[16]这是一个让皮卡德最终会后悔的决定,因为在皮特的"人道战争"期间,工厂和面包店三次成为因粮食短缺而引发的暴徒袭击的受害者。第一次发生在 1795 年,当时暴徒(顺便说一下,其中大部分是妇女)在听闻皮卡德埋藏了大量谷物的谣言后,造成了严重的破坏,并毁坏了皮卡德的账簿。最后,国王自己的龙骑兵来到这里，宣读了暴乱法案，并亲手逮捕了几个暴徒头目，他们被带到佩克巷的地牢时，再次发起攻击，迫使士兵们开枪打死了其中一名暴徒。1800年9月，几乎同样的事情再次发生，只是这次是工厂员工自己向抢劫者开火，杀死了4人。最后，在1810年6月，当面包再次供应不足时，又有一群暴徒聚集在工厂里。但是在这次事件中，汉兹沃思志愿骑兵队及时出现并驱散了人群，避免了暴力事件的发生，而且没有开一枪。

蒸汽、汗水和纽扣

虽然没有理由认为伯明翰在1798年以前的任何一台蒸汽机，被用来驱动螺旋冲压机，但这并不意味着这些蒸汽机在商业代币制造中，根本没有发挥任何作用。两台特威格蒸汽机和属于菲普森父子的蒸汽机，都被用于制造铜板，其中的一些铜板可能被一家或多家商业铸币厂购买。因此，蒸汽动力可能在苏荷区以外的商业铸币制造中发挥了作用，但任何这样的作用，都与最近的作品所赋予它的关键作用，相去甚远。[17]

到1812年，伯明翰有几十台蒸汽机，这使得找到每台蒸汽机，并确定其用途，成为一项艰巨的任务。但其他证据表明，不管这些蒸汽机还有什么用途，几乎可以肯定它们在铸造19世纪代币方面没有发挥任何作用。

一个很小却很重要的证据，包括由杨格与迪肯公司在铸造斯卡伯勒1811—1812年先令代币过程中使用的一对模具。这对模具曾一度被保存在斯卡伯勒的罗藤达博物馆中（但后来失踪了），它完全是圆形的，表面逐步形成轻微的圆锥形。根据理查德·多提的说法，这种模具属于"直接手工操作的螺旋冲压机"，而不是由蒸汽驱动的冲压机。[18]如果杨格与迪肯公司——这个时期重要的代币制造商之一——它的代币是由手工打制的,其他较小规模的代币制造商几乎肯定也是这样做的。

其他证据包括有关伯明翰制造商普遍使用蒸汽动力的信息,特别是在类似铸币的制造金属纽扣和奖章产品方面的使用。埃里克·霍普金斯[19]解释说,一般来说,在伯明翰制造行业,蒸汽动力"直到19世纪30年代早期才有相对较小的重要性"。蒸汽动力被用来制造半成品材料,包括金属板,而不是用来制造最终产品,如纽扣。[20]根据1833年的工厂调查报告,伯明翰最大的纽扣工厂(有300名员工)莱德山姆父子公司(Ledsam & Sons),"只使用了一小部分"蒸汽动力,它租借自一台邻近工厂的蒸汽机。该市第二大的纽扣公司哈蒙德和特纳父子公司(Hammond, Turner & and Son,在1812—1813年制造代币),则完全依赖人力设备。

同一时代的其他资料,对爱德华·托马森在19世纪30年代初位于教堂街的陈列室和工厂,提供了详细的描述。[21]几年前,查尔斯·派伊[22]曾将托马森的工厂描述为"镇上成立时间最长和规模最大的";而在19世纪的前几十年里,托马森无疑是伯明翰最大的货币产品制造商,包括商业代币。这些描述并没有提到任何蒸汽机或以蒸汽为动力的机器。然而,他们确实提到了托马森的人工操作的落锤和螺旋冲压机。如果英国19世纪最大的商业代币制造商,在1836年仍然依靠人力设备,那么在此之前,该市任何一个不太重要的商业铸币厂,都不可能采用蒸汽驱动的冲压机。

伯明翰的总体情况是,除了需要更大力量的行业外,螺旋压力机和其他机器都是手工操作的,晚至19世纪中叶基本上没有变化。例如,在1851年2月,黄铜"棺材板"仍在使用手工制作,尽管这种板材的冲压需要很大的力量。在一家较大的棺材五金厂,一台40吨的冲压机由两名壮汉驱动,每人每周能挣25—30先令。[23]迟至1866

年，即使是落锤也是由人力驱动的，通常需要三个壮汉来操作，而且比螺旋冲压机更容易适应蒸汽，"只有一两个例外"。[24]

总而言之，大量的证据与蒸汽冲压机被广泛用于铸造商业代币这一说法相矛盾，相反，在19世纪最详尽的商业代币著作中发现的证据，即理查德·塞缪尔的《英国代币》[25]。"将蒸汽动力用于生产（商业）代币的优点，"塞缪尔[26]说，"这完全是属于博尔顿的。"

蒸汽的效率高吗？

如果伯明翰的商业铸币厂能够在没有蒸汽冲压机的情况下，制造出高质量的防伪硬币，那么这种冲压机就不可能在解决英国的大问题上发挥任何重要作用。不过是否有可能，其他私人铸币厂也未能采用博尔顿的技术，尽管其效率很高？毕竟，博尔顿的铸币设备在当时是非常复杂的。也许其他铸币厂想采用它，但又不能这样做，因为他们无法购买或制造必要的机器。

的确，苏荷区有很多杰出的技工，但它远远没有垄断创造性的天才。尽管它耗费了大量的聪明才智和反复试验，来弄清楚如何从一个单一传动轴将动力同时传到多达8台造币冲压机，用这种方式驱动一台或甚至两台螺旋冲压机将是一个相对简单的问题。至于博尔顿的专利——他在1790年获得的专利——并不是因为将造币冲压机连接至蒸汽机的一般想法，而是因为他独特的轮子和擒纵机构装置，将蒸汽动力输送到一连串的冲压机上。其他铸币厂可以完全自由地尝试使用蒸汽动力，只要他们不使用这种奇特的装置，不管怎么说，这种安排是为了处理远远超出他们所需的处理硬币的能力。

诚然，所涉及的资本成本并不小，即使是一个小的（如5马力）

纽考门蒸汽机,改装为旋缸驱动,可能也需要花费几百英镑,这对小作坊来说可不是小数目。一台博尔顿和瓦特蒸汽机可能需要花两倍的钱。[27]专门适用于蒸汽动力的造币冲压机也比传统冲压机的成本高。假设他们不能用自己的留存收入来资助购买如此昂贵的设备,那么伯明翰的商业铸币厂还能在其他方面做到这一点吗?

据研究伯明翰经济的专家说,许多人可以通过利用非正式的亲属关系(如果他们的业主是伯明翰众多的不从国教者)来做到这一点;通过在伯明翰的几家银行之一申请信贷;或者,最可能的是,通过组建合伙制,就像博尔顿在与福瑟吉尔联手时所做的那样,马修·华斯伯勒在与皮卡德和特威格合作时也是如此。[28]与建立一家纽扣制造厂所需的总体资本相比,购买一台小型蒸汽机所需的资金是相当少的。一家在1822年成立的纽扣制造合伙企业的资本投资为5000英镑,而这种规模的投资几十年来在伯明翰已经相当普遍。事实上,到了19世纪初,人们可以以有竞争力的利率获得大量资金,其数量"似乎与城市的小作坊形象不符",在许多情况下,投资者和贷款人"在单笔交易上就提供成千上万英镑"。[29]因此,伯明翰的商业铸币厂,不可能因为资金短缺,而不采用蒸汽动力。此外,伯明翰的8台旋缸式蒸汽机的所有者,可能自己也进入了铸币行业,而不需要投资任何额外的蒸汽动力。但没有人选择这么做,这表明拥有一台蒸汽机并不构成硬币生产的重要技术优势。[30]

反对蒸汽动力的冲压机比手工操作的冲压机更有效率的假设,最有说服力的证据由一个最简单的事实构成,即采用手动螺旋冲压机的铸币厂得以生存,甚至(似乎)蓬勃发展,尽管它们不得不与苏荷区竞争。尽管博尔顿可能希望在托马斯·威廉姆斯退出以及老约翰·韦斯特伍德破产后,获得对代币贸易的垄断,但在18世纪90年代初,彼得·凯普森和威廉·卢帕斯都进入了代币制造行业,他们的生意一直到18世纪末都很兴旺,就凯普森而言,他的生意远超兴旺。在18世纪90年代中期，又有十几家小规模的铸币厂进入了这个领域，每家都从苏荷铸币厂手中抢占了一小部分代币市场，苏荷铸币厂从未接近满负荷运转，直到1797年开始铸造车轮币。与博尔顿不同，其他商业铸币商对获得哪怕是暂时的垄断权都不抱希望。相反，他们都面临着一个积极的可能性，那就是一旦政府改革自己的铜铸币，未经授权的商业代币就会被取缔，就像1672年发生的而且在1817年再次发生的那样。除非它能提供合理的利润，否则很难说为什么他们中的任何一位应该是被吸引到这个行业中来的。

事实上，有一家铸币厂，尽管未能实现盈利，但确实仍能保持业务。这家铸币厂正是苏荷铸币厂本身。"事实上，"铸币厂的历史学家[31]告诉我们，"苏荷铸币厂并不是一家持续经营的企业，直到它的主人在1797年获得了他的首份王室铸币合同之前都不是。"在获得首份王室铸币合同之前，博尔顿的铸币厂的净亏损额约为2500英镑，投资额为7780英镑。这一巨额亏损表明，鉴于1797年的铸币技术而言，苏荷铸币厂是一个边缘化的企业，在长期的竞争中会被效率更高的对手所淘汰。博尔顿愿意忍受损失，因为他寄希望于长期竞争之外的东西。长期以来博尔顿一直期待着获得一份独家的王室铸币合同，这就解释了为什么他接受了一项技术，却不能保持被萨金特和威尔德称为"自由放任"的铸币体制。[32]

将苏荷区1797年的王室便士和两便士"车轮币"的收费，与路维奇在1793年提供给编目员托马斯·夏普（Thomas Sharp）[33]的收费进行比较，为上述结论提供了有限的支持。路维奇制造一吨半便士向他的客户收取约42英镑（不包括铜的成本）。相比之下，苏荷区向政府收取约41英镑，苏荷区在1797年完成其首份王室铸币合同时，制造并交付了500吨便士和两便士硬币。[34]尽管这些数字揭穿了博尔顿的谎言——他的设备可以将铸币成本降低一半，但它们至少显示出了轻微的成本优势。但即使是这种轻微的优势也是虚幻的,因为苏荷区当时每磅铜只生产 16 枚便士,而两便士的数量只有它的一半。考虑到实际生产的便士和两便士的比例,强烈倾向于前者,这大约是每吨铜生产硬币数量的三分之一,而路维奇提出的供应量只是稍多一点。如果苏荷铸币厂真的是一个更有效率的铸币厂,不考虑钱币质量的差异,其成本应该大大低于路维奇的成本。它们也并不表明苏荷铸币厂是效率较低的铸币厂,虽然每枚硬币的收费较高,但也可能反映了其更高的利润或其硬币的质量更优。[35]

由于使用蒸汽铸币的固定成本大大高于手工铸币的固定成本,因此蒸汽技术对于大规模铸币来说是最经济的。即使如此,它也可能是低效的,或者说,只有当铸币被限制在一个屋檐下进行时,它可能是高效的。自 1553 年以来,这种限制一直是英国铸币政策的一部分,当时所有的王室铸币都被分配到伦敦的塔楼铸币厂[36];而博尔顿有充分的理由假设,在任何铜铸币改革中,这种政策都不可能放宽。鉴于他的目标,因此他的技术选择可能是完全合理的,尽管在竞争性的条件下并不有效。

防伪硬币

如果蒸汽动力不是制造防伪硬币或高效制造硬币的关键,那么什么才是呢?一个基本的甚至是平淡无奇的答案是卓越的雕刻技术。制作防伪硬币的传统方法是雇用模具雕刻师,其原始模具,就像任何高级艺术品一样,是难以模仿的,因此是能够被垄断的。罗杰斯·鲁丁[37]认为——

可以保护我们的钱币不被……伪造和贬低。这将立即使它远远超出许多人的范围,这些人有足够的技巧来模仿我们现在的硬币的可怜工艺……而完成这项工作所需的时间成本也会如此之高,将使利润大打折扣,在伪造者得到回报之前,必须有更多的钱币被迫进入流通领域。[38]

鲁丁的观点并不新鲜:一个多世纪以前(英国改用"机器铸造"硬币仅30年后),威廉·查洛纳[39],他本人就是一个臭名昭著的造假者,公开指责皇家铸币局通过使其硬币易于模仿来帮助他和他的同类。查洛纳建议,通过"王国里能做得很好的、少数人好奇地做的"雕刻,可以很容易地阻止他的行业。[40]

正如我们所看到的,伯明翰在18世纪和19世纪是世界上一些杰出的金属雕刻家的家乡。伯明翰的商业铸币厂,雇用了他们中的佼佼者来制作代币,事实证明,这些钱币不仅能防伪,而且在钱币收藏者中大受欢迎。苏荷区特别费尽心思地雇用了最好的雕刻师,雇用了不少于6名雕刻师,全职工作,并持续在海外和本地寻找杰出的人才。

除了用优秀的雕刻来点缀他们的钱币外,商业铸币商一般都会在他们的钱币边缘作标记。在18世纪时,他们主要是用粗体字标明硬币的兑换地点;到了19世纪,他们改用花纹来标示。这样的边缘标记,在铸造前应用于坯料,预先阻止了可能有效的造假方法,也就是在用来制作真币的砂模中铸造仿制品。边缘的标记排除了这种简单而廉价的替代品,迫使可能的造假者用手工制作的模具来标记他们的产品,因为没有办法防止熔化的铜在正面和反面铸模的交接处留下缝隙。尽管皇家铸币局的官员非常清楚地知道,边缘标记是防止造假的一种预防措施——第一批"机器铸造"的几尼、克朗和半克朗的边缘都有凹刻铭文"Decus et Tutamen",意思是"装饰和保障"——但他们从来没有操心过在低价值硬币的边缘作标记,尽管事实上这些硬币的信用地位使它们成为伪造者特别诱人的目标。正如我们所看到的,博尔顿在他的首批王室铜币上也犯了同样的错误。

与苏荷区不同,皇家铸币局不能将受薪职位分配给外人。此外,首席雕刻师负责18世纪的硬币——约翰·克罗克(John Croker)和约翰·S. 坦纳(John S. Tanner)——都比不上伯明翰最好的模具雕刻者。除了依赖令人印象不那么深刻的雕刻,"老店",如马修·罗宾逊·博尔顿在1810年对皇家铸币局的称呼,"在过去的一个世纪里,从未对其硬币进行过任何改进",[41]唯一的修改是无法避免的修改,反映的是新君主的登基。铸币局甚至懒得给铜币作边缘标记。因此,小巷里的经营者们能够大量炮制出仿制品,只要稍加锉削或酸化,就不容易被辨认出来。难怪鲁丁[42]将铸币局的工艺描述为"野蛮的",而约翰·平克顿[43]甚至将其18世纪的产出"与罗马帝国的最低潮时期相提并论"。

可以说,让商业铸币商比皇家铸币局更有优势的是发明,在18世纪40年代中期在谢菲尔德发明了铸钢,或称坩埚钢。这种钢不含在泡钢中发现的熔渣和硅颗粒,这使得它更坚硬、更均匀,因此更适合制造主模,能够承受多次打击而不断裂,制造的工作模能够均匀地承受打击。

几十年来,坩埚钢只能以高价和非常有限的数量从其原始发明者本杰明·亨茨曼(Benjamin Huntsman)手里获得。但在18世纪70年代,亨茨曼的商业秘密——它与用于制造坩埚钢的当地黏土混合物有关——被传了出去,而且在10年左右的时间里,伯明翰的模具雕刻师可以从不少于7家谢菲尔德的供应商那里以相当低的价格获得坩埚钢。[44]当时,伯明翰的纽扣制造商普遍采用了坩埚钢,他们重视用坩埚钢制造的模具,因为它具有独特的抛光能力。[45]

对博尔顿来说,在18世纪50年代开始从亨茨曼手里买钢。[46]

虽然亨茨曼最早的记录在一场大火中被毁，但他的公司在 1787 年之后的记录和博尔顿自己的文件，显示了一份长长的钢铁和模具坯料交货清单。[47] 1789 年 4 月，当国王的康复使博尔顿错误地认为他将很快开始制作王室硬币时，博尔顿写信给本杰明·亨茨曼的儿子威廉：

> 我正准备承担铸造几百万枚铜币的任务，这需要在钢化模具中进行重击。我已经尝试了各种类型的钢，但对任何一种都不满意。我认为，你能制造最好的钢……它必须是在不考虑价格或费用的情况下你能制造的最好的钢，因为与钢的质量相比，价格或费用是微不足道的……迄今为止，我试过的钢要么在淬火时出现裂缝，要么在铸造过程中断裂，要么太软以至于中间凹陷，成为空心的。[48]

蒸汽冲压机的使用使得正确选择钢材尤为关键，因为这种冲压机比手动冲压机施加更多的压力，导致任何特定钢材的模具更快地失去作用，特别是在制造较重的钱币时。这就是为什么在铸造第一批车轮币时，约翰·萨瑟恩再次坚持要求亨茨曼为苏荷区提供钢和模头，"最坚固和质量最好的，不要考虑价格"。[49] 得益于优质的坩埚钢，车轮币模具品种的数量相对于实际硬币的数量来说非常少。

皇家铸币局似乎一直没有意识到坩埚钢的优势，直到它改用蒸汽冲压机多年之后：在 1837 年铸币局调查期间，铸币局的货币检验员威廉·布森（William Busson）作证说，他"几年前花了很大的力气来发现最好的钢"，以制造持久的模具，"我认为现在我已经找到了"。[50] 布森最终"发现"的正是亨茨曼的钢，博尔顿和伯明翰其他纽扣制造商当时已经用了半个多世纪。[51]

坩埚钢有助于检测假币，因为它使合法的货币更加一致。用它制作的工作模具寿命更长，就像原版模具一样。在大型（手动）螺旋冲压机的帮助下，[52]坩埚钢的单一主模可以"使用压制阴模法"，从而制造出数百个完全相同的工作模，没有裂缝，不需要进一步借助手工雕刻来纠正由金属杂质造成的缺陷。这样一来，就可以用一个手工雕刻的坩埚钢模型制造出数百万枚完全相同的硬币。压制阴模法是伯明翰的纽扣制造商长期以来一直采用的方法，[53]但直到18世纪70年代末，皇家铸币局才开始采用这种做法，当时铸币局已经停止制造零钱[54]——允许任何甚至是稍有偏差的硬币被视为伪币，从而大大降低了硬币检测的成本。尽管压制阴模法在皇家铸币局转向蒸汽动力后成为标准做法，但铸币局多年都未能"发现"坩埚钢，这意味着其主模在只复制了少量的工作模具后就会失去作用，铸币局为避免硬币出现不必要的变异而作出的努力被挫败了。相比之下，苏荷铸币厂据说已经"完善压制阴模技术到一定的程度，以至于到1791年某种面额的（所有）硬币几乎完全相同"。[55]

总而言之，尽管苏荷区的蒸汽动力机器可能让所有看到它们的人眼花缭乱，但这些机器与硬币质量没有什么关系。正如珍妮·厄格洛[56]认为的那样，在提到博尔顿和约西亚·韦奇伍德（Josiah Wedgewood）时说："很容易夸大机器的作用。在小装饰品行业和陶器行业中，是熟练的工人在起作用。但机器是新的和有趣的，有助于使他们的工厂成为展示品。"

为什么伯明翰的"巧手"会如此费尽心思地让便士和半便士无法仿制？其主要原因首先是铸币厂的客户无法承担得起，只能退而求其次，因为他们承诺以标准货币兑换他们的代币，因此，他们可能会因为与自己发行的货币没有明显区别的伪造品而破产；其次，如果任何一家铸币厂不能满足客户的需求，客户可以把生意带到其他地方。相比之下，皇家铸币局一直到1834年，才提出兑换其任何代币，当时它才勉强同意例行公事地从英格兰银行接收多余的银币，虽然只成批地以价值至少2.5万英镑来接收。因此，它几乎没有从其硬币的成功造假中受苦。私人代币体制,因此比国家垄断体制提供了更大的激励机制来生产防伪零钱。

罗杰斯·鲁丁确信,不良的激励机制,而不是不良的机器,才是铜币造假问题的根源所在。

> 只要我们的第一批设计师和雕刻师的技能得到适当的鼓励;有了这些鼓励,他们毫无疑问就能制造出一种硬币,一眼就可以从低级艺术家的作品中分辨出来。[57]

通过选择以政府名义发行不能兑换的铜币,皇家铸币局使大部分与造假有关的成本落在了外部各方身上。只有当商业铸币商包括博尔顿,证明有可能铸造防伪代币,情况才有所改变。私有化铜铸币的威胁和更大的私有化银铸币的威胁(一旦苏荷区开始铸造银币,这种威胁就会凸显),促使皇家铸币局不仅接受了蒸汽动力,还采用了大多数商业铸币厂所采用的各种传统防伪措施。

商业代币的可兑换性,加上它们缺乏甚至是有限的法定货币地位,也使发行商比较容易收回磨损或损坏的代币,并从流通中撤出。由于这种能力,代币造假者别无选择,只能想出令人信服的、接近真币的仿制品,在接近铸币厂条件的状况下生产。相比之下,皇家铸币局拒绝收回自己的铜币(和银币),无论它们变得多么破旧,甚至拒绝将其兑换为新的王室铜币,因此王室铜币造假者只能复制流通中的最破旧的王室钱币,而这些钱币由于含有较少的原材料,只能显示出其原始(平庸)雕刻的影子。由于不能兑换或以其他方式折旧磨损的小面额硬币,皇家铸币局在最初生产这些硬币时,可能投入很少的防伪努力,这使它们变得毫无意义。

这一点可以参考雷迪什[58]关于铸币有利可图的条件,即一定数量金属的市场价格,加上铸币厂铸造该金属的成本,必须低于该金属的铸币等价物。如果皇家铸币局可以通过铸造铜钱获利,那么造假者也可以获利,尽管他们遵守官方规定的铸币等价物(在这种情况下,每磅铜铸造 23 枚便士),只要他们的成本低于铸币局的成本和利润之和。[59]铸币局在铜币上获得了可观的利润,尽管根据王室公告,这些铜币的价格不超过其"内在价值"和制造成本。1727 年至 1760 年,铸币局制备铜板的平均成本是每磅 15 便士,再加上每磅 4 便士的铸币成本后,这意味着铸币税平均税率超过 14%。仅仅这一利润就足以引发造假。但真正的王室钱币尽管已经严重磨损,却被允许继续流通,钱币的磨损状态相当于事后增加了铜的铸币等价物,因为磨损钱币的铜含量减少了。这也给造假者带来了成本上的优势,因为他们可以使用故意切得很浅、没有细节的模具,如果不是完全没有雕刻的"平板"模具的话,这样做有一个额外的好处,就是不会被定罪。[60]

白银的情况也不例外。罗杰斯·鲁丁在 18 世纪末写道[61]:

造假者只需购买一个模具(任何工人都有能力用钢雕刻),上面有部分半身像的模糊轮廓,而背面则完全是空白:有了这个卑鄙的工具,他就可以通过铸造先令,甚至是标准银币,获得近 30% 的利润。

合法的六便士银币的状况,甚至比先令还要糟糕;而王室铜币也好不到哪里去,其中许多是在乔治二世统治时期发行的。[62]这些硬币的"磨损"仿制品,无法与真正的硬币区分开来,也许只有专业的钱币奖章专家才能做到。[63]

显而易见,如果旧的官方硬币,特别是严重磨损的硬币,仍旧在流通,任何新硬币生产技术都不可能防止官方硬币被伪造。这就是为什么硬币委员会不得不在 1807 年 3 月向财政部承认,尽管苏荷区已经发行了超过1.1亿枚新半便士,但"伪造的半便士现在在伦敦的流通中,几乎和以前任何时候一样多"。[64]旧塔楼铜币的系统性退出,在几年后才开始,直到1817年的最后一天才结束。[65]

为何长期拖延?全面重铸硬币的主要障碍是费用,这必须由将磨损钱币带到铸币局的人或由全体公众承担。这个障碍随着每一年的拖延而变得越来越大。早在1755年,当时大量的威廉三世半便士铸币由浇铸坯料制成(因此很容易造假),仍在流通,皇家铸币局官员估计,拟议的重铸硬币将涉及每磅重铸铜币损失9便士,或者用22.24万英镑供应估计为1800吨(常衡制)的新铜币。财政部表示反对,该建议就被放弃了。[66]使问题更加严重的是铸币局无法避免将令人信服的假币与自己的磨损产品一起赎回,除非它通过拒绝大量后者来做到这一点。因此,成功的造假起到了恶性循环的作用:在流通中的(有说服力的)假币数量越多,重铸的预期成本越高,官方对重铸的阻力就越大。然而,推迟重铸只会让硬币存量继续恶化,直接增加了重铸的成本,同时增加了造假的数量。

英国的商业代币发行商,通过坚持难以复制的代币设计,并通过提供将其代币转换为金几尼或纸币的机会,避免了类似的恶性循环,这使得他们可以很容易地定期淘汰和更换磨损的代币。相比之下,皇家铸币局直到20世纪,才开始定期更新其铜币。在那之前,它的政策继续鼓励造假,允许老旧磨损的铜币继续在市场上流通。[67]

皇家铸币局程序的一个方面,使普通的18世纪伪造者的生活更加轻松,无论他选择伪造谁的钱币,这个方面就是铸币局将硬币送到需要它们的地方的体系——或者准确地说,它没有任何体系。[68]正如我们所看到的,尽管铸币局以面值出售其铜币,但只在伦敦塔提供这些铜币,而不承担将它们运往远方城镇和工厂的费用。由于王室钱币是不可兑换的,一旦它们被其最初的接受者花掉,它们就会流向零售商和酒馆老板手中,而他们在法律上有义务以小额付款的方式接收这些硬币,他们不得不无奈地看着它们累积起来,除非一些制造商提出购买。虽然伦敦的硬币剩余,给了铸币局一个不发行任何新硬币的借口,但各地的硬币短缺帮助了造假者,诱使制造商与他们做生意,而不是承担从伦敦获得零钱的成本,并迫使受影响地区的工人和零售商接受即使是最明显的假币,因为没有更好的东西。"让它们(王室铜币)在王国所有地区流通,"一个枢密院委员在1799年报告说,"一项不可逾越的困难一直在发生。"该报告继续指出:

> 那些住在远方的人们不会去索取它们,可能正是由于这种情况,假币才被制造出来,取代那些迄今为止在伦敦塔铸造的硬币。[69]

有鉴于此,将造假问题视为主要是(更不用说完全是)造币技术不足的问题,是没有什么意义的。这个问题在很大程度上是制度问题,而不是技术问题,解决方法与其说在于改进设备,不如说在于改进政策。

蒸汽铸造合格吗?

如果蒸汽铸造不是制造防伪硬币的必要条件,那么它是否至少是充分条件?它是否可以替代传统的反伪造方法?当然,博尔顿声称它可以。"我已经完成并完善了这样一种仪器或机械,"他在1789年12月告诉硬币委员会,"它不仅能使钱币在美观和工艺上优于欧洲任何国家,而且还能如此制造……以防止造假。"[70]但从表面上看博尔顿的说法是有风险的,"就像一个表演者一样",戴尔和加斯帕尔[71]写道,马修·博尔顿对他的设备能做什么产品"做出了非常夸张的声明",部分原因是他相信他可以实现这些说法,但也因为他决心要获得一份利润丰厚的王室铸币合同。他还希望将他的机器卖给各个国家的铸币厂,包括皇家铸币局。

博尔顿的夸张声明中包含着他的确信,他在1787年向硬币委员会作证时断言,使用他的方法铸造出来的硬币将"绝对统一",而那些由"人工制作出来的硬币则会随他们各自的力量而变化……其效果将体现在硬币的直径和厚度的差异上"。[72]事实上,蒸汽铸造只能对硬币统一的厚度和直径作出微不足道的贡献,这些主要取决于用于制造硬币坯件的金属板的均匀性,取决于坯料切割工具的准确性,以及在铸造硬币前坯料是否经过边缘标记,或"轧制"。[73]

虽然博尔顿的硬币边缘,确实特别圆和光滑,但这并不是因为它们是用蒸汽冲压机铸造的,而是因为它们使用了"阻环"。[74]硬币也能手工使用阻环铸造:在巴黎,这种做法可以追溯到1555年;而皇家铸币局本身尽管是在非常有限的基础上,但也一直在这样做,自从查理二世统治时期就开始这样做了。[75]在商业铸币商中,帕雷斯矿业公司、彼得·凯普森、老约翰·韦斯特伍德和威廉·路维奇在铸造某些商业代币的过程中,都使用了阻环,而大多数私人铸币厂在试铸和制作"私人"(展示)代币时也都使用了阻环。[76]事实上,在博尔顿作证的时候,他离完善阻环和铸币脱模机械装置,以便与他的冲压机高速的操作速度相匹配,还有3年时间。帕雷斯矿业公司在此期间发行了大约900万枚用阻环铸造的便士。

谈到蒸汽铸造与"轧制"(即手工铸造)的硬币,所有钱币学家都承认轧制硬币与锤击硬币有区别,也就是说,这种区别是"明显的,只需对产品进行简单的对比",[77]但实际上没有人能够说出这种区别。根据理查德·多提[78]的说法,阻环铸造的帕雷斯矿业公司便士,"每一枚都与(博尔顿的)产品一样好,尽管它们是用手工冲压机铸造的",而且其规模可与博尔顿1797年的王室铸币相媲美。当然，苏荷区可以在更大的规模上铸造钱币，但这并没有阻止小规模的造假者仿造其硬币并从中获利。

博尔顿没有告诉枢密院的一件事是，当苏荷区的冲压机以过快的速度运转时，其快速的推力倾向于击碎模具，特别是高浮雕模具，即使它们是由最好的坩埚钢制成的。每分钟制造60枚硬币的速度大约是博尔顿原型冲压机能够安全运行的最快速度，即使是对法新和其他小额硬币来说，也是如此。较大的硬币，如两便士车轮币，必须以慢得多的速度铸造，以避免损坏模具和冲压机。[79]真空型冲压机虽然不那么脆弱（因此更适合铸造大型钱币），但通常不比前者更快。正如萨金特和威尔德[80]所指出的，手动螺旋冲压机经过改进，可实现自动送坯和弹出成品硬币，几乎像德罗兹为巴黎铸币厂设计的冲压机一样快。[81]

此外，由于蒸汽动力冲压机与手动冲压机不同，不适合"多重"铸造——在制作高浮雕硬币和纪念章时避免模具破裂的传统方法——博尔顿不得不坚持使用较浅的模具，这（至少根据一些钱币学家的说法）更容易雕刻和复制。[82]由于浅层雕刻也会更快地磨损，博尔顿试图在他的硬币周围加上厚厚的凸起轮圈，从而赢得了"车轮币"的绰号，但是厚厚的边框不得不放弃，因为它们"会破坏模具"，[83]而且还会导致环绕的设计被污垢所凝结。[84]

简而言之，尽管博尔顿的冲压机使他能够比手工方式更快地用阻环铸造硬币，但它们并没有让他能够生产不能用手工生产的硬币。车轮币不寻常的设计造成了这样一个神话，即它们只能用博尔顿的冲压机制造。然而，正如鲁丁[85]所指出的那样，"所有的车轮币标榜的改进都可以在安妮女王的钱币图案上找到——也许，除了它们完整的轮圈"，[86]而且正如理查德·多提观察到的，[87]实际上很容易"创造'博尔顿式外观'（也就是凸起的带状和凹陷的字母）……用普通的螺旋冲压机，用或不用阻环都可以"，因为这样的冲压机更容易适用模具。事实上，在1812年至1817年的商业铸币故事中，凯普森和其他几个商业铸币商都在模仿这种外观。

事实上，蒸汽冲压机通常没有手工冲压机那么通用。因此，当威廉·布森在1837年的铸币局调查中被要求说明皇家铸币局的铸币"计划"与巴黎铸币厂的计划相比的优势时（巴黎铸币厂在试验了蒸汽技术后，拒绝了它，而继续用"手工"铸造所有的硬币），他简单而含糊地回答说，皇家铸币局的计划让它能够"更快速地铸造硬币"。[88]枢密院讯问员对布森的回答很不满意。

讯问员：我的问题不是关于执行的快速性，而是关于让硬币尽可能的完美；你是否认为，根据法国的模式……他们能更好地铸造硬币？

布森：我认为法国的铸币模式很像我们这里铸造奖章或铸造样币所采用的模式，我们用手工铸造这些，然后我们可以根据情况慢慢地弄好冲压机。

讯问员：这不是一种更优越的模式吗？

布森：优越得多。

皇家铸币局在1837年仍在手工铸造样币，这一点特别具有启示意义，因为这些样币本应该更精确，但在其他方面却忠实于正在建议大规模生产的硬币的效果。

人们可能会认为，皇家铸币局至少比巴黎铸币厂和其他只配备手工冲压机的铸币厂能更经济地铸币。毕竟，博尔顿早在1789年12月就曾声称："虽然我的机器在一开始更昂贵，但它可以比现在使用的最便宜的方法更便宜地制造硬币。"[89]后来，当苏荷区的8台造币冲压机都处于运行状态时，博尔顿用更具体的说法来补充这一说法，他说，使用他的设备，一蒲式耳煤产生的蒸汽可以做55个人在

11台老式冲压机上做的工作。[90]如果博尔顿说的是实话,蒸汽动力通过节省资源,投资于更好的(尽管是浅层的)雕刻,可能间接地帮助英国的钱币更具防伪能力。

但布森在1837年铸币局调查期间的进一步证词表明,蒸汽动力甚至没有提供这种更间接的优势。

讯问员:从英国铸币局建造的机器规模来看,是不是可以这样说,它投入运作是一个非常昂贵的过程?

布森:非常昂贵。

讯问员:除非是铸造相当数量的硬币,否则它不值得这样做?

布森:不值得。

据资深货币商贾斯帕·阿特金森(Jaspar Atkinson)称,问题在于当皇家铸币局只有一台造币冲压机在操作时,其蒸汽机运转的成本,与所有8台冲压机都在操作时的成本是一样的。同样的观察也适用于铸币局的切割机,总共12台,由一台单独的蒸汽机驱动。对于任何事情,除了重大的重铸之外,阿特金森作证说,手工铸造更经济。[91]

由于新硬币的市场有限,巴黎铸币厂决定用手工铸造硬币,即使它为了铸币已经获得了一台蒸汽机。

阿特金森:我问过巴黎铸币厂的承包商,为什么蒸汽机不开工;他说它太贵了,他支付不起;6年前,当我在那里的时候,它已经有一段时间处于安静的状态,此后也一直如此。

讯问员:你的观察是否适用于你在较小规模上铸币导致的费用增加?

阿特金森:是的。委员会在检查我们的账本时会看到,我们现在的支出，与1770年至1781年的支出相比，增加了一倍多；无论是小面额硬币还是大面额硬币，它们都增加了一倍多。[92]

阿特金森的最后一句话耐人寻味地表明，蒸汽驱动的造币冲压机即使对大量造币来说也未必有效率；在新的小塔山铸币厂安装蒸汽机的决定，不是由铸币局官员自己作出的，而是由枢密院硬币委员会作出的，这似乎更多的是由于博尔顿不遗余力和最终成功游说了委员会和利物浦勋爵，而不是因为他的设备所拥有的任何既定的经济或其他优势。

最后，正如我们所看到的，苏荷区的官方硬币，从车轮币开始，尽管这种硬币与商业代币相比享有法外保护，但还是被伪造了。根据鲁丁[93]的说法，博尔顿的"吹嘘被发现是徒劳的，差不多在硬币刚发行时就被发现；因为模具的工艺并没有超出伯明翰其他艺术家的技术水平，他们的聪明才智很容易就提出了一些权宜之计，以满足人们对大肆吹嘘的机器动力的需求"。在决定在他的第一枚王室硬币上放弃边缘标记时，博尔顿忽略了他在给硬币委员会的最初提议中提出的建议，转而采用了皇家铸币局的不良做法，从而鼓励了人们制造貌似真实的车轮币。苏荷区的银币甚至更容易被伪造，伪造品甚至足以欺骗银行的职员，在第一批原件出现后的几天内就出现了伪造品。这是一个典型的例子，即伪造者成功地破坏了萨金特和威尔德[94]所说的成功代币铸造的"标准公式"部分。我提醒读者，这些情况的发生，并不是要否认博尔顿的硬币比早期的王室钱币更难伪造，而只是要简单地表明，尽管博尔顿一再声明，但仅靠蒸汽铸造并不能保证不被造假。

英国的黄砖之路

事实上,王室钱币的造假问题一直持续到维多利亚时代。[95]尽管如此,英国还是设法控制了这一问题,并在1816年放弃了官方的双本位制,转而采用以代币为辅助的金本位制。如果说小塔山的蒸汽冲压机没有使这一举措成为可能,那么是什么原因呢?

加强对造假行为的法律惩罚,是根据伦敦警察治安官帕特里克·科洪[96]的建议采取的,可能起到了一定的作用。沿着这些思路进行的最重要的改革也许是1803年的一项法规,该法规规定,(如果没有合法的理由)简单地拥有6枚假铜币,会被视为犯罪行为,每枚假币可被处以10—40先令的罚款。[97]但除非合法硬币的质量也得到改进,否则仅凭这项改革似乎不太可能产生任何重大影响。

其他改革(如改用蒸汽动力,是由利物浦勋爵敦促的)也实现了这种改进,通过消除地方硬币短缺以及用新的硬币取代旧的塔楼半便士,使造假更加困难。从博尔顿1797年铸造车轮币开始,财政部终于开始允许以每吨4英镑用于支付将王室铜币运往需要的地方的费用。这项改革,再加上苏荷区大量的铜币发行,尤其是1817年发行了更大量的银币,从根本上改变了伪造行业的性质。因为他们不再是"开发一种需求",约翰·鲍威尔[98]写道:

> 造假者不得不改变他们的方法。他们不能再进行大宗交易,而是需要将他们的硬币溜进流通领域。在1810年以前,造假者不需要做到精确复制,因为短缺会使他的钱币被接受,但在1816年以后,造假者必须拥有最好的伪装技巧。

当然，蒸汽动力确实提高了皇家铸币局在相对较短的时间内和在同一个屋檐下生产大量新硬币的能力。但这一间接贡献并不重要：如果有足够的空间和手动螺旋冲压机，铸币局可能会在没有蒸汽动力的情况下，同样迅速地生产硬币，尽管单位成本可能更高。此外，铸币局之前是对铸币管理不善，而不是对人力驱动冲压机过分依赖，使得起初需要大规模发行新币：在一个设计良好的铸币体系中，只有一小部分的硬币存量会过度磨损，并需要每年更换。

最终，政府终于安排召回并重新铸造所有破旧的零钱。1817年2月，皇家铸币局的旧银币被收回并重新铸造；12月，所有1797年以前的王室铜币都"退役"了。此外，在1818年1月，大多数未经授权的硬币（包括匿名代币和商业代币）在法律上被禁止。因此，到1818年初，造假者被迫复制相对最新的苏荷区和皇家铸币局的产品。尽管这些措施是在英国正式放弃双本位制之后采取的，但所有这些措施都被理解为是对该措施的必要补充。几年后，在1846年，一项新的政策开始实施，即皇家铸币局不断回收磨损的六便士和先令。在1871年开始持续回收半克朗。[99]这些政策模仿了私人市场的解决方案，使小额零钱可以在急需时兑换，但只适用于银币：铜币仍然只能退货。

剩下的关键挑战是如何使英国的新硬币像早期的商业铸币一样难以伪造。正如我们已经看到，这一挑战不可能仅仅通过改用蒸汽动力冲压机来应对。它只能通过设计更好的硬币来应对。事实上，从各方面来看，新的王室辅助硬币都远远好于早期的硬币。它们之所以更好，不是因为它们是用蒸汽铸造的而是因为苏荷区持续雇用了几个世界上最好的雕刻师（包括库克勒，他设计了苏荷区的王室铜币），也因为皇家铸币局在把老平戈放走后，利用伯明翰的人才来重新配备自己的模具车间和雕刻部门，雇用了苏荷区的乔治·兰尼（George Rennie）、詹姆斯·劳森以及一群怀恩家族的人。[100]回顾一下,正是年轻的小托马斯·怀恩,他以皇家铸币局首席雕刻师的身份,为新的银半克朗、先令和六便士制作了模具,据一位受人尊敬的维多利亚时代的权威人士称,这些银币是"欧洲有史以来发行的最好银币"。[101]

此外,从苏荷区的车轮币开始,王室硬币用阻环铸造,这样它们就会是完美的圆形并整齐划一。它们还被赋予了较小的直径和蒸汽冲压机可以很容易处理的高浮雕。除了使官方钱币更难复制外,这些步骤还降低了钱币的磨损率,磨损率与钱币的表面积成正比。最后,到19世纪30年代中期,皇家铸币局完善了它的制模程序,最终改用坩埚钢,并借鉴了几位它引诱前来的前博尔顿雇员的专业知识。

尽管有了这些对小额零钱的改进,英国在19世纪从未实施过完全可兑换的代币制度。相反,它只解决了有限的可兑换性问题,从1834年开始,财政部(不情愿地)提出由英格兰银行接收不需要的银币,[102]并以在1871年对半克朗银币的持续回收政策而告终。至少在这方面,与萨金特和威尔德[103]的观点相反,商业铸币厂对英国小额零钱问题的解决方案,尽管肯定是"试探性的",但也比取代它的官方解决方案具有更多的——而不是更少的——"完整性"。[104]

……和它的红宝石拖鞋

在19世纪以前,并不缺乏熟练的模具雕刻师,也不缺乏给硬币作边缘标记、有效分发和安排定期兑换与替换的手段。坩埚钢和先进的压制阴模技术,甚至在英国政府终于开始对其造币系统进行现代化改造之前,也已经存在了数十年。

那么,为什么改革没有更早到来?如果没有蒸汽技术并不是

"拦路虎"，那么是什么阻碍了改革？根据萨金特和威尔德[105]的说法，如果问题不是技术不足，那一定是理论不完善。然而，萨金特和威尔德[106]自己指出，必要的理论，或者至少是它的关键要素，早在1661年已经由至少一个英国人提出来了，他就是亨利·斯林斯比爵士(Sir Henry Slingsby)。到了18世纪80年代，许多人——其中包括马修·博尔顿和塞缪尔·加伯特——已经明确而彻底地概述了健全的小额零钱体系的基本要求，而其他一些人，包括实际上参与制造或发行商业代币的所有人，至少可以说已经隐约理解了这些要求。

萨金特和威尔德解释小额零钱问题的根本，在于其出发点。从一开始通过询问"是糟糕的经济理论还是不充分的技术"阻碍了小额零钱问题的解决，[107]萨金特和威尔德把国家铸币局当局只是不愿意做好自己的工作这种可能性搁置在了一边。正如萨金特和威尔德所描述的，铸币局当局(或"政策专家")"挣扎着"和"摸索着"寻找解决小额零钱问题的方法，但不得不"努力克服"有缺陷的理论和设备所带来的限制。[108]仿佛中世纪铸币厂的风气(而皇家铸币局在本质上仍然是一个中世纪的机构，至少一直到韦尔斯利·波尔时代都是如此)，与现代研究实验室或智库的精神没有区别，是无利害关系的智库。[109]没有人说过铸币局的官员不用踏入铸币局就能享受到慷慨的终身职位，[110]他们顽固地拒绝赋予大多数王室硬币哪怕是最基本的防伪手段，高级雕刻师在年老后仍能保留他们的职位，或者铸币商宁愿迫害发明家也不愿接受他们的发明。

然而，历史上充满了抵制的例子，包括对进步发明和思想的暴力抵抗。[111]中世纪的手工业行会在这方面尤其臭名昭著，它们非但不接受新的和优越的方法，反而"维护其成员的利益，反对外来者包括发明家，因为他们的新设备和技术，威胁到他们成员的经济地位"。[112]在这样一个"贵族式的"(基于行会)系统中，德·托克维尔在《美国的民主》[113]中解释道,"每个工匠不仅有自己的财富,而且有自己的地位需要维护",因此,"为他制定规则不是仅仅为了他的利益,甚至也不是为了买家的利益,而是为了行会的利益"。相反,如果一个行业对所有人开放,德·托克维尔继续说,"每个工人……只想以最小的成本获得最大的收益",因此,每个人都"努力发明工艺,使他不仅能更好地工作,而且能更快、更省地工作"。

英国行会只有在获得政府授予的并由政府强制执行的垄断权的情况下,才能抵制理想的变革。[114] 皇家铸币局的铸币商公司所享有的垄断权与其他英国行会的垄断权有三个重要区别:在整个英国都享有垄断权;并以极大的热情执行这种垄断权;而且持续的时间长得多。这些差异使得铸币局特别容易抵制变革。经济学家,他们在大多数商业领域中领导了反对垄断的斗争,但他们避免(现在仍然避免)对国家铸币局的垄断特权提出质疑,这也阻碍了进步。

因此,拥有健全的小额零钱理论,以及将理论付诸实践所需的设备,不足以保证小额零钱问题得到解决。制度也很重要。如果经济学家把垄断特权视为阻碍理想创新的最终原因是正确的,那么,英国官方铸币体系的成功改革,以及官方向单本位制的转变,在很大程度上并不取决于任何特定的技术突破,而是取决于皇家铸币局垄断地位的改变。[115]

这一结论如何改变我们对马修·博尔顿作为铸币商的评价?矛盾的是,它几乎没有改变。尽管博尔顿在制造防伪硬币方面,或廉价制造钱币方面,都没有独特的能力,但他比其他任何商业代币制造商,在英国官方造币的现代化过程中都发挥了至关重要的作用。他做到了这一点,不是通过想出一种新的方法来制造防伪硬币,而是通过成功反抗了"老店"的垄断。

可以肯定的是,蒸汽冲压机帮助博尔顿实现了这一结果。然而它们不是通过实际制造更好或更便宜的硬币,而是通过显得有能力这样做,而做到了这一点。除了迷惑和误导了所有看到它们的人,博尔顿的机器还使他能够大规模地制造硬币,从而使他的吹嘘——只有他能够满足不仅是英国,而且是所有欧洲国家的铸币需求——是完全可信的。为了抵御博尔顿对其特权地位的攻击,皇家铸币局采用了他的铸币技术中既可取又可疑的方面。通过这样做,通过召回其旧币,并开始摆脱其过时的中世纪章程,它终于能够满足工业经济的货币需求。

> 然而,如果赏罚应该用适当的硬币来支付;
> 现代的作品,超越了古人,
> 诸神,都应自由参加,全体会议,
> 为之喝彩,尽管用铜或青铜铸成。
> 当他们像天神一样,以正义为目标,
> 在地上履行偿还荣誉的债务——
> 为了赋予功绩,它宣布,在通货和英镑之上,
> "应该为苏荷区的人织上花环"。[116]

第九章　结　论

> 在每个人的每一声啼哭中,
> 在每一个婴儿恐惧的哭声中,
> 在每一个声音里,在每一条禁令里,
> 我听到的是心灵的枷锁。[1]

马修·博尔顿,以及其他许多私人铸币商和数百位私人硬币发行商,向英国政府展示了如何满足工业经济对小额零钱的需求。从中可以吸取什么教训?

最明显的是,商业铸币的故事表明,私人铸币不一定是灾难的根源。尽管威廉·斯坦利·杰文斯声称,在铸币中竞争的影响,与其他领域的影响并没有什么不同。劣质钱币的制造者并没有"推动最好的交易"(例如,回顾一下威廉姆斯的重便士是如何被热切地接受,而威尔金森的轻便士是如何被拒绝)。竞争也没有释放出"金属货币贬值的自然趋势"。[2] 相反,大多数商业铜币都比政府提供的铜币重;虽然随着时间的推移,它们趋向于变轻,但这种变轻只是为了补偿铜价的不断上涨,这样可以让私人铜币避免任何法律上被估值过低货币的命运。简而言之,格雷欣法则,简单地理解为"劣币驱逐良币"的命题,在1787—1799年和1811—1817年的商业代币体制下的证据,要少得多,远不如在旧的国家垄断体制下的时候。

商业代币被证明是相对"优质"的货币,有以下几个基本原因。与王室硬币不同,它们可以被那些不喜欢或不信任它们的零售商和公职人员拒绝,即使是少量的拒绝。因此,它们的发行商,与英国王室不同,只能希望通过承诺以黄金或英格兰银行的票据来兑换,以保证它们的流通。因此,代币发行商要确保他们的代币很难被模仿。反过来,商业铸币厂不得不争夺世界上最好的金属雕刻师的服务,否则就有可能看到潜在的客户到其他地方的风险。这些问题对那些住在旧塔楼铸币厂里的人来说是完全陌生的。

现在这些有任何关系吗?首先,它关系到正确了解一个健全的小额零钱体系的理论要求。在《小零钱大问题》中,托马斯·萨金特和弗朗索瓦·威尔德[3]赞同卡洛·奇波拉[4]对这样一个制度的"标准公式"。该公式认为,小额零钱应该由政府账户上限量发行的代币组成,并可兑换成标准货币。萨金特和威尔德[5]补充说,具体到英国的情况,"完整"地实施该公式需要"政府……将提供小额零钱的业务国有化",正如英国政府在取缔商业代币时所做的那样。

虽然英国的经验清楚地说明了代币的可取性和规定其可兑换的重要性,但这一经验也使人们对政府可以和必须依靠提供这类硬币的说法产生了怀疑。但是直到1810年之后的某一天,英国政府显然不适合这样做。事实上,商业代币是完全可兑换的,而皇家铸币局的代币在1834年以前仍然是完全不可兑换的,在今天只有在破旧的情况下才可以兑换。至少在这方面,私人铸币比改革后的王室铸币更多地(而不是更少地)遵守了标准公式。

商业铸币体制时间太短,无法作为赫伯特·斯宾塞关于铸币自由放任论点的最终检验:没有人能够准确地说,它的缺陷——有很多——在多大程度上仅是"青春期的症状",而不是"先天性的"。不过,这个体制持续的时间长到足以表明,私人部门在造币领域能够比历史上大部分时间都有效发挥更大的作用。这一事件迫使人们要问,现代政府是否应该参与硬币制造业务。伯克正确地指出,一家铸币厂"是一个制造厂,而……不是别的"。在这个时代,政府经营的任何类型的工厂似乎都是不正常的;而国家的铸币特权,如果它是合理的,也不需要政府经营的铸币厂,就像它的国防特权不需要政府经营的军工厂。

英国的经验也表明,硬币发行私有化会带来一些好处。我们已经看到私人发行商是如何更好地保护他们的硬币不被造假者破坏。他们也可能更努力地根据硬币的需求状况,来调整他们的硬币订单,以免让他们的客户失望,或最终被成批的无用金属所困扰而结束。虽说让汤姆、迪克或哈里任何一个人发行硬币都可以(正如杰文斯谈到斯宾塞的建议时所说),这就让"一般原则"适用范围太大了。但为什么不让英格兰银行发行自己的小额零钱,就像它在19世纪初所做的那样?为什么不让美联储发行自己的25美分、10美分和5美分?难道它不可以用一种更好的方式来避免美国财政部在处理铸币时出现的浪费现象吗?[6]想象一下,把发行定制代币的权利扩大到一些主要的商业银行,也许还有其他一些私人金融公司,这并不意味着什么了不起的幻想。毕竟,这些公司已经负责提供世界上大部分的交换媒介,以可转让的存款信贷和旅行支票,并且正忙于开发新的类型,包括智能卡,最终可能取代老式的现金。[7]

矛盾的是,私人部门成功地提出了政府供给现金的大众替代品,同时也为不要太认真对待铸币私有化的建议,提供了最好的论据。尽管有争议,但即使是在今天,硬币生产和发行的全盘私有化,也不会有什么实际意义,因为硬币现在不仅是字面意义上的"小额零钱",它们在大多数国家的货币储备中只占微不足道的一部分。绝大多数的工资支付都是通过支票进行的,如果不是通过直接的银行存款的话,其余的大部分都是以纸币支付的。反过来,零售支付也越来越多地使用信用卡或借记卡。如果说英国的经验表明,没有什么比将铸币留给私人部门会更有利,那么它就不会有多大的实际作用。

但是，商业铸币故事的结果并不在于它可能揭示的任何特定改革，而在于它所提供的更广泛的教训，关于思考政府在货币中的作用的必要性，经济学家倾向于用同样警惕的眼光来看待政府的其他冒险行为。尽管我们完全了解垄断和国有化的一般缺点，也尽管他们认识到狭隘的财政动机，如何导致政府篡夺了对货币的控制权，[8]甚至在其他方面不轻信的经济学家，也倾向于把政府的货币特权视为理所当然。其结果是大量货币思想，很适合于修补现有的政府控制的货币体系，却根本不适合揭示其优势和其不那么稳定的替代品的真正缺陷。

货币思想以这种方式发展，是完全可以理解的。理论是由经验形成的，而经验往往是用来合理化理论的。"一个已实现的事实，比一个想象的事实，对我们的影响要大得多，"斯宾塞写道，"如果面包的烘烤和销售一直是由政府代理人负责，那么私人企业的面包供应，几乎不可能被认为是可能的，更不用说是有利的了。"[9]斯宾塞的这番话是对反对超理性主义保守派忠告的一次有益反驳。它提醒我们，尽管人们可能会夸大理性的力量，而低估了伯克所说的"古老信条"中体现出的智慧，他们也可能以另外的方式犯错，把一个足够陈旧的信条（或做法）当作必要的合理。回到博尔顿的时代，任何使用良好的道路，最终都会成为四轮马车几乎无法通行的坑坑洼洼。看起来，确立已久的政府政策，同样能限制经济思想。也许对英国商业铸币经验的认识，将有助于推动这种思想通过路况不良的道路。

后 记

1850年4月1日。根据《伯明翰公报》上的一则通知,著名的苏荷铸币厂将被拍卖。这则通知并不是愚人节的玩笑。拍卖将于4月29日星期一开始,时间为上午11点。

4月25日星期四,潜在的竞标者开始出现在苏荷区,以便检查富勒和霍西公司46页拍卖目录所称的"宝贵的机器和设备……久负盛名,在英国政府以及在欧洲、亚洲和美洲的外国强权、东印度公司及世界各地商行和其他知名公司中长期享有盛誉"。曾经熙熙攘攘、整齐划一的场地,现在却异常安静,杂草丛生。在轧钢厂里,曾经闪闪发光的轧辊已经锈迹斑斑,锻冶高炉已经冷却,脚动的主轴已经长久静止不动了,如果有人试图转动它们,它们可能会发出刺耳的"痛苦声"。在主楼内,水从墙上细流而下,天花板上堆积着浸湿的石膏,每一扇窗户都已破损或打了补丁。在主楼东面的鞋带工厂里,6台切割机和它们的圆形线圈都覆盖上了一层厚厚的灰尘。周围的工作台被一排排的打孔机和其他工具塞满——所有这些工具都供出售。走过鞋带工厂,在铸币厂大楼里,被虫蛀的冲压机木模和框架散落一地。4台巨大的冲压机还相当完整,带有真空泵、层压机和钢制阻环。只是喧闹声没有了:没有冲压机的哗哗作响声,也没有真空泵发出的嘶嘶声,这种景象已经持续了几个春秋了。

当然,展示其内容的"著名"铸币厂,既不是在1797年铸造英国首批车轮币的铸币厂,也不是马修·博尔顿的在1824年运往孟买的铸币厂。它是马修建造的铸币厂,是他在挥手告别苏荷二区后不久，决定重新投入铸币时建造的。1825年金融危机，使新铸币厂的建设陷入停顿，但到了19世纪30年代初，业务已经回升，足以见证它的完成。10年后，马修·博尔顿铸币厂公司稳健发展——这一成就是与其规模更大的先驱者所无法比拟的。[1]

马修·罗宾逊·博尔顿于1842年夏天去世，小詹姆斯·瓦特活得超过了他，但也只多活了6年。制造厂和铸币厂的命运就这样落到了马修·皮尔斯·瓦特·博尔顿的头上，他那时才刚成年。最年轻的博尔顿，虽然具有技术天赋，[2]但他对经营工厂或制造硬币丝毫不感兴趣。于是木槌落下，标志着苏荷铸币厂的传奇生涯落下帷幕。

几乎是这样。因为一家新铸币厂将像凤凰一样从苏荷区的灰烬中涅槃，而该铸币厂一直存活到现在。在出席富勒和霍西公司拍卖会的人群中，有伯明翰的模具雕刻师拉尔夫·希顿二世。希顿以高价竞得了铸币厂的大部分设备，包括所有的博尔顿和瓦特螺旋冲压机，随后他把这些设备安装在他的巴斯街工厂里。他的时机再好不过了，因为大英帝国正在扩张，仅靠皇家铸币局已无法满足其所有的铸币需求。硬币订单很快就涌入了巴斯街工厂，来自澳大利亚、智利，最后是来自皇家铸币局本身，皇家铸币局开始订购坯料，然后在1852年，给拉尔夫·希顿父子公司提供了一个机会，提供王室铜币。"我深信不疑，"拉尔夫·希顿三世在听到这个提议后给他的父亲写信，"（这）只是另一个苏荷区的开始。"[3]事实证明是这样的。

1853年3月30日——在苏荷区的第一份王室铸币合同之后不到56年——希顿父子公司同意为皇家铸币局提供500吨的王室铜币。其他的大订单很快就接踵而至，来自皇家铸币局和全球各地的政府。到了1860年，根据《伯明翰插图时报》报道，希顿父子公司已经铸造了5000吨金属——足以形成一条1.48万英里长的硬币线，或几乎是伯明翰到北京距离的 3 倍。

这时,该公司的规模已经超出了巴斯街的范围,在艾克尼德街建立了一个更大的工厂,配备了 11 台蒸汽驱动的螺旋冲压机。到 1866 年,这个新工厂夸口说拥有 300 名员工。它还用 10 多台乌尔霍恩杠杆冲压机来作为其螺旋冲压机的补充,希顿父子公司已被授权在英国制造和销售这些冲压机。相比之下,一直到 1875 年,皇家铸币局还没有着手安装第一批杠杆冲压机——他们只有 4 台。[4]在此期间,它使用的是马修·博尔顿在 19 世纪初提供给它的螺旋冲压机,更加笨重,效率更低,噪音更大。

当拉尔夫·希顿三世在 1881 年退休时,其家族拥有的公司上市,改名为伯明翰铸币厂有限公司。在接下来的一个世纪里,该公司的命运起起伏伏。一项特别沉重的打击发生在 1923 年,皇家铸币局结束了其长期以来只为英国及其属地铸币的政策,它提出为伯明翰铸币厂的最佳客户——埃及铸造货币。私人铸币厂现在面临着不得不与政府补贴的同行竞争所有海外订单的前景。尽管经历了大萧条和战时炸弹的破坏,它还是能够在接下来的几十年里生存下来,主要得益于与铸币无关产品的收入,包括铜板和铜管。最后,在 1965 年,外国硬币订单的激增促使皇家铸币局与伯明翰铸币厂和另一家英国私人铸币厂(IMI 铸币厂,后来与伯明翰铸币厂合并)建立了一个出口硬币的联合体,复兴了伯明翰的私人铸币业务。

然而,直到 2000 年,伯明翰铸币厂才取得了最大的胜利,获得了两份订单:一份来自德国,价值 4500 万英镑的一欧元和二欧元硬币的坯料,以及另一份欧洲政府的订单,提供 5000 万枚成品两欧元硬币。铸币厂当时并没有想到它的欧元委托将成为它的"天鹅之歌"。在完成这些委托后不久,皇家铸币局突然终止了其 1965 年授予伯明翰铸币厂获得所有外国硬币合同固定份额的协议。伯明翰铸币厂以违反合同为由提起诉讼,要求赔偿 540 万英镑的损失,同时在给议会的备忘录中提出,皇家铸币局"能够降低其海外合同的价格,因为它的大部分固定成本是由财政部的合同支付的"。[5]

事实上,尽管有补贴并垄断了英国的铸币业务,皇家铸币局还是深陷困境。从1997年开始,它花费了2500万英镑的公共资金,将其生产能力提高了50%(从每年1.8万吨提高到2.7万吨硬币),这样它就可以提供所有欧元硬币委托的20%——而这一份额后来被证明是完全无法实现的。当年,部分是由于其首批欧元硬币的质量不达标,铸币局最终只得到了5%的欧元硬币订单,它发现自己投资过度,没有立场继续分享国外的委托订单。尽管打破了与伯明翰铸币厂的协议,它的损失继续增加,从2000—2001年的不到50万英镑,到2001—2002年几乎达到650万英镑。当然,这些损失是由英国人民承担的。2002年,英国纳税人被要求为皇家铸币局的"重组计划"支付另外1200万英镑的费用,该计划的主要作用是撤销铸币局1997—1998年扩张的部分,其中部分是剥夺220名铸币局工人的工作。此后,皇家铸币局除了大量的兼职员工外,不得不凑合着用"仅仅"800名全职员工。

相比之下,伯明翰铸币厂在2001年获得超过520万英镑的营业利润,而没有消耗公共资金。我们完全有理由认为,如果皇家铸币局没有剥夺它的许多外国铸币合同的话,它本可以继续盈利。鉴于这种情况,人们不禁要问,为什么皇家铸币局要继续为外国铸币。事实上,除非它能高效地完成这项工作,否则它为什么要铸造货币?如果英国与欧洲其他国家一起拥抱欧元,最后一个问题将变得更加贴切。

然而,是伯明翰铸币厂,而不是它的王室对手,前途岌岌可危。2003年,该公司进入了破产管理程序,解雇了其100多名员工中的一半以上。此后,该公司被出售。新业主曾希望在市议会的帮助下,保留工厂的旧奖章和纪念币部门,作为一种工作博物馆运营。

但这一计划没有结果。取而代之的是,铸币厂的冲压机,就像180多年前博尔顿的第二家苏荷铸币厂的那些冲压机一样,被出售并装船运往印度的一家铸币厂。然后,在2007年4月,大部分的旧厂房被拆除了,唯一幸存下来的是1862年的厂房——这是伯明翰对现代货币史伟大且光荣贡献的唯一遗留物。由于缺乏任何其他的纪念碑,希望这个纪念碑能长存。

附 录

劳德代尔勋爵的银代币价值表(修正版)

	重量/先令(格令)	金属价值/先令@六先令十一便士/盎司	百分比@六先令十一便士/盎司	金属价值/先令@六先令二便士/盎司	百分比@六先令二便士/盎司	报告的金属价值/先令	报告的票面价值百分比(%)
Leeds,1811	67.70	11.71	97.55	10.44	86.98	8.70	72.50
Manchester	64.30	11.12	92.65	9.91	82.61	8.30	69.17
Leeds	66.00	11.41	95.10	10.18	84.79	8.50	70.83
Nantwich	63.10	10.91	90.93	9.73	81.07	6.80	56.67
Blandford	66.70	11.53	96.11	10.28	85.69	7.30	60.83
Bath 4s	54.00	9.34	77.81	8.33	69.38	6.90	57.50
No place,6s	55.40	9.58	79.83	8.54	71.17	7.10	59.17
Sheffield,1812 2s 6d	66.90	11.57	96.40	10.31	85.95	8.60	71.67
Wiltshire, Devonshire, and Bristol	59.40	10.27	85.59	9.16	76.31	7.60	63.33
York,1811 6s	57.60	9.96	83.00	8.88	74.00	7.40	61.67
Gloucester,1811, county and city	54.60	9.44	78.68	8.42	70.15	7.05	58.75
Doncaster,1812	64.10	11.08	92.37	9.88	82.35	8.20	68.33
Newark,1811	55.20	9.55	79.54	8.51	70.92	7.10	59.17
Scarbro',1812	63.70	11.01	91.79	9.82	81.84	8.20	68.33

续表

	重量/先令（格令）	金属价值/先令@六先令十一便士/盎司	百分比@六先令十一便士/盎司	金属价值/先令@六先令二便士/盎司	百分比@六先令二便士/盎司	报告的金属价值/先令	报告的票面价值百分比（%）
Frome Selwood,1811	63.40	10.96	91.36	9.77	81.45	8.10	67.50
Bristol	46.80	8.09	67.44	7.22	60.13	6.00	50.00
York,1811	54.70	9.46	78.82	8.43	70.27	7.00	58.33
Northumberland and Durham,1811	63.50	10.98	91.50	9.79	81.58	8.00	66.67
Newport,Isle of Wight,1811	66.90	11.57	96.40	10.31	85.95	8.60	71.67
Devonshire,issued at Barnstaple	55.30	9.56	79.69	8.53	71.05	7.10	59.17
No place,1812	59.40	10.27	85.59	9.16	76.31	7.60	63.33
Bristol,1811	54.90	9.49	79.11	8.46	70.53	7.00	58.33
Shaftesbury Bank, March 14,1811	54.20	9.37	78.10	8.36	69.63	7.00	58.33
Southampton	54.90	9.49	79.11	8.46	70.53	7.00	58.33
High Wycombe and Buckinghamshire	53.90	9.32	77.67	8.31	69.25	6.90	57.50
Mansfield	62.40	10.79	89.92	9.62	80.17	8.00	66.67
Gloucester	55.60	9.61	80.12	8.57	71.43	7.10	59.17
Gloucester,county and city	54.00	9.34	77.81	8.33	69.38	6.90	57.50
Bath 2s	54.10	9.35	77.96	8.34	69.50	7.00	58.33
Andover	57.20	9.89	82.42	8.82	73.49	7.30	60.83
Charing Cross	56.50	9.77	81.41	8.71	72.59	6.20	51.67
Bilston	58.00	10.03	83.58	8.94	74.51	7.40	61.67

续表

	重量/先令（格令）	金属价值/先令@六先令十一便士/盎司	百分比@六先令十一便士/盎司	金属价值/先令@六先令二便士/盎司	百分比@六先令二便士/盎司	报告的金属价值/先令	报告的票面价值百分比（%）
Derby, Leicester, Northampton, and Rutland	50.10	8.66	72.19	7.72	64.36	6.40	53.33
Fazely	50.40	8.72	72.63	7.77	64.75	6.50	54.17
Sheffield	61.60	10.65	88.76	9.50	79.14	7.90	65.83
Cheltenham, 1811	56.40	9.75	81.27	8.70	72.46	7.02	58.50
North Cornwall, 1811	45.50	7.87	65.56	7.01	58.45	5.80	48.33
Bristol, August 12, 1811	57.70	9.98	83.14	8.90	74.13	7.40	61.67
Birmingham	63.30	10.95	91.21	9.76	81.32	8.10	67.50
Stockport, Cheshire	63.30	10.95	91.21	9.76	81.32	8.10	67.50
Hampshire	70.00	12.10	100.87	10.79	89.93	9.00	75.00
No place or date, Britannia 6s	55.60	9.61	80.12	8.57	71.43	7.10	59.17
Bristol 6d	61.90	10.70	89.20	9.54	79.52	8.00	66.67
Derby	40.40	6.99	58.22	6.23	51.90	5.20	43.33
Neath 6d	52.00	8.99	74.93	8.02	66.81	6.70	55.83
Fazely 6d	51.30	8.87	73.92	7.91	65.91	6.70	55.83
Stockport 6d	57.70	9.98	83.14	8.90	74.13	7.40	61.67
Wiltshire, Gloucestershire, South Wales, and Bristol 6d	54.00	9.34	77.81	8.33	69.38	6.90	57.50
Scarborough 6d	54.10	9.35	77.96	8.34	69.50	7.00	58.33
Gainsborough 6d	51.40	8.89	74.07	7.92	66.03	6.60	55.00
Leeds, 1812 6d	60.10	10.39	86.60	9.27	77.21	7.70	64.17

续表

	重量/先令（格令）	金属价值/先令 @ 六先令十一便士/盎司	百分比 @ 六先令十一便士/盎司	金属价值/先令 @ 六先令二便士/盎司	百分比 @ 六先令二便士/盎司	报告的金属价值/先令	报告的票面价值百分比（%）
Bristol, 1811 6d	58.60	10.13	84.44	9.03	75.28	7.50	62.50
Bristol, 1811 6d	58.00	10.03	83.58	8.94	74.51	7.40	61.67
Birmingham 6d	68.00	11.76	97.99	10.48	87.36	8.70	72.50
York, 1811 6d	53.10	9.18	76.52	8.19	68.22	6.80	56.67
Bristol, R. Fripp & Co. 6d	52.20	9.03	75.22	8.05	67.06	6.70	55.83
Hull 6d	57.50	9.94	82.86	8.86	73.87	7.40	61.67
Poole, 1812 6d	65.60	11.34	94.53	10.11	84.28	8.40	70.00
Doncaster, 1812 6d	54.90	9.49	79.11	8.46	70.53	7.00	58.33
Chichester, 1811 6d	55.80	9.65	80.41	8.60	71.69	7.20	60.00
Sheffield, 1811 6d	67.70	11.71	97.55	10.44	86.98	8.70	72.50
Barnstaple, Devonshire, 1811 6d	58.70	10.15	84.59	9.05	75.41	7.50	62.50
Bristol and Wiltshire, 1811	55.70	9.63	80.26	8.59	71.56	7.10	59.17
Nantwich, 1811	53.70	9.29	77.38	8.28	68.99	6.90	57.50
Cannarthen Bank, 1811	59.30	10.25	85.45	9.14	76.18	7.60	63.33
Worcester, 1811	59.70	10.32	86.03	9.20	76.70	7.70	64.17
Lincoln, 1811	60.00	10.38	86.46	9.25	77.08	7.70	64.17
Chichester	54.80	9.48	78.97	8.45	70.40	7.00	58.33
Manchester, 1812	59.20	10.24	85.31	9.13	76.06	7.60	63.33
Bath	58.90	10.18	84.87	9.08	75.67	7.60	63.33
Blandford, 1811	56.30	9.74	81.13	8.68	72.33	7.20	60.00
Gainsbro', 1811	62.30	10.77	89.77	9.60	80.04	8.00	66.67

续表

	重量/先令（格令）	金属价值/先令@六先令十一便士/盎司	百分比@六先令十一便士/盎司	金属价值/先令@六先令二便士/盎司	百分比@六先令二便士/盎司	报告的金属价值/先令	报告的票面价值百分比（%）
Poole	66.70	11.53	96.11	10.28	85.69	8.60	71.67
Hereford, county and city	58.80	10.17	84.73	9.07	75.54	7.60	63.33
Poole, town and city	53.40	9.23	76.95	8.23	68.60	6.70	55.83
Swansea, 1812	54.90	9.49	79.11	8.46	70.53	7.00	58.33
Stockport, 1812	58.60	10.13	84.44	9.03	75.28	7.50	62.50
Swansea	59.70	10.32	86.03	9.20	76.70	7.70	64.17
Epworth Isle	66.50	11.50	95.82	10.25	85.43	8.60	71.67
Leeds, 1811	63.40	10.96	91.36	9.77	81.45	8.10	67.50
Portsmouth	53.80	9.30	77.52	8.29	69.12	7.00	58.33
Doncaster	59.00	10.20	85.02	9.10	75.80	7.80	65.00
Bradford	66.80	11.55	96.26	10.30	85.82	8.60	71.67
Haverford West	55.20	9.55	79.54	8.51	70.92	7.10	59.17
Merthyr, 1811	49.50	8.56	71.33	7.63	63.59	6.30	52.50
Whitby	61.20	10.58	88.19	9.44	78.63	7.90	65.83
Rowfant House, Sussex	59.00	10.20	85.02	9.10	75.80	7.80	65.00
Bedworth Mill	55.70	9.63	80.26	8.59	71.56	7.10	59.17
Romsey	55.70	9.63	80.26	8.59	71.56	7.10	59.17
West Riding, Yorkshire	58.50	10.12	84.30	9.02	75.16	7.50	62.50
Gainsbro	59.70	10.32	86.03	9.20	76.70	7.70	64.17
Newark, 1811	55.40	9.58	79.83	8.54	71.17	7.10	59.17
Launceston	55.10	9.53	79.40	8.49	70.79	7.10	59.17
Scarbro', 1812	61.00	10.55	87.90	9.40	78.37	7.80	65.00

续表

	重量/先令（格令）	金属价值/先令@六先令十一便士/盎司	百分比@六先令十一便士/盎司	金属价值/先令@六先令二便士/盎司	百分比@六先令二便士/盎司	报告的金属价值/先令	报告的票面价值百分比（%）
Marlbro', 1811	50.40	8.72	72.63	7.77	64.75	6.50	54.17
Sheffield, 1811	60.50	10.46	87.18	9.33	77.73	7.80	65.00
Bridlington Quay	57.10	9.87	82.28	8.80	73.36	7.30	60.83
Lincolnshire	54.70	9.46	78.82	8.43	70.27	7.00	58.33
Bristol, No. 37 Quay, R. Fripp & Co.	58.70	10.15	84.59	9.05	75.41	7.50	62.50
Weybridge Iron Works	54.80	9.48	78.97	8.45	70.40	7.00	58.33
Attleboro', 1811	55.20	9.55	79.54	8.51	70.92	7.10	59.17
Doncaster	55.60	9.61	80.12	8.57	71.43	7.10	59.17
Merthyr, 1811	57.00	9.86	82.14	8.79	73.23	7.30	60.83
Bewick Main Colliery	58.60	10.13	84.44	9.03	75.28	7.50	62.50
London 1s 6d	41.00	7.09	59.08	6.32	52.67	5.30	44.17
Peterboro' 18d	57.20	9.89	82.42	8.82	73.49	7.30	60.83
Ships, Colonies, and Commerce, 1811 1s 6d	53.50	9.25	77.09	8.25	68.73	6.70	55.83
Hull, 1811 1s 6d	55.40	9.58	79.83	8.54	71.17	7.10	59.17
Attleborough 2s	58.20	10.06	83.86	8.97	74.77	7.50	62.50
Stamford, 18d	56.90	9.84	81.99	8.77	73.10	7.30	60.83
Frome Selwood, 2s	59.50	10.29	85.74	9.17	76.44	7.60	63.33
Northumberland and Durham 30d	63.40	10.96	91.36	9.77	81.45	8.10	67.50
Sheffield 2s 6d	66.50	11.50	95.82	10.25	85.43	8.60	71.67
Bath, 1811 4s	53.60	9.27	77.24	8.26	68.86	6.90	57.50

续表

	重量/先令（格令）	金属价值/先令@六先令十一便士/盎司	百分比@六先令十一便士/盎司	金属价值/先令@六先令二便士/盎司	百分比@六先令二便士/盎司	报告的金属价值/先令	报告的票面价值百分比（%）
Peel Castle, Isle of Man 5s	44.90	7.76	64.70	6.92	57.68	5.80	48.33
Bath 4s	52.80	9.13	76.08	8.14	67.83	6.80	56.67
Average	57.62	9.96	83.03	8.88	74.03	7.36	61.35

资料来源：本附录转载了劳德代尔勋爵《关于货币状况的进一步思考》(*Further Considerations on the State of the Currency*)中的材料(Maitland 1813)。

说明："报告"的价值是劳德代尔本人提供的价值。这些价值相对于第二次代币发行期间基于银价的数字，通常低估了代币的金属价值。

劳德代尔的调查问卷

1. 你所发行的代币面额是多少？
2. 每一种类的平均重量是多少？
3. 每12盎司中，由多大重量的次于标准银的金属构成？
4. 每个品种的平均内在价值是多少？
5. 在你的附近是否有任何当地的代币在流通，除了你所发行的那些，还有谁发行代币？
6. 你估算在你居住的地区内流通的本地代币的总价值是多少？
7. 你估算在你附近流通的当地代币半克朗、先令和六便士的总价值是多少？
8. 你认为这些半克朗、先令和六便士的平均内在价值是多少？
9. 是否有很多英格兰银行的代币在你附近流通？
10. 除非可以获得大量的铜钱，否则拒绝兑换为纸币的情况是否很普遍?

11. 你是否知道用 20 先令的纸币兑换为银币而付出的溢价?

12. 是否有人尝试发行低于 12 先令的纸币或票据?

13. 你是否知道制造商用纸质票据支付工人的工资,在附近建立一家商店的情况下,工人们在那里用这些票据换取货物?

14. 在发生这种情况的地方,零售商是否习惯于每月或每季度与发行票据的制造商结算?

15. 是否有意愿在下一次会议上向议会两院提出请愿,要求废除最近通过的禁止地方代币流通的法案?

对劳德代尔调查问卷的答复

布里斯托尔,1812 年 6 月 16 日[1]

现在在这里流通的政府批准的白银数量,不超过当地代币的十分之一。

在这些代币问世之前,获得零钱的困难是如此之大,以至于 18 先令很容易就能买到 1 英镑的纸币。在这个城市的各类职业中工作的工人们,绝对拒绝接受周薪,而且许多人即将离开他们的雇主,因为他们只能用纸币来支付工资。甚至当地的穷人也不能领取他们的款项,在这个城市,每周支付给穷人的款项相当可观,用于养活他们的资费是每年 1.2 万—1.4 万英镑。

布里斯托尔,1812 年 9 月

在此时此刻,事实上这个城市因缺乏硬币而处于几乎同样糟糕的状态,几乎与我们第一次依靠发行代币时一样糟糕。有些人断言,我们以最值得称赞的方式所做的事情,其实是出于阴险的目的;

但经过公平和公正的调查，即使是一个普通人，也会认为这不是真实的，没有丝毫的根据。相反，我们最肯定的是，除非目前银币的短缺导致价格大幅上涨，否则我们将不可避免地成为一个非常严重的输家。但是，尽管如此，公众还是衷心地欢迎我们努力在某种程度上减轻他们和我们一样的普遍苦难，都在为缺乏流通媒介而苦苦挣扎；我们很自豪地指出，获得它们确实使我们有能力购买生活必需品和舒适品，而不必为把纸币兑换为硬币而支付昂贵的价格。我们也非常满意和高兴的是，因为我们可以自信地指出，本市和附近地区的公众，已经多次集体和分头向我们表示衷心的感谢，因为他们通过我们的方法得到了非常大的便利。

布里斯托尔，1812年9月3日

我很荣幸收到你的来信，在回复中，我想说的是，我不能同意你已经宣布的原则。在我看来，最大的弊端是，政府应该忘记了一步到位地发行必要数量的硬币。如果个人可以发行代币，从而为公众服务，难道不是从事实上说明，不缺金银吗？如果没有这种需求，难道政府从发行中获得好处不比个人获得好处更好吗？此外，在这种情况下，不是人民在逃避王室的一项不可剥夺的特权吗？如果他们窃取了一项，他们不会开始攫取其他的权力吗？而这种对宪法的侵犯将导致可怕的后果？诸如此类的考虑促使我对发行代币持保留意见，我将非常乐意在时机成熟时收回我所发行的每一枚代币。当然，政府应该发行适当的供给量。如果政府这样做了，一切都会好起来，但如果政府不这样做，因政府的不当行为使这个国家处于可怕的混乱状态，即便不是引发公开的叛乱，也会近在咫尺。我计算了一下，我们有票面价值不少于8万英镑的代币，在布里斯托尔和附近地区流通。

赫尔，1812年9月7日

  作为两个相当大的批发和零售公司的负责人，我是一个很早就感觉到我的贸易手段残缺不全的人，因为没有银子给顾客找钱；我不仅失去了朋友们经常光顾的好处，而且在许多日常情况下，我还不得不为小笔款项提供信用，而这些钱我至今都没有收到，也永远不会再收到。在这种情况下，我和我的伙伴只能发行代币。这不仅对我们自己，而且对我们的邻居来说，所提供的救济是无法估量的。我可以肯定地说，如果不是因为它们的采用，我不知道这个人口众多的小镇和邻里会发生什么。

卡马森，1812年9月8日

  在1811年的大部分时间里，我们注意到金币和银币正在迅速退出流通领域，而这些通常为我们提供小额零钱的商人，不得不诉诸非常手段给我们发行代币，作为使他们能够在任何程度上进行交易的最后手段。在我们接受他们的看法之前，零钱的窘迫程度是无法衡量的。商人们无法向他们的顾客提供零钱；而社区较贫困的阶层能用1英镑纸币，获得一部分银币和一部分铜币，就认为自己很幸运。英格兰银行小规模地向我们供应他们的代币，但数量远远不能满足需求。

弗洛姆，1812年9月8日

  在发行当地代币之前，许多人不得不为零钱支付5%的溢价，而其他一些人即使以这个价格也无法获得零钱。

  商人们的账本上写满了小额债务，其中大部分永远都无法偿还；在许多情况下，劳工的妻子和孩子不得不忍受饥饿和最可怕的困苦，因为丈夫被驱赶到啤酒馆，以1英镑纸币获得零钱，这部分零钱往往来自一个工人同行。税吏们的任务也因用纸币换取零钱的不可能性而加重。济贫官发现，收取税款和为穷人的付款获得零钱，是一项空前的劳动工作。因此，我们陷入了难以忍受的困难之中，自然而然地要寻求一些解脱的办法，而似乎没有什么方法能像发行代币那样做到这一点。但现在，对零钱的需求又是如此之大，以至于最亲密的朋友都不愿意舍弃零钱，除非条件是在需要的时候能得到类似的帮助。

格洛斯特，1812年9月12日

在1811年的7月、8月和9月，零钱变得极度稀缺，以至于让我这个拥有广泛零售贸易的人感到非常震惊，暂停所有结算，同时相对而言，我也没有收到现款。尽管这项业务在很大程度上占据了你的注意力，但我认为，对其影响的任何想象，特别是在上述期间对零售商造成的尴尬和损失，能够与实际情况相同，这几乎是不可能的。这导致了当地代币的发行，而我从来没有从这些代币中获得过任何收益的期望。它们只是为了我自己和其他人的方便而发行的，而我唯一的希望或愿望是，当立法机构认为应该禁止它们时，能引进一个适当的替代品，而这目前还不存在；因为即使所有代币在流通，现在要想用纸币获得零钱，几乎和以往一样困难重重。

奇切斯特，1812年9月15日

在这一带流通的英格兰银行代币不多；如果没有当地代币的帮助，零钱会非常稀少。银行代币开始消失。在地方代币流通之前，人们很难为银行纸币找零。往往无法得到完整的铜钱，这给军队和贸易带来了极大的不便。在许多情况下，前者（我们指的是士兵）经过该城市时，会在那里停下来寻找零钱，否则无法得到必要的食物。

布里德林顿,1812年9月18日

在流通的银币中,地方代币占了五分之四。甚至在地方代币发行之前,英格兰银行代币在首次流通后就无一例外地消失了。在此之前我在伦敦为获得银币而支付溢价,但这种溢价在不断增加,我被迫停止这种做法,因为我的生意不允许我为银币支付如此昂贵的价格;在发行本地代币之前,我每天都不得不拒绝向我的客户提供货物,因为我无法向他们提供零钱,而我却因为给那些来我店里买东西的人赊账而蒙受巨大损失,对于那些来我店里买东西的人,我无法给他们的纸币找零。如果地方代币被取消,而政府又不发行大量的替代硬币,贸易将不可避免地处于停滞状态,而我不敢想象这个结果。

巴斯,1812年9月21日

在这里流通的当地代币可能达到5000—20000英镑,占流通银币零钱的三分之二左右,剩下的三分之一由先令和六便士以及银行代币组成,数量大致相等。要想兑换一张1英镑的纸币是非常困难的,在代币发行之前,甚至要收取价值15先令的铜钱。这里的人们普遍大声抱怨道:"当代币被召回时,我们该怎么找零呢?"

巴斯,1812年10月2日

在当地代币发行之前,(黄金已被收回)无法获得零钱。贸易处于令人担忧的状态;90%的顾客在没有拿到货物的情况下离开,或者是安排他们赊账。银行无法提供最起码的零钱;我们的汇票被退回,我们的信用受到威胁。送信的人手里拿着一本账本,给他认识的人赊账,而其他人却因为没有零钱而几天都没有收到信。当地代币的发行消除了我们的困难,而且发行商在报纸上得到了公开感谢。根据我们对贸易的了解,我们相信,本地流通的英格兰银行代币和旧银币不足1000英镑。

斯旺西，1812 年 10 月 6 日

这里的零钱太少了，在上个星期，我看到了这样一个例子，10 先令的铜钱和 10 个代币被用来换取 1 英镑的纸币。代币占银币流通量的六分之五。在代币发行之前，所有阶层都在很大程度上感受到了对银币的需求。

在一次通过公开广告召开的居民会议上，人们对代币的发行商表示感谢。商店票据在本地和邻近地区都很常见。

约克，1812 年 11 月 4 日

在发行代币之前，为 20 先令的纸币找零通常要付 1 先令的溢价，而且希望得到零钱的顾客会被打发走，除非他们打算购买几乎与纸币面额相同的东西。如果禁止地方代币的法案生效，我们地区的大部分地方将陷入最大的混乱，因为下层人民的收益只有几枚代币，完全不可能获得银行代币或旧银币。

巴恩斯特普尔，1812 年 11 月 20 日

我把在这一带发行的皮质先令和六便士的样本附在后面。大约 3 周前，发行代币的商人通过公开广告宣布，他们将在某些天或之前付清这些钱；因此，已发行的约三分之二的代币被用来清偿。其结果是，零售业立即停滞不前，而我们几位最受尊敬的居民拜访了发行商，请求他们在两三个月内重新发行。经过一番考虑，他们同意了，现在我们继续像以前一样。

谢菲尔德，1812 年 11 月 21 日

这里流通的银币有五分之四是当地代币，银行代币的数量非常少，即使借助铜币也很难获得零钱；我认为现在的零钱，比地方代币发行之前还要稀缺。

我们每周向本镇的穷人支付近 400 英镑；可能有五分之四的情况下，平均每人不超过 8 先令，而我们每周能够收取的铜钱不超过 100—150 英镑（包括当地的铜代币）。我不需要指出这给济贫官带来的不便，也不需要指出这给贫困者带来的困难，贫民们不得不联系在一起，在街上数次列队，为一张临时的几尼纸币换取铜钱，而它通常是由这些穷人从他们每周的微薄收入中拿出一部分来获得的。

在发行银代币之前，谢菲尔德的济贫官与银行联合起来发行英格兰银行的代币，在某种程度上，我记得，运输和保险的费用大约为 12 英镑到 2000 英镑，但这些被发现只起到了暂时的作用，它们根本没有流通——一旦被付清，你就再也看不到它们了。

纽瓦克，1812 年 12 月 2 日

在当地代币发行之前，不可能获得银质零钱，而制造商尽了最大努力也无法使他们甚至以铜币支付工人的工资。因此，他们被迫采取非常令人反感的权宜之计，即按阶层支付他们的工资，这只是把困难转嫁到下层人民身上，在他们中间产生了巨大的不满，因为店主在向他们提供食品时不能找零；因此，许多零售业务偏离了它的方向，而且许多业务都是不利于赊账的，因为不能用 1 英镑的纸币来付款。在一个星期六的晚上，无论是个人还是团体，都可以看到劳工阶层在徒劳地恳求找零，以满足他们的需要，如果不是令人震惊的话，也是令人痛苦的。最值得尊敬的居民很幸运，因为他们能够在集市日用铜币在市场上买东西。由于没有银币而造成的不便，我们真的无法描述。

斯卡伯勒，未注明日期

由于这个国家缺乏银元，为了防止技工和零售商之间的贸易完全停顿，绝对需要用某种东西来代替它。首次发行代币的一个重要

目的是弥补这种不便,而且我们最乐观的期望已经实现了。尽管如此,没有人比我们更感叹求助于这种权宜之计的实际需要了。

不用说也知道,代币在(金属)价值上差别很大——是的,几乎和流通中的(官方)硬币差别一样大。毫无疑问这是一种灾难,但是,在发行足够数量的法定零钱之前,就完全停止使用这种替代物,必然会造成零售商和社区内贫困阶层之间的交易暂停。甚至在目前,一个非常熟悉的景象是,看到店主的雇工手里拿着一张几尼纸币找零,挨家挨户地走访,走遍整条街道也不能实现他的目标,而他的雇主最后要么保留他的货物,要么给他的顾客赊账,这两种情况对勤劳的商人来说都是灾难。

注　释

自　序

[1] Monroe 1923.

[2] Herbert Spencer 1851, 396-402.

[3] Jevons 1882, 64-66.

第一章　英国的大问题

[1] 见"旧公路收费人员对发行更多货币的呼吁"（伦敦，1721），引自 Gaskell 2000, 162。

[2] 尽管已经发现了一些伪造的 1 英镑硬币，据皇家铸币局估计，它们只构成了所有硬币数量的1%左右。

[3] 见 Sargent and Velde 2002。

[4] 见 Redish 2000, 111。Redish refers to Ruding (1840, 111-125, 238-275), 另见 Peck (1970, 1-8)。

[5] Thomas Prior (1729) 1856, 293-294.

[6] Anonymous 1771, 3.

[7] Goldsmith 1770.

[8] 同上。工业革命是否真正给工人的生活水平带来了持续增长，已经持续讨论了好多年，许多权威专家现在同意带来了增长，但仅开始于 1820 年左右（例如，见 Lindertand Williams 1983）。在那之前，尽管英国经济的总体生产能力有了巨大改进，但七年战争和美国革命战争以及法国革命战争，经常使工人陷入贫困。尽管英国将大量精力用于制造武器、资助外国政府、充实其陆军和海军队伍，但同时也积累了资本，最终给其公民的福祉带来了根本改善，这本身是一项卓越的成就。

[9] Crabbe 1783.

[10] Johnson to Boswell, July 22, 1777, in Johnson 1992.

注　释

[11] Rule 1992, 87-90。阿瑟·扬（1776）推测，农民的奶牛每周给他们和其家庭提供价值为5—6先令的牛奶。没有平民百姓，就没有奶牛。到1780年，无技能的成年男性劳动者一周仅挣7或8先令。

[12] Unwin, Hulme, and Taylor 1924, 45, 107.

[13] T. S. Ashton 1955, 167.

[14] John Rule 1992, 304.

[15] Whiting 1971, 20.

[16] 根据1707年的联合条约，苏格兰的货币面值与英格兰和威尔士的货币面值保持一致。但是，爱尔兰镑仍是一种不同的单位，直到1826年被废除。1701年6月的一份公告让爱尔兰13便士等同于英国的1银先令。

[17] 关于英国的重量单位，见第一章注释25。

[18] 格雷欣在一封写给伊丽莎白的信中告诉她，是她"已故的父亲"导致所有英国的纯金被"运出本王国"，通过"把货币从6盎司纯银贬值到3盎司"，这就诱使亨利·邓宁·麦克劳德（Henry Dunning MacLeod）以格雷欣的名字命名讨论中的这种趋势。事实上，在格雷欣提出之前，这一趋势就曾被许多作者提到过，包括哥白尼、奥雷斯姆、阿里斯多芬尼斯。顺便说一句，不是伊丽莎白的父亲亨利八世，而是他的继任者爱德华六世，把英国货币的纯银含量一路减到1金衡磅仅3盎司。

[19] 乔治·博罗（George Borrow）在《骑师的传奇》中写道："我告诉你，我的祖父是一名削短工……他受雇锉削或切削各种硬币，不管是金币还是银币；不过，他仅用硝酸削减金币……把1几尼放在硝酸中12小时，他能从中窃取9便士的价值，把它继续放在那里达24小时就会窃取18便士，硝酸腐蚀黄金，在器皿中留下沉淀物。"[Borrow（1857）1906]

[20] 见Selgin 1996 and 2003a。

[21] 这一表达容易让人产生错误观念，因为所有的经济价值都是主观的，而不是内在于物品本身的。

[22] 令人感到迷惑的是，术语"机器"（mill）也指螺旋冲压机本身，同时机制币（milled money）有时不仅被用来指在机械冲压机帮助下制成的货币，而且特指那些有条纹或垂直加条纹切边的硬币，这种技术的第一次引进与螺旋冲压机有关。事实上，直到18世纪末，"机制边"（milled edges）并不是直接用到货币上，它们是冲压而成，在铸币之前就利用特殊的压边工具在金属片上冲压出来。

[23] 四分之一几尼在1762年又短暂出现过。

[24] 在货币大重铸之后，两便士、三便士和四便士的银币停止流通，尽管其生产在 1730 年左右开始恢复，但被纳入濯足节钱币展示套币中（Craig 1953，247）。

[25] 常衡磅，等于金衡制下的 7000 格令，是私人贸易商首选的货币单位，但铸币局仅用其作铸造铜币之用。金银造币价和等价物是根据 5760 格令的金衡磅计算的，金衡磅在 1526 年取代了金衡制下 5400 格令的铸币局磅（塔磅）。

[26] Sargent and Velde (1999) 和紧随其后的 Redish (2000，21-24)，考虑到了第四种选择：依赖由同一种金属的不同合金制成的自由铸造硬币，但正如 Redish（同上）所观察到的，这种方法由于"各种各样的冶金原因而不可行"。

[27] 接下来是零钱问题更简化的分析。详细的分析，见 Redish 2000。Edwin Cannan (1935，33-42) 提供了一个简洁精彩的讨论。因为由 Sargent and Velde (2002，15-36，335-372) 提出的详尽正式的理论假定了一种单本位制，同时从和大额硬币或小额硬币的使用有关系的成本中抽取出来，它不能阐明英国的情况。关于这一点以及萨金特和威尔德理论的其他缺陷，见 Wallace 2003。

[28] Snelling 1766，前言。

[29] 我说"可能"，是因为两种金属可能不足以完成方便提供所有需要的面额硬币的任务。尽管在原则上，三本位制或更多的多本位制形式能够覆盖任何可以想象到的面额范围。当然，所有的多本位安排都受制于格雷欣法则，定价过高或过低的机会数和涉及的金属数成正比。

[30] 我承认，这一总结对复本位制相当不公平，金银双本位制有其辩护者，他们认为，在一些例子里它运行得相当好（见 Redish 2000，180ff.；Flandreau 2004；FriedInan 1992）。尽管这些例外存在，但 18 世纪的英国不是其中之一。

[31] 1774 年，据说，25 英镑以上的支付不再强制使用银币。这一限制在 1783 年失效，但在 1798 年再次恢复。

[32] Carlile 1901，12。

[33] Ruding 1840，2：87。

[34] Macaulay 1856，499。

[35] 同上。

[36] Carlile 1901，14。

[37] Ashton 1955，171。

[38] Craig 1953，246。

[39] 根据 Craig (1953, 246)，"银行没有过度发放这些储藏，在 1798 年仍有 2.28 万英镑存货"。

［40］W. Shaw 1896, 231.

［41］Whatley（1762）1856, 519.

［42］Ruding 1799, 12.

［43］Ashton 1955, 169.

［44］Oman 1967, 357.

［45］事实上，1760 年之后，黄金的相对市场价值上升，导致它在铸币局的估价偏低，不是相对于法律上的白银铸币等价物，而是相对于事实上的等价物，以实际的磨损银先令数量来衡量，它构成了标准银的 1 磅重量。结果，几尼和半几尼开始被毫不留情地非法修剪，这称作"黄色贸易"，英国很快发现自己缺乏任何种类的优质全币。

［46］Carlile 1901, 12.

［47］Powell 1993, 50.

［48］Craig 1953, 250.

［49］Craig 1953, 174-175, 250.

［50］Anonymous 1739.

［51］Ashton 1955, 167-168.

［52］官方铜便士一直到 1797 年才发行，一直到 1821 年才由铸币局生产。

［53］Sir John Craig 1953, 251.

［54］Unwin, Hulme, and Taylor 1924, 176.

［55］Merrey 1794, 68.

［56］Unwin, Hulme, and Taylor 1924, 177.

［57］转引自 Rule 1992, 182。这些术语的意思大体上能猜到，比如"Thrums"，是从织布机上把完工的布拿下来后留下的布头。

［58］Rule 1992, 180-189.

［59］Unwin, Hulme, and Taylor 1924, 187.

［60］Hilton 1960.

［61］John Styles 1983, 184.

［62］Unwin, Hulme, and Taylor 1924, 197ff.

［63］Hammonds 1917, 67.

［64］Raven 1977, 53-54.

［65］Ashton 1955, 209.

［66］同上。

［67］Rule 1992, 185.

[68] Ashton 1955, 209.

[69] 工人们的工资最终固定在 3—6 便士，取决于他们的行业。见 Morris 1983, 104。

[70] Ashton 1955, 210.

[71] Craig 1953, 247; Bell 1963, 9.

[72] Merrey 1794, 67-68.

[73] Ashton 1962, 99-100.

[74] Ben Franklin 2003, 45.

[75] 源自《呢绒商的快乐》，转载自 Mantoux 1927, 75-77。

[76] George 1925, 287ff.

[77] 转引自 Langford 1868, 231。

[78] The Morning Chronicle, February 10, 1851, 转引自 Powell 1993, 49。

[79] MBP 253/251.

[80] Patrick Colquhoun 1800, 16.

[81] 同上，第 182 页。

[82] The Morning Chronicle, February 10, 1851, 转引自 Powell 1993, 49。

[83] Craig 1953, 253.

[84] 个体零售商没有能力对伪币做任何事。如果一个体零售商独自尝试拒绝它们，他只会把自己的生意驱赶到对手那里。零售商也可能在相反的方向上犯错：一位伯明翰小贩步子迈得太大，打广告说他愿意交换伪币，他的大胆把他送进了法庭（Wager 1977, 16）。

[85] Feavearyear 1963, 169.

[86] Anonymous 1772.

[87] BL Add. MSS 38421, 221, February 8, 1788.

[88] PRO PCl/37/114, December 1787.

[89] Lawrence White 1984, 39.

[90] Boase 1867, 2, cited in L. White 1984, 29-30. Compare Macleod 1892-1893, 436ff.

[91] 英格兰银行自 1694 年成立以来，一直在发行可兑换的纸币，苏格兰银行在 1776 年之前的几十年里也同样如此。萨金特和威尔德弄错了，他们写道，亚当·斯密"建议银行应该被允许发行纸币，前提是它们承诺在需要时可以将其兑换成硬币"，并且他是通过观察私人成功发行铜代币而获得的这一想法。斯密不能建议已经完成的实践，他也不能建议进一步放松苏格兰银行法的限

制。相反,他支持1765年的小额纸币禁令。
[92] 见 Berry 1988。
[93] Snelling 1766, 36.
[94] John Roger Scott Whiting 1971, 11.

第二章 德鲁伊币、威利币与蜂巢币

[1] 一般认为作者是威廉·朗兹,威廉三世和乔治一世时的财政部秘书。
[2] 为了增加混乱,还有另一位亚历山大·弗雷泽,声名狼藉的西蒙·弗雷泽的儿子。西蒙是罗威特勋爵十一世,他被缺席审判,判处死刑,最终因为各种犯罪行为被流放。当王室后来免除他的死刑,西蒙通过支持1745年起义来表达他的感激,于是"大背叛者"被捕,被上议院弹劾,1747年4月9日,在伦敦塔被执行死刑。他的儿子诞生于1729年7月1日,在1762年8月7日去世,没有子女。进一步的细节,见 Mackenzie, 1896。
[3] 有的资料说是威士忌。
[4] 由于电蚀作用,包铜外壳和铁螺栓的组合已经证明是最大的不幸:在1782年8月,它导致英国政府公务船"皇家乔治"号开裂,害死了甲板上的900人。铁制紧固件的失败也被怀疑是引发法国战利品"巴黎"号、"辉煌"号和"半人马"号下沉的原因,在离开大浅滩几周后遭遇了一场风暴,导致3500人丧命。
[5] Darwin 1791, *Economy of Vegetation*, canto 1.
[6] PRO Mint 8/1, Williams to Lord Effingham, April 5, 1785.
[7] MBP 309, 转引自 Hawker 1996, 6。
[8] BL Add. MSS 38422, 12, April 8, 1789。应该说,这位记者不同意私人代币,认为它们代表了"对政府行政和国王陛下王室特权的一种不恰当的干扰"。
[9] 不要把他和海军上将约翰·宾(1704—1757)——托林顿子爵一世的儿子混淆,他本应该从法国人手中解救米诺卡岛,却撤退到了直布罗陀,被军法审判和枪毙。
[10] Andrews 1970, 167, 232.
[11] BL Add. MSS 38422, 13.
[12] 关于查尔斯·怀亚特和他与博尔顿的关系,见 Selgin 2005。
[13] MBP 150/29, Matthew Boulton to Thomas Williams, May 24, 1789.
[14] Charles Pye 1801, 3.
[15] Hawker 1996, 10.
[16] 同上,第50—54页。

[17] Trinder 1973, 20-22.

[18] Davies 1999, 9-11.

[19] 在这里再强调一次达比值得骄傲的地方，因为他是一位年长的认股者（尽管只有微弱优势），并且铁桥是在他的工厂浇铸的。应该承认，这座铁桥超出了预算：预计花费 2700 英镑，但是完成时花费了 2737 英镑。Friedrich Engels [（1844）1968, 20] 设法把建造第一座重要的铁桥归功于托马斯·潘恩，而不是达比和威尔金森。事实上，尽管潘恩为一座铁桥做了几项计划，但他的铁桥从来没有实际建造过。很明显，《曼彻斯特卫报》没有指出这一点。

[20] 其他实验尝试用动物油脂、纸浆、毛毡和纸板做密封剂，这些效果也不好。

[21] Soldon 1998, 114.

[22] 这一速率被调整为每分钟"仅仅"100 下。威尔金森于 1778 年在新威利曾尝试过使用蒸汽机带动锻锤，但是在那时，只有活塞蒸汽机可用，并且实验失败了：没有像设想的那样每分钟锤击 60 下，而是把自己敲成了小铸铁块 (Soldon 1998, 63)。

[23] Soldon 1998, 250。剩下的 3 台蒸汽机，1 台给了一家铅矿，威尔金森是共有人，剩下的 2 台出口到了法国。

[24] 这是在 1785 年，当时威廉姆斯、博尔顿和瓦特以及威尔金森都是康沃尔金属公司的合伙人。世界真小。

[25] Stockdale, *Annales Caermoelenses*, 转引自 Soldon 1998, 215-216。

[26] Soldon 1998, 231.

[27] 回到 1788 年，博尔顿首先为威尔金森准备硬币，当时他要求让·皮埃尔·德罗兹制作模型，他希望送给威尔金森作为新年礼物。像往常一样，德罗兹未能交出模型，所以博尔顿一直到 1789 年冬天才生产出第一批威利币。这些硬币是用汉考克的原版模具和帕雷斯矿业铸币剩余的标记了边缘的铜板制造而成。因此，它们被标记为 1788 年，让收藏家感到沮丧的是，根本无法与帕雷斯矿业公司铸币厂早期发行的铜币区分开来（Vice 1990, 3）。

[28] Soldon 1998, 165.

[29] Vice 1990, 2.

[30] 追随一开始帕雷斯矿业公司铸币厂的发行标准，威尔金森部分是为了回应人们抱怨他的最开始的硬币和德鲁伊币都太笨重，决定把他的硬币稍微减轻一些，形成了他的 1 磅对 36 枚半便士的标准。后来，他责备博尔顿未经允许，重新回到早期较重的标准。

[31] 在这一点上威尔金森类似于博尔顿，他相继和两位女性继承人结婚，每一位

都带给他1.4万英镑的财富（Hopkins 1989，87）。博尔顿和第二任妻子生下了儿子，而威尔金森找一位情妇给自己生下了3个儿子，最后一个儿子出生时威尔金森已经78岁。

[32] 这100枚样品在私下里以"奖章"的形式流转，一种用来生产这些银币的模具，类似于倒扣的"船只"模具，随后被用来铸造一种小额的且现在大受欢迎的铜半便士。

[33] 转引自 Randall 1879, 39-40。

[34] Thompson 1981, 201.

[35] 事实上，它们就是水管，为巴黎自来水厂而制造的，目的是防止火灾，就像1773年摧毁市政厅的那场可怕的大火一样。威廉·威尔金森在1777年已经去法国建立了一家加农炮厂。但在那时法国和英国并没有交战，当两国在1778年7月10日步入战争时工厂几乎要完工了。而且，这个项目完全是威廉的事务，约翰·威尔金森没有参与其中，他像许多自由思想家一样，同情法国革命分子，至少直到恐怖统治开始之前。

[36] 转引自 Soldon 1998, 159。

[37] Trinder 1973, 202.

[38] 转引自 Dodd 1971, 140。

[39] 邓唐纳德于1831年7月1日在巴黎死于贫困。

[40] 年轻的科克兰最终以"海狼"而知名，作为纳尔逊杰出的护卫舰舰长之一而扬名立万。

[41] 7月14日这个日期应该会让数字命理学家感到高兴：威尔金森第一次到斯塔福德郡是在1756年7月14日；他在1786年7月14日参加了在巴黎举行的向他致敬的盛大宴会；他的"试验"号是1787年7月14日下水。

[42] Doty 1998, 4; Pelham 1963, 81-82.

[43] Pelham 1963, 79.

[44] Doty 1998, 24.

[45] 例如，他把18世纪金币重铸的日期标注为"178_"，而实际上它发生在18世纪70年代。

[46] Dyer and Gaspar 1992, 441.

[47] Doty 1998, 25.

[48] 同上。

[49] 转引自 Harris 1964, 73-74。

[50] Dykes 1999, 182.

[51] Harris 1964, 74.

[52] Dykes 1999, 182.

[53] Hawker 1996, 10; cf. Dykes 1999, 182.

[54] Doty 1998, 29.

[55] Doty 1998, 32.

[56] 博尔顿最终在 1788 年 3 月 6 日拿到了模具样品。

[57] Boulton to Woodman, November 13, 1789, 转引自 Smiles 1866, 387-388。

[58] Doty 1998, 26.

[59] Doty 27; cf. Mantoux 1927, 389-390.

[60] Cule 1935, 203.

[61] Lord 1965, 164-166.

[62] Cule 1935, 216.

[63] John Freeth, "Trade in England Ne'er Shall Die," in Freeth 1790.

[64] MBP, Scale to Boulton, April 9, 1785, 转引自 Cule 1935, 208。

[65] 尽管该公司没有 1786 年的记录可以追查，但没有理由认为其命运在这一年得到了改善。在 1787 年，公司设法取得了相当好的盈利。但是公司后来再度处于危险之中：从 1792 年约翰·斯凯尔去世到 1796 年公司最终清盘，其账簿显示累计损失达 701 英镑（Cule 1935, 213）。根据埃里克·霍普金斯（Eric Hopkins 1989, 87）的说法，博尔顿最初的五金合伙企业，博尔顿和福瑟吉尔公司情况也不佳："尽管博尔顿的活动提供了闪闪发光的门面，但公司……常常濒临破产。"

[66] 起初，博尔顿和瓦特公司对旋缸式蒸汽机收取同样的费用，如同过去的泵压蒸汽机一样，但未能让旋缸式蒸汽机实现更大的产出和降低操作成本。直到 1786 年，瓦特才成功提出一个衡量"马力"的标准，让公司能够对每马力 5 英镑的修正溢价进行评估。

[67] MBP, Boulton to William Matthews, January 11, 1782, 转引自 Lord 1965, 160n1。

[68] Harris 1964, 42.

[69] CRG, Wilson MSS, 转引自 Harris 1964, 54。

[70] 同上。

[71] J. E. Cule 1935, 249.

[72] 见 Harris 1964, 54-68。

[73] 同上，第 69 页。

［74］CRO, Wilson MSS, Watt to Wilson, June 8, 1786, 转引自 Harris 1964, 70。
［75］同上。
［76］同上，第71页。
［77］Harris 1964, 74-78.
［78］CRO 2/47.
［79］同上。
［80］同上，第74页。
［81］Cule 1935, 250-251.
［82］尽管他承认，"在其他情况下，毫无疑问，博尔顿关注的直接是铸币主题"，斯迈尔斯（1866, 388）参考的仅是博尔顿铜的存货清单，这些铜采购自"采铜公司……当时它们不能在别的地方被处理掉"。斯迈尔斯抓住了大象的尾巴，但是却没看到大象。
［83］我是没有夸大的：除了面临破产，博尔顿还面临着成千上万名失业的康沃尔矿工的愤怒，他们倾向归咎于他们的雇主。当他在1787年10月到访康沃尔，博尔顿被400名愤怒的矿工民众包围，这些人听到一个谣言，意思是博尔顿被告知如果关闭矿山意味着可能饿死他们和他们的家庭，博尔顿建议分发不限量的砒霜就可以避免这样的结果。矿工们仅让博尔顿交出20几尼就让他离开了（Cule 1935, 249-250）。人们猜想，在这样的场合，半便士代币是不会够用的。
［84］CRG 3/13, Boulton to Wilson, March 10, 1788。尽管康沃尔档案局已经"校正"了这一条目的日期，将"1788年"改为"1789年"，但上下文显示前一个日期事实上是正确的。
［85］Hawker 1996, 10-11.
［86］Harris 1964, 86.
［87］转引自 Hawker 1996, 17。
［88］同上。
［89］如果不是 D. W. 戴克斯彻查档案，我自己也会忽视他。
［90］同上。
［91］韦斯特伍德的侄子小约翰·韦斯特伍德，老街区的一位小人物，也获得了伪造钱币的名声，生产赝品，模仿他叔叔的一些比较有名的代币。
［92］Dykes 1999.
［93］Prosser 1881, 127.
［94］Dykes 1999, 183.

[95] MBP 358/181.

[96] 根据 David Vice（1991 and 1996，51），赫德在韦斯特伍德破产中损失最大：当韦斯特伍德的地产最终被清算时，是在他死后近一年的 1792 年 3 月，他的债权人包括博尔顿（他已同意充当赫德的代理人）不得不每磅结算 15 便士。

第三章　苏荷区！

[1] James Bisset, in Bisset 1800, 12.

[2] MBP 290/112, Keir's Memorandum 1809, 9.

[3] 汉兹沃思堂区在 1911 年合并到了伯明翰城。

[4] 据说这个名字来源于猎人的呼喊声"So-ho！"。

[5] Uglow 2002, 66.

[6] MBP 135/68, Boulton to J. H. Ebbington, March 2, 1768.

[7] 实际上，唯一在苏荷区生产的蒸汽机是原型机，剩下的都是在这里安装的。另外，博尔顿和瓦特蒸汽机在现场建造，依据的是博尔顿和瓦特提供的图纸，但用的部件却是由其他公司生产的，尽管博尔顿和瓦特的地位是"咨询工程师"。他们一口咬定客户是从威尔金森那里获得蒸汽机汽缸，建议威尔金森也生产其他铸件。他们自己在 1795 年晚期苏荷铸币厂完工之前，只提供少数特定需求的蒸汽机部件。

[8] 同上，第 10 页。

[9] Delieb 1971, 57.

[10] Roll 1930, 9.

[11] 也就是，发家致富（伯明翰俚语）。

[12] MBP 137/87, Boulton to V. Green, 6 August 1775, 转引自 Quickenden 1980, 284。

[13] MBP 290/112.

[14] Roll 1930, 8.

[15] Roll 1930, 11; cf. Smiles 1866, 144.

[16] 1755 年，博尔顿说服他父亲收购了霍尔格林的萨候尔工厂。博尔顿的企业一直到 1761 年都在那里轧制金属，当时博尔顿已经获得了苏荷工厂。萨候尔工厂因此错失了成为世界上伟大的制造业奇迹之一的机会，尽管如此，它受 J. R. R. 托尔金的中土世界的启发而成名，现在成为一家向公众开放的博物馆。

[17] 1783 年 7 月 11 日，安妮·博尔顿的尸体被发现漂浮在苏荷住宅装饰性的贝壳

池塘的水面上，面朝下。安妮是死于自杀还是死于意外，不能确定。

[18] Roll 1930, 8.

[19] Uglow 2002, 245-246。可怜的福瑟吉尔，成了博尔顿宏大但在经济上常常靠不住的计划的填充物，仅此一次决定稳扎稳打，拒绝了博尔顿给他的瓦特蒸汽机三分之一的股份，而是接受了他给他的 600 英镑。

[20] 同上，第 248 页。直到 1774 年老贝斯到来之前，博尔顿一直依靠一台安装于 1767 年的马力起重机，在旱季时转动苏荷区的水车。

[21] Roll 1930, 5-6.

[22] Uglow 2002, 68.

[23] Uglow 2002, 287.

[24] Roll 1930, 99.

[25] Quickenden 1980, 277, 288.

[26] 虽然博尔顿的一些传记作者没有提到这一点，但博尔顿和福瑟吉尔的合作关系在福瑟吉尔还活着的时候就已经结束了。博尔顿在指控福瑟吉尔欺骗了公司后，开除了福瑟吉尔。第二年，福瑟吉尔去世。这样，福瑟吉尔就免受最后的侮辱——不得不看着博尔顿发家致富，这多亏了他诸多宏大冒险事业中的一项，而这一项正是福瑟吉尔拒绝参与的。

[27] Uglow 2002, 64.

[28] Roll 1930, 98-99; see also Quickenden 1980; Cule 1935.

[29] Doty 1987.

[30] Smiles 1866, 389.

[31] 最近的——而且是越来越多的学术——著作中包含了同样的陈述。例如，见 Dyer and Gaspar 1992, 445。Mitchiner (1998, 1962) 给出了第一批蒸汽铸造硬币的时间是 1775 年，这可能混淆了博尔顿和瓦特公司第一次出售蒸汽机和博尔顿最早使用蒸汽动力造币。

[32] Smiles 1866, 392.

[33] 同上，第 398 页。

[34] Roll 1930, 134.

[35] Anonymous 1801.

[36] Morfitt in Pratt 1805, 362.

[37] Darwin 1791, 29n.

[38] Jenkinson 1805, 229.

[39] Doty 1998, 337.

[40] Gould 1969; Doty 1998, 299. 制造这些铜板不需要蒸汽动力的帮助, 最后一箱铜板是在 1788 年 1 月 19 日从苏荷区送到伦敦的 (Gould 1969, 274; MBP 140/201, Greenhow to Boulton, January 20, 1788). 著名的"拉普"蒸汽机一直到 1788 年 6 月才被用于当时安装的苏荷铜板切割冲压机的动力支持。

[41] Vice 1996, 50-51.

[42] Gould 1969, 274; MBP 235/199, Thomas Greenhow to Boulton, October 12, 1787.

[43] 如果可以的话, 见引人入胜的苏荷区《考古队》纪录片, 最初是第四频道 (UK) 在 1997 年 1 月 19 日播放的。

[44] 双向拉普蒸汽机是首次把转缸式蒸汽机组合进一个调节器, 它最初是用来驱动多达 40 台为金属小饰品抛光和打磨的机器。像老贝斯一样, 一直到 1848 年仍在使用, 当时苏荷区已经被废弃。此后, 这些蒸汽机, 至少大部分蒸汽机, 辗转于各地的博物馆, 直到最终落户在伦敦的南肯辛顿科学博物馆, 今天在那里仍可以看到这台蒸汽机和老贝斯。

[45] 根据 Jenny Uglow (2002, 212), 我所说的关于第一家苏荷铸币厂的内容也适用于苏荷区的整体制造过程: "尽管博尔顿……在一个地方使用不同的流程, 每个车间在各自的工头监管下, 仍旧单独运营: 唯一艰难的流水线是尝试重新组织制造过程, 以便它能够一步一步地进行。"

[46] MBP 303/57.

[47] MBP 322/10, Lawson to Matthew Boulton, June 27, 1789.

[48] 转引自 Doty 1998, 24。

[49] 转引自 Doty 1998, 25。

[50] 因为他忽略了巨轮支撑的不是 1 个而是 5 个冲压机驱动轴, 通常细致的 Dickinson (1936, 142-143) 错误地将全部 8 台冲压机设备的铸币速度计算为每分钟 12×8 = 96 枚硬币 (这意味着每台冲压机每分钟只铸造 12 枚硬币), 而不是每分钟 12×8×5 = 480 枚硬币 (这意味着每台冲压机每分钟铸造 60 枚硬币) ——后者与博尔顿声称的速度范围一致。

[51] Reeves 2001, 18.

[52] 博尔顿申请的专利并不像一些人所说的那样是利用蒸汽动力铸币的想法, 而是利用从转轴传输的动力操作螺旋冲压机的特定方法, 这些转轴也可能连接到水力机或马力机上, 蒸汽动力本身当然不能申请专利。

[53] Doty 1998, 26. 根据 Pollard (1968, 243), 在博尔顿和瓦特访问之后的几个月, 1788 年 2 月 18 日, 德罗兹"从巴黎向博尔顿报告说……美国政府代表已

经拜访了他，但是他没有向他们任何人除了杰斐逊展示过任何东西"。杰斐逊尝试让德罗兹到美国，最终失败了。

[54] Pollard 1968, 254.

[55] Doty 1998, 28.

[56] 也就是，密切监视他（伯明翰俚语）。

[57] HH&G 公司的这个 Harrison 正是我们之前两次遇到的 Joseph Harrison，他很显然开始意识到制造造币冲压机是一笔好生意。令人疑惑不解的是 Jenny Uglow（2002, 245, 255）将在苏荷区建立了瓦特的金内尔蒸汽机的 Harrison 称为"John"，而 Doty（1998, 297）将处理东印度铸币的 Harrison 称为"William"。Uglow 看上去把 Joseph Harrison 和海军航海经纬仪的发明者及 Dana Sobel 的《经度》（1995）中的英雄弄混了。Uglow 在她书中的其他地方提到过这个人（同上，第 206 页），他死于 1776 年。与此同时，Uglow 把他和他的儿子弄混了，他的儿子也在苏荷区工作，是一名蒸汽机安装工，并且从 1800 年开始，成为苏荷铸币厂小蒸汽机车间的工头，但他和东印度铸币项目一点关系也没有。

[58] Doty 1998, 34.

[59] 在德罗兹到达时，装有他的托盘和模具的箱子被多佛海关代理人查封，导致他变得歇斯底里，让博尔顿感到害怕，他担心皇家铸币局官员发现德罗兹的秘密。其实他们不用担心：如果铸币局官员看到了德罗兹的工具，他们也不会印象深刻到留下它们。

[60] Doty 1998, 36, 42.

[61] Walker 转引自 Doty 1998, 39。

[62] Doty 1998, 341.

[63] MBP 309/92, Boulton to S. Garbett, March 29, 1790.

[64] 转引自 Pollard 1968, 251。

[65] 同上。

[66] 同上，第 257 页。

[67] MBP 306/27.

[68] Gould 1969, 275.

[69] 同上。

[70] 博尔顿对德罗兹在改良苏荷区的模具复刻实践中的成功的评价同样是负面的，"没有完成，他使用的仅仅是在伯明翰每个人都在使用的方法"（Pollard 1968, 250）。读到了太多机器（engine）这个词，Pollard 不正确地认为，德罗兹的

特制模具复刻设备是由蒸汽动力驱动的，而不是由液压驱动的。Sargent and Velde（2002，61）更进一步，相信德罗兹在 1780 年左右"发明"了压制阴模法，此时这种做法已经在伯明翰投入使用（见本书第八章）。他们认为德罗兹发明了改良的肖像机床，或者复刻模具的肖像塔机，也是错误的。据信这些发明属于 Jean Dupeyrat，他在 1790 年秋天卖给博尔顿一台机床（Pollard 1971）。

[71] 转载于 Pollard 1968，253。

[72] Doty 1998，42。委员会的其他成员是 John Motteux、东印度公司的主席（博尔顿的选择）和 Sir Joseph Banks（双方同意的）。

[73] Pollard 1968，242.

[74] 德罗兹也不乏法国人的诋毁。Augustin Dupré 是 1791 年至 1803 年法国货币的总雕刻师，他写道，"当德罗兹先生声称是他自己的发现时，他面临着种种矛盾，不仅仅是否定他发明荣誉的矛盾。他还被告知，他的方法只会使造币更加困难，同时增加了使用和维护机器的成本"（作者对法语原文的转述，见 Darnis 1988，178）。法国人对德罗兹批评较少的视角，见 Gallet 1902。

[75] Smiles 1866，392.

[76] Duffy 2000，33.

[77] 然而 1911 年版《大英百科全书》认为，查尔斯·詹金森从来没有当过皇家铸币局局长，也从来没有和该机构有过其他官方联系（Craig 1953，242）。相反，查尔斯的儿子罗伯特，第二任霍克斯伯里勋爵（后来的首相），出任过这一职位，虽然仅仅只有 20 个月。

[78] Gash 1984，8.

[79] BL Add. MSS 38421，271.

[80] Doty 1987，681.

[81] BL Add. MSS 38422，1.

[82] 同上，第 31 页。

[83] BL ADD. MSS 38422，5，February 6，1789.

[84] K. Shaw 1999，42.

[85] 尽管人们普遍认为国王乔治患有卟啉症，但自 20 世纪 60 年代以来对卟啉症的研究却未能在此病和暂时性精神疾病之间建立起联系，根据 Karl Shaw（1999，50）的说法，如果乔治真的患有卟啉症，"那么在英国王室家族中的卟啉症患者集中度应该更高，而且在整个欧洲皇室中的分布也要多得多"。因此，历史学家开始恢复 20 世纪 60 年代以前的观点，即乔治三世患有精神疾病（同上，

第 51 页)。

[86] CRO 3/85, Boulton to Wilson, June 29, 1789.
[87] 同上。
[88] Barnes 1939, 202.
[89] 同上, 第 203 页。
[90] BL Add. MSS 38442, 35.
[91] 同上, 第 13 页。
[92] 同上。
[93] 同上。
[94] 同上, 第 15 页。
[95] Duffy 2000, 57.
[96] 同上, 第 58 页。
[97] BL Add. MSS 38422, 37.
[98] MBP 249/234.
[99] MBP 249/235.
[100] BL Add. MSS 38422, 92.
[101] Doty 1998, 41.
[102] 例如, 他在 1 月 11 日回复枢密院书记员 William Fawkener 的询问中, 提出他的意见和建议是让新铜币名义价值等于它们的生产成本。
[103] 与我不同的是, Richard Doty (私人对话, May 21, 2003) 不认为加伯特改变看法起到了重要的作用。"加伯特,"他观察到,"是个怪人……他(博尔顿)知道这一点。"但重要的不是博尔顿对加伯特的看法, 而是政府中将决定是否让博尔顿的造币提议推进的那些人对加伯特的看法。霍克斯伯里相当重视加伯特的意见, 并鼓励国王也这样做。他在 1794 年 10 月 6 日的一封信中向国王解释说 (BL Add. MSS 38422, 236), 加伯特是 "伯明翰的一个主要制造商, 是一个在城镇里非常有影响力的人, 他是一个诚实的人, 非常聪明, 非常活跃, 但非常执着, 而且有点容易惹麻烦; 因此, 霍克斯伯里勋爵建议, 应该给予他一定的关注"。还请记住, 霍克斯伯里在钱币方面当然不是个怪人, 在冷落了博尔顿之后, 他继续听取加伯特在这个问题上的意见。1790 年 1 月 25 日, 霍克斯伯里同意推迟硬币业务以处理其他事务, 直到他能够与加伯特会面, 他写信给他, "你和我在硬币的一般原则方面意见没有不同, 除了铸币税, 在你进城时, 我准备再次与你讨论这个问题"。
[104] BL ADD. MSS 38422, 120.

[105] 同上，第 119—120 页。

[106] BL ADD. MSS 38422, 50-51.

[107] MBP 150 (Letter Book Q), Matthew Boulton to Perregaux, April 29, 1790.

[108] CRO 4/104.

[109] Duffy 2000, 60.

[110] Mitchell 1931, 13.

[111] 同上，第 17—19 页。

[112] Mitchell 1931, 26.

[113] 同上，第 27 页。

[114] 博尔顿在 1792 年 11 月 5 日的信中对杰斐逊的不利报告和当时美国最初的造币计划作出了迟来的回应，他写道，"我同意杰斐逊先生的观点，即货币的铸造是主权的属性之一，应该在每一个伟大的国家内完成，但我认为美国是一个新生的孩子，在其能走路之前需要牵引的绳子，而我的提议都是为了提供这些绳子"（Mitchell 1931, 37）。

[115] MBP 150 (Letter Book Q).

[116] Doty 1998, 45.

[117] Doty 1998, 46.

[118] MBP 151 (Letter Book R), Boulton to Monneron Frères, October 27, 1791.

[119] MBP 368/66, Williams to Boulton, September 30, 1791.

[120] Doty 1998, 47。人们不禁要问，那位被认为是操作博尔顿造币冲压机的 12 岁男孩发生了什么？

[121] 同上。

[122] 9 月，进一步的立法完全禁止了私人代币，包括 5 月 3 日以前投入流通的代币。预期英国在之后的某个时刻会引进类似的措施，但这些措施的采取完全不顾私人代币在当时是法国最好的小额零钱这一事实，通过参观巴黎铸币厂博物馆的历史钱币展览，我们可以很容易就确认这一点。

[123] Doty 1998, 305.

[124] Doty 1998, 305-306。然而，博尔顿有理由抵制制造非常小的硬币，因为他的合同通常规定每吨铸币金属要支付一定的费用，因此，由于制造小硬币的劳动成本不一定比制造大硬币的劳动成本低，博尔顿可能会发现自己在制造小硬币时会发生亏损，就像在他第一次接受东印度公司委托时的最后阶段就发生了这种情况（Doty 1998, 305）。

[125] 同上，第 308—309 页。

[126] 同上，第 309 页。

[127] 当这一切发生时，泰勒可能希望坚持使用韦斯特伍德，因为当第一批代币到达时，它们是如此的"没有光泽、有缺口、有划痕"，以至于他威胁要取消剩余的订单（Doty 1998, 306），博尔顿通过清洗令人不愉快的代币并给他打了一套免费赠送的抛光代币来安抚泰勒。

[128] Doty 1998, 307.

[129] 同上。

[130] Doty 1998, 49–50.

[131] 同上，第 50 页。

[132] 多提把这 5285 英镑全部当作净收入或净利润来处理，实际上低估了苏荷区的损失。

第四章　人民的货币

[1] Dryden 1681.

[2] MBP 367/34; see also Vice 1990, 3–4.

[3] Vice 1990, 4.

[4] 杜马雷斯特已经在汉考克原来的威利币模具基础上刻制了新模具，相比之下，博尔顿首次铸造威利币的母模是由机械复制，或者说是用"压制阴模法"复制的汉考克模型——汉考克在得知这一过程后感到极度不满。4 月 12 日，这位伯明翰雕刻家给他的前雇主写信，为"如此慷慨之人的极度堕落"感到遗憾，"他努力获得我的模具中的一个复刻，（剥夺了）我从我的劳动中得到的任何进一步的好处"。汉考克表示，他会向博尔顿收取 5 英镑的费用，让他为他准备新的模具，这只是德罗兹（太过于慷慨的）工资之外所要求的一小部分（MBP 236/103）。

[5] MBP 367/41, 转引自 Vice 1990, 4。

[6] 同上。

[7] BWP 20/6, 转引自 Vice 1990, 5。

[8] 同上。

[9] Dykes 2000, 90.

[10] Vice 1990, 3.

[11] W. Davis 1904, xiv; Byng 1970, 167, 172。例如，卡迪夫国家博物馆保存的一份硬币发现登记册显示，除了德鲁伊币的良好服务外，北威尔士和南威尔士都见证了英国各郡发行的代币的流通（通常是相当数量的），更令人惊讶的

是，爱尔兰的矿业公司也发行了大量代币。苏格兰的发现同样证明了各种英国代币在那里的流通。根据这些发现，Ken Elks 确认（私人信件，February 25，2006），许多商业代币"在其发行地以外的地方"流通。

[12] 几十年来，威利币并没有完全从黑乡消失。David Dykes（2004，174n75）回忆说，早在 20 世纪 50 年代，他就在斯旺西收到了作为小额零钱的"奇怪的代币"。Nicolas Mayhew（1999，104）声称，10 年后，伯明翰的小额零钱中仍有零星的威利币。

[13] John Ferrar 1796.

[14] M. Smith 2002.

[15] Elks 2005，23.

[16] Wright 1797，1.

[17] Moser 1798，306.

[18] Elks 2005，36。这些数字仅指合法的商业代币。根据 William Davis（1904，xiv）的研究，18 世纪商业铜币的总发行量（包括私人和政治代币以及普通流通的匿名代币，但不包括伪造王室硬币），共消耗了"数千吨铜"。

[19] Wright 1798.

[20] Dykes 2000，91；Elks 2005，22-23.

[21] R. C. Bell 1963，15.

[22] 路维奇的高端产品包括他自己的私人法新，具有特殊的意义，因为它们展示了某些 18 世纪的造币设备。其中一个系列展示了一种老式的造币冲压机，其背面有一个配重棒，而正面则是女神莫内塔；另一个系列展示了一个带有圆形轮或称为"飞轮"的螺旋冲压机，其背面是一名坐着的法官，拿着天平，正面是从一个聚宝盆里倒出硬币。这一设计的意义将在本书第八章中说明。

[23] 两个小规模的代币制造商与苏荷区有家族联系，Thomas Mynd 娶了博尔顿的妹妹 Catherine，Thomas Dobbs 的女儿嫁给了 John Southern。关于 Mynd，见 Dykes 2000。

[24] Drake 1825，12.

[25] Court 1953，53-60.

[26] Uglow 2002，19.

[27] Hardy 1973，61.

[28] "瘫痪战术"（Rattening）是指将工匠的工具和轮带没收且藏起来，作为对他们不缴纳工会会费或不遵守工会规则的惩罚。

[29] Tweedale 1993，32.

[30] Timmins 1866, 211.

[31] 希望更多地了解伯明翰在私人铸币事件发生后不久的情况的读者，不妨参考本节早些时候较长的版本。这一版本以"漫谈"的形式介绍了1829年该镇的情况。这个版本可以在作者的网站上看到，网址是 http://www.terry.uga.edu/~selgin/documents/Ramble.pdf。

[32] 关于铜铸币和金属纽扣的类似制造过程，请参见《纽扣》和《造币》两篇文章（Rees 1786）。

[33] Hutton cited in Anonymous 1852, 346.

[34] 镀金对纽扣的成本影响不大，因为给一格罗斯纽扣镀金只需要5格令金子（D. P. White 1977, 70）。至少有一种商业代币，路维奇的西考兹半便士，据说是使用了一种制服纽扣模具制作的，上面还加了文字［Samuel（1881-1883）1994, August 31, 1881］。

[35] Prosser 1881, 55。伯明翰的纽扣制造商在1770年至1852年获得了70项专利。其中，有14项专利是在1785年至1800年颁发的。

[36] 在1785年以前，伯明翰的各类企业已经由于改进冲压技术，获得了111项专利。1804年，约翰·格雷戈里·汉考克获得了凸轮驱动的"飞轮冲压"专利。通过飞轮在一个方向上的连续转动，可以实现重复击打（Prosser 1881, 136）。汉考克还获得了各种与冲压或铸币无关的专利。在其他铸币商中，老约翰·韦斯特伍德、（他的弟弟）俄巴底亚、詹姆斯·斯塔布斯·乔登以及（当然还有）马修·博尔顿，每个人名下都至少有一项专利。

[37] Berg 1994, 269.

[38] 根据Spilman（1982）的说法，到18世纪80年代初，甚至美国的造假者都在使用复杂的螺旋冲压机。

[39] Smith（1776）1925, 7.

[40] Hopkins 1989, 6-3。谢尔本勋爵在1766年参观了泰勒公司，同样对其对分工的重视印象深刻。他描述说，涉及50个步骤，这使得纽扣的生产"非常简单，以至于6岁或8岁的孩子也可以做得一样好，每周可以赚到10便士—8先令（Court 1953, 40）。亚当·斯密本人在《国富论》和他的《关于法律、警察、岁入及军备的演讲》中都提到了纽扣制作。在后一部作品中，他提到的是80人的劳动分工。

[41] 同上，第39页。

[42] Everseley 1964, 89.

[43] "Birmingham Jack of all Trades," in Raven 1977, 178-180.

[44] Craig 1953, 159.

[45] Patrick Colquhoun 1800, 172.

[46] Peter Mathias 2004.

[47] Dykes 2002.

[48] Klingender 1953, 46.

[49] 同上, 第 41 页。

[50] MBP 236/102.

[51] Klingender 1953, 43.

[52] 同上, 第 41—43 页。

[53] Bell 1963, 30.

[54] 韦斯特伍德于 1792 年去世后, 汉考克继续为俄巴底亚·韦斯特伍德制作模具, 包括一些美国美分图案的模具。一直到 1795 年, 他得到了他的学徒 John Stubbs Jorden 的帮助。然后, 汉考克开始自己营业, 成为该镇最受欢迎的代币雕刻师。但是, 汉考克的身体状况不佳, 他于 1805 年 11 月 11 日去世, 享年 55 岁。根据《阿里斯的伯明翰公报》(1805 年 11 月 11 日)的报道, 他的去世"受到了所有朋友和天才赞助人的真诚哀悼"。虽然老汉考克被普遍认为是伯明翰最好的代币设计师, 但他的儿子小约翰·格雷戈里看起来很有可能会超越他, 小约翰·格雷戈里在 18 世纪末、19 世纪初就已经为一些私人代币商刻制了模具, 当时他甚至还不到 10 岁。后来, 当小约翰·格雷戈里被列入比塞特的《宏伟目录》(1808) 伯明翰的 "艺术家", 他为其提供了几件雕刻品, 但在那之后, 人们试图了解他的情况, 包括代币收藏家和目录学家 Thomas Sharp(他在 1834 年调查了此事)的尝试, 都一无所获。

[55] Quickenden 1995, 356.

[56] Forrer 的《币章雕刻师人名辞典》用超过 100 页的篇幅来介绍怀恩家族。进一步的细节, 见 Carlisle 1837; Sainthill 1844; Sainthill 1853。

[57] Peter Mathias 1979, 191.

[58] 同上。

[59] 另见 Whiting 1971, 其中虽然没有彩图, 但包括了对 17 世纪和 19 世纪代币以及 18 世纪代币的描述 (有黑白图片)。

[60] W. Davis 1904, XIV.

[61] 库诺贝林, 或称库诺贝利努斯, 是英国的一位凯尔特人国王 (也是莎士比亚《辛白林》的灵感来源), 他的金币深受钱币学家的推崇。

[62] 埃德蒙·怀特 (2003) 在他关于赖特的女权主义女儿范妮的 "虚构传记"中,

将詹姆斯·赖特描述为"最糟糕的自由思想家……如果他不在一个迷雾重重的夜晚独自骑马进入阴暗的泰河，并在那里淹没他邪恶的文章的话，他可能会因为属于臭名昭著的人民之友（Friends of the People）而被捕，人民之友是一个在爱丁堡的共产主义村庄"。怀特补充说：

赖特先生是几家钱币学俱乐部的成员，并且拥有非常有价值的硬币；他的雅各宾派观点非常典型，他想知道为什么公共铸币厂在设计硬币时采用"一些愚蠢的纹章"而不是"工业和商业的符号"。毫无疑问，他希望我们的先令不是呈现皇家的轮廓，而是要展示挤奶女工肿胀的乳头，而我们的王冠上应该把清洁工人跋涉污秽之地奉为神圣。

怀特的指责是不公平的。首先，在赖特的邓迪半便士硬币上没有任何乳头，这些硬币以建筑物和其他平凡的主题为特色（但是，赖特较为罕见的便士硬币的反面，确实描绘了夏娃递给亚当苹果）。更广泛地说，赖特虽然不赞成纹章图案，但（除了"工业和商业的符号"）喜欢描绘杰出的建筑、伟大的现代作品和杰出的人物（Wright 1797, 1-4）。关于对赖特作为一个钱币学家的更客观的评估，见 Dykes 1996。

[63] Peter Mathias 1962, 36.
[64] Doty 1986, 5-6.
[65] W. Davis 1904, xiv.
[66] Elks 2005, 29.
[67] 见 Bell 1978。斯基德莫尔公司专门生产这种奖章，在其大约 200 种产品中，只发行了一种流通代币。
[68] Elks 2005, 29.
[69] 同上。
[70] Bell 1963, 82.
[71] 尽管这个图案很奇特，但它还没有埃克莱斯顿本人那么古怪，他是一名已经背教的贵格会教徒，在硬币收藏上挥霍了他的财富，他从未给博尔顿付款——尽管他最终还是给这位伟大人物的儿子送了半打椰子，这在当时是很难得到的（Doty 1998, 311）。《兰开斯特公报》在 1816 年发表了埃克莱斯顿的讣告，只收到了一张据说是来自天堂的纸条，纠正了一些传记细节，并签署如下：
Daniel Belteshazzar

> Fitz-William
> Caracticus
> Cadwallador
> Llewellyn
> Ap-Tudor
> Plantagenet
> ECCLESTON.

[72] Doty 1986.

[73] Samuel Hamer（1904）2000, 20.

[74] 同上。

[75] Bell 1963, 10, 59.

[76] Doty 1986.

[77] Milton, Paradise Lost, book 2.

[78] Elks 2005, 17.

[79] Elks 2005, 38.

[80] *GM*, January 1795, 34.

[81] 同上，第33—34页。

[82] Elks 2005, 165-167.

[83] Dykes 2004, 168.

[84] Ken Elks, personal correspondence, February 25, 2006.

[85] Dykes 2004, 172.

[86] 同上。

[87] Hewitt and Keyworth 1987, 46.

[88] Dykes 1997, 117; Bell 1963, 9.

[89] Peter Mathias 1979, 203.

[90] *GM*, December 1796, 991-992.

[91] Sharp 1834, i-ii.

[92] Peter Mathias 1979, 202.

[93] Elks 2005, 37.

[94] Hill cited in Mathias 2004, 70.

[95] 虽然 Dalton 和 Hammer 仅列出了英国的超过3000种代币类型，但 Bell（1963, 11-12）观察到这些代币中"超过四分之三"是私人广告代币、未完成的样币、为收藏家特别发行的代币，或由有缺陷的模具铸造的硬币，但很快就被

替换了。Bell 只列出了英国的 254 种不同的代币类型。但由于他的标准（由他自己来认可）非常严格，实际的数量可能更多。

[96] Samuel（1881-1883）1994, 18, July 5, 1882。直到 1999 年，美国才开始发行一系列带有 50 种不同背面设计的 25 分硬币（计划于 2008 年完成），每一个都是为了纪念一个不同的州。

[97] Richard Samuel（1881-1883）1994, January 19, 1881.

[98] Peter Mathias 1979, 200.

[99] Joseph Moser 1798, 307.

[100] 同上。

[101] Brewer 1982, 207.

[102] Spencer 1851, 396.

[103] Stephen Leake 1793, app., p. 7.

[104] "The Jolly Lad's Trip to Botany Bay," in Holloway and Black 1979, 145-146.

[105] Colquhoun 1800, 197。虽然科洪赞成对铜币造假者进行更严厉的处罚，但他也认为对伪造金银币者的处罚——这算得上是大逆不道——过于严厉。"当我们被告知⋯⋯法律认为铸造六便士比杀死我们的父亲或母亲的罪行更大时，自然和理性就会对这一主张产生反感"（Colquhoun 1800, 34）。规定的惩罚——罪犯应该被拉到地上或人行道上，吊死在绞刑架上——是如此的严厉，以至于它们被证明是适得其反：法官不对已知的罪犯进行判决，从而破坏了法律的威慑作用。

[106] 同上，第 198—199 页。

[107] 事实上，在 17 世纪伦敦的代币故事中，一位叫理查德·里奇的人就提供了这些服务，他在德鲁里巷自立门户，成为一名"法新兑换商"（Berry 1988, 5）。里奇可能不是唯一一个这样做的人，而且发现 18 世纪末也有"半便士兑换商"的存在。然而，我们并没有得到这样的证据。

[108] Langford 1868, 91.

[109] "Birmingham Boy in London," in Holloway and Black 1979, 59-60.

第五章　博尔顿铜币

[1] Poet（John）Freeth, "More Guineas, and Less Paper Credit," in Horden 1993, 96-97.

[2] Feavearyear 1932, 167-168.

[3] *Hansard* 1797, c. 1518.

[4] 37 Geo. Ⅲ c 45.

[5] MBP 326/7.

[6] Cannan 1925, xiii.

[7] 37 Geo. Ⅲ c 28.

[8] 37 Geo. Ⅲ c 32.

[9] 尽管它最初应该只是一个非常短期的紧急措施，但小额纸币发行的合法化一再被延长。在 1808 年，低于 1 英镑的纸币再次被禁止。在 1829 年，允许的最小纸币面额恢复到 5 英镑。

[10] Pressnell（1956，140）声称，"毫无疑问"，取消对小额纸币的禁令"有助于增加地方银行的实力"。但他补充说，"在它被批准之前，它们的快速增长表明，它的不良影响可能被夸大了"。即使该行业在禁令颁布后仍迅速增长，但纸币发行的规模也肯定会大大减少（同上，第 142 页）。

[11] Forbes 1860，84.

[12] 一些地方银行安排其大额纸币只能在伦敦兑换。

[13] 见 Clapham 1945，2：3；Coppieters 1955，64-65。英格兰银行和皇家铸币局在制造防伪产品方面都做得很差，这并不是巧合。垄断特权往往使这两个机构的官员免受因这种忽视而产生的不利后果的影响。

[14] Dyer and Gaspar 1992, 446.

[15] BL ADD. MSS 38422, 171.

[16] MBP 326/5。关于战争对伯明翰经济的影响，见 Hopkins 1998。

[17] 博尔顿最初计划让他的 8 枚两便士硬币尺寸为 1 英尺，但由于某种原因，他改变了主意。

[18] 看一下结果就知道，乔治三世与他的儿子不同，他更喜欢准确性，而不是阿谀奉承。

[19] Doty 1998, 314.

[20] 事实上，它们的艺术性远远低于许多商业代币，包括以前的苏荷产品。Dyer 和 Gaspar（1992，446）断言，"博尔顿自信地断言他的铜币是在英国所见过的最完美的铜币，是有坚实基础的"，如果我们允许认为商业代币不是真正的"钱币"，那就可以接受这一说法。多提（1998，314）试图为车轮币不太引人注目的设计辩护，认为它至少代表了"一种艺术性的尝试，毕竟它是一种有限价值的辅币"，但他没有考虑到，恰恰是这样的辅币最需要杰出的雕刻所带来的防伪保护。

[21] Doty 1998, 47.

[22] Doty 1998, 54.
[23] 同上，第 51 页。
[24] 同上，第 54 页。
[25] 直到 1798 年 1 月，才开始铸造两便士的车轮币：由于明显的原因，博尔顿选择将这些更重、可能更具破坏性的产品留到了最后。
[26] 虽然硬币委员会担心引入新的半便士和法新可能不够"循序渐进"，但足以避免使旧铜币失去信誉，而博尔顿却反其道而行之，表达了相反的担心。在 1797 年 3 月写给 George Shuckburgh-Evelyn 爵士的信中，他估计铸造 500 吨半便士所需的时间是制造同样吨位的便士所需时间的两倍，对新半便士引入的任何更多限制"都会在该媒介中造成混乱而不是通融"（Wager 1977, 45; see also MBP 152/257, Boulton to Shuckburgh-Evelyn, March 1797）。
[27] 同样可以谈谈 Peck（1970, 217）的观点，他声称更大的硬币面额可能是对 "18 世纪末半便士购买力下降"的回应。根据现有的物价统计数据，英国的物价水平在 1787 年至 1797 年只上升了大约 25%。
[28] 当然，它必须决定是按面值还是按重量接收旧币，以及是否按任何价值接收明显的伪币。
[29] Ashton 1939, 121.
[30] MBP 343/31.
[31] MBP 343/33.
[32] 在博尔顿交付给伦敦以外的地方的大约 3200 英镑的两便士车轮币中，有 460 英镑被送到威尔金森的各个工厂，600 英镑被送到曼彻斯特，还有 300 多英镑被苏荷区留作自用（BL Add. MSS 38423, 375-378）。
[33] MBP 362/11.
[34] 另一位伦敦代理人——一位叫奇彭达尔斯的先生（Mr. Chippendalls）——在索尔兹伯里广场舰队街提供硬币。
[35] MBP 326/53.
[36] 1 桶里有 250 串，每串 24 枚便士，或者价值 25 英镑。因此，6 桶就有 1 吨硬币。
[37] 见 PRO BT6/126,"Abstract of letters received by Mr. Boulton" etc., 142ff。
[38] MBP 138/134, May 19, 1798.
[39] BL Add. MSS 38423, 349-350.
[40] 车轮币是可支付到 1 先令的法定货币。
[41] 总面值为 1200 英镑的博尔顿便士、半便士和法新被送往新南威尔士，在那里，

他们通过发布公告，以两倍于英国价值的价格来完成双重任务（Greig 1967）。

[42] Dyer and Gaspar 1992, 448.

[43] Wager 1977, 46; See also Peck 1970, 218; app. 10（c）, p. 614.

[44] MBP 326/105; Wager 1977, 45.

[45] Peck 1970, 614.

[46] 尽管铜的高价为啤酒商和其他人提供了一个处理他们不需要的车轮币的有利条件，但在1805年后铜价下降，加上后来博尔顿铜币的标准降低，使铜币过多问题再次出现。1813年10月，"伦敦及其周边地区的批发和零售贸易商、制造商、酿酒商、蒸馏商和持证食品商"向枢密院硬币委员会提出申诉，称他们继续"遭遇严重的损失和麻烦，因为伦敦及其周边地区有过多的铜币在流通"，他们只能通过向"制造商、典当商和其他人提供铜币，以换取三月期的票据"来处理这些铜币，尽管在许多情况下他们没有能力扩展信用（BPP 1813, 237）。

[47] Doty 1998, 317.

[48] 同上。

[49] MBP 149/275.

[50] Dickinson 1936, 153.

[51] Powell 1979, 218.

[52] 同上。

[53] 同上。

[54] Wager 1977, 51.

[55] Doty 1998, 318.

[56] 虽然这些是枢密院自己记录的数字，但博尔顿在通信中认为这些车轮币的总吨位为760吨。

[57] Harris 1964, 110.

[58] 同上，第111页。

[59] Harris 1964, 111-112.

[60] MBP 369/191-192, Wilson to Boulton, March 7 and 10.

[61] Harris 1964, 112.

[62] MBP, Boulton to Watt, March 10, 1797, 转引自 Harris 1964, 112。

[63] Harris 1964, 113.

[64] 同上。

[65] Harris 1964, 114.

［66］PRO BT6/126.

［67］同上。

［68］回想一下，早在1791年，博尔顿是如何采用同样的错误策略来确保与蒙纳隆兄弟的代币合同的（见本书第三章）。

［69］Harris 1964，115.

［70］Harris 1964，116-118，121-123，135-136.

［71］PRO BT6/117，n. d.

［72］MBP 362/63，Boulton to Ambrose Weston，July 21，1799.

［73］然而，没有证据支持John Powell（1979，219）的猜想，博尔顿从事非法铸币是为了补偿他自己因铜价意外上涨而损失的利润。

［74］Harris 1964，135-136；see also Levy 1927，142-156.

［75］BPP 1799.

［76］Harris 1964，138.

［77］凹面设计也是为了适应降低的标准，同时保持标准硬币的直径和边缘。

［78］边缘标记过程也有助于"打乱"坯件——加厚其外部边缘。这样准备好以后，毛坯在一个平的一体式阻环中铸造后，仍保留其抛光的边缘（Doty，personal communication，February 17，2004）。这样就避免了德罗兹使用过的那种分段阻环的需要。尽管制作标准较低，但后来的博尔顿铜币似乎并没有出现像车轮币那样被伪造的情况。1813年10月，伦敦的请愿者写信主要抱怨硬币过剩，也抱怨依旧存在许多旧的假币，他们犹豫是否拒绝这些假币，因为"害怕冒犯他们的顾客"，但他们希望通过召回所有旧的合法的塔楼半便士，最终能消除这些假币（BPP 1813，238）。然而，他们也注意到，他们"很少看到任何模仿或伪造新硬币的企图"。到那时，新硬币主要由博尔顿的半便士和法新组成。

［79］PRO BT6/380.

［80］MBP 362/77.

［81］MBP 362/82.

［82］MBP 362/104-2，Boulton to Weston，December 2.

［83］同上。

［84］MBP 326/190.

［85］MBP 272，转引自Doty 1998，56。

［86］MBP 343/48.

［87］Joshua Gilpin 转引自 Doty 1998，58。

[88] Craig 1953, 117.

[89] Richard Doty, personal communication, February 17, 2004.

[90] 同上,第123页。

[91] K. Davis 2001, 118.

[92] 同上。

[93] Mackay 1984, 35; Andrew 1974, 857-858.

[94] Challis 1989, 259-260.

[95] Mackay 1984, 36.

[96] Craig 1953, 147.

[97] Author's translation of French original,转引自 Craig 1953, 147。

[98] 用滚筒冲压机造币时,需要将金属片穿过一对圆柱形的"滚筒"模具,在滚筒面上切割出硬币图案。然后将硬币从片材上切割下来。摇摆冲压机,或称"摇杆"冲压机是利用一对具有弧形椭圆面的模具,使用一个杠杆和齿轮设备,将坯料在这对模具之间来回摇动。

[99] 转引自 Craig 1953, 148。

[100] 同上。

[101] 约翰爵士估计是指布里奥特的冲压机。

[102] Craig 1953, 157.

[103] Craig 1953, 245.

[104] 虽然铜币更难加工,但完整的金币和银币的生产成本更高,因为在确定坯件尺寸时必须格外小心,而且浪费的金属价值更高。

[105] Dyer and Gaspar 1992, 444.

[106] 同上,第451页。

[107] 同上。

[108] 回到1770年,铸币局局长为银铸币收取的可比费用如下:克朗和半克朗为每金衡磅银收取17.75便士;先令为22.5便士;六便士为26便士。我们必须记住的是,通常这些费用并不包括工资和铸币局的大部分资本成本,这些都是由公共财政支付的。

[109] PRO BT6/27.

[110] Dyer and Gaspar 1992, 452.

[111] Dyer and Gaspar 1992, 448; see also Jenkinson 1805, 196.

[112] 转引自 Doty 1998, 150。

[113] 同上。

［114］BL Add. MSS 38424, 383.

［115］同上,第 384 页。

［116］同上,第 385 页。

［117］利物浦的病情可能是他最初未能完成硬币委员会正式报告的原因。1798 年发表的一份不完整的草稿仅限于一份历史回顾,据说实际上报告不是由利物浦写的,而是由 Rogers Ruding 写的。利物浦最终在 1805 年以"致国王的一封信"的形式发表了一个完整的版本。这就是他著名的《论王国的硬币》。这部作品中有关皇家铸币局改革的部分,即不是由 Ruding 撰写的那部分,似乎受到了博尔顿本人和塞缪尔·加伯特论点的严重影响,利物浦与后者保持着大量的通信。将利物浦的论点与加伯特的信件中的论点进行比较,可以看出加伯特是两人中更健全的思想家。

［118］Kelley 1976, 49.

［119］Jenkinson 1805, frontspiece.

［120］由于濯足节钱币的发行量很小,政府声称杰出的濯足节便士可以作为检查标记银元的真实性的手段,这种说法远远没有说服力。

［121］MBP Banks/96, Boulton to Banks, January 27, 1804, 转引自 Kelley 1976, 54.

［122］同上,第 55 页。

［123］同上。

［124］同上,第 58—59 页。到博尔顿接管时,皇家铸币局已为 412140 枚银元加盖戳记,其中 266000 枚已向公众发行。

［125］Dyer and Gaspar 1992, 455-456; PRO BT6/127.

［126］新皇家铸币局的总成本,包括其设备,几乎是博尔顿在他的第二家苏荷铸币厂投资的 7 万英镑的五倍。这一差异主要是由于新的金属轧制、模具制造和化验设施的额外成本;但它也反映了较新项目不必要的巨大规模。在新皇家铸币局建成 60 年后(当时英国的货币需求已经大大增加),铸币局副局长认为,铸币局的工作"也可以在一个更小的建筑里完成得很好,如果不是更好的话,而且无疑可以节省大量的费用"［BPP 1870 (7), vol. XLI, p. 7］。至于其他方面,还有一点并不买账的是杰出的建筑;评论家对新铸币局将文艺复兴和古典希腊风格奇怪地融合在一起是不可原谅的愚昧,还是仅是无聊,产生了分歧。

［127］Doty 1998, 64.

［128］同上。

［129］同上,第 162 页。

[130] 同上。

[131] Doty 1998, 65.

第六章 最后的致意

[1] Phillips 1701.

[2] Tooke 1838, 294.

[3] 同上, 第 295—301 页。

[4] 同上, 第 301 页, 第 354 页。

[5] 同上, 第 352 页。

[6] Kelley 1976, 74.

[7] Tooke 1838, 384-385.

[8] 51 Geo. III c 127.

[9] Thomas Moore, "Amatory Colloquy Between Bank and Government", in Moore 1828.

[10] Instead, see Henry Adams's (1871) classic treatment of the subject.

[11] Benjamin Smart 1811, 7.

[12] *Bell's Weekly Messenger*, APRIL 14, 1811。我在这里和在其他地方一样, 在重述议会中的讲话时, 恢复了第一人称的一般现在时时态, 代替资料来源中的第三人称的虚拟语气。

[13] 英格兰银行曾要求苏荷铸币厂设计新的五先令六便士代币来取代重新估价后的银元, 但后来放弃了这一计划, 转而继续生产旧式银元 (Kelley 1976, 76-79)。

[14] Dyer and Gaspar 1992, 470.

[15] Kelley 1976, 84.

[16] 转引自 Mays 1982, 86。

[17] Hansard, February 12, 1813, c. 509.

[18] W. Davis 1904, xix.

[19] 转引自 Peck 1970, 614, app. 10 (C)。

[20] Wager 1977, 46.

[21] Mathias 1979, 203.

[22] 同上。

[23] BPP 1813, 237-238.

[24] Wager (1977, 48) 反而把这个问题解释为交替出现的问题之一, 而不是同时出现的短缺和过剩。

[25] 基于 Lawrence Officer 的工作，英国的平均收入评估，可在以下网站找到 http://www.eh.net/hmit/ukearncpi。

[26] William Davis 1904，xxiii.

[27] John "Mad Jack" Fuller (1757—1834)，1801 年至 1812 年是苏塞克斯郡的议员，是一位著名的慈善家和艺术与科学的赞助人，而在今天被人们记住的是，他是一位愚蠢的建筑师。

[28] June 24，转引自 Withers an Withers 1999，13.

[29] Wager 1977，48。19 世纪的故事情节中缺乏与 Charles Pye 和 Thomas Welch 对应的人物，他们不厌其烦地从 18 世纪代币制造商手中收集生产数据，这些制造商大部分还活着，而且还很活跃。

[30] Dykes 2002；Mays 1982，125-126.

[31] Kelley 1976，55.

[32] Withers and Withers 1999，15.

[33] 转引自 Phillips 1900，26。

[34] Mays 1982，88.

[35] 这是诗人和小说家 Walter Scott 的笔名。

[36] Malagrowther 1826.

[37] Mitchiner 1998，2111；Symes 1997.

[38] Wager 1977，61.

[39] Sharp 1834，ii.

[40] Dykes 1954.

[41] Dykes 1954，349.

[42] Chaloner 1946，24.

[43] Birch 1967，151.

[44] Thomason l845，45.

[45] cf. Withers and Withers 1999，11.

[46] Waters 1957，vii.

[47] Timmins 1866，565.

[48] Sharp 1834，passim；Bell 1964.

[49] Withers and Withers 1999，27.

[50] Bell 1964，ix.

[51] Withers and Withers 1999，20.

[52] 俄罗斯大使很快就反驳了托马森的说法，出示了一个更宽的、不过要薄得多

的俄罗斯纪念章。几年后，丹麦大使拿出了一枚更古老的纪念章（当然是丹麦的），从而推翻了所有的说法（Mays 1982, 21）。

［53］根据《维多利亚沃里克郡史》（Everseley 1964, 107）撰稿人的说法，托马森的回忆录"毫无疑问是有史以来最自负、最势利的作品"。

［54］Thomason 1845, 27.

［55］Withers and Withers 1999, 67.

［56］Withers and Withers 1999, 21-24.

［57］MBP 60/372.

［58］Davis 1904, xxix.

［59］Arthur Waters 1957, 116.

［60］Clayton 1967, 41.

［61］同上，第42页。

［62］Edmunds 1966, 179.

［63］Clayton 1967, 43.

［64］Mays 1991, 78.

［65］Peter Clayton 1967, 38.

［66］碰巧威廉·黑兹利特的弟弟约翰在1799年至1804年住在拉斯伯恩广场12号。

［67］Davis 1904, xxix.

［68］摩根的身份是安德鲁·瓦格（Andrew Wager）即将出版的一本书的主题，可以理解的是，他对自己尚未公布的发现保密。

［69］Wager 1977, 61.

［70］Crabbe 1783, 转引自 Longmate, 1974, 30。

［71］Longmate 1974, 32.

［72］同上，第35页。

［73］Lees 1998, 64-68.

［74］Gill 1952, 116.

［75］Hopkins 1998, 108.

［76］Yates 转引自 Gill 1952, 116。

［77］Stephens 1964, 322-323; Hutton 1819, 306.

［78］Elrington 1964, 321-324.

［79］Hutton 1819, 306.

［80］Perkins 1905, 57. 彼得·凯普森、托马斯·哈利迪和爱德华·托马森都曾经担任过穷人监护人的成员，如果能说这些私人代币制造商中至少有一位是拜

访珀西瓦尔的代表就更好了。不幸的是，除了知道托马森的任期很短之外，我还无法确定每个人的任职日期，更不用说他们是否在去拜访珀西瓦尔的代表团中。

[81] Withers and Withers 1999, 15.

[82] 虽然 Waters 和 Davis 都列出了一种 2/6 的"伯明翰济贫院"代币，但这种极为罕见的代币实际上是伪造的——也许是摩根的另一次"怨恨"发行——伯明翰的济贫官在 1812 年 8 月 17 日的广告中提醒公众注意这一点（Mays 1978, 241）。根据这则广告，这些伪造的代币"在遥远的郡流通"，表明了真正的伯明翰济贫院代币已被广泛接受。

[83] Withers and Withers 1999, 76。如果这些代币是在 1815 年以后而不是在以前的三年中铸造的，凯普森（与他的合伙人和儿子小彼得一起）是穷人监护人的成员之一，他就不会被允许提供任何代币：55 Geo. Ⅲ c 137 法令第六部分禁止济贫官提供"任何货物、材料或供应品，用于任何济贫院，或在他被任命的任何堂区中用于支持和维持穷人"。

[84] W. White 1833, 113.

[85] Tuberville 1852, 236.

[86] Berry 1982, 43；BruneI 1974b.

[87] 指的是玛丽·拉塞尔·米特福德（1787—1865），英国戏剧家和小说家。

[88] 安德鲁·马维尔（1621—1678）是一位形而上学的诗人，也是约翰·弥尔顿的朋友。米特福德的用词相当奇怪，因为马维尔本身就是一名议会议员，在下议院代表赫尔市。"伟大的希腊人"这一称谓最初是给弗朗西斯·迪林厄姆的，他是国王詹姆士版《圣经》的翻译者之一，以表彰他对希腊语的掌握和他非凡的辩论技巧。

[89] March 1835, 433.

[90] Cooper 1923, 122.

[91] Childs 1910, 25.

[92] September 21, 1812, 转引自 Childs 1910, 25。

[93] Monck 1812, 4-5。鉴于他对英格兰银行代币"质量低劣"地位的所有叫嚣，以及鉴于他在其他地方赞同约翰·洛克的论断，即"只有任何硬币中的白银数量才是并且永远是衡量其价值的标准"（Edmunds 1966, 177），提到蒙克自己的银代币重量约为英格兰银行代币的三分之二，是公平的。尽管白银进一步升值，这一差异证明对保持蒙克代币的流通至关重要。

[94] 同上。

[95] 在后来一封也是写给珀西瓦尔的信中，蒙克写道，"整个代币制度虽然相对有用，但从根本上说是糟糕的，是我们强制性纸币贬值悲惨的必然结果"（Edmunds 1966, 178）。蒙克在这里忽略了一个事实，即英国的小额零钱问题，除了用代币外无法解决，其在银行限制法之前就已经存在了。

[96] 同上，第 6 页。

[97] 同上，第 7 页。

[98] 同上，第 11 页。

[99] 同上，第 13 页。

[100] 奥维德《变形记》2.91。乔治·桑迪斯（1632）将这句话翻译为，"A signe thou crav'st, that might confirme thee mine: I, by dehorting, give a certayne signe"。当时其他译本与拉丁文原文相差甚远。

[101] 事实上，蒙克的金代币从未流通过，一出现就被收藏家争相抢购，价格高达每枚 5 英镑。

[102] Edmunds 1966, 174。根据理查德·多提（私人对话，2004 年 10 月 19 日）的说法，谢菲尔德企业杨格、威尔逊斯及杨格公司在 1812 年发行了一些由 Halliday 为他们铸造的半几尼金币。尽管已知的样本很少，多提本人代表美国钱币协会购买了一枚。Arthur Waters（1957, 16）和 Christopher Brunel（1974a, 24）在提到金币时显然错误地指的是由这家公司发行的一先令六便士金代币。虽然 Waters 推测，杨格、威尔逊斯及杨格公司的金代币"可能在坩埚中快速决定了命运"，当时它们的潜在发行商了解到政府对金代币的反对态度，但多提的标本上的磨损向他表明，它曾经"广泛流通"。

第七章 失而复得的特权

[1] The Queen of the Kingdom of the Dull, to her followers, in Pope 1743, book 4.

[2] Phillips 1900, 26.

[3] Lauderdale 转引自 Mays 1991, 80。

[4] Mays 1991, 151.

[5] 转引自 Withers and Withers 1999, 16。

[6] Withers and Withers 1999, 16.

[7] 转引自 Withers and Withers 1999, 22。

[8] Mays 1991, 75-77.

[9] Mitchiner 1998, 2093.

[10] Phillips 1900, 30.

［11］见附录。

［12］*Bath Chronicle*, December 5, 1811.

［13］July 11, 1812.

［14］Edmunds 1966, 181.

［15］转引自 Withers and Withers 1999, 21。"Walker"应该写成"发行商"。

［16］Mays 1991, 79.

［17］Dykes 1954, 349.

［18］March 24, 1811, 90.

［19］July 14, 1811.

［20］同上。

［21］William Chaloner 1946, 24.

［22］Phillips 1900, 27-28.

［23］Phillips 1900, 30.

［24］转引自 Edmunds 1966, 177-178。

［25］贝林汉姆于5月15日在老贝利监狱受审。为他提出的精神错乱的辩护没有被接受，他于5月18日被绞死（Phillips 1900, 30n）。在那些日子里，执行正义确实是迅速的。6月1日，蒙克的信被刊登在《雷丁水星报》上，标题有点骇人——"致已故财政大臣的第二封信，关于我们货币的现状，以及英格兰银行和地方代币"。

［26］除了与劳德代尔反对《地方代币法》意见不一外，哈蒙兹（1911, 166）认为，他是"通过国家干预保护弱者的所有措施的顽固反对者"，这种说法被乔治·希尔顿（1960, 60）所反驳。他指出，劳德代尔是"1817年交易立法的主要议会支持者"。事实上，劳德代尔是一个不妥协的民主主义者，他反对（当然是暴力地反对）与法国的战争，并以被称为"公民梅特兰"为荣。

［27］Leslie and Lee 1885-1900, 12: 801.

［28］Hammond and Hammond 1917, 166.

［29］BL Add. MSS 58943, Lauderdale to Grenville, July 10, 1812.

［30］*Hansard*, July 21, 1812, c. 1110; see also Times (London), July 22, 1812, 2.

［31］同上。

［32］*Hansard*, July 21, 1812, c. 1110-1111.

［33］同上，c. 1111。

［34］52 Geo Ⅲ, c 157.

［35］蒙克的广告转载于 Edmunds 1966, 179。在该广告的最初版本中，蒙克写的是

"proceeding",而不是"succeeding"。

[36] 转引自 Edmunds 1966, 186。

[37] *Morning Chronicle*, September 19, 1812, 转引自 Phillips 1900, 31。

[38] *Hansard*, July 21, 1812, c. 1111.

[39] Albert Feavearyear 1932, 192-193.

[40] BL ADD. MSS 58943.

[41] Maitland 1813.

[42] Edmunds 1966, 180-185.

[43] 同上,第 185 页。

[44] Kelley 1976, 95.

[45] *Hansard*, 1813, c. 234.

[46] 同上, c. 346。

[47] 同上, c. 362。

[48] 同上, c. 510。

[49] 同上。

[50] 同上。

[51] 同上。

[52] 53 Geo. Ⅲ c 19.

[53] 总的来说,1811 年至 1816 年,皇家铸币局共生产了 18089064 枚三先令银行代币,另外还生产了 10088190 枚一先令六便士代币,在这个过程中,共消耗了超过 911671 金衡磅银(Kelley 1976, I 20)。

[54] Kelley 1976, 100.

[55] *Hansard*, 1813, c. 571.

[56] 53 Geo. Ⅲ c 114.

[57] 同上, c. 572-573。

[58] 54 Geo. Ⅱ c 4.

[59] 最初的《地方代币法》进一步规定了处罚的适用方式:"罚金的一半归举报人,另一半归犯罪所在堂区或地方的穷人。"

[60] Ditchfield 1887, 33.

[61] May 15, 370.

[62] Phillips 1900, 41.

[63] W. Davis 1904, 102.

[64] *Hansard*, April 10, 1816, c. 1148.

[65] *Hansard*, 1813, c. 744-745.

[66] Sharp 1834, iin.

[67] 谈到政治经济学，赫斯基森也不是省油的灯，他是《金银报告》的三位作者之一（其他两位是 Francis Horner 和 Henry Thornton）。今天，人们更有可能记住他是世界上第一起致命铁路事故的受害者：他是受邀庆祝利物浦-曼彻斯特线路开通的政要之一，当他走出所在的火车车厢时被斯蒂文斯的快车碾过。

[68] Harris 1964, 49；see also Dodd 1971, 163; Watts-Russell 2003.

[69] *Hansard*, 1813, c. 745.

[70] 同上。

[71] *Hansard*, 1813, c. 276.

[72] 同上，c. 276-277。

[73] 同上，c. 277。

[74] 同上。

[75] *Hansard*, 1814, c. 410.

[76] 同上，c. 411。

[77] cited in Withers and Withers 1999, 110.

[78] Withers and Withers 1999, 110; Mitchiner 1998, 2111.

[79] Dykes 1954, 348.

[80] Davis 1904, xxxiii-xxxiv.

[81] 不承诺兑换的代币出现的另一个原因是，发行商担心这种代币可能要缴纳印花税，这种代币在1813年初已经很普遍。在某些情况下，发行商转向没有明确表示要兑换的新代币，但仍像兑换原来发行的代币那样继续兑换（Withers and Withers 1999, 17）。

[82] Dykes 1954, 352.

[83] Perkins 1905, 179-180。斯托尔布里奇决议明确豁免了12位当地发行商的合法贸易代币——包括 Fereday、Birmingham workhouse、Rose、Crown and Union copper companies 等——规定"在短时间内"为了"下层社会"，这些代币可以继续被接收，不再重新发行（Perkins 1905, 180）。

[84] Birch 1967, 51, 54-55.

[85] Court 1953, 189.

[86] 详情见 Withers and Withers 1999, 40-41。根据 Birch（1967, 151）的说法，尽管"是他发行的纸币和硬币使其倒闭"，但 Fereday "由于被迫根据与什罗普郡工厂的长期合同购买生铁而处于窘迫境地，买价比他出售时的价格

要高"。

[87] M. 珀金斯（1905，177）报告说："现在不能引用实际的请愿书，由于几年前在下议院发生的火灾，几乎所有的 M.S. 被烧毁。"

[88] *Hansard*，1817，c. 1314.

[89] 当然，当一个代币发行商的偿付能力受到怀疑时，该笔佣金就不再是适度的。

[90] 同上，April 4，1817，c. 411。

[91] 1809 年的一项议会法案要求地方代币发行商用英格兰银行的纸币来兑换他们的代币。

[92] 57 Geo. Ⅲ c 46.

[93] Dykes 1954，349.

[94] Samuel Timmins 1866，562.

[95] Mathias 1962，29.

[96] *Hansard*，1815，c. 1118-1119.

[97] 同上，1816，c. 1148。

[98] 同上。

[99] 同上，c. 1149。

[100] Jenkinson 1805.

[101] *Hansard*，APRIL 1816，c. 1149-1150.

[102] 同上，c. 239。自 1812 年 7 月 1 日起担任铸币局局长的 Wellesley Pole 只能回答说："铸币商起初并不像发明机器的人那样擅长操作机器……这种情况一点也不令人惊讶。"（*Hansard*，1816，c. 240）

[103] 同上，c. 242-243。

[104] Craig 1953，284.

[105] *Hansard*，May 1816，c. 913.

[106] 同上，c. 914。

[107] Craig 1953，284.

[108] *Hansard*，1816，c. 1122.

[109] 这些最初的半克朗最终被废止了（它们的设计被认为不能令人满意），并以新的半克朗代替了它们。

[110] Craig 1953，287：see also Perkins 1905，75；Phillips 1900，36-42.

[111] Phillips 1900，41。虽然在 1804 年至 1815 年总共只发行了约 4457649 英镑，但兑换的价值比这个数额多出约 105859 英镑。然而，仍有许多银元没有兑现。这些数字在一定程度上说明了赝品的普遍性。

[112] Wager 1977, 50.

[113] James Mays 1991, 20.

[114] Craig 1953, 290; Dyer and Gaspar 1992, 488.

[115] Craig 1953, 290.

[116] Dyer and Gaspar 1992, 488.

[117] Craig 1953, 286。尽管在这一时期，银块的市场价格从未上升到足以使格雷欣法则生效的程度，但它偶尔会上升到足以使皇家铸币局继续铸造银币无利可图的程度（Craig 1953, 286）。这种情况发生在1819年初，导致银币再次出现了溢价。例如，在曼彻斯特，雇主不得不为一个价值1英镑的小额零钱支付高达一英镑六便士的费用（*Quarterly Review*, January 1926, 60, cited in Chaloner 1946, 1n1）。

[118] 贝尔（1976）记录了1820年至1870年"非官方法新"的广泛使用，声称这与"经常重复的说法，即1820年后皇家铸币局提供了充足的铜币供应"相矛盾。另见 Wager 2002。其他商业代币也一直沿用到维多利亚时代。根据1888年8月4日《伯明翰水星周报》的报道，那里的院外救济金有很大一部分继续由济贫院代币组成，"甚至远达四五十年前"的代币（同上，第49页）。

第八章　蒸汽、空话与小额货币

[1] James Bisset, "Ramble of the Gods through Birmingham," in Bisset 1800, 30.

[2] 比如，见 Chaloner 1946; Peck 1947; Doty 1987。

[3] Angela Redish 1990; 2000, chap. 5.

[4] Thomas Sargent and François Velde 2002, 13–14, 61–63, 261, 331–332.

[5] 同上，第292页。

[6] 同上，第271页。

[7] 虽然雷迪什从未明确说过，蒸汽技术被广泛用于制造商业代币，但她确实说过（2000, 153），商业代币的发行商受到的造假影响"很小"。这一说法，加上她声称（同上，第10页）蒸汽造币冲压机的发明使硬币生产"不可伪造或至少伪造成本很高"成为可能，似乎暗示大多数商业代币都是蒸汽铸造的。然而，在通信中，雷迪什声称她了解防伪硬币可以手工铸造，尽管成本相对较高。这一立场引出了一个问题：如果没有国家补贴的私人公司，能够负担得起用手工冲压机铸造防伪硬币，那为什么有国家补贴的皇家铸币局不能做同样的事情？

[8] 尽管 Sargent 和 Velde（2002, 45）一度指出蒸汽造币冲压机"在1787年之后才开始使用"，但他们在其他地方（同上，第61页）提出，它是在1786年首次

使用。Redish（2000，154）给出了 1786 年的日期，特别提到了博尔顿为东印度公司制作的硬币。

[9] Dickinson 1936, 137.

[10] Doty 2000, 22.

[11] Doty（2000，22-23）报告了两项可能被理解为其他铸币厂使用了蒸汽冲压机的事项。第一项是 1788 年博尔顿提到约翰·格雷戈里·汉考克安装在帕雷斯矿业公司大查尔斯街铸币厂的五英尺直径的"飞轮"，据汉考克说，这些飞轮可以"以 1 圈 0.25 秒的速度铸造半便士"。另一项发生在 1789 年 6 月与瓦特的信中，他告诉博尔顿，汉考克"吹嘘他能以你的方式铸币，而价格只有你的一半"，并建议他"让皮特先生（威廉·皮特）制定一项法案，规定使用这些新的冲压机和方法是重罪"。尽管多提声称，"飞轮的概念倾向于与自动机械的概念相一致"，但只要看一下任何一本当代机械学词典，就会发现，在第一项中提到的"飞轮"只是在许多传统手动螺旋冲压机上发现的手动圆轮。汉考克冲压机上的模具只需飞轮转动四分之一圈就能闭合，这意味着它具有著名的"飞梭"。多提认为，汉考克的冲压机也有自动送料和弹出坯料的装置，仅在这一点上与博尔顿的设备相似。然而，瓦特希望汉考克的冲压机被取缔，这表明他对苏荷区的蒸汽驱动铸币设备在技术上和经济上是否优于现有的替代设备感到怀疑。

[12] 正如表 2（在本书第 4 章）所示，有一家 18 世纪的小型代币制造厂位于谢菲尔德，至少有两家位于伦敦。虽然我没有尝试对伦敦 1798 年前的蒸汽机进行全面考察，但博尔顿和瓦特公司的记录表明，1798 年前没有一家伦敦公司的"旋缸"蒸汽机用在金属加工业。

[13] 正如已故的埃里克·罗尔爵士（1930，109）所指出的，"事实上，瓦特通常过分急于为最微小的改进争取专利，但他还没有这样做（关于他的旋缸驱动机械），这无疑对他不利"。博尔顿和瓦特的传记作家塞缪尔·斯迈尔斯（1866）让皮卡德本人在 1780 年夏天溜进了"马车和马匹"旅馆，给口风不紧的苏荷机械师 Dan Cartright 洗脑。在了解了瓦特的旋缸式蒸汽机计划后，皮卡德被认为直接去了伦敦，以获得他的曲柄专利。用一个糟糕的双关语来说，这是"专利的胡言乱语"。但是，即使 Cartright 真的把曲柄的想法泄露给了皮卡德的一个工人，实际上似乎是这样的，事实仍然是皮卡德和华斯伯勒值得被誉为旋缸式蒸汽机的原始发明者（Prosser 1881，32-33；进一步的细节，见 Hulse 2001）。皮卡德和华斯伯勒的声誉受到的损害已被证明是难以弥补的。自斯迈尔斯之后，许多作家完全忽视了他们，而把实际上是他们发明的东西

归功于博尔顿和瓦特。有些人臆断,瓦特的另一种"太阳和行星"仪器,是他为了规避皮卡德的曲柄专利而想出来的,在某种程度上比普通的旧曲柄更好(不是这样的。就此而言,它也不是瓦特的发明),而另一些人(如见 Skipp 1997)甚至认为是苏荷区建造了皮卡德-特威格-华斯伯勒蒸汽机。

[14] 转引自 Aitken 1866, 242-243。

[15] MBP 257/147.

[16] Pelham 1963, 88.

[17] 蒸汽动力的这种间接贡献的重要性是有限的,1886 年 10 月的《伯明翰水星周报》中的一篇文章证明了这一点,该文章指出,即使在最近,"伯明翰的许多蒸汽工厂也不被认为能够与一些由水力驱动的(遥远的)乡村磨坊在卓越和工艺精度方面竞争"(cited in Pelham 1963, 90)。在任何情况下,如果蒸汽工厂能够以低廉的价格生产出更好的铜板,那么就没有什么能够阻止造假者和合法的铸币厂在他们那里获得铜板。正如在其他地方所指出的,苏荷区自己的轧板厂在整个 18 世纪都是以水为动力的,直到工厂被拆除为止。

[18] personal communication, January 6, 2005.

[19] Hopkins 1989, 34.

[20] Allen 1966, 104-108.

[21] e. g., West 1830, 177-181; W. Smith 1836, pt. II, pp. 9-16.

[22] Charles Pye 1825, 88-89.

[23] *Morning Chronicle*, February 10, 1851.

[24] Timmins 1866, 307; see also Allen 1966, 106-107.

[25] Samuel (1881-1883) 1994.

[26] March 22, 1882.

[27] 通过让蒸汽在主汽缸之外的管道中凝结,而不是在外部汽缸中凝结,纽考门蒸汽机在经济上可以做到高效运行,在不侵犯瓦特专利的情况下,尽管效率不如博尔顿和瓦特的蒸汽机。在 18 世纪 90 年代中期,英国的许多旋缸式蒸汽机都采用了这种设计(Von Tunzelman 1978, 62)。

[28] Everseley 1964, 90; Duggan 1985, 45-60.

[29] 同上,第 59—60 页。

[30] 虽然特威格是水街蒸汽工厂的原主人,他自己也是一个纽扣制造商和代币发行商,也生产了一些钱币产品,但他并没有为其他人制造代币。此外,特威格不是在他的水街工厂生产自己的纽扣和钱币产品,而是在靠近圣保罗广场的哈珀山的一个独立小装饰品店生产的(Mitchiner 1998, 2005)。

[31] Doty 1998, 50.

[32] Sargent 和 Velde（2002, 266）。这里回顾一下埃里克·罗尔爵士（1930, 99）的结论，苏荷区通常"扩大其生产能力，远远超过了其产品需求的波动性所证明的限度"。

[33] Thomas Sharp 1834, ii.

[34] Doty 1998, 317.

[35] 路维奇的数字所指的钱币并不是用阻环铸造的。此外，至少有一些（如约翰·菲尔丁的 1793 年曼彻斯特半便士）的雕刻平庸。

[36] Craig 1953, xvii.

[37] Ruding 1799, 36-37.

[38] 在一个澄清性的脚注（36n）中，Ruding 补充说，"工艺的优越性并不意味着与后来铜铸币相似的东西"，意思是指当时在苏荷区制造的王室铜币。他这样说的理由将在适当的时候考虑。

[39] Chaloner 1693.

[40] Chaloner 还预见到了博尔顿喜欢的解决造假问题的方法，博尔顿建议采用高浮雕的模具，以适应一个由马力、风力或水力驱动的"引擎"。他认为，这样的机器будет使"确实不可能伪造货币而不被发现"。然而，请注意，博尔顿的蒸汽动力冲压机最终没有能力以高浮雕模具铸造，或以其他方式制造无法手工铸造的硬币。以马力、风力或水力驱动的冲压机在这方面可能更有优势。

[41] Powell 1993, 53.

[42] 1819, 4：155.

[43] John Pinkerton (1786) 1808, 186.

[44] Ashton 1951, 57.

[45] 在 1792 年 3 月的"关于亨茨曼铸钢的报告"（转载于 Hadfield 1894）中，乔治三世的工程师 Fourness & Ashworth 指出，"就模具而言，也许没有任何一种钢可以被制成具有同等硬度和耐久性的表面。对于带扣、纽扣和其他钢铁制品来说，表面的光泽是必需的，我们相信没有一种钢的构造能完全满足要求"（同上，第 236 页）。

[46] Tweedale 1995, 39; MBP 238/231-232.

[47] MBP 238/231-234; see also Ashton 1951, 58。亨茨曼在 1800 年以前的销售记录可在谢菲尔德档案馆找到，它的编号为 LD 1612-24。

[48] Chard 1990, 1141.

[49] MBP 343/30, July 2, 1797; see also Chard 1990, 1141-1143.

[50] BPP 1838, 73-74.

[51] 根据 Craig (1953, 293) 的说法，皇家铸币局对其模具用钢的"第一次科学调查"，是"在 1823 年委托给伦敦著名的化学家 William Thomas Brande"。他的"研究在一定程度上提高了模具的平均寿命，而这一寿命曾被蒸汽驱动的冲压机所降低"。根据 Brande 的研究，铸币局能够用一对工作模具制造多达 2.3 万枚典型尺寸的硬币。然而，这仍然只是 1744—1760 年铸币局半便士铸造时，每个工作模具铸造硬币的平均价值的一半（Dyer 1993, 162）。

[52] 即使是苏荷铸币厂也采用了手动冲压机进行模具复刻，因为蒸汽冲压机对于传输高凸浮雕的印记并不实用，部分原因是他们较大的打击压力会迅速破坏甚至是由坩埚钢制成的冲床。

[53] Dickinson 1936, 146.

[54] Dyer and Gaspar 1992, 430.

[55] Vice 1998, 53.

[56] Uglow 2002, 210-211.

[57] Ruding 1799, 36n.

[58] Redish 1990, 793.

[59] 这里需要做一些澄清：造假者作为有竞争力的钱币制造商，大概不可能在平衡状态下赚取超过正常的利润。他们以成本价（大约是面值的一半）将产品卖给假币批发商，而假币批发商又以较小的折扣将产品卖给被称为使用人或"粉碎者"的零售商（Colquhoun 1800, 16-19）。因此，雷迪什的利润条件必须被理解为衡量整个造假行业的潜在收益，而不是具体衡量造假者的收益。

[60] 仿制旧币的一些程序，包括将假币放在硫黄中烘烤，使其具有适当的铜锈，增加了造假的成本，但与节省的铜和模具雕刻的费用相比，这种成本估计很小。

[61] Ruding 1799, 35-36.

[62] Oman 1967, 364。1789 年，皇家铸币局声称，可能有 1200 吨合法的王室半便士和不少于 3000 吨的假币在流通（MBP 249/234）。根据铸币局 1785 年的估计（考虑到铸币局的计算错误），真正的王室铜币的名义价值为 30.6 万英镑（Craig 1953, 251-252），考虑到 1785 年至 1789 年失去的硬币，然后四舍五入，我们可以得出事实上的铸币等价物为每磅铜 55 枚半便士，而法律上的等价物则是每磅铜 46 枚。

[63] Pinkerton (1786) 1808, 226.

[64] Wager 1977, 47; Doty 1998, 320, 330.

［65］Craig 1953, 266-267.

［66］Snelling 1775, 45。当政府选择从 1773 年开始回收并重新铸造轻质（金）几尼时，重新铸造硬币的成本接近 20 万英镑，其中大部分被用于充实皇家铸币局官员的口袋。这次重铸的巨大开支促使埃德蒙·伯克提出了一项法案，该法案要求废除铸币局，并将铸币的责任移交给英格兰银行。

［67］因此，William Gladstone（作为财政大臣）在 1859 年的报告中，针对英国铜币的调查结果指出，"大量铜币的状况非常糟糕"，取样的铜币中有超过五分之一仍由博尔顿在 1797—1805 年发行的铜币组成，只有 15% 由 1852 年以后发行的铜币组成，后者发行了 80 万英镑（Hansard，August 4, 1859，c. 978-979）。

［68］Mathias 1979, 192-195; Craig 1953, 252.

［69］转引自 Mathias 1979, 193。

［70］MBP 249/235.

［71］Dyer and Gaspar 1992, 446.

［72］转引自 Redish 2000, 145。

［73］18 世纪 80 年代初，金属轧制有了许多改进，包括一种通过分级冷轧硬化铜的方法，该方法由伯明翰的商业铸币商之一——老约翰·韦斯特伍德申请了专利（Dykes 1999, 181）。皇家铸币局自己的以马力为动力的轧机，虽然足以轧制金和银，但不能处理铜锭（Craig 1953, 175）。

［74］除非是通过切边机，不用阻环铸造的硬币通常会比铸造它的毛坯的直径略大，它也可能不是完美的圆形，这取决于硬币的设计，而且很重要的是，取决于冲压机的操作压力。例如，晚期的乔治三世半便士就略显"不圆"。至少在这一点上，大多数假币都忠实于原件（C. Smith 1995, 37）。至于厚度的变化，虽然苏荷区蒸汽铸造硬币的赝品确实可以用钢制厚度计来识别，但这并不反映螺旋冲压机的精确度低下，而是反映了许多造假者故意将他们的硬币做得比原件略微薄些和轻些，以提高他们的利润。如果仅仅是不准确的原因，那么应该有一些"厚重"的赝品。但到目前为止的记录显示，并没有。

［75］Sargent and Velde 2002, 54; Oman 1967, 330.

［76］使用阻环铸造的主要商业代币，除了苏荷区的硬币外，还有帕雷斯矿业公司便士，至少有 9 吨汉考克的威利米，以及不到 5 吨的凯普森和路维奇发行的硬币，包括凯普森的大部分苏格兰委托制作的硬币，细节见 Pye 1801。

［77］Pinkerton (1786) 1808, 74.

［78］personal communication, August 6, 2002.

［79］Doty 1998, 46-47, 55-56.

[80] Sargent and Velde 2002, 55.

[81] 1818 年，Pistrucci 沮丧地发现，皇家铸币局的蒸汽动力冲压机太弱了，无法一次铸造出他在乔治三世统治末期设计的高浮雕皇冠的两面。因此，皇冠必须在冲压机上铸造两次，使其产量放缓到每小时 50 枚的蜗牛速度（Doty 1998，164n19）。即使是一个笨拙的团队用手动螺旋冲压机也能做得比这更好。

[82] Pinkerton（1786）1808，186-187。Pinkerton［（1786）1808，2：186-187］在 1797 年 12 月写作时，指责皇家铸币局硬币的艺术缺陷（"1778 年的先令图案……本身是完美的——用艺术的矫揉造作来看的话；如果先令和六便士没有超过它的话"，等等），以及它们的浅层浮雕设计，这不需要很多天就能制作，也更容易复制。相反，他建议使用高浮雕模具，"以便足以匹配古代优质硬币的伟大标准"，同时批评了"一位贵族老爷"（博尔顿）的替代建议，博尔顿建议，通过制作"比现在更少的浮雕——用一个圆圈来保护这种浮雕"，来改良英国的硬币。

[83] Doty，personal communication，August 7，2002.

[84] Samuel（1881-1883）1994，307，c. 2（March 12，1882）.

[85] Ruding 1819，4：378n.

[86] 同上。

[87] personal communication，August 7，2002.

[88] BPP 1838，74-75.

[89] MBP 249/225.

[90] Doty 1998，150.

[91] BPP 1838，128，132.

[92] 1845 年，巴黎铸币厂最终改用蒸汽动力冲压机。在其他地方，在博尔顿首次使用蒸汽动力几十年后，继续用手工铸造硬币。

[93] Ruding 1799，36n; see also 1819，4：377n.

[94] Sargent and Velde 2002，5-6.

[95] 事实上，根据 Henry Mayhew［（1851）1967，4：377］的说法，到了 19 世纪中期，伦敦的银币伪造"像以前一样普遍"。

[96] Colquhoun 1800.

[97] Ruding 1819，4：85.

[98] John Powell 1993，55.

[99] Craig 1953，311.

[100] 作为 1815 年皇家铸币局全面重组的一部分，威廉·韦尔斯利·波尔局长还宣

布，铸币局不再像以前那样只依靠自己的员工，而是从王国所有最好的艺术家提交的作品中挑选新的硬币设计。

[101] Humphreys 1848, 111. 同一位作家回忆说，他目睹了怀恩的钱币在首次发行时产生的"令人愉快的印象"，特别是"在银币经历了长期以来的压平、弯曲和磨损之后……长期以来一直作为王国的硬币流通之后，这些硬币似乎拥有非凡的美感"。

[102] Redish 2000, 152-153.

[103] Sargent and Velde 2002, 268.

[104] cf. Cannan 1935, 41-42.

[105] Sargent and Velde 2002, xviii.

[106] 同上，第268页。

[107] 同上，xviii。

[108] 同上，xviii，第23页。

[109] 在最新的皇家铸币局官方历史中，戴尔和加斯帕尔（1992，411）提到在整个18世纪"管理铸币局陈旧的中世纪制度"。尽管韦尔斯利·波尔进行了重组（除其他事项外，逐步取消了挂名职务），但铸币局在数十年里仍在许多方面保留了其中世纪的章程。根据19世纪中期的一份议会报告（BPP 1849），铸币局当时凭借熔炼工和铸币商的身份"不同于公共服务的所有其他部门"，而被区分开来，他们"不是由任何公共机构任命，而是由一个通过自我选举控制的机构任命，假定拥有合法的公司权利，在这种情况下，他们声称拥有执行通常委托给他们负责的那部分铸币工作的专属特权。他们坚持认为，如果不侵犯他们的特权，就不能把这部分工作委托给其他人"。该报告继续指出，铸币局在其所有支出中，铸币和熔炼费用是"最超额的"，而且"很明显，从这些费用中获利的各方，在抵制任何经济上的变化"。进一步的细节，见 Selgin 2007。

[110] 直到19世纪，皇家铸币局官员的标准做法是，让其他人来做他们的工作——通常是以他们自己工资的一小部分支付——从而使他们不必实际到访伦敦塔。比如说，乔治·塞尔温（George Selwyn）在18世纪后半叶的大部分时间里担任熔炼室的检验员。据说，他到访铸币局只是为了偶尔在那里吃顿免费的饭。这样的滥用并不局限于高级官员，甚至连铸币局办公室扫地的人也用自己工资的二十分之一雇用了一个替代者（Marsh 1971，184）。

[111] 关于经济史中对理想创新的抵制，见 Mokyr 1994。

[112] Kellenbenz 1974, 243.

[113] (1840) 2000, 439-441.

[114] 关于垄断权在阻挠改良方面的作用，见 Parente and Prescott 2000。

[115] 在其他地方（Selgin 2007），我详细讨论了垄断特权导致英国零钱短缺问题的方式，以及英国铸币安排的最终改善在多大程度上取决于这些特权的减少。这个关于垄断作用的观点与一位匿名读者的观点形成了鲜明的对比，这位读者在回应本章的早期版本时写道："金本位制的关键因素是政府有能力实施其垄断。效率与此无关，除非一个效率极低的技术会使政府不愿意承担使用它的成本，即使它提供一个可实施的垄断。"这种观点建立在一个不言而喻的假设之上，即垄断，尤其是政府垄断，必然"不愿意"接受低效技术。这个假设是完全没有根据的：尽管垄断者接受的技术在有效地满足垄断者的福利这一微不足道的意义上可能是"有效的"，但其不需要在这个术语的普遍理解意义上是有效的。金本位制要求铸币垄断的说法同样是没有根据的。关于美国与之相反的证据，见 Summers 1976；Wooldridge 1971, 54-74。

[116] John Collins, "Extemporary Stanzas, on Seeing the Inimitable Copper Coin of Mr. Boulton's Mint, at Soho," in Dent (1878) 1972, 188.

第九章　结　论

[1] William Blake, "London" in idem. (1794, 46).

[2] Jevons 1882, 82.

[3] François Velde 2002, 5.

[4] Carlo Cipolla 1956, 27.

[5] Sargent and Velde 2002, 303.

[6] 我特意省略了便士，因为我认为美联储会放弃这种不受欢迎的面额，而财政部保留它是为了安抚锌业游说团体。然而，很难想象美联储会像财政部两次所做的那样，把一美元硬币的改革弄得很糟糕。

[7] 诚然，大多数地方的商业银行在很久以前就被剥夺了发行纸币的权利。但政府开始将货币垄断权授予中央银行，是因为可以依靠中央银行以优厚条件提供的信贷来偿还货币，而不是因为竞争性供应的纸币本质上是不可靠的。见 V. Smith 1990。特别是关于英国，见 L. White 1984。

[8] 关于财政动机，见 Glasner 1998；Selgin and White 1999。

[9] Spencer 1851, 402.

后　记

[1] Doty 1998, 67.
[2] 1868 年，他为第一个副翼申请了专利，这显示了相当的远见卓识，因为当时还没有实用的飞机。
[3] Sweeny 1981，11.
[4] BPP 1881，588.
[5] 伯明翰铸币厂公司备忘录，见 BPP 2003。公共账户委员会进行的听证会，特别是其对皇家铸币局首席执行官 Gerald Sheehan 的查问，读起来既有趣又刺激，可在网上查询：http：//www. publications. parliament. uk/pa/cm200203/cmselect/cmpubacc/588/210230l. htm。

附　录

[1] 鉴于其日期，这第一段摘录一定是来自劳德代尔勋爵在寄出问卷前收到的信件。

参考文献

档案

Additional Manuscripts, British Library
Birmingham City Archives, Birmingham Central Library
Boulton & Watt Collection (Thomas Wilson correspondence), Cornwall Record Office
Matthew Boulton Papers, Birmingham Central Library
Public Record Office, National Archives (Kew)
Sheffield Archives

英国议会文书

1799. x. *Report from the Committee Appointed to Enquire into the State of the Copper Mines and Copper Trade of the Kingdom.*
1813 (237). xii. "'Copper Coin': Memorial of the Wholesale and Retail Traders."
1838 (465). xvi. *Report of Committee on the Establishment of the Royal Mint.*
1849 (1026). xxviii. *Report of the Royal Commissioners Appointed to Inquire into the Constitution, Management, and Expenses of the Royal Mint.*
1870 (7). xli. *Reports and Memoranda on the Mint.*
1881 (304). ix. *Report from the Select Committee on London City Lands.*
2003. [House of Commons. Public Accounts Committee.] *Report by the Comptroller and Auditor General: Royal Mint Trading Fund, 2001–02 Accounts.*

其他类英国政府文件

Great Britain. Parliament. *The Parliamentary Debates (Hansard). Official Report,* 1812–16 and 1859.
Great Britain. Privy Council. Committee on Coin. 1798. "Draft of a Report on the Coin of this Realm."

报纸和杂志

Aris's Birmingham Gazette
The Bath Chronicle
Bell's Weekly Messenger
Birmingham Weekly Mercury
The Bristol Gazette and Public Advertiser
The Daily Universal Register
The Gentleman's Magazine
London Magazine
The (London) Star
The (London) Times
The Morning Chronicle
The Reading Mercury
The Tradesman or Commercial Magazine
The Worcester Herald

其他资料

Adams, Henry. 1871. "The Bank of England Restriction." In *Chapters of Erie, and Other Essays*, by Charles Francis Adams, Henry Adams, and Francis Amasa Walker, 224–68. Boston: J. R. Osgood.

Aitken, W. C. 1866. "Brass and Brass Manufacturers." In *The Resources, Products, and Industrial History of Birmingham and the Midland Hardware District*, ed. Samuel Timmins, 225–380. London: Robert Hardwicke.

Allen, G. C. 1966. *The Industrial Development of Birmingham and the Black Country, 1860–1927*. New York: A. M. Kelley.

Andrew, Pearson. 1974. "Labor Decries Royal Mint Machinery." *World Coins*, May, 856–64.

Andrews, C. Bruyn. 1970. Introduction to *The Torrington Diaries*, by John Byng. New York: Barnes and Noble.

Anonymous. 1739. "On the Scarcity of Copper Coin: A Satyr (in Verse)." Edinburgh.

Anonymous. 1771. "A Letter to the Members of Parliament on the Present State of the Coinage." London.

Anonymous. 1772. *The Birmingham Counterfeit, or Invisible Spectator*. 2 vols. London: S. Bladon.

Anonymous. 1801. "Matthew Boulton." In *Public Characters of 1800*. London: R. Phillips.

Anonymous. 1852. "The Button Manufacture of Birmingham." *The Illustrated Exhibitor and Magazine of Art* 1:346–49.

Ashton, Thomas Southcliffe. 1939. *An Eighteenth-Century Industrialist: Peter Stubs of Warrington, 1756–1806*. Manchester: Manchester University Press.

Ashton, Thomas Southcliffe. 1951. *Iron and Steel in the Industrial Revolution*. Manchester: Manchester University Press.

Ashton, Thomas Southcliffe. 1955. *An Economic History of England in the 18th Century*. London: Methuen.
Ashton, Thomas Southcliffe. 1962. *The Industrial Revolution, 1760–1830*. London: Oxford University Press.
Barnes, Donald Green. 1939. *George III and William Pitt, 1783–1806*. Stanford, CA: Stanford University Press.
Bell, R. C. 1963. *Commercial Coins, 1787–1804*. Newcastle upon Tyne: Corbitt and Hunter.
Bell, R. C. 1964. *Copper Commercial Coins, 1811–1819*. Newcastle upon Tyne: Corbitt and Hunter.
Bell, R. C. 1976. *Unofficial Farthings*. London: Seaby.
Bell, R. C. 1978. *The Building Medalets of Kempson and Skidmore, 1796–1797*. Newcastle upon Tyne: Frank Graham.
Berg, Maxine. 1994. *The Age of Manufacturers, 1700–1820*. 2nd ed. London: Routledge.
Berry, George. 1982. "Payable at the Workhouse." *Coin News* 20, no. 1 (December): 42–43.
Berry, George. 1988. *Seventeenth-Century England: Traders and Their Tokens*. London: Seaby.
Birch, Alan. 1967. *The Economic History of the British Iron and Steel Industry, 1784–1879*. London: Frank Cass.
Bisset, James. 1800. *A Poetic Survey round Birmingham*. Birmingham: Swinney and Hawkins.
Bisset, James. 1808. *Bisset's Magnificent Directory*, 2nd ed. Birmingham: James Bisset.
Blake, William. 1794. *Songs of Innocence and Experience*. London: William Blake.
Boase, C. W. 1867. *A Century of Banking in Dundee*. 2nd ed. Edinburgh: R. Grant.
Borrow, George. [1857] 1906. *The Romany Rye*. London: J. M. Dent.
Brewer, John. 1982. "Commercialization and Politics." Part 2 of *The Birth of a Consumer Society: The Commercialization of Eighteenth-Century England*, by Neil McKendrick, John Brewer, and J. H. Plumb. Bloomington: Indiana University Press.
Brunel, Christopher. 1974a. "Gold Tokens: But Hardly a Handful of Them." *Coins and Medals* 11, no. 4 (April): 24–25.
Brunel, Christopher. 1974b. "Token Tales in and around Norwich." *Coins and Medals* 11, no. 6 (June): 22–25, 34.
Byng, John. 1970. *The Torrington Diaries*. New York: Barnes and Noble.
Cannan, Edwin. 1925. Introduction to *The Paper Pound of 1797–1821: A Reprint of the Bullion Report*. 2nd ed. London: P. S. King and Son.
Cannan, Edwin. 1935. *Money: Its Connection with Rising and Falling Prices*. London: Staples.
Carlile, William Warrand. 1901. *The Evolution of Modern Money*. London: Macmillan.
Carlisle, Nicholas. 1837. *A Memoir of the Life and Works of William Wyon*. London: W. Nichol.

Challis, C. E. 1989. "The Introduction of Coinage Machinery by Eloy Mestrell." *British Numismatic Journal* 59:256–62.

Chaloner, William. 1693. *The Defects in the Present Constitution of the Mint Humbly Offered to the Consideration of the Honourable House of Commons.* London: A. Roper.

Chaloner, William H. 1946. "Some Problems of the Currency in the Reign of George III, 1760–1820." Paper presented to the Lancashire Numismatic Society, Manchester, December 14.

Chapman, Thomas. 1801. *Chapman's Birmingham Directory.* Birmingham: Thomas Chapman.

Chard, Jack. 1990. "Late 18th Century Coinage Dies: The Metallurgical Processes Involved." *Colonial Newsletter* 30, no. 1 (March): 1136–43.

Childs, W. H. 1910. *The Town of Reading during the Early Part of the Nineteenth Century.* Reading: University College.

Cipolla, Carlo M. 1956. *Money, Prices, and Civilization in the Mediterranean World, Fifth to Seventeenth Century.* New York: Gordion Press.

Clapham, Sir John. 1945. *The Bank of England: A History.* 2 vols. Cambridge: Cambridge University Press.

Clayton, P. A. 1967. "Henry Morgan: A Nineteenth Century Token Manufacturer of Rathbone Place." *Cunobelin: The Year Book of the British Association of Numismatic Studies* 13:36–45.

Colquhoun, Patrick. 1800. *A Treatise on the Police of the Metropolis etc.* 6th ed. London: H. Baldwin and Son.

Cooper, John James. 1923. *Some Worthies of Reading.* London: Swarthmore.

Coppieters, Emanuel. 1955. *English Bank Note Circulation, 1694–1954.* Louvain: Institute of Economic and Social Research.

Court, W. H. B. 1953. *The Rise of the Midland Industries, 1600–1838.* 2nd ed. London: Oxford University Press.

Crabbe, George. 1783. *The Village.* London: J. Dodsley.

Craig, Sir John. 1953. *The Mint: A History of the London Mint from A.D. 287 to 1948.* Cambridge: Cambridge University Press.

Cule, J. E. 1935. "The Financial History of Matthew Boulton, 1759–1800." Master's thesis, University of Birmingham.

Dalton, R., and S. H. Hammer. 1910–17. *The Provincial Token Coinage of the 18th Century.* Bristol and London: privately printed.

Darnis, Jean-Marie. 1982. "Le graveur-mécanicien Jean-Pierre Droz, 1ᵉʳ adaptateur des viroles plaines et brisées au mecanisme du balancier monétaire." *Actes du 9ème Congrès International de Numismatique, Berne, Septembre 1979,* 100–112.

Darnis, Jean-Marie. 1988. *La monnaie de Paris, sa création et son histoire.* Abbeville: Centre d'études Napoléoniennes.

Darwin, Erasmus. 1791. *The Botanic Garden; A Poem, in Two Parts. Part I. Containing the Economy of Vegetation—Part II. The Loves of the Plants. With Philosophical Notes.* London: J. Johnson.

Davies, Ron. 1999. "Thoughts on John Wilkinson and Bradley." *Broseley Local History Society Journal* 21:8–14.

Davis, Kirk. 2001. "The Development of 16th Century Machine Coining Technology and the Career of Eloye Mestrelle in England." *Journal of the Classical and Medieval Numismatic Society* 2, no. 3:111–27.

Davis, William J. 1904. *The Nineteenth Century Token Coinage of Great Britain, Ireland, the Channel Islands, and the Isle of Mann*. London: J. Davy and Sons.

Delieb, Eric. 1971. *Matthew Boulton: Master Silversmith*. New York: Clarkson N. Potter.

Dent, Robert K. [1878] 1972. *Old and New Birmingham: A History of the Town and Its People*. Vol. 1. East Ardsley, Wakefield: E. P. Publishing.

Dent, Robert K. [1880] 1973. *Old and New Birmingham: A History of the Town and Its People*. Vol. 2. East Ardsley, Wakefield: E. P. Publishing.

de Toqueville, Alexis. [1840] 2000. *Democracy in America*. Vol. 2. Trans. Harvey C. Mansfield and Delba Winthrop. Chicago: University of Chicago Press.

Dickinson, H. W. 1936. *Matthew Boulton*. Cambridge: Cambridge University Press.

Ditchfield, P. H. 1887. *Reading Seventy Years Ago: A Record of Events from 1813 to 1819*. Reading: John Read.

Dodd, Arthur Herbert. 1971. *The Industrial Revolution in North Wales*. Cardiff: University of Wales Press.

Doty, Richard. 1986. *English Merchant Tokens*. Chicago: Chicago Coin Club. Available at http://www.chicagocoinclub.org/projects/PiN/emt.html.

Doty, Richard. 1987. "Matthew Boulton and the Coinage Revolution, 1787–1797." *Numismatica Lovaniensia* 7:675–84.

Doty, Richard. 1998. *The Soho Mint and the Industrialization of Money*. British Numismatic Society Special Publication 2. London: National Museum of American History, Smithsonian Institution.

Doty, Richard. 2000. "The Parys Mine Company and the Industrialization of Money." *"Conder" Token Collector's Journal* 5, no. 2 (June 15): 12–23.

Drake, J. 1825. *The Picture of Birmingham*. Birmingham: privately printed.

Dryden, John. 1681. *Absalom and Achitophel*. London.

Duffy, Michael. 2000. *The Younger Pitt*. Edinburgh Gate: Pearson Education.

Duggan, Ed. 1985. *The Impact of Industrialization on an Urban Labor Market: Birmingham, England, 1770–1860*. New York: Garland.

Dyer, Graham P. 1993. "Punches and Dies in the 18th Century." In *Metallurgy in Numismatics*, ed. M. M. Archibald and M. R. Cowell, 3:160–66. Royal Numismatic Society Special Publication 24. London: Royal Numismatic Society.

Dyer, Graham P., and Peter P. Gaspar. 1992. "Reform, the New Technology and Tower Hill, 1700–1966." In *A New History of the Royal Mint*, ed. C. E. Challis, 398–606. Cambridge: Cambridge University Press.

Dykes, David W. 1954. "Some Local Tokens and Their Issuers in Early Nineteenth-Century Swansea." *British Numismatic Journal* 27:345–53.

Dykes, David W. 1996. "James Wright, Junior (1768–98): The Radical Numismatist of Dundee." *Spink Numismatic Circular* 104 (July–August): 195–99.

Dykes, David W. 1997. "Who Was R.Y.: Searching for an Identity." *British Numismatic Journal* 67:115-22.
Dykes, David W. 1999. "John Gregory Hancock and the Westwood Brothers: An Eighteenth-Century Token Consortium." *British Numismatic Journal* 69:173-86.
Dykes, David W. 2000. "The Tokens of Thomas Mynd." *British Numismatic Journal* 70:90-102.
Dykes, David W. 2001. "John Stubbs Jorden, Die-Sinker and Medallist." *British Numismatic Journal* 71:119-35.
Dykes, David W. 2002. "The Token Coinage of William Fullarton." *British Numismatic Journal* 72:149-63.
Dykes, David W. 2004. "Some Reflections on Provincial Coinage, 1787-1797." *British Numismatic Journal* 74:160-74.
Edmunds, D. R. D. 1966. "The Gold and Silver Tokens issued by John Berkeley Monck, 1811-1812." *British Numismatic Journal* 35:173-88.
Elks, Ken. 2005. *Late 18th-Century British Token Coinage*. London: Ken Elks.
Elrington, C. R. 1964. "The City of Birmingham: Local Government and Public Services." In *A History of the County of Warwick*, vol. 7, *The City of Birmingham*, ed. W. B. Stephens, 318-39. Victoria History of the Counties of England. London: Oxford University Press.
Engels, Friedrich. [1844] 1968. *The Condition of the Working Class in England*. Trans. W. O. Henderson and W. H. Chaloner. Stanford, CA: Stanford University Press.
Everseley, D. E. C. 1964. "The City of Birmingham: Industry and Trade, 1500-1880." In *A History of the County of Warwick*, vol. 7, *The City of Birmingham*, ed. W. B. Stephens, 81-139. Victoria History of the Counties of England. London: Oxford University Press.
Feavearyear, Albert E. 1932. *The Pound Sterling: A History of English Money*. London: Oxford University Press.
Feavearyear, Albert E. 1963. *The Pound Sterling: A History of English Money*. 2nd ed. Oxford: Clarendon.
Ferrar, John. 1796. *A Tour from Dublin to London in 1795*. Dublin: John Ferrar.
Flandreau, Marc. 2004. *The Glitter of Gold: France, Bimetallism, and the Emergence of the International Gold Standard, 1848-1873*. New York: Oxford University Press.
Forbes, Sir William. 1860. *Memoirs of a Banking House*. 2nd ed. London: William and Robert Chambers.
Forrer, Leonard. 1970. *Biographical Dictionary of Medallists*. 8 vols. New York: Burt Franklin.
Franklin, Benjamin. 2003. *The Autobiography and Other Writings*. London: Penguin.
Freeth, John. 1790. *Political Songster, or A Touch on the Times on Various Subjects and Adapted to Common Tunes*. 6th ed. Birmingham: John Freeth.
Friedman, Milton. 1992. "Bimetallism Revisited." In *Money Mischief: Episodes in Monetary History*, 126-56. New York: Harcourt Brace Jovanovich.

Gallet, G. 1902. "Quelques notes sur la vie et l'œuvre du médallieur J.-P. Droz." *Musée Neuchâtelois*, November–December, 292–310.

Gaskell, Malcolm. 2000. *Crime and Mentalities in Early Modern England.* Cambridge: Cambridge University Press.

Gash, Norman. 1984. *Lord Liverpool.* Cambridge, MA: Harvard University Press.

George, M. Dorothy. 1925. *London Life in the Eighteenth Century.* New York: Harper and Row.

Gill, Conrad. 1952. *History of Birmingham.* Vol. 1. London: Oxford University Press.

Glasner, David. 1998. "An Evolutionary Theory of the State Monopoly over Money." In *Money and the Nation State*, ed. Kevin Dowd and Richard H. Timberlake, 21–45. New Brunswick: Transaction.

Goldsmith, Oliver. 1770. *The Deserted Village: A Poem.* London: W. Griffen.

Gould, B. M. 1969. "Matthew Boulton's East India Mint in London, 1786–88." *Seaby's Coin and Medal Bulletin* 612 (August): 270–77.

Greig, R. M. 1967. "Boulton's Copper Coinage in England and New South Wales." *Australian Numismatic Journal* 18, no. 3:165–72.

Grenfell, John. 1814. *Observations on the Expediency and Facility of a Copper Coinage of a Uniform Weight and Standard Value according with the Mint Prices of Gold and Silver Bullion.* London: Whittingham and Rowland.

Hadfield, R. A. 1894. "The Early History of Crucible Steel." *Journal of the Iron and Steel Institute* 46, no. 2: 224–34.

Hamer, Samuel. [1904] 2000. "Notes on the Private Tokens, Their Issuers and Die-Sinkers." Part 1. *"Conder" Token Collector's Journal* 5, no. 1 (March 15): 20–49. Originally published in the *British Numismatic Journal* 1, 299–332.

Hammond, J. L., and Barbara Hammond. 1911. *The Village Labourer, 1760–1832.* London: Longmans, Green.

Hammond, J. L., and Barbara Hammond. 1917. *The Town Labourer, 1760–1832.* London: Longmans, Green.

Hardy, Julius. 1973. *Diary of Julius Hardy (1788–1793): Button-Maker, of Birmingham.* Ed. A. M. Banks. Birmingham.

Harris, J. R. 1964. *The Copper King: A Biography of Thomas Williams of Llanidan.* Toronto: University of Toronto Press.

Hawker, Colin R. 1996. *Druid Tokens: Eighteenth Century Token Notes from Matthew Boulton's Letters.* Studley, Warwickshire: Brewin Books.

Hewitt, V. H., and J. M. Keyworth. 1987. *As Good as Gold: 300 Years of British Bank Note Design.* London: British Museum.

Hilton, George W. 1960. *The Truck System, including a History of the British Truck Acts, 1465–1960.* Cambridge: W. Heffer and Sons.

Holloway, John, and Joan Black, eds. 1979. *Later English Broadside Ballads.* Vol. 1. London: Routledge and Kegan Paul.

Hopkins, Eric. 1989. *Birmingham: The First Manufacturing Town in the World, 1760–1840.* London: Weidenfield and Nicolson.

Hopkins, Eric. 1998. "The Birmingham Economy during the Revolutionary and Napoleonic Wars, 1793–1815." *Midland History* 23:105–20.

Horden, John. 1993. *John Freeth (1731–1808): Political Ballad-Writer and Innkeeper.* Oxford: Leopard's Head.
Hulse, David K. 2001. *The Development of Rotary Motion by Steam Power.* Leamington Spa: TEE Publishing.
Humphreys, Henry Noel. 1848. *The Coins of England.* 5th ed. London: Longman, Brown, Green, and Longmans.
Hutton, William. 1819. *The History of Birmingham.* With the assistance of Catherine Hutton. 4th ed. London: Nichols and Son.
Jenkinson, Charles [first Earl of Liverpool]. 1805. *A Treatise on the Coins of the Realm in a Letter to the King.* Oxford: Oxford University Press.
Jevons, William Stanley. 1882. *Money and the Mechanism of Exchange.* New York: D. Appleton.
Johnson, Samuel. 1992. *The Letters of Samuel Johnson.* Vol. 3, *1777–1781.* Oxford: Clarendon.
Kellenbenz, Herman. 1974. "Technology in the Age of the Scientific Revolution, 1500–1700." In *The Fontana Economic History of Europe,* vol. 2, 177–272, ed. Carlo Cipolla, London: Fontana/Collins.
Kelley, E. M. 1976. *Spanish Dollars and Silver Tokens.* London: Spink and Son.
Klingender, F. D. 1947. *Art and the Industrial Revolution.* London: Noel Carrington.
Klingender, F. D. 1953. "Eighteenth Century Pence and Ha'pence." *Architectural Review,* February, 41–46.
Langford, John Alfred. 1868. *A Century of Birmingham Life.* Vol. 1. Birmingham: E. C. Osborne.
Leake, Stephen Martin. 1793. *An Historical Account of English Money, from the Conquest to the Present Time.* London: R. Faulder.
Lees, Lynn Hollen. 1998. *The Solidarities of Strangers: The English Poor Laws and the People, 1700–1948.* Cambridge: Cambridge University Press.
Leslie, Stephen, and Sydney Lee, eds. 1885–1900. *The Dictionary of National Biography.* 22 vols. London: Smith, Elder.
Levy, Hermann. 1927. *Monopolies, Cartels, and Trusts in British Industry.* London: Macmillan.
Lindert, Peter, and Jeffrey G. Williams. 1983. "English Workers' Living Standards during the Industrial Revolution: A New Look." *Economic History Review* 36, no. 1 (February): 1–25.
Longmate, Norman. 1974. *The Workhouse.* New York: St. Martin's.
Lord, John. 1965. *Capital and Steam-Power, 1750–1800.* 2nd ed. New York: A. M. Kelley.
Macaulay, Thomas Babington. 1856. *The History of England from the Accession of James II.* New York: Harper and Brothers.
Mackay, James. 1984. *A History of Modern English Coinage: Henry VII to Elizabeth II.* London: Longmans Group.
Mackenzie, Alexander. 1896. *History of the Frasers of Lovat.* Inverness: A. and W. Mackenzie.

Macleod, Henry Dunning. 1892–93. *The Theory and Practice of Banking*. London: Longmans, Green.
Malagrowther, Malachi [Sir Walter Scott]. 1826. *A Second Letter to the Editor of the Edinburgh Weekly Journal, from Malachi Malagrowther, Esq. on the Proposed Change of Currency, and Other Late Alterations, as they Affect, or Are Intended to Affect, the Kingdom of Scotland*. Edinburgh: printed by James Ballantyne and Company for William Blackwood.
Maitland, James [eighth Earl of Lauderdale]. 1813. *Further Considerations on the State of the Currency*. Edinburgh: printed for A. Constable.
Mantoux, Paul. 1927. *The Industrial Revolution in the Eighteenth Century*. New York: Macmillan.
Marsh, John. 1971. *Clip a Bright Guinea: The Yorkshire Coiners of the Eighteenth Century*. London: Robert Hale.
Mathias, Peter. 1962. *English Trade Tokens: The Industrial Revolution Illustrated*. London: Abelard-Schuman.
Mathias, Peter. 1979. "The People's Money in the Eighteenth Century: The Royal Mint, Trade Tokens, and the Economy." In *The Transformation of England: Essays in the Economic and Social History of England in the Eighteenth Century*, 190–208. New York: Columbia University Press.
Mathias, Peter. 2004. "Official and Unofficial Money in the Eighteenth Century: The Evolving Uses of Currency." *British Numismatic Journal* 74: 68–83.
Mayhew, Henry. [1851] 1967. *London Labour and the London Poor*. 4 vols. New York: A. M. Kelley.
Mayhew, Nicolas. 1999. *Sterling: The Rise and Fall of a Currency*. Allen Lane: Penguin.
Mays, James O'Donald. 1978. "Forgery of Birmingham Workhouse 2/6 Silver Token." *Seaby's Coin and Medal Bulletin* 720 (August): 241.
Mays, James O'Donald. 1982. *The Splendid Shilling: A Social History of an Engaging Coin*. Burley, Ringwood: New Forest Leaves.
Mays, James O'Donald. 1991. *Tokens of Those Trying Times: A Social History of Britain's 19th Century Silver Tokens*. Burley, Ringwood: New Forest Leaves.
Merrey, Walter. 1794. *Remarks on the Coinage of England*. Nottingham: S. Tufman.
Mitchell, Clarence Blair, ed. 1931. *Mitchell-Boulton Correspondence, 1787–1792*. Princeton, NJ: Princeton University Press.
Mitchiner, Michael. 1998. *Jetons, Medalets, and Tokens*. Vol. 3, *British Isles, circa 1558 to 1830*. London: Hawkins.
Mokyr, Joel. 1994. "Progress and Inertia in Technological Change." In *Capitalism in Context: Essays in Honor of R. M. Hartwell*, ed. John James and Mark Thomas, 230–54. Chicago: University of Chicago Press.
Monck, John Berkeley. 1812. *A Letter to the Right Hon. Spencer Percival on the Present State of Our Currency*. London: Snare and Man.
Monroe, Arthur Eli. 1923. *Monetary Theory before Adam Smith*. Cambridge, MA: Harvard University Press.
Moore, Thomas. 1828. *Odes upon Cash, Corn, Catholics, and Other Matters*. London: Longman, Rees, Orme, Brown, and Green.

Morris, Roger. 1983. *The Royal Dockyards during the Revolutionary and Napoleonic Wars*. Leicester: Leicester University Press.

Moser, Joseph. 1798. "Thoughts on the Provincial Token Coin." Parts 1–3. *European Magazine* 23 (March): 153–56; 23 (April): 232–38; 23 (May): 303–8.

Oman, Charles. 1967. *The Coinage of England*. London: H. Pordes.

Palmer, Alfred Neobard. 1898. "John Wilkinson and the Old Bersham Iron Works." *Transactions of the Honourable Society Cymmrodorion*, 23–64.

Parente, Stephen L., and Edward C. Prescott. 2000. *Barriers to Riches*. Cambridge, MA: MIT Press.

Peck, C. Wilson. 1947. "Eighteenth Century Tradesmen's Tokens. An Introduction to the Series." *Seaby's Coin and Medal Bulletin* 352 (September): 344–48.

Peck, C. Wilson. 1970. *English Copper, Tin, and Bronze Coins in the British Museum, 1558–1958*. 2nd ed. London: Trustees of the British Museum.

Pelham, R. A. 1963. "The Water-Power Crisis in Birmingham in the Eighteenth Century." *University of Birmingham Historical Journal* 9, no. 1:64–91.

Perkins, M. 1905. *Dudley Tradesmen's Tokens of the Seventeenth, Eighteenth, and Nineteenth Centuries*. Dudley: E. Blocksidge.

Philips, John. 1701. "The Splendid Shilling." In *A Collection of Poems*, 393–400. London: Daniel Brown and Benjamin Tooke.

Phillips, Maberly. 1900. *The Token Money of the Bank of England, 1797 to 1816*. London: Effingham Wilson.

Pinkerton, John. [1786] 1808. *An Essay on Medals*. Vol. 2. London: T. Cadell and W. Davies.

Pollard, J. G. 1968. "Matthew Boulton and J.-P. Droz." *Numismatic Chronicle* 8:241–65.

Pollard, J. G. 1971. "Matthew Boulton and the Reducing Machine in England." *Numismatic Chronicle* 11:311–17.

Pope, Alexander. 1743. *The "Dunciad" in Four Books*. London: printed for M. Cooper.

Powell, John S. 1979. "The Forgery of Cartwheel Pennies." *Seaby's Coin and Medal Bulletin* 731 (July): 217–21.

Powell, John S. 1993. "The Birmingham Coiners, 1770–1816." *History Today* 43, no. 7 (July): 49–55.

Pratt, J. 1805. *Harvest Home*. Vol. 1. London: R. Phillips.

Pressnell, L. S. 1956. *Country Banking in the Industrial Revolution*. Oxford: Clarendon.

[Prior, Thomas]. [1729] 1856. *Observations on Coin in General, with some Proposals for Regulating the Value of Coin in Ireland*. In *A Select Collection of Scarce and Valuable Tracts on Money*, ed. John R. McCulloch, 293–338. London: Political Economy Club.

Prosser, Richard B. 1881. *Birmingham Inventors and Inventions*. Birmingham: "Journal" Printing Works.

Pye, Charles. 1801. *A Correct and Complete Representation of All the Provincial Copper Coins, Tokens of Trade, and Cards of Address, on Copper etc.* 2nd ed. Birmingham: R. Jabet et al.

Pye, Charles. 1825. *The Stranger's Guide to Modern Birmingham*. Birmingham: R. Wrightson.

Quickenden, Kenneth. 1980. "Boulton and Fothergill Silver: Business Plans and Miscalculations." *Arts History* 3, no. 3 (September): 274–94.

Quickenden, Kenneth. 1995. "Boulton and Fothergill's Silversmiths." *Silver Society Journal* 7 (Autumn): 342–56.

Randall, John. 1879. *Our Coal and Iron Industries and the Men who Have Wrought in Connection with Them: The Wilkinsons*. Madeley, Salop: John Randall.

Raspe, Rudolf Erich, and James Tassie. 1791. *A Descriptive Catalogue of a General Collection of Ancient and Modern Engraved Gems (etc.)*. London: James Tassie and John Murray.

Raven, Jonathan. 1977. *The Urban and Industrial Songs of the Black Country and Birmingham*. Wolverhampton: Broadside.

Redish, Angela. 1990. "The Evolution of the Gold Standard in England." *Journal of Economic History* 50, no. 4: 789–805.

Redish, Angela. 2000. *Bimetallism: An Economic and Historical Analysis*. Cambridge: Cambridge University Press.

Rees, Abraham. 1786. *Cyclopaedia, or An Universal Dictionary of Arts and Sciences*. London: J. F. and C. Rivington.

Reeves, Jim. 2001. "Matthew Boulton and His Influence on the English Coinage." *"Conder" Token Collector's Journal* 6 (fall):16–18.

Roll, Eric. 1930. *An Early Experiment in Industrial Organization, Being a History of the Firm of Boulton & Watt, 1775–1805*. London: Frank Cass.

Royal Statistical Society. 1840. "Economical Statistics of Birmingham." *Journal of the Royal Statistical Society*, January, 434–41.

Ruding, Rogers. 1799. *A Proposal for Restoring the Antient Constitution of the Mint*. London: privately printed.

Ruding, Rogers. 1819. *Annals of the Coinage of Britain and Its Dependencies*. 2nd ed. 6 vols. London: Lackington, Hughes, Harding, Mavor, and Jones.

Ruding, Rogers. 1840. *Annals of the Coinage of Great Britain and its Dependencies*. 3rd ed. 3 vols. London: J. Hearne.

Rule, Jonathan. 1992. *The Vital Century: England's Developing Economy, 1714–1815*. London: Longman.

Sainthill, Richard. 1844. "Memoir of the Late Thomas Wyon, Jun." In *An Olla Podrida, or Scraps Numismatic, Antiquarian, and Literary*, 1:22–37. London: Nichols and Son.

Sainthill, Richard. 1853. "Memoir of William Wyon, R.A. and His Works." In *An Olla Podrida, or Scraps Numismatic, Antiquarian, and Literary*, 2:391–401. London: Nichols and Son.

Samuel, Richard Thomas. [1881–83] 1994. *British Tokens: Articles from "The Bazaar, Exchange, and Mart," and "Journal of the Household."* Cold Spring: Davissons.

Sandys, George. 1632. *Ovid's "Metamorphosis" Englished etc.* Oxford: John Lichfield.

Sargent, Thomas J., and François R. Velde. 1999. "The Big Problem of Small Change." *Journal of Money, Credit, and Banking* 31, no. 2 (May) :137–61.

Sargent, Thomas J., and François R. Velde. 2002. *The Big Problem of Small Change.* Princeton, NJ: Princeton University Press.

Selgin, George. 1996. "Salvaging Gresham's Law: The Good, the Bad, and the Illegal." *Journal of Money, Credit, and Banking* 28, no. 4 (November): 637–49.

Selgin, George. 2003a. "Gresham's Law." *EH.net Encyclopedia,* ed. Robert Whaples. http://www.eh.net/encyclopedia/selgin.gresham.law.php.

Selgin, George. 2003b. "Steam, Hot Air, and Small Change: Matthew Boulton and the Reform of Britain's Coinage." *Economic History Review* 56, no. 3 (August): 478–509.

Selgin, George. 2005. "Charles Wyatt, Manager of the Parys Mine Mint: A Study in Ingratitude." *British Numismatic Journal* 75:114–21.

Selgin, George. 2007. "Monopoly, Competition, and Great Britain's 'Big Problem of Small Change.'" University of Georgia Department of Economics. Typescript.

Selgin, George, and Lawrence H. White. 1999. "A Fiscal Theory of Government's Role in Money." *Economic Inquiry* 37, no. 1 (January): 154–65.

Sharp, Thomas. 1834. *A Catalogue of Provincial Copper Coins, Tokens, Tickets, and Medalets.* London: Nichols and Son.

Shaw, Karl. 1999. *Royal Babylon: The Alarming History of European Royalty.* London: Virgin.

Shaw, W. A. 1896. *The History of Currency, 1252 to 1896.* 2nd ed. New York: G. P. Putnam's Sons.

Skipp, Victor. 1997. *A History of Greater Birmingham to 1830.* Studley, Warwickshire: Brewin Books.

Smart, Benjamin. 1811. *A Letter Addressed to the Honourable House of Commons, on the Necessity of an Immediate Attention to the State of the British Coinage.* London: J. Hatchard and J. Richardson.

Smiles, Samuel. 1866. *Lives of Boulton and Watt.* 2nd ed. London: John Murray.

Smith, Adam. [1763] 1896. *Lectures on Justice, Police, Revenue, and Arms.* Ed. Edwin Cannan. Oxford: Clarendon.

Smith, Adam. [1776] 1925. *An Inquiry into the Nature and Causes of the Wealth of Nations.* London: Methuen.

Smith, Charles W. 1995. "The English George III Contemporary Counterfeit Halfpenny Series: A Statistical Study of Production and Distribution." In *Coinage of the American Confederation Period,* ed. Philip L. Mossman, 23–53. New York: American Numismatic Society.

Smith, Mark. 2002. "Some Anglo-Irish Copper Mining Tokens of the Late Eighteenth Century." *"Conder" Token Collector's Journal* 7, no. 1 (Spring): 19–25.

Smith, Vera. 1990. *The Rationale of Central Banking and the Free Banking Alternative.* Indianapolis: Liberty Press.

Smith, William Hawkes. 1836. *Birmingham and Its Vicinity as a Manufacturing and Commercial District.* Birmingham: Radclyffes.

Snelling, Thomas. 1766. *A View of the Copper Coin and Coinage of England.* London: Thomas Snelling.

Snelling, Thomas. 1775. *Snelling on the Coins of Great Britain, France, and Ireland.* London: J. Thane.

Sobel, Dana. 1995. *Longitude: The True Story of a Lone Genius Who Solved the Greatest Scientific Problem of His Time.* New York: Walker and Company.

Soldon, Norbert C. 1998. *John Wilkinson (1728–1808), English Ironmaster and Inventor.* Lewiston: Edwin Mellen.

Spencer, Herbert. 1851. *Social Statics.* London: John Chapman.

Spilman, J. C. 1982. "An Overview of Early American Coinage Technology." Parts 1 and 2. *Colonial Newsletter* 21, no. 1 (April): 766–76; 21, no. 2 (July): 781–98.

Stephens, W. B., ed. 1964. *A History of the County of Warwick.* Vol. 7, *The City of Birmingham.* Victoria History of the Counties of England. London: Oxford University Press.

Styles, John. 1983. "Embezzlement, Industry, and the Law in England, 1500–1800." In *Manufacture in Town and Country before the Factory,* ed. Maxine Berg, Pat Hudson, and Michael Sonenschen, 173–210. Cambridge: Cambridge University Press.

Summers, Brian. 1976. "Private Coinage in America." *Freeman* 26, no. 7 (July): 436–40.

Sweeny, James O. 1981. *A Numismatic History of the Birmingham Mint.* Birmingham: Birmingham Mint.

Symes, Peter. 1997. "The Ballindoch Note Issues of 1830." *International Bank Note Society Journal* 36, no. 4: 43–47.

Thomason, Sir Edward. 1845. *Sir Edward Thomason's Memoirs during Half a Century.* London: Longman, Brown, Green, and Longmans.

Thompson, R. H. 1981. "French *Assignats* Current in Great Britain." *British Numismatic Journal* 51:200–203.

Timmins, Samuel. 1866. *The Resources, Products, and Industrial History of Birmingham and the Midland Hardware District.* London: Robert Hardwicke.

Tooke, Thomas. 1838. *A History of Prices and the State of the Circulation from 1793 to 1837.* London: Longman, Orme, Brown, Green, and Longmans.

Trinder, Barrie. 1973. *The Industrial Revolution in Shropshire.* London: Phillimore.

Tuberville, T. C. 1852. *Worcestershire in the Nineteenth Century.* London: Longman, Brown, Green, and Longmans.

Tweedale, Geoffrey. 1993. "Quiet Flows the Don." *History Today* 43, no. 8 (August): 30–36.

Tweedale, Geoffrey. 1995. *Steel City: Entrepreneurship, Strategy, and Technology in Sheffield, 1743–1993.* Oxford: Clarendon.

Uglow, Jenny. 2002. *The Lunar Men: Five Friends Whose Curiosity Changed the World.* New York: Farrar, Straus and Giroux.

Unwin, George, Arthur Hulme, and George Taylor. 1924. *Samuel Oldknow and the Arkwrights: The Industrial Revolution at Stockport and Marple.* Manchester: Manchester University Press.

Vice, David. 1990. "The Tokens of John Wilkinson." *Format* 40:2–8.

Vice, David. 1991. "The Cronebane Token of the Associated Irish Mine Company." *Format* 42:3–6.
Vice, David. 1996. Letter to Wayne Anderson. *Format* 39:50–52.
Vice, David. 1998. Letter to the editor. *"Conder" Token Collector's Journal* 10 (December 15): 52–53.
Von Tunzelman, G. N. 1978. *Steam Power and British Industrialization to 1860*. Oxford: Clarendon.
Wager, Andrew. 1977. "Birmingham and the Nation's Copper Coinage, 1750–1820: A Study in Local Initiative." Master's thesis, University of Birmingham.
Wager, Andrew. 2002. "How Were Unofficial Farthings Used?" *Token Corresponding Society Bulletin* 7, no. 3.
Wallace, Neil. 2003. "Modeling Small Change: A Review Article." *Journal of Monetary Economics* 50, no. 6 (August): 1391–1401.
Waters, Arthur W. 1957. *Notes on the Silver Tokens of the Nineteenth Century*. London: Seaby.
Watts-Russell, Penny. 2003. "A Copper-Bottomed Life." *An Baner Kernewek (The Cornish Banner)* 213 (August).
West, William. 1830. *The History, Topography, and Directory of Warwickshire*. Birmingham: R. Wrightson.
Withers, Paul, and Bente R. Withers. 1999. *British Copper Tokens, 1811–1820*. Llanfyllin, Powys: Galata Print.
[Whatley, George.] [1762]1856. "Reflections on Coin in General, on the Coins of Gold and Silver in Great Britain in Particular, &c." In *A Selection of Scarce and Valuable Tracts on Money*, ed. John R. McCulloch, 517–23. London: Political Economy Club.
White, D. P. 1977. "The Birmingham Button Industry." *Post-Medieval Archeology* 11:67–79.
White, Edmund. 2003. *Fanny: A Fiction*. New York: HarperCollins, Ecco.
White, Lawrence H. 1984. *Free Banking in Britain: Theory, Experience, and Debate, 1800–1845*. Cambridge: Cambridge University Press.
White, William. 1833. *History, Guide, and Description, of the Borough of Sheffield*. Sheffield: William White.
Whiting, J. R. S. 1971. *Trade Tokens: A Social and Economic History*. Newton Abbot: David and Charles.
Wooldridge, William C. 1971. *Uncle Sam, the Monopoly Man*. New Rochelle, NY: Arlington House.
Wright, James [Jr.]. 1797. "Observations on Coins." In *The Virtuoso's Companion and Coin Collectors' Guide*, by Thomas Pratten and Matthew Denton. London: Matthew Denton.
Wright, James [Jr.]. 1798. Preface to *An Arrangement of Provincial Coins, Tokens and Medalets etc.* by James Conder. Ipswich: George Jermyn.
Young, Arthur. 1776. *Rural Oeconomy, or Essays on the Practical Parts of Husbandry*. Philadelphia: James Humphreys.

索 引

(页码为原书页码，即本书边码)

A

Albion Mill　　　　　　　　阿尔比恩工厂，66
alehouses　　　　　　　　　啤酒馆，28–29
　　　　　　　　　　　　　　　另见 breweries；pay tables
American Revolution　　　　美国革命，6页注释7
Anglesey, Wales　　　　　　威尔士安格尔西岛，xviii，7，38–39
　　　　　　　　　　　　　　　另见 Parys Mine Company
Art and the Industrial Revolution　《艺术与工业革命》（克林金德），133
Associated Irish Mines Company　爱尔兰联合矿业公司，76，123
Atkinson, Jaspar　　　　　　贾斯帕·阿特金森，294

B

Ballindalloch Cotton Works　巴林达洛克棉纺厂，214
Bank dollars　　　　　　　　银元，见 Bank of England, dollars
banknotes　　　　　　　　　钞票，34–35，157–158，304页注释3
　　　　　　　　　　　　　　　另见 Bank of England, notes
Bank of England　　　　　　英格兰银行
　　　　　　　　　　　　　　　银元，159–161，198–199，195，199，206，207页注释5，212–213，225，265
　　　　　　　　　　　　　　　钞票，34，35页注释36，157–159
　　　　　　　　　　　　　　　支付限制，155–158，195，204–205，228–229，231–232，247–248
　　　　　　　　　　　　　　　代币，206–208，239–240，248–250，265
Bank Restriction　　　　　　银行限制法，见 Bank of England, restriction of

	payments by
Banks, Joseph	约瑟夫·班克斯，61，101，101 页注释 23，133，196
Bank tokens	银行代币，见 Bank of England, tokens
Barber, Richard	理查德·巴伯，176，177
Baring, Alexander	亚历山大·巴林，262
Barker, Samuel	塞缪尔·巴克，216
Bayly, Nicholas	尼古拉斯·贝利，39，40
Bellingham, John	约翰·贝林汉姆，241
Bermuda	百慕大，118
Big Problem of Small Change	《小零钱大问题》，303
	另见 Sargent, Thomas; Velde, François
bimetallism	复本位制，10-11，14-16，14 页注释 23，15-16，15 页注释 24，263
	另见 Gresham's law
Birmingham	伯明翰
	另见 button trade
	商业铸币厂地点，273
	穷人的监护人，224-228
	制造商的多才多艺，131-132
	金属加工业，127-129，129 页注释 9
	蒸汽机，271-272，271，276
Birmingham Mint	伯明翰铸币厂，见 Heaton & Sons
Blondeau, Peter	彼得·布朗多，193
Boulton, Matthew	马修·博尔顿
	另见 cartwheels; Soho factory; Soho Mint; Watt, James
	与银元，195，199
	商业背景，61-62
	铸币兴趣，62-66，70-71
	与商业代币，47-48，78，118-119
	与铜的调查，183-184
	与康沃尔金属公司卡特尔，69-73

之死，201

与德罗兹，94-101

霍克斯伯里的通信，104-107，108-109

与詹姆斯·瓦特，61

婚姻，56 页注释 16，80

与蒙纳龙兄弟公司，115-117

与英国铸币改革，300-301

与王室铸币，27，44，65，95-96，102-114，164-166，178-187

与皇家铸币局的现代化，195-200

与塞缪尔·加伯特，111-113

与美国铸币，114-115

与威尔金森，51-54，59，120-121

与威廉姆斯，43，64-65，71-73，116，178-184

Boulton, Matthew Piers Watt	马修·皮尔斯·瓦特·博尔顿，307
Boulton, Matthew Robinson	马修·罗宾逊·博尔顿，52，89，202，218，282，307
Boulton & Fothergill	博尔顿和福瑟吉尔公司，80-81，85，85 页注释 8，86，86 页注释 10，278
Boulton & Scale	博尔顿和斯凯尔公司，66-67，86，89
Boulton & Watt	博尔顿和瓦特公司，51-52，67-68，82，82 页注释 4，84-85，86，89 页注释 12
	另见 steam engines, reciprocating; steam engines, rotary motion
Brande, William Thomas	威廉·托马斯·布兰迪，284 页注释 17
breweries	酿酒厂，22-23，28-29
	另见 alehouses
Briot, Nicholas	尼古拉斯·布里奥特，191-193
Brown, William	威廉·布朗，119
bullion	金银，见 gold; silver
Burke, Edmund	埃德蒙·伯克，57，63，288 页注释 22
Busson, William	威廉·布森，293-294

Button Association	纽扣协会，153
button trade	纽扣贸易，128-132，153
	另见 Boulton & Fothergill；Boulton & Scale；
	Taylor, John
Byng, John	约翰·宾，45

C

Camacs	卡马克斯币，123，141
Camden, Lord	卡姆登勋爵，103
Cardogan, Lord	卡多甘勋爵，63
Carmarthen halfpennies	卡马森半便士，134
Cartright, Dan	丹·卡特赖特，273页注释7
cartwheels	车轮币
	伪造，174-178，292
	熔化，172-174，208-209
	铸造，164-166，209-210
	性能，292
	被公众接受，166-172
	多余的，210
Chaloner, William	威廉·查洛纳，281
Chapman, George	乔治·查普曼，139
Cheshire, William	威廉·切希尔，177
Coalbrookdale	煤溪谷，49，50
coinage prerogative	铸币特权，10，304
coining presses	造币冲压机
	炼焦，49
	专利，130
	冲压工，192页注释28
	螺旋，75，190，193，270，270页注释5，292
	蒸汽动力，51-52，63，84-85，277-280，290-295
	摇摆，191，192页注释28

coin shortages	硬币短缺
	处理，24-32，36-37
	19 世纪的，205-208，211
	18 世纪的，5-8，17-19，20-23，26-29，36-37
	爱尔兰的，5，208
	与集体支付，27-28
	与工业化，5-8，211
	与长时间支付，28
	与以实物支付，24-27
	与付款台，28-29
	根本原因，13-24，14 页注释 22
collars, restraining	阻环，47，91-92，94，100，290-291
Collins, William	威廉·柯林斯，75
Colquhoun, Patrick	帕特里克·科洪，30-31，132，150-151，295
commercial coin industry	商业铸币产业
	伯明翰的角色，132
	博尔顿的参与，118-119
	18 世纪 90 年代发行商的供应，125
	18 世纪 90 年代的扩散，122-126，148-149
	格伦费尔的攻击，254-261
	影响和重要性，302-305
	1787—1797 年的制造商，126，146-148
	起源，36-37
	在 19 世纪第一个 10 年的复兴，211-216
	18 世纪 90 年代后期的状态，140-148
commercial coins	商业代币
	另见 Bank of England, dollars; Bank of England, tokens; Parys Mine Druids
	所谓的缺陷，140-148，235-240
	匿名的，219-220，235-236，240，243，253，257
	比尔斯顿，215-217，260

卡马克斯，123，141

卡马森，134

煤溪谷钢铁公司，134

收藏，137-140

伪造，137，141-144，216，280-289

克龙贝恩币，75-76，123

面值，212

设计，37，43，83，85，133-137，215-216，281

发行商的供应，125，214

邓迪，212

格拉斯哥，119

金币，231-233，233页注释25

麦克莱斯菲尔德，77

19世纪，211-216

反对，234-240

彭林志愿者，139

普利茅斯，133-134

罗伊公司的"蜂巢币"，75-76，77

谢菲尔德，260-261

银币，132-133，212-214，241-253

取缔，168，241-253，260

泰晤士和塞文运河，134

"威利币"，54-61，120-122，123页注释4，141

济贫院，222-228，260

Committee on Coin	硬币委员会，见 Privy Council Committee on Coin
Company of Moneyers	铸币商公司，20，21，190
	另见 Royal Mint
company stores	公司内部商店，25
Conder tokens	康德尔代币，见 commercial coins
copper	铜
	另见 Cornish Metal Company；Parys Mine Company

	铜业调查 1799，183-184
	铜矿，68-70，72，108-109
	价格，111，144-146，I45，172-173
	威廉姆斯垄断市场，178-184
copper coinage, regal	王室铜铸币
	另见 cartwheels；coin shortages
	由公众贴现，123-124
	伪造，4，4页注释2，20，137
	分布不均，22-23，25，210，289
	在1817年着手恢复，266，288，296
	皇家铸币局的态度，20-23，110
	铸币税，286，287
	在19世纪早期的供应，208-210
	在18世纪的供应，15-16，18，20-23
Cornish Metal Company	康沃尔金属公司，69-73，118-119
cotton textile industry	棉纺织业，7，214
counterfeiting	伪造
	银元，159-161
	有利可图的，32-34
	作为生意，29-31
	车轮币，174-178，295
	硬币对支票，4，4页注释2
	商业代币，137，141-144，216，280-289
	处罚，151页注释29，295
	代币防伪，280-289
	王室铜币，20，22，29-34，142，174-178，295
	零售商无能为力，32页注释33
	皇家铸币局，22，33-34，142，285-286，297
	银币，20
	与蒸汽驱动造币冲压机，269-272，290-295
	传闻韦斯特伍德卷入，74
Crabbe, George	乔治·克拉布，6

Croker, John   约翰·克罗克, 282
crucible steel   坩埚钢, 见 steel, crucible
Cutlers' Company   刀匠公司, 128

D

Daily Universal Register (newspaper) 《每日环球纪录报》, 43-44
Darby, Abraham   亚伯拉罕·达比, 7, 49, 50, 50 页注释 9
Darwin, Erasmus   伊拉斯谟·达尔文, 83, 88
Davies, Peter Whitehall   彼得·怀特霍尔·戴维斯, 57
Demidowicz, George   乔治·德米多维奇, 90
dies and diemaking   模具和模具制造, 100, 100 页注释 22, 101, 121 页注释 2, 216, 275, 282-284, 284 页注释 17

另见 steel, crucible

division of labor   劳动分工, 131
Dobbs, Thomas   托马斯·多布斯, 46, 126 页注释 7
dockyards   造船厂, 见 royal dockyards
Doty, Richard   理查德·多提, 44, 88, 95, 111 页注释 28, 138, 233 页注释 25, 275, 292
Droz, Jean-Pierre   让·皮埃尔·德罗兹, 54, 54 页注释 14, 64-65, 94-101
Druids   德鲁伊币, 见 Parys Mine Druids
Dumarest, Rambart   兰伯特·杜马雷斯特, 119, 121, 121 页注释 2
Dundonald, ninth earl of (Archibald Cochrane)   邓唐纳德伯爵九世（阿奇博尔德·科克兰）, 59
Dupre, Augustin   奥古斯丁·杜普雷, 102 页注释 24
Dykes, David   大卫·戴克斯, 74 页注释 30, 122, 123 页注释 4, 142

E

Early Experiment in Industrial Organization, An (Roll)   《工业组织的早期实验》（罗尔）, 82

East India Company	东印度公司,64,65,88,89,117,269
Eccleston, Daniel	丹尼尔·埃克莱斯顿,139
Edward VI (king of England)	爱德华六世（英国国王）,11 页注释 13
Effingham, Lord	埃芬厄姆勋爵,42
Elizabeth I (queen of England)	伊丽莎白一世（英国女王）,11 页注释 13
Ellis, Francis	弗朗西斯·埃利斯,237
enclosures	圈地,5-6,7 页注释 10
engraving, coin and token	硬币和代币雕刻
	另见 dies and diemaking; steel, crucible
	与伪造,280-289
	质量,83,85,133-137,215-216
	皇家铸币局,282,297
Ewer, John	约翰·尤尔,170

F

Factory Inquiry of 1833	1833 年的工厂调查,276
Fereday, Samuel	塞缪尔·费雷迪,215-217,260
fiduciary coins	基于信用的硬币,见 token coinage
Finley & Company	芬利公司,214
Fishguard, French invasion of	法国人入侵菲什加德,154-155
Folkestone, Lord	福克斯通勋爵,206
Fothergill, John	约翰·福瑟吉尔,见 Boulton & Fothergill
Fox, Charles	查尔斯·福克斯,103,104
France	法国
	博尔顿提议为法国铸币,115
	在菲什加德入侵英国,154-155
	私人代币被取缔,117 页注释 31
	与英国的战争,6 页注释 7,113-114,204
	威尔金森的帮助,57-58
Franklin, Benjamin	本杰明·富兰克林,28,146
Fraser, Alexander	亚历山大·弗雷泽,38
Fullarton, John	约翰·富拉顿,133
Fullarton, William	威廉·富拉顿,212

Further Considerations on the State of the Currency（Lauderdale） 《关于货币状况的进一步思考》（劳德代尔），245-247

G

Garbett, Francis 弗朗西斯·加伯特，62-63
Garbett, Samuel 塞缪尔·加伯特，43，62-63，64，102，111-113，111 页注释 28，224
Garratt, Francis 弗朗西斯·盖拉特，220
Gentleman's Magazine, The 《绅士杂志》，56，144，229
George III (king of England) 乔治三世（英国国王），104，107 页注释 26
George, Prince of Wales 威尔士亲王乔治，104，110
Gilbert, Shearer & Company 吉尔伯特·希勒公司，119
Gilpin, Gilbert 吉尔伯特·吉尔平，59
Gladstone, William 威廉·格莱斯顿，289 页注释 23
gold 黄金
  增值，180-189，204-205
  金本位制，9-10，16，295
  金代币，231-233，233 页注释 25
Great Britain 英国
  平均收入，211
  货币单位，8-9，9
  在 18 世纪的人口增长，8
  地区经济，147-148
Great Recoinage of 1696-99 1696—1699 年的货币大重铸，13，13 页注释 19，16
Grenfell, Pascoe 帕斯科·格伦费尔
  与银币重铸，261-268
  与铜代币的取缔，254-261
Gresham's Law 格雷欣法则，11-12，11 页注释 13，17
group pay 集体支付，27-28
Guernsey 根西岛，213
guilds, craft 手工业行会，128，299-300
Gurney, Hudson 哈德逊·格尼，248

H

Halliday, Thomas	托马斯·哈利迪, 216, 217, 221, 225 页注释 16
hammered money	锤铸的货币, 12
Hammond, Barbara and John	芭芭拉和约翰·哈蒙德, 5, 242 页注释 5
Hancock, John Gregory Jr.	小约翰·格雷戈里·汉考克, 134 页注释 17
Hancock, John Gregory Sr.	老约翰·格雷戈里·汉考克, 43, 46, 54, 73, 77, 121 页注释 2, 130 页注释 13, 133–134, 134 页注释 17, 270 页注释 5
Harley, James	詹姆斯·哈雷, 187–188
Harrington, Lord	哈灵顿勋爵, 36
Harrison, Joseph	约瑟夫·哈里森, 85, 89, 95 页注释 20
Hawkesbury, first baron	霍克斯伯里男爵一世, 见 Liverpool, first earl of
Hawkesbury, second baron	霍克斯伯里男爵二世, 见 Liverpool, second earl of
Hawkins, John	约翰·霍金斯, 202
Heaton, Ralph II	拉尔夫·希顿二世, 88, 307
Heaton, Ralph III	拉尔夫·希顿三世, 308
Heaton & Sons	希顿父子公司, 307–309
Henry VIII (king of England)	亨利八世(英国国王), 11 页注释 13
Hibernian Mining Company	爱尔兰人矿业公司, 123
Hodgells, Harrison & Greenbaugh	霍奇尔斯、哈里森及格林博公司, 95
Hughes, Edward	爱德华·休斯, 40
Huntsman, Benjamin	本杰明·亨茨曼, 282–283
Hurd, John	约翰·赫德, 75
Huskisson, William	威廉·赫斯基森, 240, 253–254

I

Industrial Revolution	工业革命, xviii, 5–7
Ireland	爱尔兰
	硬币面值, 9 页注释 11
	硬币短缺, 5, 208

iron industry	商业代币，122 页注释 3 炼铁工业 另见 Fereday, Samuel; Morgan, John; Wilkinson, John 与布拉德利铁厂，49 斯塔福德郡，49，52，257-258

J

Jefferson, Thomas	托马斯·杰斐逊，94，94 页注释 18，115，115 页注释 29
Jenkinson, Charles	查尔斯·詹金森，见 Liverpool, first earl of
Jenkinson, Robert	罗伯特·詹金森，见 Liverpool, second earl of
Jevons, William Stanley	威廉·斯坦利·杰文斯，xi-xii，302

K

Kempson, Peter	彼得·凯普森，124-126，128，138，218，225 页注释 16，278-279
Klingender, Francis	弗朗西斯·克林金德，133
Küchler, Conrad Heinrich	康拉德·海因里希·库克勒，164，184-185

L

Lauderdale, eighth earl of (James Maitland)	劳德代尔伯爵八世（詹姆斯·梅特兰），242，245-246，264
Lawson, James	詹姆斯·劳森，297
Leake, Stephen	斯蒂芬·利克，149-150
Ledsam & Sons	莱德山姆父子公司，276
legal tender laws	法定货币法，12
Littleton, Edward	爱德华·利特尔顿，260
Little Tower Hill mint	小塔山铸币厂，200-202
Liverpool, first earl of (Charles Jenkinson)	利物浦伯爵一世（查尔斯·詹金森），33，102-110，111-112，111 页注释 28，162，187，195，197-198

索引 407

Liverpool, second earl of (Robert Jenkinson)	利物浦伯爵二世（罗伯特·詹金森），103 页注释 25，241
Local Tokens Act	地方代币法案，241-254，252 页注释 8
long pay	拉长时间支付，28
Lunar Society	月光社，61，83
Lutwyche, William	威廉·路维奇，124-126，141，278-279

M

MacLeod, Henry Dunning	亨利·邓宁·麦克劳德，11 页注释 13
Maitland, James	詹姆斯·梅特兰，见 Lauderdale, eighth earl of
Marsh, Deane & Company	马什和迪恩公司，252
Martin, Richard	理查德·马丁，191-192
Mathias, Peter	彼得·马赛厄斯，132，135，210，261
Matthews, Charlotte	夏洛特·马修斯，157，170
Maundy money	濯足节钱币，198 页注释 33
medals	奖章，217
Mestrell, Eloi	埃洛伊·梅斯特雷尔，190-191
milled edges	机制边缘，185
milled money	机制币，12-13，12 页注释 17
Milton, John	约翰·米尔顿，42-43
mint equivalent	铸币等价物，10
mint price	铸币价格，10
mint ratio	铸币比率，10-11
mints	铸币厂，见 commercial coin industry; Royal Mint; Soho mint
Mitchell, John Hinckley	约翰·欣克利·米切尔，114-115
Mittford, Mary Russell	玛丽·拉塞尔·米特福特，229 页注释 19
Mona Mine	蒙纳矿井，见 Parys Mine Company
Monck, John Berkeley	约翰·伯克利·蒙克，228-233，241，241 页注释 5，244-245
Money and the Mechanism of Exchange (Jevons)	《货币和交换机制》（杰文斯），xi
Monnaie du Moulin	磨坊铸币厂，190

Monneron Frères	蒙纳龙兄弟公司，78，116-117
Morgan, Henry	亨利·摩根，219-222
Morgan, John	约翰·摩根，134，213
Morrison, James	詹姆斯·莫里森，196
Moser, Joseph	约瑟夫·莫泽，147
Motteux, John	约翰·莫特克斯，101 页注释 23
mules, token	骡币，138，139
Murdock, William	威廉·默多克，61，63，92
Mynd, Thomas	托马斯·明德，126 页注释 7

N

Napoleonic Wars	拿破仑战争，见 France, and war with Great Britain
New Bersham Company	新伯夏姆公司，49，51，53，61
Newcastle	纽卡斯尔，234
Newton, Isaac	艾萨克·牛顿，13
New Willey Company	新威利公司，49，51，54，61
Nichols, Thomas	托马斯·尼科尔斯，176
Nonconformists	不从国教者，127-128

O

Oldknow, Samuel	塞缪尔·欧德诺，7，24，25

P

Paine, Thomas	托马斯·潘恩，50 页注释 9
paper currency	纸币，见 bank notes; Bank of England, notes
paper pound	纸镑，见 Bank of England, restriction of payments by
Paris Mint	巴黎铸币厂，190-192，293
Parys Mine Company	帕雷斯矿业公司，40-42，68-69
Parys Mine Company mint	帕雷斯矿业公司铸币厂
	与德鲁伊币，42-49，71
	与威利币，54-61

Parys Mine Druids 帕雷斯矿业公司德鲁伊币, xviii, 42-49, 71, 118, 122, 145

pay tables 付款台, 28-29

Perceval, Spencer 斯宾塞·珀西瓦尔

暗杀, 241

反对商业代币的运动, 233, 234, 240-241

会见伯明翰穷人监护人, 225

与蒙克, 229-233

与银币短缺, 207

Perregaux, John 约翰·佩雷戈, 115

Phillips, William 威廉·菲利普斯, 176

Pickard, James 詹姆斯·皮卡德, 272-275

Pingo, Lewis 路易斯·平戈, 207, 297

Pitt, William 威廉·皮特, 64, 70

与英格兰银行危机, 156

与博尔顿铸币合同, 102-103, 104, 108

Pole, Wellesley 韦尔斯利·波尔, 263页注释16, 299页注释33

political tokens 政治代币, 138

poor relief 济贫, 222-228

pound sterling 英镑, 8-10

Prior, Thomas 托马斯·普赖尔, 5

private money 私人钱币, 34

Privy Council Committee on Coin 枢密院硬币委员会, 65, 102-103, 107, 109, 110, 167, 207, 264

provincial coins 地方硬币, 见 commercial coins

Pye, Charles 查尔斯·派伊, 43, 48, 74, 144, 276

Q

quarter guinea 四分之一几尼, 13页注释18

R

Reading 雷丁, 229

	另见 Monck, John Berkeley
Redish, Angela	安吉拉·雷迪什, 268, 269 页注释 3
regal coin	王室硬币, 见 copper coinage, regal; silver coinage, regal
Rennie, George	乔治·雷尼, 201-202, 297
Rennie, John	约翰·雷尼, 196, 200
Ricardo, David	大卫·李嘉图, 228
Rich, Richard	理查德·里奇, 152 页注释 30
Robertson, John	约翰·罗伯森, 215, 234
Robinson, Andrew	安德鲁·罗宾逊, 89-90
Robinson, Luke	卢克·罗宾逊, 81
Robinson, Matthew	马修·罗宾逊, 52-53
Roe, William	威廉·罗伊, 76
Roe & Company	罗伊公司, 39-40, 48, 75-76, 77
Roebuck, John	约翰·罗巴克, 84-85
Roose, Jonathan	乔纳森·罗斯, 39
Rose, George	乔治·罗斯, 110, 254
HMS *Royal George*	HMS 皇家乔治号, 40 页注释 4
royal dockyards	皇家造船厂, 7, 26-27
Royal Mint	皇家铸币局
	另见 copper coinage, regal; silver coinage, regal
	伯克建议废除, 63
	自满和低效, 282-286, 298-301, 301 页注释 37, 308-309
	与伪造, 22, 33, 142, 285-286, 297
	目前的状况, 308-309
	雕刻师, 282, 297
	加伯特的报告, 62-63, 102
	与对博尔顿铸币行为的反对, 102, 110
	在 1809 年的重建和翻新, 194-197, 199-201, 201 页注释 35
	对机械化的抑制, 190-194
Ruding, Rogers	罗杰斯·鲁丁, 280-282, 281 页注释 13,

Russia	285, 287 俄罗斯, 188-189

S

Saint Monday	工作很少的星期一, 29
Samuel, Richard	理查德·塞缪尔, 146-147
Sargent, Thomas	托马斯·萨金特, 268, 298, 303
Savile, George	乔治·萨维尔, 56, 62
Scale, John	约翰·斯凯尔, 见 Boulton & Scale
Scotland	苏格兰, 9 页注释 11, 35, 213-214
Scott, Walter	沃尔特·斯科特, 214 页注释 10
screw press	螺旋冲压机, 见 coining presses, screw
seigniorage	硬币铸造税, 10, 286, 287
Selwyn, George	乔治·塞尔温, 299 页注释 34
Seven Years' War	七年战争, 6 页注释 7
Shearer & Company	希勒公司, 78
Shelburne, Lord	谢尔本勋爵, 194-195
Shepheard, Dove, Hammett & Company	谢泼德·达夫和哈米特公司, 133-134
"shorting" money	"削短"货币, 11, 12 页注释 14
Sierra Leone Company	塞拉利昂公司, 117
silver	白银 另见 bimetallism 在 1809—1811 年的升值, 204-206, 247-248, 252 银本位, 9-10, 15, 264
silver coinage, regal	王室银币 另见 Bank of England, dollars; Bank of England, tokens 在 1696—1699 年的复兴, 13, 13 页注释 19, 16 另见 Great Recoinage of 1696-1699 在 1817 年的复兴, 261-268, 296

	苏荷铸币厂竞价供应，195
	供应，17-20, 132-133, 205
silver tokens	银代币，见 commercial coins, silver; Bank of England, dollars; Bank of England, tokens
Skidmore, Peter	彼得·斯基德莫尔，138
Slingsby, Henry	亨利·斯林斯比，298
small change problem	小额零钱问题，见 coin shortages
Smart, Benjamin	本杰明·斯马特，205
Smith, Adam	亚当·斯密，16，35 页注释 36
Smith & Company	史密斯公司，89
Soho factory	苏荷工厂
	另见 Boulton & Fothergill; Boulton & Scale; Boulton & Watt
	设施，62, 79-85
	损失，85-87
	动力源，84-85, 90-91
	金属板公司，66-67
	商品质量，83, 85
	18 世纪 80 年代的风险投资，66
Soho House	苏荷住宅，80, 81
Soho mint	苏荷铸币厂
	造币冲压机，89-94
	生产的克龙贝恩币，76
	效率，279-280
	投入使用，54-55, 54 页注释 14, 88-94
	第二家的命运，201-202
	第三家的命运，306-309
	外国铸币合同，114-118
	目标和成就，178-184
	不准确的历史，87-88
	蒙纳龙兄弟公司铸币，116-117
	神话，87-88
	与 19 世纪的商业代币，218-219

索 引　413

	收益率，66，119
	在 1798 年的重建，88，187-190
	与王室铜币铸造，27，164-166，209-210
	生产的"威利币"，54
Southern, John	约翰·萨瑟恩，126 页注释 7，187-188
specie	硬币，见 gold；silver
Spencer, Herbert	赫伯特·斯宾塞，xi，149，303，305
steam engines, reciprocating	活塞式蒸汽机
	另见 Boulton & Watt
	与康沃尔铜矿，67-69，86
	纽考门，277 页注释 9
	老贝斯蒸汽机（苏荷），85，90，91 页注释 14
steam engines, rotary motion	转缸式蒸汽机
	另见 Boulton & Watt
	在伯明翰，271-272，271，275-276
	与防伪铸币，268-272，290-295
	发展，51-52，63，84-85，272
	与工业化，7-8
	拉普蒸汽机（苏荷），91 页注释 14
	皮卡德的，272-275，272 页注释 7
steel, crucible	坩埚钢，282-284
Stockport resolution	斯托克波特的决议，xii
Swediaur (German chemist)	斯韦德尔（德国化学家），115-116

T

Tanner, John S.	约翰·S. 坦纳，282
Tate, William	威廉·塔特，155
Taylor, John	约翰·泰勒，77，78，130
Thames & Severn Canal tokens	泰晤士和塞文运河代币，134
Thomason, Edward	爱德华·托马森，215，217-219，221-222，225 页注释 16，276
Thurlow, Lord	瑟洛勋爵，110

token coinage	代币铸币
	另见 Bank of England, dollars; Bank of England, tokens; commercial coins
	清晰的,12
	缺点,15
	与内在价值迷恋,16, 210, 236-237, 238, 259
"Tommy shops"	"汤米商店",25-26
tradesmen's tokens	商人的代币,见 commercial coins
Treatise on the Coins of the Realm (Liverpool)	《论王国的硬币》(利物浦),198 页注释 32, 262
Treatise on the Police of the Metropolis (Colquhoun)	《论大都会的警察》(科洪),31
Trial (iron boat)	试验(铁船),50
Twigg, Charles	查尔斯·特威格,272, 273-274, 278 页注释 10

U

Union Copper Company	联合铜业公司,228
United States, coinage in	美国的铸币,114-115

V

Vansittart, Nicholas	尼古拉斯·范西塔特,240-241, 248, 249-251, 254-261
Velde, François	弗朗索瓦·威尔德,268, 298, 303
Vernon, John	约翰·弗农,176-177
Vivian, John	约翰·维维安,118-119
Vuilliamy, Justin	贾斯廷·维利亚米,101

W

Wales	威尔士,见 Anglesea, Wales
Walker, Zacharias Sr.	老扎克·沃克,76, 98, 218, 236
Wasborough, Matthew	马修·华斯伯勒,272, 278

Watt, James	詹姆斯·瓦特
	博尔顿和瓦特蒸汽机, 51-52, 67-68, 82, 82 页注释 4, 84-85, 86, 89 页注释 12
	与德罗兹的事务, 99-100
Watt, James Jr.	小詹姆斯·瓦特, 53, 88, 307
Welch, William	威廉·韦尔奇, 46, 74
Weston, Ambrose	安布罗斯·韦斯顿, 186
Westwood, John Jr.	小约翰·韦斯特伍德, 74 页注释 31, 78
Westwood, John Sr.	老约翰·韦斯特伍德
	破产
	与博尔顿, 75-78
	与商业铸币, 73-77
	与帕雷斯矿业公司德鲁伊币, 41-42
	与威尔金森, 54, 77, 120
	与威廉姆斯, 40, 41, 42, 46
Westwood, Obadiah	俄巴底亚·韦斯特伍德, 74, 78
Wilkinson, Isaac	艾萨克·威尔金森, 49
Wilkinson, John	约翰·威尔金森
	与博尔顿, 51-54, 59, 120-121
	与加农炮制造, 50-51, 58, 58 页注释 18
	对钢铁工业的贡献, 49-54
	与康沃尔金属公司卡特尔, 69-73
	死亡和葬礼, 60
	受到工人的尊敬, 58-59, 60
	婚姻和财富, 56
	纸币发行, 56-57
	与帕雷斯矿业公司铸币厂, 47
	铸造的"威利币", 54-61
	雇用的工人, 7
Wilkinson, William	威廉·威尔金森, 49, 53, 58 页注释 18
"Willeys"	"威利币", 54-61, 120-122, 123 页注释 4, 141
Williams, Thomas	托马斯·威廉姆斯

	另见 Parys Mine Company
	与博尔顿, 64-65, 71-73, 116, 178-184
	与铜业调查, 182-184
	与德罗兹, 65, 95
	与德鲁伊币, 42-49
	建议的王室铸币, 42
Wilson, Thomas	托马斯·威尔逊, 179
workhouses	济贫院, 222-228
Wright, J. Jr.	小詹姆斯·赖特, 212
Wright, James	詹姆斯·赖特, 136 页注释 21, 137-138
Wrottlesley, Henry	亨利·沃特莱斯利, 260
Wyatt, Charles	查尔斯·怀亚特, 46, 81
Wyatt, James	詹姆斯·怀亚特, 81
Wyatt, John	约翰·怀亚特, 81
Wyatt, John Jr.	小约翰·怀亚特, 81
Wyatt, Samuel	塞缪尔·怀亚特, 81, 188
Wyatt, William	威廉·怀亚特, 81
Wyon, Peter	彼得·怀恩, 134-135, 215, 216
Wyon, Thomas	托马斯·怀恩, 134-135
Wyon, Thomas Jr.	小托马斯·怀恩, 135, 297
Wyon, William	威廉·怀恩, 135

Y

Younge, Wilsons & Younge	杨格、威尔逊斯及杨格公司, 233 页注释 25
Younge & Deakin	杨格与迪肯公司, 275

图书在版编目（CIP）数据

私人铸币：工业革命时代的货币世界：1775—1821 /（美）乔治·塞尔金著；李新宽译.—北京：中国工人出版社，2022.4
书名原文：Good Money: Birmingham Button Makers,
the Royal Mint, and the Beginnings of Modern Coinage, 1775-1821
ISBN 978-7-5008-7846-9

Ⅰ.①私… Ⅱ.①乔…②李… Ⅲ.①货币史-世界-1775-1821 Ⅳ.①F821.9

中国版本图书馆CIP数据核字（2022）第039603号

著作权合同登记号：图字 01-2021-1451
Good Money: Birmingham Button Makers, the Royal Mint, and the Beginnings of
Modern Coinage, 1775–1821 by George Selgin
Licensed by The University of Michigan Press
Copyright © by The Independent Institute 2008. All rights reserved.

私人铸币：工业革命时代的货币世界1775—1821

出 版 人	董 宽
责任编辑	董芳璐
责任校对	张 彦
责任印制	黄 丽
出版发行	中国工人出版社
地　　址	北京市东城区鼓楼外大街45号　邮编：100120
网　　址	http://www.wp-china.com
电　　话	（010）62005043（总编室）　（010）62005039（印制管理中心）
	（010）62001780（万川文化项目组）
发行热线	（010）82029051　62383056
经　　销	各地书店
印　　刷	北京盛通印刷股份有限公司
开　　本	880毫米×1230毫米　1/32
印　　张	13.625
字　　数	385千字
版　　次	2023年7月第1版　2023年7月第1次印刷
定　　价	88.00元

本书如有破损、缺页、装订错误，请与本社印制管理中心联系更换
版权所有　侵权必究